Samsung Galaxy S8 und S8+

Die verständliche Anleitung

von
Rainer Hattenhauer

An den Leser

Liebe Leserin, lieber Leser,

märchenhaft schön, aber ebenso rätselhaft mag sich das neue Galaxy S8 oder auch S8+ mit seinem eleganten randlosen Bildschirm in Ihren Händen anfühlen. Ob das wohl auch für den Alltag taugt? Ja, und wie! Allerdings muss man ihm schon auf die Spur kommen, denn es offenbart seine zahllosen Reize nicht auf den ersten Blick – nicht zuletzt, weil beim neuesten Modell der Galaxy-S-Reihe die Tasten auf geheimnisvolle Weise verschwunden zu sein scheinen.

Damit Sie nun nicht wie der Prinz im Märchen, nur mit einem gläsernen Gegenstand in der Hand, durch die Lande ziehen, hat unser erfahrener Autor Rainer Hattenhauer das Hightech-Wunderwerk für Sie unter die Lupe genommen. Aber keine Sorge, auf den folgenden Seiten erwartet Sie nun alles andere als technisch-trockenes Fachwissen. Es geht um all das Nützliche, Unterhaltsame, beinahe Magische, das Sie mit Ihrem S8 so anstellen können, und darum, dass Ihnen »der Schuh« auch wie angegossen passt.

Rainer Hattenhauer zeigt Ihnen ganz genau, wie Sie Ihr Gerät in Betrieb nehmen, wie Sie damit telefonieren, VIP-Kontakte auf dem Seiten-Paneel festlegen, E-Mails schreiben, schnell und sicher im Internet surfen, Routen planen, Musik hören und grandiose Fotos machen. Dabei nimmt er Sie sogar mit auf einen kurzweiligen Trip in die virtuelle Realität. Mit den Tipps vom Experten drosseln Sie den Energieverbrauch Ihres S8 und sichern nicht zuletzt all Ihre liebgewonnenen Daten vor Verlust oder fremdem Zugriff.

Dieses Buch wurde mit größter Sorgfalt geschrieben und hergestellt. Sollten Sie dennoch einmal einen Fehler finden oder inhaltliche Anregungen haben, freue ich mich, wenn Sie mit mir in Kontakt treten. Für Kritik bin ich dabei ebenso offen wie für lobende Worte. Doch nun wünsche ich Ihnen viel Freude mit Ihrem Galaxy S8 und dieser Anleitung!

Ihre Isabella Bleissem
Lektorat Vierfarben

isabella.bleissem@rheinwerk-verlag.de

Auf einen Blick

1	Start mit dem Samsung Galaxy S8	11
2	Das Galaxy S8 einrichten und bedienen	27
3	Telefonieren und Kontakte einrichten	63
4	Nachrichten senden und empfangen	89
5	Online mit dem Smartphone	99
6	E-Mails senden und empfangen	133
7	Kalender, Termine, Erinnerungen und Co.	153
8	Apps installieren und verwalten	177
9	Fotografieren mit dem S8	197
10	Videos aufzeichnen und abspielen	229
11	Karten und Navigation	247
12	Musik auf dem S8	265
13	Gesundheit und Fitness	285
14	Sicherheit, Backup und Synchronisation	297
15	Die Akkulaufzeit verlängern und den Speicher vergrößern	319
16	Tipps, Tricks und Fehlerbehebung	333
	Glossar	354

Impressum

Sie haben Fragen, Wünsche oder Anregungen zum Buch?
Gerne sind wir für Sie da:

Anmerkungen zum Inhalt des Buches: isabella.bleissem@rheinwerk-verlag.de
Bestellungen und Reklamationen: service@rheinwerk-verlag.de
Rezensions- und Schulungsexemplare: hendrik.wevers@rheinwerk-verlag.de

Das vorliegende Werk ist in all seinen Teilen urheberrechtlich geschützt. Alle Rechte vorbehalten, insbesondere das Recht der Übersetzung, des Vortrags, der Reproduktion, der Vervielfältigung auf fotomechanischem oder anderen Wegen und der Speicherung in elektronischen Medien.

Ungeachtet der Sorgfalt, die auf die Erstellung von Text, Abbildungen und Programmen verwendet wurde, können weder Verlag noch Autor, Herausgeber oder Übersetzer für mögliche Fehler und deren Folgen eine juristische Verantwortung oder irgendeine Haftung übernehmen.

Die in diesem Werk wiedergegebenen Gebrauchsnamen, Handelsnamen, Warenbezeichnungen usw. können auch ohne besondere Kennzeichnung Marken sein und als solche den gesetzlichen Bestimmungen unterliegen.

An diesem Buch haben viele mitgewirkt, insbesondere:

Lektorat Isabella Bleissem
Korrektorat Marita Böhm, München
Herstellung Norbert Englert
Einbandgestaltung Julia Schuster
Coverfoto Samsung
Layout und Typographie Vera Brauner
Satz weiss.design / zienke.design
Druck und Bindung Media-Print Informationstechnologie GmbH, Paderborn

Gesetzt wurde dieses Buch aus der ITC Charter (10,5 pt/15 pt) in Adobe InDesign CC 2014.
Und gedruckt wurde es auf mattgestrichenem Bilderdruckpapier (115 g/m²).
Hergestellt in Deutschland.

Bibliografische Information der Deutschen Nationalbibliothek
Die Deutsche Nationalbibliothek verzeichnet diese Publikation in der Deutschen Nationalbibliografie; detaillierte bibliografische Daten sind im Internet über http://dnb.d-nb.de abrufbar.

ISBN 978-3-8421-0319-1

© Vierfarben, Bonn 2017
1. Auflage 2017
Vierfarben ist eine Marke des Rheinwerk Verlags.
Rheinwerkallee 4, 53227 Bonn
www.rheinwerk-verlag.de

Der Verlagsname Vierfarben spielt an auf den Vierfarbdruck, eine Technik zur Erstellung farbiger Bücher. Der Name steht für die Kunst, die Dinge einfach zu machen, um aus dem Einfachen das Ganze lebendig zur Anschauung zu bringen.

Inhalt

Kapitel 1: Start mit dem Samsung Galaxy S8 11

Android und Samsung – eine Erfolgsgeschichte 12
Das Galaxy S8 – frisch ausgepackt 13
Die Bedienelemente des Galaxy S8 15
Das S8 zum ersten Mal starten 16

Kapitel 2: Das Galaxy S8 einrichten und bedienen 27

Die Oberfläche im Überblick 27
Frühjahrsputz – überflüssige Samsung-Extras entfernen 35
Die Oberfläche selbst einrichten 38
Der App-Launcher und das App-Menü 40
Ordnung schaffen mit Ordnern 42
Die Displaysperre biometrisch absichern 43
So bedienen Sie Ihr S8 47
Die Multi-Window-Ansicht 48
Bedienungshilfen 49
Der universelle Assistent Bixby 52
Texte eingeben 54
Copy & Paste 57
Apps aus dem Google Play Store installieren 57
Der Google Play Store 58
Eine App suchen und installieren 59
Eine App per QR-Code installieren 60

Kapitel 3: Telefonieren und Kontakte einrichten 63

Die Telefon-App 63
Jemanden anrufen 66

Inhalt

Einen Anruf annehmen	67
Verpasste Anrufe	68
Das Anrufprotokoll einsehen und löschen	69
Die Mailbox einrichten	70
Ein Headset nutzen	72
Kontakte einrichten und verwalten	73
Neue Gruppen erstellen	75
Das Kontakte-Menü	76
Einen neuen Kontakt manuell hinzufügen	77
Kontakte auf der Kante	79
Verbindung zu einem Kontakt herstellen	81
Kontakte importieren	81
Klingeltöne und Vibration anpassen	83
Eigene Klingeltöne hinzufügen	84
Videotelefonieren mit Google Duo	85

Kapitel 4: Nachrichten senden und empfangen   89

SMS senden und empfangen	89
SMS verwalten	92
WhatsApp – die kostengünstige Alternative	94

Kapitel 5: Online mit dem Smartphone   99

Über WLAN günstig ins Internet	99
WLAN aktivieren und einrichten	99
Den mobilen Datenzugang einrichten	102
Zwischen Verbindungsarten wechseln	104
Behalten Sie die Kosten im Blick	106
Mit anderen Geräten die Internetverbindung des S8 nutzen (Tethering)	108
Im Internet surfen	111

Browsen mit mehreren Fenstern 117
Lesezeichen verwalten 119
Webseiten teilen oder drucken 122
Der Google Assistant 123
Facebook, Twitter und Google+ 127
Maßgeschneiderte Nachrichten mit Bixby und Upday 131

Kapitel 6: E-Mails senden und empfangen 133

Das Google-Programm Gmail 133
Gmail im Überblick 135
Eine E-Mail schreiben 137
E-Mails verwalten, ordnen und sortieren 137
E-Mails über die Website am PC abrufen 139
Einstellungen vornehmen 140
Bilder und andere Dokumente an E-Mails anhängen 141
Andere E-Mail-Anbieter einrichten: GMX, Web.de, Yahoo und Co. 143
Ein IMAP-Konto einrichten 144
Mehrere E-Mail-Konten nutzen 149
E-Mails an Kontakte aus dem Adressbuch schicken 149
Signatur und Benachrichtigungston anpassen 151

Kapitel 7: Kalender, Termine, Erinnerungen und Co. 153

Die Kalender-App 153
Der Google-Kalender 154
Einen Termin eintragen 156
Termine auf dem S8 verwalten 157
Einen Eintrag löschen und weitere Optionen 162
Regelmäßige Termine und Geburtstage 163
Mehrere Kalender und Konten verwalten 164

Einen neuen Kalender erstellen	166
Outlook-Kalender übertragen	168
Aufgaben, Listen und Memos	170
Office-Software	173
PDF-Reader	175

Kapitel 8: Apps installieren und verwalten — 177

Ein Rundgang durch den Google Play Store	177
Installierte Apps anzeigen	180
Apps automatisch oder manuell aktualisieren	181
Was Apps dürfen	183
Apps gezielt suchen	185
Eine App kaufen	186
Eine App erneut installieren	191
Apps außerhalb von Google Play kaufen	194
Apps löschen oder zurücksetzen	195

Kapitel 9: Fotografieren mit dem S8 — 197

Ein erstes Foto machen	197
Die Kamera-App kennenlernen	200
Die Kamera einrichten	204
Den passenden Aufnahmemodus finden	208
Eine HDR-Aufnahme machen	213
Effekte anwenden	214
Fotos in der Galerie-App anzeigen	216
Googles Fotos-App	217
Eigene Alben erstellen	220
Eine Diashow vorführen	223
Fotos bearbeiten	223
Bilder mit anderen teilen	225

Kapitel 10: Videos aufzeichnen und abspielen 229

Ein Video aufnehmen und wiedergeben 229
Aufnahmen anpassen und nachbearbeiten 233
Videoschnitt auf dem S8 234
Videos am PC bearbeiten 237
Videos teilen auf YouTube, Facebook und Co. 239
Videos auf YouTube anschauen 241
Filme im Play Store ausleihen oder kaufen 242
Fernsehen auf dem S8 245

Kapitel 11: Karten und Navigation 247

GPS einrichten 247
Google Maps kennenlernen 250
Mit Google Maps unterwegs 252
Navigation – der Routenplaner 260

Kapitel 12: Musik auf dem S8 265

Musik einfach auf das S8 übertragen 265
Musik abspielen 268
Musik in der Cloud speichern 273
Alben zum Offlinehören herunterladen 276
Musik zusammenstellen – Playlists und Schnellmixe 277
Streaming – Musikdienste nutzen 280
Welche Musik wird gerade gespielt? 282
Radio hören 283

Kapitel 13: Gesundheit und Fitness 285

Den Puls messen mit Samsung Health 285
Den Schrittzähler nutzen 290
Samsung Health – Rundgang durch die App 292

Inhalt

Kapitel 14: Sicherheit, Backup und Synchronisation 297

Vor Viren und Trojanern schützen 297
Den Sperrbildschirm einrichten 300
Die PIN der SIM-Karte ändern 303
Das Smartphone und die SD-Karte verschlüsseln 304
Eine Datensicherung erstellen 306
Daten von einem Smartphone auf ein anderes übertragen 310
Synchronisation mit Microsoft Outlook 312
Onlinespeicher nutzen 313
Das Galaxy S8 wiederfinden oder sperren 316

Kapitel 15: Die Akkulaufzeit verlängern und den Speicher vergrößern 319

Die großen Stromfresser 320
Erste Schritte zum Stromsparen 322
Anpassung des maximalen Energiesparmodus 326
Apps ermitteln, die zu viel Energie verbrauchen 327
Den Speicher erweitern 330

Kapitel 16: Tipps, Tricks und Fehlerbehebung 333

Das Gerät neu starten 333
Tipps und Hilfe finden 340
Einen Screenshot machen 342
Tastaturkürzel erstellen 344
Ein Systemupdate durchführen 345
Die Seiten-Paneele 346
Bluetooth-Hardware verwenden 348
Das S8 als Einstieg in die virtuelle Realität 351

Glossar 354
Stichwortverzeichnis 361

Kapitel 1
Start mit dem Samsung Galaxy S8

Endlich halten Sie es in Ihren Händen – Ihr neues Smartphone, das Galaxy S8(+) aus dem Hause Samsung. Unter der Haube werkelt das Betriebssystem Android, und mit der Leistung der Hardware dieses Telefons hätte man in den Achtzigerjahren bequem ein ganzes Rechenzentrum betreiben können. Designtechnisch hat Samsungs Flaggschiff mittlerweile sogar das iPhone aus dem Hause Apple überholt: Das wunderschöne großflächige *Infinity Display* zeigt, dass moderne Technik heutzutage überaus ästhetisch verpackt werden kann.

Das Infinity Display des S8(+) sucht seinesgleichen. Bildquelle: Samsung

Ihr Navigationssystem, Ihre Fotoausrüstung, Ihre CD- und Videosammlung: All die lieb gewonnenen Multimedia-Utensilien können in Zukunft zu Hause bleiben und werden durch Ihr neues Smartphone ersetzt. Sogar Gesundheitsapostel und Sicherheitsfanatiker kommen dank integriertem Pulsmesser und Fingerabdruck- sowie Iris-Scanner auf ihre Kosten.

> **INFO**
>
> **S8 oder S8+?**
>
> Egal, für welches Modell Sie sich entschieden haben: Sowohl die Besitzer des Standardgeräts S8 als auch die des S8+ werden mit dem vorliegenden Buch voll auf ihre Kosten kommen. Die beiden Geräte unterscheiden sich nur in der Größe des Displays, die Handhabung ist die gleiche. Ich werde also nachfolgend nicht mehr explizit zwischen dem S8 und dem S8+ unterscheiden.

Android und Samsung – eine Erfolgsgeschichte

Tux, das Linux-Maskottchen und der Android-Roboter

Das hätte sich Linus Torvalds, der Erfinder des freien Betriebssystems Linux, wohl auch nicht träumen lassen, dass sein studentisches Hobby einmal als Grundlage für ein rasant wachsendes Smartphone-Betriebssystem dienen würde: Fakt ist, dass das Linux-basierte, vom Suchmaschinengiganten Google entwickelte Betriebssystem Android mittlerweile auf 85 % aller Mobilgeräte (Tablets mit eingerechnet) läuft.

Mit dem aktuellen Galaxy S8 hat Samsung ein wahres Meisterstück vorgelegt: Der Prozessor läuft dank Flüssigkeitskühlung selbst bei aufwendigen 3D-Spielen nicht mehr heiß, das Gerät besitzt im Gegensatz zum iPhone einen Einschub für eine Speicherkartenerweiterung, es ist wasserdicht und mit einer Kamera ausgestattet, die in Smartphones ihresgleichen sucht. Darüber hinaus ist es mit dem zukunftsfähigen USB-C-Typ-Anschluss und einem Iris-Scanner ausgestattet.

Das Galaxy S8 – frisch ausgepackt

YouTube ist voll von sog. Unboxing-Videos, in denen stolze Käufer ihre Smartphones vor laufender Kamera auspacken, und Sie haben nun selbst das Vergnügen, das Galaxy S8 und das mitgelieferte Zubehör näher in Augenschein zu nehmen.

Galaxy S8: Unboxing. Die meisten Hardwareteile sind mit einer Schutzfolie versehen, die man tunlichst vor der ersten Benutzung entfernen sollte.

Zum Lieferumfang gehören:

1. das S8-Smartphone selbst mit integriertem Akku
2. die Kurzanleitung (Quick Start Guide) zur ersten Inbetriebnahme des Geräts
3. ein hochwertiges In-Ear-Headset der Firma AKG mit 3,5-mm-Klinkenstecker
4. ein Werkzeug zum Einsetzen einer Nano-SIM-Karte bzw. einer MicroSD-Speicherkarte (dieses befindet sich auf der Rückseite derjenigen Schachtel, in welcher die Anleitungen verstaut sind)

- ⑤ ein Ladeadapter für 230-V-Steckdosen, der an das USB-Kabel (siehe ⑦) angeschlossen werden kann
- ⑥ ein USB-Adapter zum Koppeln zweier Smartphones oder zur Nutzung eines gewöhnlichen USB-Sticks am S8 nebst Anleitung
- ⑦ ein USB-Ladekabel mit Anschlussstecker Typ C (einzustecken im Smartphone) und A (einzustecken in das Ladegerät)
- ⑧ ein Adapter MicroUSB auf USB-C, um handelsübliche Ladegeräte mit Micro-USB-Anschluss zu verwenden

Der nicht flüchtige Massenspeicher Ihres Galaxy S8 kann wie schon beim Galaxy S7 per MicroSD-Karte preisgünstig und problemlos erweitert werden. Wer gern viel Musik oder Filme auf seinem Smartphone mit sich führen möchte, sollte gleich den Erwerb einer solchen Speicherkarte mit in Betracht ziehen. Diese kostet heute nicht mehr die Welt: Eine 64-GB-Karte erhalten Sie für ca. 20 €, Tendenz fallend. Der fest eingebaute Speicher des Galaxy S8 gehört übrigens zu den schnellsten, die der Markt zu bieten hat. Er ist zudem mit 64 GB recht üppig bemessen.

> **TIPP**
>
> **Fehlendes Handbuch finden**
>
> Das im Lieferumfang fehlende Herstellerhandbuch zum Galaxy S8 bzw. S8+ können Sie direkt bei Samsung auf *www.samsung.de* in einer Onlineversion aufrufen oder als PDF herunterladen (das PDF-Handbuch ist bei beiden Geräten identisch). Suchen Sie dazu in der Suchmaske der Seite nach »Galaxy S8«.

Nun scharren Sie sicher schon nervös mit den Hufen und wollen das gute Stück so schnell wie möglich in Betrieb nehmen. Aber halt – nicht so voreilig! Entfernen Sie zunächst das Verpackungsmaterial (Folien etc.), und laden Sie dann Ihr Galaxy vollständig auf. Die dafür notwendige USB-Buchse finden Sie am unteren Rand des Geräts. Der Vorteil des neuen USB-C-Anschlusses besteht darin, dass das Ladekabel im Gegensatz zu den weitverbreiteten MicroUSB-Buchsen in beiden Richtungen in die Ladebuchse eingesteckt werden kann.

Die Bedienelemente des Galaxy S8

ACHTUNG

Zuerst aufladen!

Laden Sie Ihr Gerät vor der ersten Inbetriebnahme *vollständig* auf. Das S8 meldet sich, sobald es vollständig geladen ist: Während des Ladevorgangs leuchtet die LED am linken oberen Displayrand rot, nach Abschluss grün. Aus Gründen der Sicherheit werden Akkus bei elektronischen Geräten, die verschickt werden, stets nur halb aufgeladen. Mit der ersten vollständigen Ladung sorgen Sie zudem dafür, dass die Ladeelektronik korrekt kalibriert wird. Verwenden Sie zum Aufladen unbedingt das mitgelieferte Originalladegerät, da Sie nur so in den Genuss der Schnellaufladefunktion kommen: Ein nur 10-minütiger Ladevorgang verlängert die Laufzeit Ihres S8 bereits um ca. 4 Stunden, eine vollständige Ladung des Geräts dauert ca. 90 Minuten.

Die Bedienelemente des Galaxy S8

Während des Aufladens können Sie sich schon einmal mit den am Gerät befindlichen Knöpfen und Anschlüssen vertraut machen. Folgende Elemente werden Sie entdecken:

1. Lautstärkewippe
2. Kamera
3. LED-Blitz
4. Pulsmesser

*Galaxy S8.
Bildquelle: Samsung*

Kapitel 1 – Start mit dem Samsung Galaxy S8

Galaxy S8. Bildquelle: Samsung

⑤ Kopfhöreranschluss, Klinke, 3,5 mm
⑥ USB-C-Anschluss
⑦ Mikrofon
⑧ (Mono-)Lautsprecher
⑨ Frontkamera mit integriertem Iris-Scanner
⑩ **Home**-Sensor (im Display integriert)
⑪ Benachrichtigungs-LED (in der Abbildung nicht aktiv)
⑫ Ein-/Aus-Schalter
⑬ Einschub für Nano-SIM-Karte und MicroSD-Karte (am oberen Rand des Geräts, in der Abbildung nicht sichtbar)

Wie Sie Ihr S8 mit einer Nano-SIM-Karte und ggf. auch einer MicroSD-Karte zur Speichererweiterung bestücken, erfahren Sie gleich im folgenden Abschnitt »Das S8 zum ersten Mal starten«.

Das S8 zum ersten Mal starten

Nachdem der Akku frisch geladen ist, steht dem ersten Start fast nichts mehr im Weg. Sie benötigen eine sogenannte *Nano-SIM-Karte* Ihres Mobilfunkproviders, um mit dem Gerät telefonieren zu können oder mobil im Internet zu surfen. Natürlich können Sie Ihr S8 auch ohne SIM-Karte nutzen, dann benötigen Sie aber mindestens Zugang zu einem WLAN.

> **INFO**
>
> **Der Zoo der SIM-Karten**
>
> Mini-, Micro-, ja sogar Nano-SIM-Karten bevölkern derzeit den Markt. Das Galaxy S8 benötigt eine Nano-SIM-Karte – die kleinste Form der SIM-Karten. Fordern Sie diese bei Ihrem Provider an.
>
>
>
> *Von links nach rechts: Mini-SIM-, Micro-SIM- und Nano-SIM-Karte. Ihr S8 wird mit der Letzteren bestückt. Daneben sehen Sie eine MicroSD-Karte, die Sie zur Erweiterung des Speichers nutzen können.*

1. Öffnen Sie zunächst mit dem beiliegenden Stiftwerkzeug ❶ die SIM-Kartenschublade am Gerät ❷, und legen Sie die Nano-SIM-Karte Ihres Providers in den vorgesehenen Einschub ❸. Außerdem können Sie hier auch eine MicroSD-Karte ❹ einsetzen, falls Sie eine solche bereits erworben haben. Achten Sie dabei auf die korrekte Lage der beiden Karten. Diese ergibt sich zwangsläufig aufgrund ihrer eckigen Form. Stecken Sie anschließend die Schublade wieder in das Smartphone.

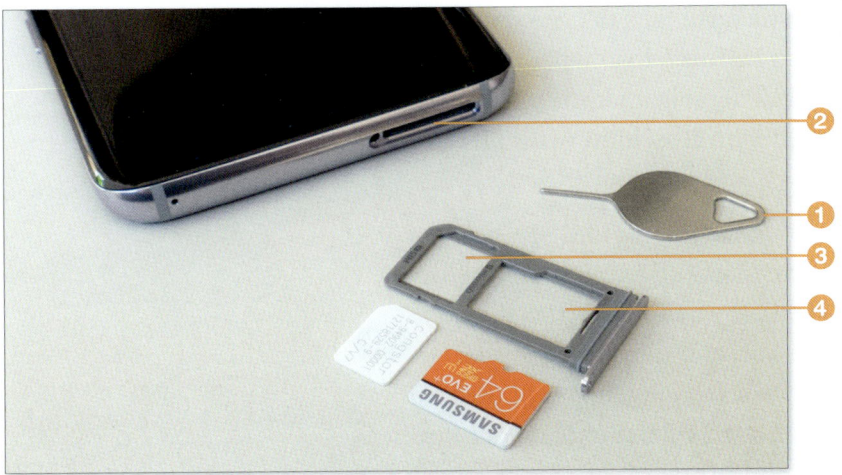

Kapitel 1 – Start mit dem Samsung Galaxy S8

2. Schalten Sie das Galaxy durch einen langen Druck auf den auf der rechten Seite befindlichen Einschaltknopf ein. Halten Sie den Knopf so lange gedrückt, bis Ihnen das Smartphone mit einer kurzen Vibration bestätigt, dass es eingeschaltet ist.

Der erste Startvorgang (das *Booten*) des Betriebssystems Ihres S8 beansprucht eine gewisse Zeit.

Nachdem der Startvorgang abgeschlossen ist, begrüßt Sie der erste Dialog zur Einrichtung und Personalisierung Ihres Smartphones. Jetzt geht es mit folgenden Schritten weiter:

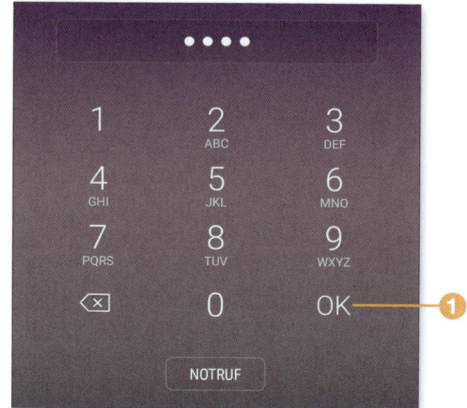

1. Bei eingelegter SIM-Karte werden Sie zunächst aufgefordert, die PIN (Persönliche Identifikationsnummer) der Karte einzugeben. Folgen Sie der Aufforderung, und bestätigen Sie die Eingabe mit **OK** ❶. Die PIN finden Sie im Schreiben Ihres Providers oder auf der Plastikkarte, aus der Sie den SIM-Chip herausgelöst haben. Sie lässt sich jederzeit ändern, mehr dazu später im Abschnitt »Die PIN der SIM-Karte ändern« ab Seite 303.

2. Ein Assistent nimmt Sie bei der Ersteinrichtung Ihres S8 an die Hand. Im ersten Schritt wählen Sie die Sprache der Benutzeroberfläche aus. Bei eingelegter SIM-Karte erkennt das Gerät anhand der Providerinformationen, in welchem

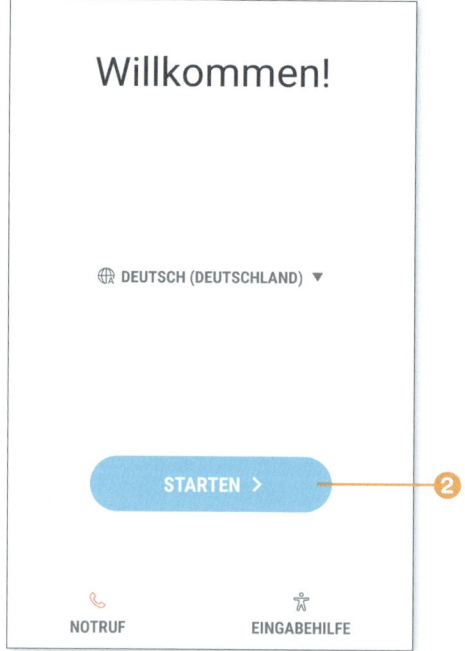

Land Sie sich befinden, und es wird automatisch die richtige Sprache ausgewählt. Zudem werden die im Land üblichen WLAN-Frequenzen auf dem Gerät eingestellt. Durch Betätigen der Schaltfläche **Starten** ❷ gelangen Sie zum nächsten Dialog.

3. Befinden Sie sich in der Nähe eines drahtlosen Netzwerks (WLAN), so haben Sie nun die Gelegenheit, sich mit diesem zu verbinden. Tippen Sie den entsprechenden Eintrag, der dem Namen Ihres Netzes entspricht, an ❸. Anschließend werden Sie nach Ihrem WLAN-Passwort ❹ gefragt, das Sie mithilfe der Displaytastatur eingeben. Experten können sich an dieser Stelle die erweiterten Optionen ❺ zum Herstellen der WLAN-Verbindung anzeigen lassen. Mehr dazu erfahren Sie im Abschnitt »WLAN aktivieren und einrichten« ab Seite 99.

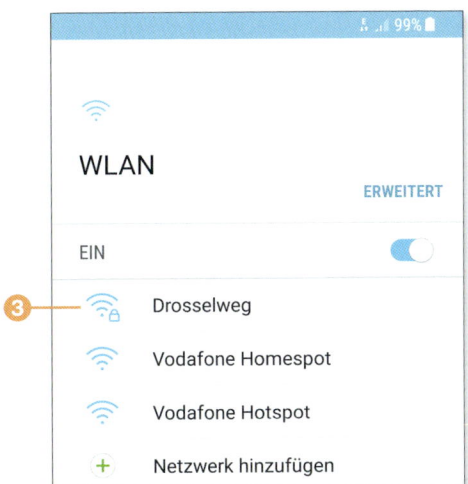
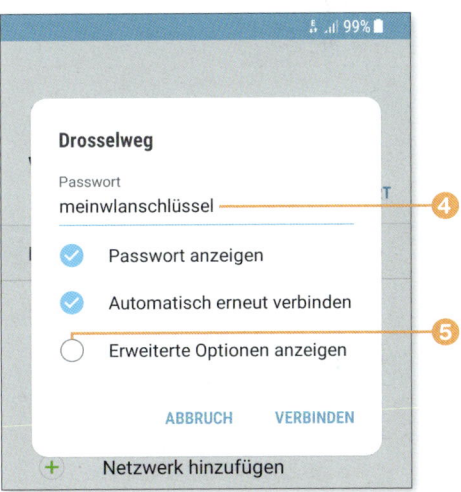

4. Nun müssen Sie die Endbenutzer-Lizenzvereinbarung bestätigen. Das kennen Sie sicher schon, wenn Sie bereits ein gängiges Computerbetriebssystem wie z. B. Windows selbst installiert haben. Am besten aktivieren Sie hier durch Antippen die Auswahlfläche **Allem zustimmen** (❻ auf Seite 20). Wischen Sie den Bildschirm herunter, sodass Sie alle Bedingungen zur Kenntnis nehmen und einzelne ggf. ablehnen, und tippen Sie anschließend auf die Schaltfläche **Weiter** ❼.

Kapitel 1 – Start mit dem Samsung Galaxy S8

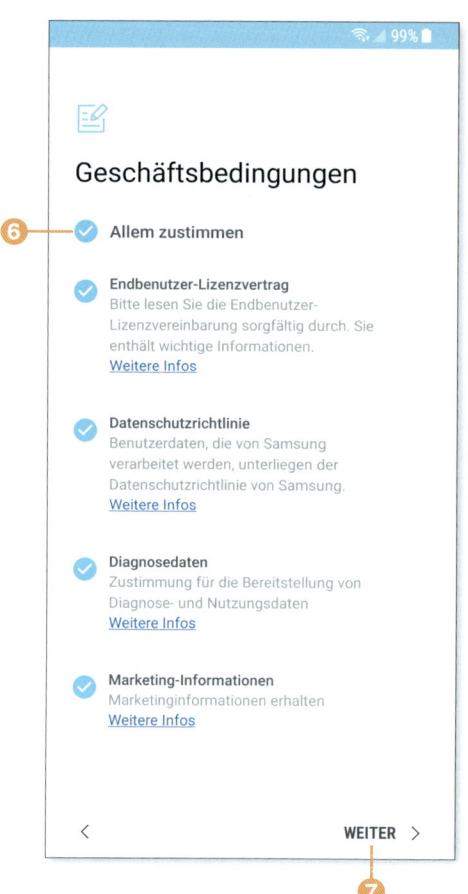
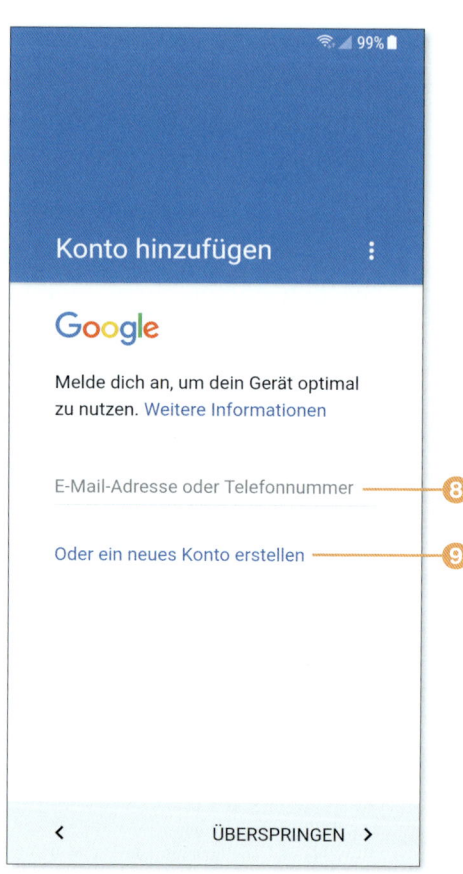

5. Im nächsten Schritt wird nachgefragt, ob Sie ein bestehendes Google-Konto nutzen möchten. In der Regel verfügen die meisten Android-Nutzer schon über ein Konto bei Google, z. B. über einen Gmail-Account. Sie können sich also bereits an dieser Stelle mit den entsprechenden Login-Daten anmelden ❽. Das Google-Konto ist Dreh- und Angelpunkt eines Android-Smartphones. Sollten Sie noch kein Google-Konto eingerichtet haben, so können Sie das an dieser Stelle nachholen. Alternativ können Sie auch ein Google-Konto bequem am PC mithilfe eines Browsers erstellen und die dadurch erhaltenen Login-Daten an dieser Stelle eingeben.

Wenn Sie in diesem Schritt ein neues Konto bei Google erstellen wollen, wählen Sie den Link **Oder ein neues Konto erstellen** ❾. Ein Assistent führt Sie dann selbsterklärend durch die notwendigen Schritte. Im Folgenden gehe ich davon aus, dass Sie bereits ein Google-Konto besitzen bzw. ein solches mithilfe des Assistenten erstellt haben. Nach dem Einloggen mit Ihren Kontodaten ❿ können Sie verschiedene Google-Dienste, z. B. zur Sicherung Ihres S8 bzw. zur Lokalisierung Ihres Geräts bei Verlust aktivieren ⓫. Tippen Sie anschließend die Schaltfläche **Weiter** an.

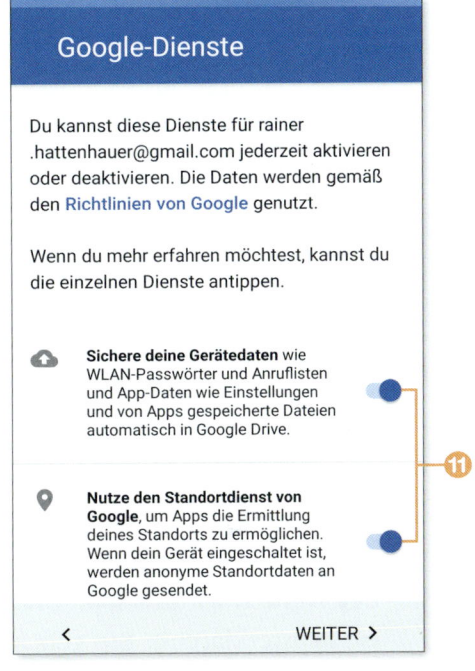

6. Anschließend werden Sie gefragt, ob Sie Daten von einem Smartphone, welches bereits mit Ihrem Google-Konto verknüpft ist, auf Ihr neues S8 übertragen bzw. sämtliche darauf installierten Apps auf dem neuen Gerät wiederherstellen möchten. Ich verneine das an dieser Stelle durch Anwahl der Schaltfläche **Nicht wiederherstellen** (⓬ auf Seite 22), da ich Ihnen in Kapitel 14, »Sicherheit, Backup und Synchronisation«, noch zeigen werde, wie man Daten von einem anderen Gerät problemlos übertragen kann.

7. Im nächsten Dialog dreht sich alles um den Schutz Ihres neuen Smartphones. Sie haben beispielsweise die Möglichkeit, Ihr S8 über Ihren ganz persönlichen Fingerabdruck oder sogar einen Iris-Scan (dieser registriert einzigartige Merkmale Ihrer Augen) zu sichern. Danach können Sie beispielsweise Ihr Gerät entsperren, indem Sie einen Finger auf

Kapitel 1 – Start mit dem Samsung Galaxy S8

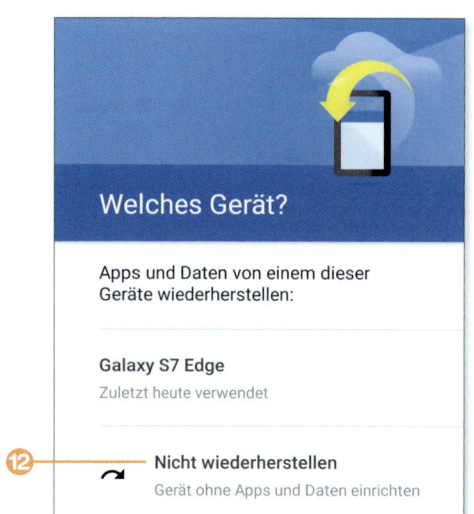
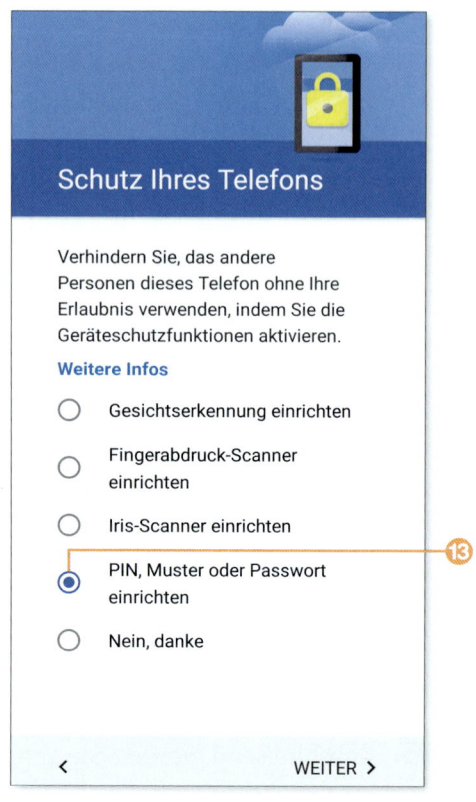

den Sensor auf der Rückseite des Geräts legen oder im zweiten Fall in die Frontkamera blicken. Ein Assistent kümmert sich auch hier um die korrekte Einrichtung. Ich empfehle an dieser Stelle allerdings zunächst einmal die Einrichtung einer vierstelligen PIN ⓭. Mit den komplexeren Sperrmethoden werden wir uns später noch beschäftigen. Die Einrichtung der PIN ist selbsterklärend: Sie geben eine Zahlenkombination ein, die Sie in einem weiteren Schritt bestätigen müssen.

8. Im nächsten Schritt legen Sie fest, ob der Sperrbildschirm für das Anzeigen von Inhalten genutzt werden soll. Das kann mitunter bedenklich sein, z. B. wenn Sie vertrauliche geschäftliche Mails empfangen. Wenn Sie deren Darstellung nicht wünschen, dann aktivieren Sie in diesem Fall die zur Verfügung stehenden Schalter ⓮.

9. Samsung möchte Sie an ein spezielles Konto binden. Dieses könnten Sie nun einrichten und Ihr Gerät registrieren ⓯. Unter anderem bietet Samsung ein eigenes Backup-System an, das mit dem Konto genutzt werden kann. Sie können auch diesen Schritt überspringen und das Konto noch zu einem späteren Zeitpunkt einrichten.

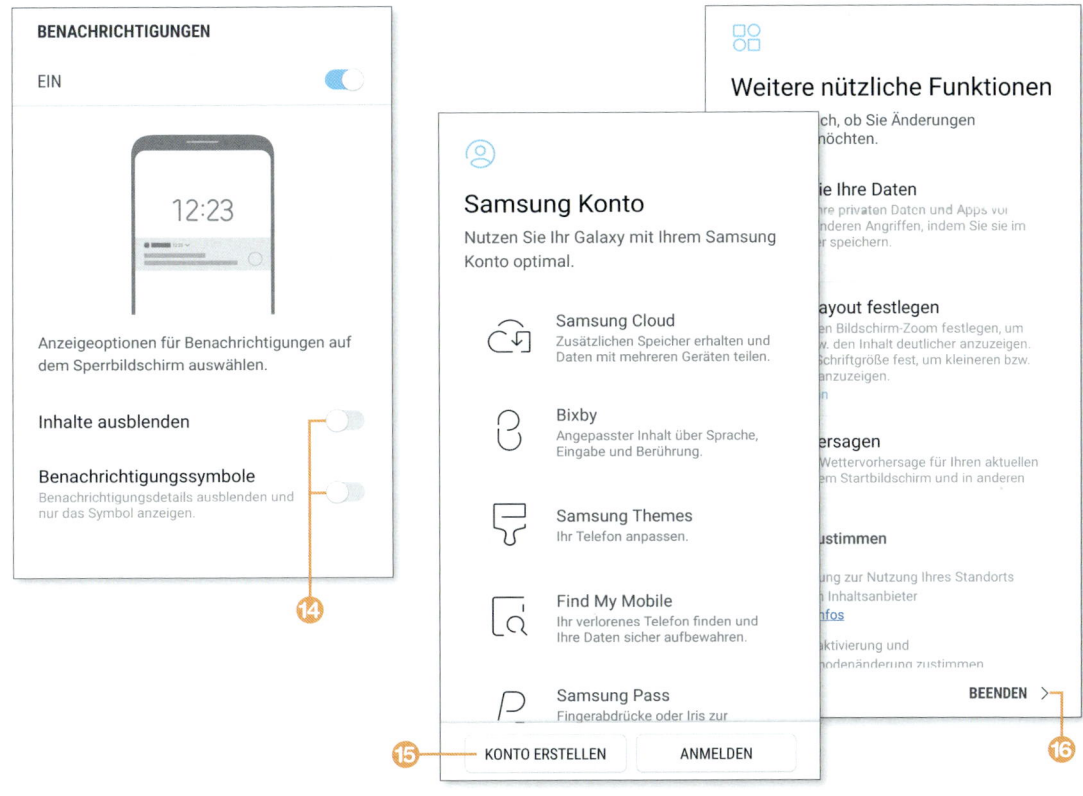

10. Die Einrichtungsprozedur schließt mit der Möglichkeit zur Aktivierung einiger weiterer Funktionen, z. B. eines Phishing-Schutzes gegen Angriffe von außen oder der Anzeige der Wettervorhersage für Ihren aktuellen Standort. Außerdem können Sie an dieser Stelle das Bildschirmlayout Ihren Anforderungen anpassen. Dieses lässt sich allerdings später immer noch ändern, sodass ich Ihnen zu diesem Zeitpunkt empfehle, es bei den Voreinstellungen zu belassen. Verlassen Sie nun den Assistenten zur Konfiguration Ihres Smartphones über die Schaltfläche **Beenden** ⓰.

Geschafft! Ihr S8 ist einsatzbereit. Gegebenenfalls lädt Ihr neues Smartphone noch ein Update des Betriebssystems sowie einiger bereits auf dem Smartphone befindlicher Apps aus dem Internet, wofür sich, wie bereits oben erwähnt, eine WLAN-Verbindung anbietet. Das geschieht beinahe alles im Hintergrund.

Kapitel 1 – Start mit dem Samsung Galaxy S8

Mein Tipp dazu: Legen Sie das gute Stück mit aktiviertem WLAN und angeschlossenem Ladegerät ruhig eine halbe Stunde lang in die Ecke, und warten Sie darauf, dass es sich »beruhigt« bzw. alle Updates installiert wurden. Danach reagiert die Oberfläche wesentlich flüssiger.

Am Anfang werden Sie zudem durch kleine Tipps, die sporadisch auf der Oberfläche erscheinen, beim Umgang mit Ihrem neuen System unterstützt.

Den Fortschritt der Aktualisierung und Anpassung des Systems können Sie kontrollieren, indem Sie per Finger die Statusleiste ⓱ am oberen Bildrand herunterziehen. Sollte ein Systemupdate vorliegen, so schauen Sie im Abschnitt »Apps automatisch oder manuell aktualisieren« ab Seite 181 nach, wie dabei zu verfahren ist.

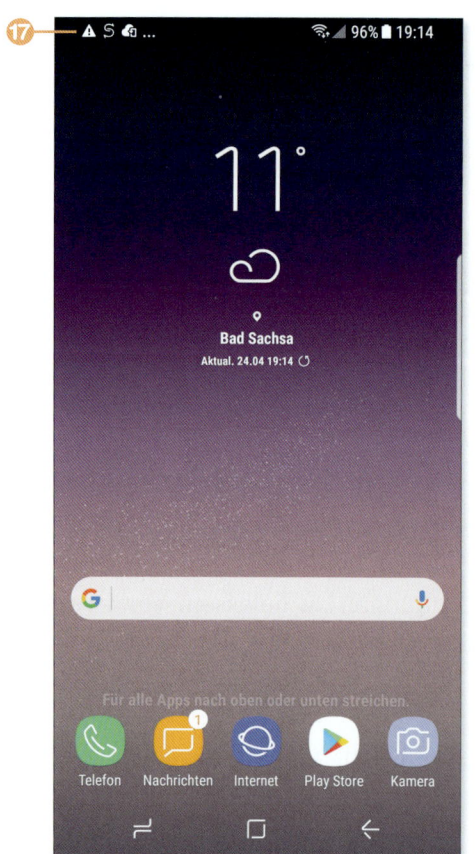 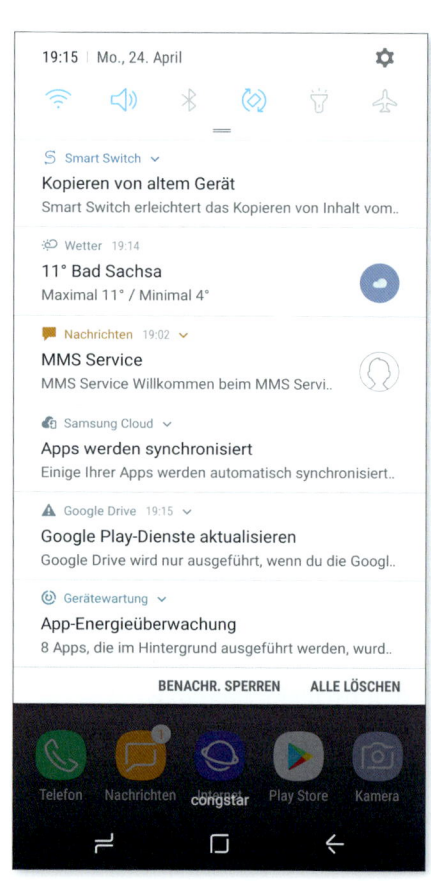

Der Statusbereich gibt Auskunft über den Fortschritt der Aktualisierung.

> **TIPP**
>
> **Ersteinrichtung im WLAN**
>
> Die erste Einrichtung Ihres S8 sollten Sie stets in Verbindung mit dem heimischen WLAN vornehmen. Das geht schneller, und so belasten die notwendigen Datentransfers (z. B. für Updates) nicht unnötig Ihr Onlinebudget.

Nach der ersten Inbetriebnahme werden Sie ggf. noch von dem einen oder anderen Tipp bzw. einer Benachrichtigung »belästigt«. Das gibt sich aber mit der Zeit. Dagegen sollten Sie Hinweise auf Aktualisierungen des Betriebssystems nicht ignorieren. Warum es wichtig ist, diese Updates durchzuführen, erfahren Sie im folgenden Kasten.

> **INFO**
>
> **Aktualisierungen unbedingt durchführen**
>
> Ziehen Sie doch einmal nach der Ersteinrichtung die Statusleiste, die sich am oberen Bildrand befindet, mit gedrücktem Finger herunter. Dort erfahren Sie, ob Aktualisierungen des Betriebssystems oder ggf. auch einiger Anwendungen (*Apps* genannt) zur Verfügung stehen. Es empfiehlt sich stets, solche Aktualisierungen durchzuführen, da sie oft die Sicherheit des Betriebssystems betreffen. Wichtig: Sorgen Sie bei Aktualisierungen des Betriebssystems stets dafür, dass der Akku Ihres S8 randvoll geladen ist. Ein Absturz infolge Energiemangels wäre bei einem Update fatal.
>
>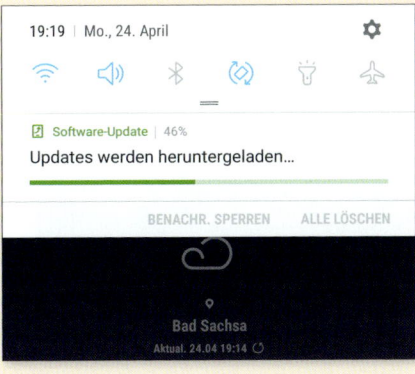
>
> *Ein Betriebssystemupdate wird heruntergeladen.*

Nachdem Sie Ihr neues Smartphone eingerichtet und auf den aktuellen Stand gebracht haben, werde ich Ihnen nun zeigen, wie Sie es sicher in den Standby-Modus befördern oder auch ausschalten.

Kapitel 1 – Start mit dem Samsung Galaxy S8

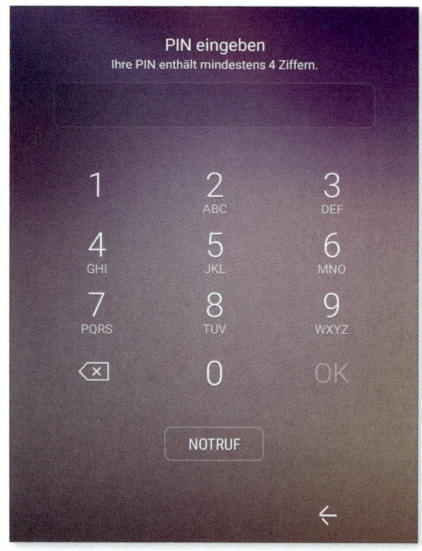

1. Ein kurzer Druck auf den Ein-/Aus-Knopf bringt Ihr Telefon in den Standby-Modus bzw. erweckt es wieder. Danach landen Sie auf dem Sperrbildschirm, den Sie nach der Ersteinrichtung entweder per Wischgeste oder (falls wie oben beschrieben konfiguriert) zusätzlich durch Eingabe einer Zahlenkombination (PIN) entsperren.

   Vom Sperrbildschirm gelangen Sie direkt zur *Telefon*-App ❶ oder zur *Kamera*-App ❷, indem Sie die entsprechende Schaltfläche antippen.

2. Möchten Sie das Gerät komplett ausschalten, so halten Sie den Ein-/Aus-Knopf etwas länger gedrückt. In dem erscheinenden Menü wählen Sie nun die Option **Ausschalten** ❸, um das Telefon herunterzufahren. Danach erscheint die Schaltfläche **Ausschalten** ❹ vergrößert und ist noch einmal zu betätigen, sodass das Gerät nun vollständig herunterfährt.

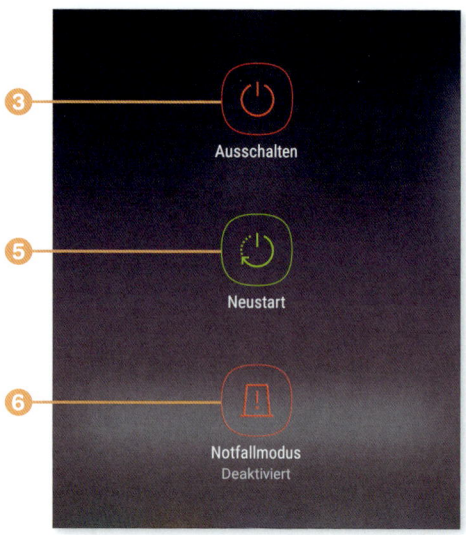

Sollte das Telefon aus unerfindlichen Gründen einmal hängen, so bietet sich an dieser Stelle die Option **Neustart** ❺ an. Mit dem **Notfallmodus** ❻ gelangen Sie in den maximalen Energiesparmodus. Mehr zu seiner Anpassung erfahren Sie im gleichnamigen Abschnitt ab Seite 326.

Kapitel 2
Das Galaxy S8 einrichten und bedienen

Nach dem Einrichtungsmarathon werde ich Sie nun nach und nach mit der Oberfläche Ihres neuen Hightechspielzeugs bekannt machen. Dabei lernen Sie auch, wie Sie das Gerät gemäß Ihren Vorlieben anpassen.

Die Oberfläche im Überblick

Sollten Sie das erste Mal ein Smartphone in der Hand halten, so werden Sie vielleicht von der bunten Oberfläche ein wenig überfordert sein, und auch die folgenden Begriffe sind vielleicht neu für Sie:

Home-Bildschirm(e) bzw. **Startbildschirm(e)**: Darunter versteht man den Bildschirm, auf dem sich die bunten Bildchen und Symbole Ihres Smartphones tummeln. Da ein einziger Bildschirm nicht sonderlich viel Platz auf dem im Vergleich zu einem PC kleinen Display Ihres Smartphones bieten würde, gibt es davon mehrere: Sie wechseln zwischen den einzelnen »Bildschirmchen«, indem Sie mit einem Finger über das Display von rechts nach links oder umgekehrt wischen. Oft verwende ich im Buch für die Home- oder Startbildschirme auch das Synonym *Desktop*.

Apps: *App* ist zunächst einmal die Kurzform von *Application*. Apps sind also Programme auf dem Smartphone und damit ein ganz entscheidender Teil dessen, was das Smartphone so universell einsetzbar und »smart« im Sinne von intelligent macht. Sie starten eine App durch Antippen ihres Symbols (des sog. Icons).

Kapitel 2 – Das Galaxy S8 einrichten und bedienen

Beginnen wir mit dem grundlegenden Aufbau. Die folgenden Abbildungen zeigen die beiden Bildschirme, die Ihnen direkt nach der Ersteinrichtung Ihres Geräts zur Verfügung stehen. Es sind dies der Standard-Home-Bildschirm sowie der *Bixby*-Bildschirm – das ist Samsungs universeller Sprachassistent, dem wir uns später noch im Abschnitt »Der universelle Assistent Bixby« ab Seite 52 ausführlicher widmen. Sie wechseln zwischen diesen beiden Bildschirmen durch Hin- und Herwischen. Den Bixby-Bildschirm können Sie auch durch Betätigen der Bixby-Taste aufrufen, die sich am linken Geräterand unterhalb der Lautstärketasten befindet.

Konzentrieren wir uns aber zunächst auf den Hauptbildschirm. Hier finden Sie folgende Elemente:

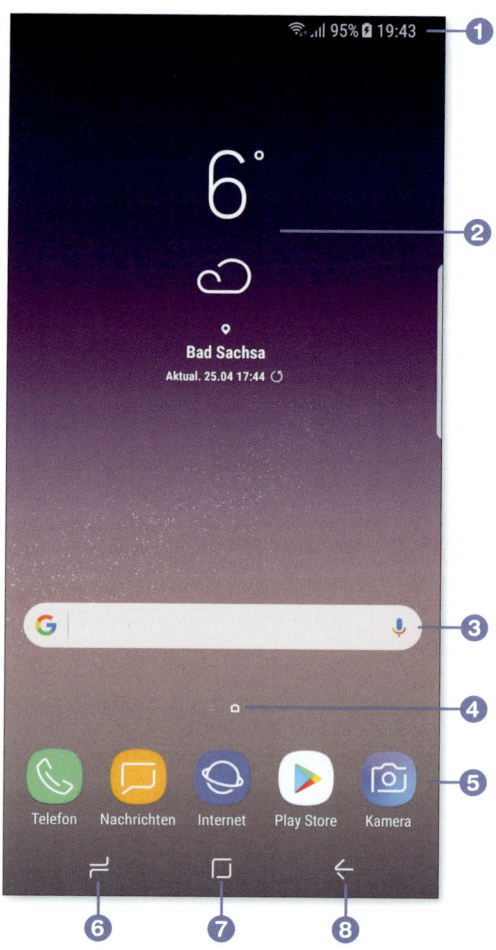

Die Oberfläche im Überblick

❶ **Statusleiste**

❷ **Widgets**, hier zur Anzeige des lokalen Wetters

❸ **Google-Suchfeld** (Spracheingabe möglich, lässt sich einfach mit dem Sprachbefehl »OK Google« starten)

❹ Anzeige des momentan verwendeten **Home-Bildschirms**, symbolisiert durch ein kleines Häuschen. Links vom Hauptbildschirm befindet sich der Bixby-Bildschirm.

❺ **Schnellzugriffsleiste** mit Apps bzw. Verknüpfungen, die auf jedem Home-Bildschirm erscheinen

Sehr wichtig für den Umgang mit Ihrem Smartphone sind die drei virtuellen Tasten, die am unteren Rand des Displays dargestellt werden. Dies sind:

❻ Aktuelle Anwendungen

❼ Home-Taste

❽ Zurück-Taste

Die drei Tasten haben folgende Funktionen:

Aktuelle Anwendungen: Mit dieser virtuellen Taste erreichen Sie eine Übersicht über alle kürzlich gestarteten Anwendungen. Sie können durch Antippen einer App in der Übersicht sofort zu dieser wechseln.

Multi-Window-fähige Apps erkennen Sie an einem speziellen Zeichen ❾ in der Titelleiste – was es mit diesen speziellen Apps auf sich hat, erfahren Sie später noch. Jede dieser Anwendungen können Sie durch Antippen des **X**-Symbols aus der Liste entfernen, mittels **Alle beenden** lassen sich alle Apps aus der Liste löschen.

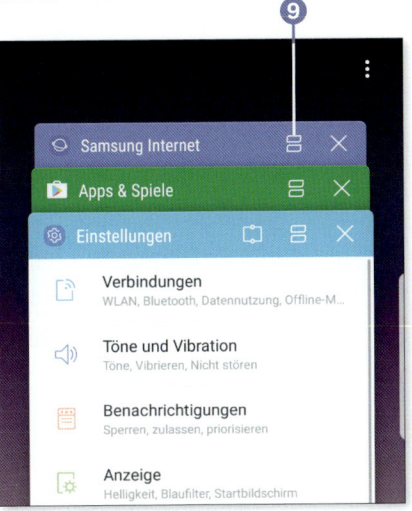

Die **Home**-Taste: Diese war beim Vorgängermodell, dem Galaxy S7, noch als »echte« Taste ausgeführt. Beim S8 ist daraus nun wie bei vielen modernen Android-Smartphones eine virtuelle Taste geworden. Samsung hat sich bei dem neuen Infinity Display des S8 noch etwas Besonderes einfallen lassen, um die Anhänger einer physischen Home-Taste nicht zu verprellen: Über einen kräftigen Druck auf den unteren mittleren Displaybereich hat man infolge einer Vibration den Eindruck, eine echte Taste zu drücken. Das ist insbesondere bei Anwendungen nützlich, die im Vollbildmodus laufen und bei denen die virtuellen Schaltflächen nicht sofort sichtbar sind.

Mit der Home-Taste gelangen Sie aus jeder Situation wieder zurück auf den Start-Desktop. Sie können sich auf Ihrem Smartphone also praktisch nicht verlaufen. Ein langer Druck auf die Home-Taste führt Sie direkt zu Googles allgegenwärtigem Suchassistenten *Google Assistant*.

Zurück-Taste: Mit ihr bewegen Sie sich aus dem Untermenü einer App jeweils um einen Schritt zurück. Wenn Sie sich bereits im Hauptmenü der App befinden, dann beenden Sie die App durch Betätigen der Zurück-Taste. Befinden Sie sich bereits auf dem Home-Bildschirm, so hat diese Taste keine Funktion.

Genug der Erklärungen, Zeit für praktische Übungen:

1. Verschaffen Sie sich zunächst einen Überblick über die aktuellen Bildschirme, indem Sie länger auf eine freie Stelle des Hauptbildschirms tippen. Daraufhin erscheint eine Übersicht. Alternativ können Sie auch zwei Finger auf dem Bildschirm zusammenführen – diese Geste nennt man *Pinch to Zoom*. Samsung bezeichnet die vorliegende Ansicht als *Feldbearbeitungsmodus*. Sie können hier u. a. den Hintergrund des Home-Bildschirms ändern, sog. *Widgets* ergänzen, das Erscheinungsbild der Oberfläche durch die Verwendung von Themen (*Themes*) komplett ändern oder das Anordnungsraster der Symbole über die **Startseiten-Einstellungen** verkleinern.

2. Wischen Sie mit dem Finger nach rechts, landen Sie auf der Bixby-Seite. Durch Antippen des Schaltersymbols ❶ können Sie nun die Bixby-Seite deaktivieren, sodass diese nicht mehr in der Übersicht erscheint. Keine Sorge: Sie können Bixby anschließend immer noch durch Betätigen des Bixby-Knopfs am Gerät aufrufen.

Die Oberfläche im Überblick

3. Tippen Sie im Feldbearbeitungsmodus auf die Schaltfläche **Startseiten-Einstellungen** ❷, und wählen Sie die Option **Startbildschirmgitter** ❸. Standardmäßig ist hier das Raster **5x5** ausgewählt, Sie können aber auch andere Rastergrößen (z. B. **4x5**) auswählen, was dann etwas augenfreundlicher ist. Bestätigen Sie Ihre Änderung über die Schaltfläche **Anwenden**.

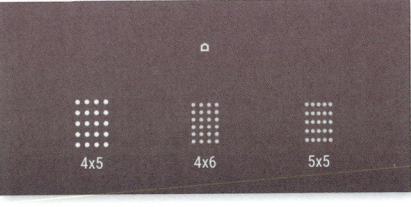

> **TIPP**
>
> **App-Schaltfläche zum Vorschein bringen**
>
> In den Startseiten-Einstellungen können Galaxy-Veteranen über die entsprechende Option die gewohnte App-Schaltfläche wieder zum Vorschein bringen. Diese ist beim S8 einer Wischgeste zum Opfer gefallen, mit deren Hilfe man in die Übersicht der installierten Apps gelangt (siehe dazu Seite 41).

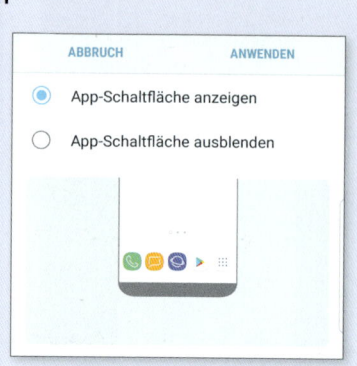

4. Wie wäre es mit einer völlig neuen Gestalt der Oberfläche? Dazu wählen Sie im Feldbearbeitungsmodus über die Schaltfläche **Hintergründe und Themes** (④ auf Seite 31) ein neues Thema für Ihr S8 aus. Sie gelangen dort zu einem erweiterten Onlineangebot mit vielen kostenlosen Themen. (Näheres hierzu lesen Sie ab Seite 37.)

5. Sie wünschen sich mehr Home-Bildschirme? Kein Problem! Rufen Sie erneut das Home-Bildschirm-Menü auf, und fügen Sie mithilfe des **+**-Bildschirms (⑤ auf Seite 31) einen weiteren Home-Bildschirm hinzu. Dort können Sie dann ebenfalls Widgets und Icons platzieren.

> **INFO**
>
> **Wie viele Home-Bildschirme dürfen's denn sein?**
>
> Sie können beliebig viele Home-Bildschirme hinzufügen, indem Sie auf dem Bildschirm eine Pinch-to-Zoom-Geste (siehe Glossar) ausführen, sich durch die bestehenden Home-Bildschirme bewegen und mit dem erscheinenden **+**-Symbol einen neuen Bildschirm ergänzen. Das Ganze kann natürlich bisweilen unübersichtlich werden, aber keine Angst: Entfernen Sie überflüssige Home-Bildschirme einfach in der Übersichtsansicht durch Antippen des Papierkorb-Symbols ⑥.

Die Oberfläche im Überblick

Hinter der Statusleiste, die Sie schon bei der Ersteinrichtung kennengelernt haben, verbergen sich weitere Funktionen.

1. Ziehen Sie die Statusleiste am oberen Rand des Displays mit gedrücktem Finger herunter. Es erscheint der Meldungsbereich. Im vorliegenden Fall erkennen Sie, dass ich mein Smartphone per USB-Anschluss am PC angeschlossen habe ❶ und es darüber auch aufgeladen wird ❷.

2. Über den Statusmeldungen finden Sie Schnellschaltflächen zur Aktivierung bzw. Deaktivierung wichtiger Funktionen. Dort sind zunächst nur die wichtigsten Optionen zu sehen, beispielsweise die Schaltfläche zur Aktivierung bzw. Deaktivierung des WLAN-Empfangs ❸. Möchten Sie alle Schnellschaltflächen zum Vorschein bringen, dann wischen Sie noch einmal von oben nach unten. Er erscheint nun eines von zwei Feldern. Zwischen den beiden Hauptfeldern der Schnellschaltflächen wechseln Sie per Wischgeste von links nach rechts und umgekehrt.

Hier finden Sie folgende wichtige Optionen, die Sie jeweils durch Antippen aktivieren bzw. deaktivieren können:

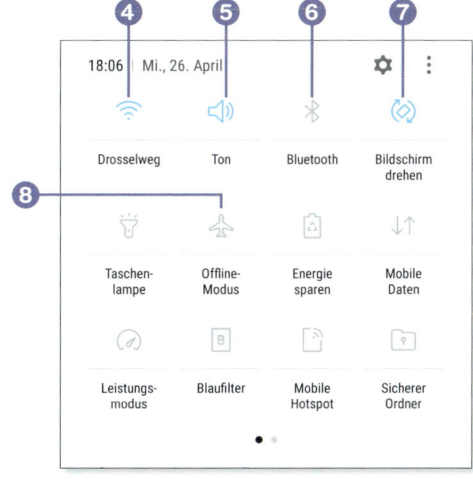

❹ WLAN-Empfang

❺ Ton

❻ Bluetooth-Empfang

❼ Automatisches Drehen des Bildschirms

❽ Flugzeugmodus (Offline-Modus) (Ist er eingeschaltet, werden sämtliche Funkempfänger deaktiviert.)

Kapitel 2 – Das Galaxy S8 einrichten und bedienen

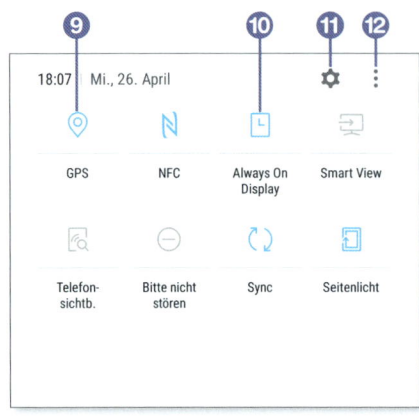

⑨ GPS-Modul zur Lokalisierung

⑩ Always On Display

Sollte Ihnen eine bestimmte Funktion nicht geläufig sein, so führen Sie einfach einen langen Druck über dem entsprechenden Symbol durch, und Sie landen in den Einstellungen bei der entsprechenden Funktion. Alle Funktionen, die Sie per Schnellschaltflächen aktivieren können, finden Sie auch stets in den Einstellungen Ihres Smartphones wieder. Sehen wir uns diese einmal etwas genauer an. Durch Antippen des Zahnradsymbols ⑪ im Statusbereich gelangen Sie in den Bereich der Einstellungen Ihres Smartphones.

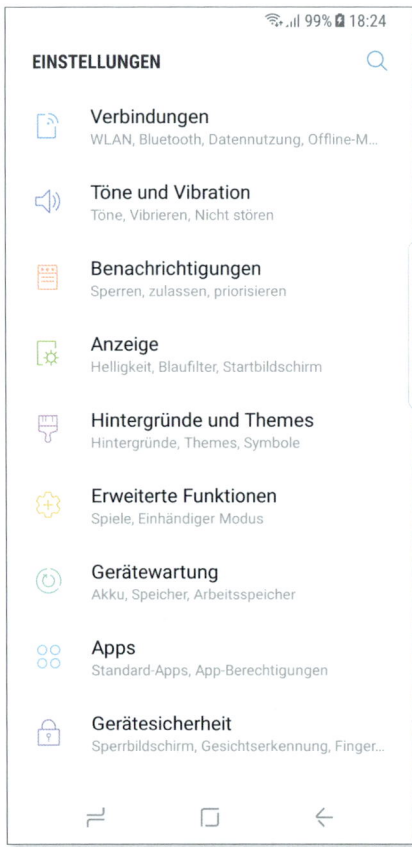
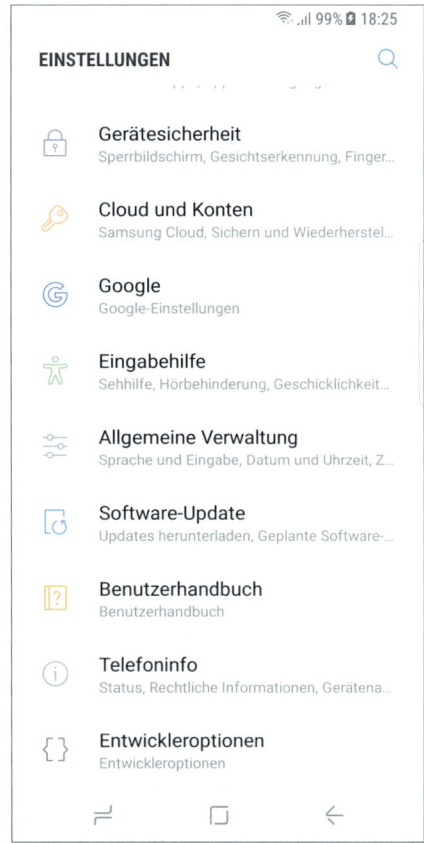

34

Hier finden Sie nun eine Übersicht über sämtliche Konfigurationsmöglichkeiten und Funktionen Ihres S8 vor. Sehen Sie sich die komplette Liste an, indem Sie mit dem Finger auf dem Display nach oben bzw. unten wischen. Wir werden uns im Verlauf des Buches noch häufig in den Einstellungsbereich begeben, um bestimmte Funktionen zu aktivieren. An dieser Stelle genügt es zu wissen, wie Sie dorthin gelangen. Verlassen Sie schließlich den Einstellungsbereich durch Betätigen der Zurück- oder Home-Schaltfläche.

> **TIPP**
>
> **Schnellschaltflächen bearbeiten**
>
> Im oberen rechten Bereich der Schnellschaltflächen finden Sie drei senkrecht angeordnete Punkte (siehe ⓬ auf Seite 34). Wenn Sie diese antippen, gelangen Sie in ein Menü. Wählen Sie dort den Punkt **Schaltflächenanordnung** ⓭, und ordnen Sie die Schnellschaltflächen nach Ihren Vorstellungen an.
>
> Sie können auch Schnellschaltflächen aus der Übersicht entfernen, indem Sie diese per gedrücktem Finger in den unteren Displaybereich ziehen. Bestätigen Sie die neue Anordnung über die Schaltfläche **Fertig**.
>
>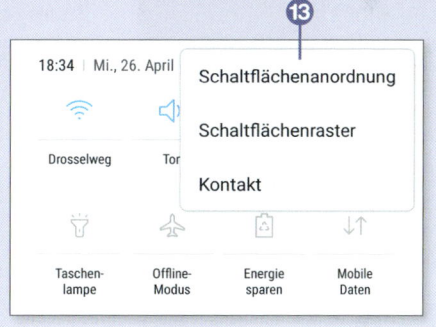

Frühjahrsputz – überflüssige Samsung-Extras entfernen

Ich weiß nicht, wie es Ihnen geht, aber ich bin nicht begeistert, wenn mir jemand vorschreibt, wie ich mein Heim einrichten soll. Grund genug, den vorhandenen Home-Bildschirm nach eigenen Vorstellungen anzupassen und ggf. von unerwünschten Extras zu säubern, die Samsung hinterlassen hat. Keine Angst: Es handelt sich dabei um App- bzw. Widget-Verknüpfungen, die Sie bei Bedarf jederzeit wieder auf die Home-Bildschirme befördern können.

Kapitel 2 – Das Galaxy S8 einrichten und bedienen

> **INFO**
>
> **App-Icons und Widgets**
>
> Auf den Home-Bildschirmen werden lediglich Verknüpfungen zu den Apps (*Icons*) oder Informationsfelder von Apps (*Widgets*) abgelegt, nicht jedoch die eigentlichen Programme (Apps). Wenn Sie den Home-Bildschirm durch Entfernen unerwünschter Elemente säubern, werden die mit den Icons und Widgets verknüpften Apps nicht gelöscht – es sei denn, Sie wählen aus dem Kontextmenü einer Verknüpfung explizit die Option **Deinstallieren** aus.

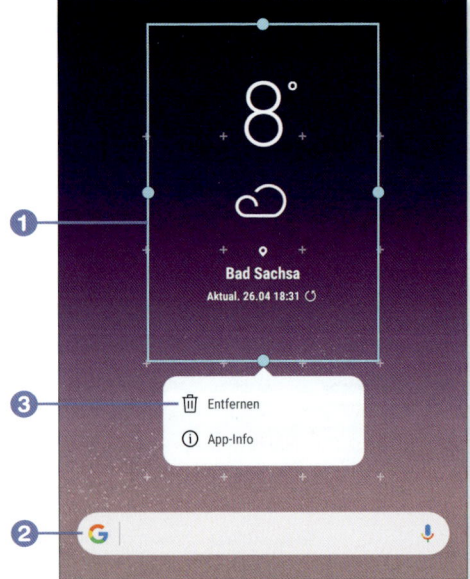

Los geht's mit dem Frühjahrsputz auf der Oberfläche! Wie man den Bixby-Bildschirm loswird, habe ich Ihnen bereits auf Seite 30 gezeigt. Nun entledigen wir uns noch des Wetter-Widgets ❶ und der Google-Suchleiste ❷, um einen jungfräulichen Startbildschirm zu erhalten.

1. Tippen Sie nacheinander etwas länger auf jedes unerwünschte Element auf der Startseite, also beispielsweise auf das Wetter-Widget. Im Kontextmenü erscheint die Schaltfläche **Entfernen** ❸.

2. Tippen Sie darauf, wird das Widget von der Oberfläche entfernt. Widgets und Icons können auch an eine andere Stelle oder sogar auf einen anderen Bildschirm verschoben werden, indem Sie den Finger über dem entsprechenden Symbol gedrückt halten und dieses an die gewünschte Stelle verschieben.

Natürlich können Sie auch die sog. *Fix-Icons* (**Telefon**, **Nachrichten** usw.) in der unteren Hauptmenüzeile entfernen und nach Belieben durch neue ersetzen.

Frühjahrsputz – überflüssige Samsung-Extras entfernen

3. Ebenso lassen sich ganze Home-Bildschirme löschen (siehe dazu den Kasten »Wie viele Home-Bildschirme dürfen's denn sein?« auf Seite 32). Voraussetzung dafür ist allerdings, dass sich keine Objekte auf dem betreffenden Bildschirm befinden.

Lassen Sie uns den Desktop nun auch noch mit einem neuen Hintergrundbild versehen:

1. Halten Sie den Finger auf einem leeren Bereich der Oberfläche gedrückt, und wählen Sie im erscheinenden Feldbearbeitungsmodus den Punkt **Hintergründe und Themes**.

2. Wählen Sie aus der Hintergrundbildgalerie im Bereich **Hintergründe** ❶ oder aus Ihrer Fotogalerie (erreichbar über das Galerie-Symbol ❷) einen neuen Hintergrund aus. Über **Alle Anzeigen** ❸ werden alle Bilder aufgelistet, die sich auf Ihrem S8 befinden. Ein individuelles Hintergrundbild setzt voraus, dass Sie bereits einige Fotos mit Ihrem S8 geschossen haben, siehe dazu auch Kapitel 9, »Fotografieren mit dem S8«.

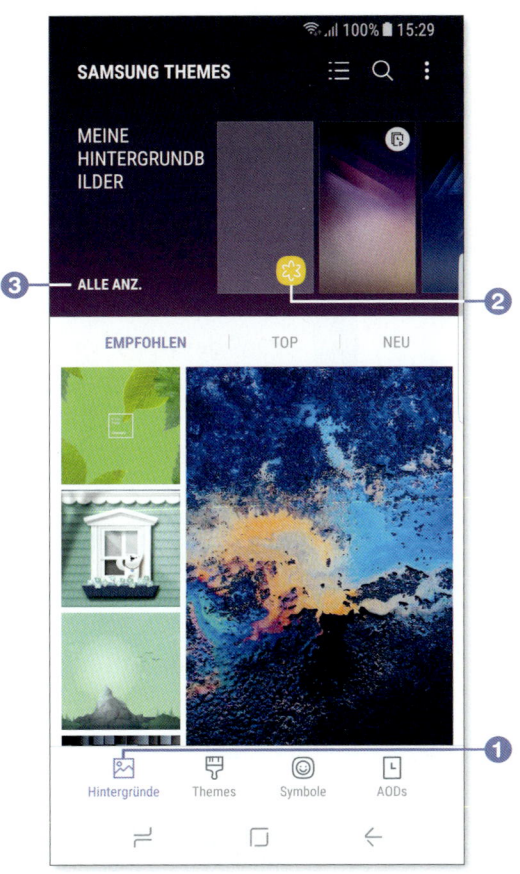

3. Wählen Sie das gewünschte Bild durch Antippen in der Übersicht aus. Soll das Bild sowohl den Start- als auch den Sperrbildschirm zieren, so tippen Sie auf die Schaltfläche **Start- und Sperrbildschirm** (❹ auf Seite 38). Alternativ können Sie auch dem **Startbildschirm** ❺ und dem **Sperrbildschirm** ❻ jeweils ein eigenes Hintergrundbild zuordnen.

Kapitel 2 – Das Galaxy S8 einrichten und bedienen

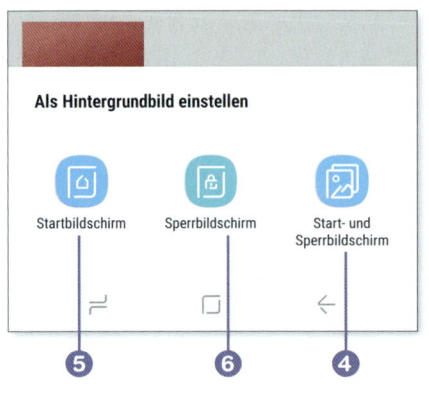

4. Tippen Sie auf die nun erscheinende Schaltfläche **Als Hintergrund festlegen** ❼, und das ausgewählte Bild ziert fortan Ihr Display.

> **INFO**
>
> **Der bewegliche Hintergrund**
>
> Über den aktivierten Schalter **Bewegungseffekt** ❽ erscheint der aktuell von Ihnen ausgewählte Hintergrund animiert. Wenn Sie dann Ihr S8 hin und her kippen, bewegt sich der Hintergrund hinter den Icons der Apps – eine nette Animation namens *Parallax-Effekt*, die beim Standardhintergrund Ihres S8 schon aktiviert ist.

Die Oberfläche selbst einrichten

Nachdem Sie ggf. schon etwas aufgeräumt haben, ist es an der Zeit, alle Apps auf die Home-Bildschirme zu befördern, die Sie aller Voraussicht nach häufiger verwenden werden. Doch wo finden Sie sie? Hier hat sich beim S8 einiges gegenüber den Vorgängermodellen geändert:

1. Wischen Sie zunächst mit dem Finger nach links oder rechts, bis Sie einen Home-Bildschirm gefunden haben, auf dem genügend Platz ist.

2. Führen Sie auf dem Display eine Wischbewegung von unten nach oben durch, um eine Übersicht über alle Apps zum Vorschein zu bringen (siehe die folgende Abbildung auf Seite 39).

Die Oberfläche selbst einrichten

3. Halten Sie einen Finger über einer App gedrückt, und wählen Sie im Kontextmenü **Verknüpfung zu Start hinzufügen** ❶. Dadurch wird eine Verknüpfung auf dem Startbildschirm erstellt, auf dem Sie sich zuletzt befunden haben. Verschieben Sie die Verknüpfung bei Bedarf mit gedrücktem Finger an die gewünschte Stelle des Home-Bildschirms.

Eine andere Möglichkeit zur Erstellung einer Verknüpfung: Halten Sie den Finger so lange auf einer App gedrückt, bis ein Home-Bildschirm erscheint. Wenn Sie den Finger an der gewünschten Stelle loslassen, wird eine Verknüpfung zur App ❷ auf dem Screen abgelegt.

Auf die gleiche Weise können Sie auch Widgets auf den Home-Bildschirmen ablegen. Sie gelangen direkt zu den Widgets durch längeres Antippen einer freien Fläche auf einem Home-Bildschirm und die anschließende Auswahl des Menüpunkts **Widgets**. Wenn Ihnen das Widget nicht zusagen sollte, so tippen Sie dieses länger an und wählen im erscheinenden Kontextmenü **Entfernen**.

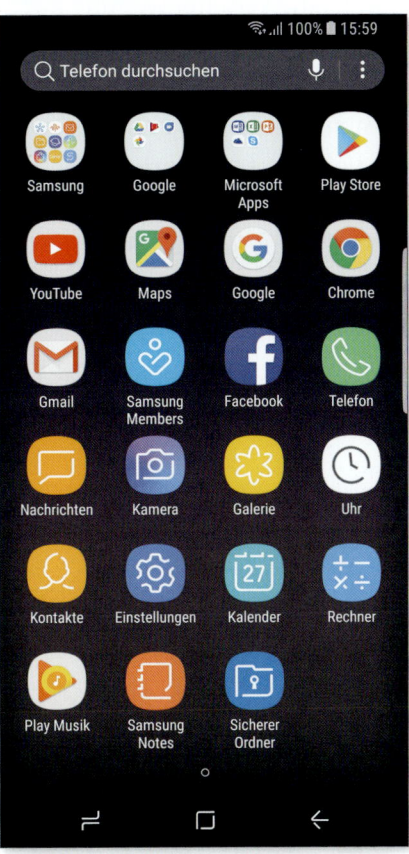

Der App-Launcher und das App-Menü

Sehen wir uns noch einmal die Zentrale aller Apps an: das *App-Menü*. Darin finden Sie alle auf Ihrem S8 installierten Apps vor und können diese von dort aus auch starten. Sie gelangen von jedem Home-Bildschirm ins App-Menü durch eine Wischbewegung auf dem Display von unten nach oben. Das englische Verb *to launch* bedeutet sinngemäß übersetzt *starten*, daher wird die Oberfläche zum Starten von Apps auch *Launcher* genannt. Der Launcher lässt sich ebenfalls nach eigenen Vorlieben gestalten. Unerwünschte Apps, die von Haus aus vorhanden sind und sich nicht deinstallieren lassen, können ausgeblendet werden und tauchen dann im Menü nicht mehr auf. Darüber hinaus können Sie Ihre Apps alphabetisch anordnen bzw. auch nach bestimmten Apps gezielt suchen, wenn das App-Menü übervoll wird und somit unübersichtlich ist.

1. Begeben Sie sich ins App-Menü, und betätigen Sie die Menü-Schaltfläche (erkennbar an den drei senkrechten Punkten).

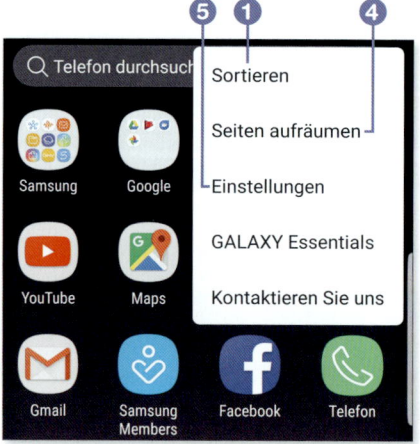

2. Wählen Sie im erscheinenden Menü **Sortieren** ❶. Hier können Sie wählen, ob die Apps in einer von Ihnen festgelegten ❷ (**Angepasste Reihenfolge**) oder in alphabetischer Reihenfolge ❸ erscheinen sollen. Im ersten Fall können Sie die Apps mit gedrücktem Finger beliebig selbst anordnen.

Der App-Launcher und das App-Menü

3. Wenn Sie eine App deinstalliert haben, dann kann es passieren, dass diese eine Lücke hinterlässt. Derartige Lücken beseitigen Sie mit dem Menüpunkt **Seiten aufräumen** ❹.

Im App-Launcher-Menü finden Sie auch den Menüpunkt **Einstellungen** ❺. Hier können Sie z. B. unerwünschte Apps ausblenden ❻. Außerdem haben Sie an dieser Stelle die Möglichkeit, die bisher übliche **App-Schaltfläche** ❼ am unteren Rand der Home-Bildschirme wieder zum Vorschein zu bringen.

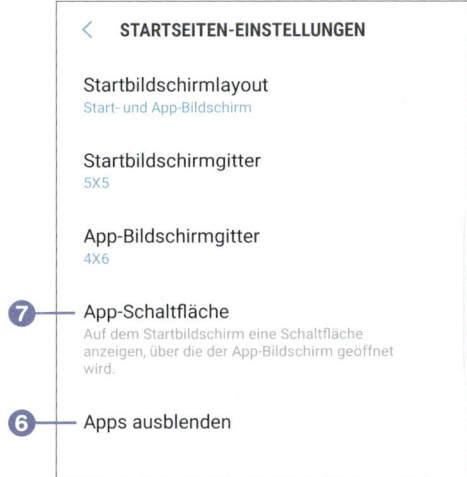

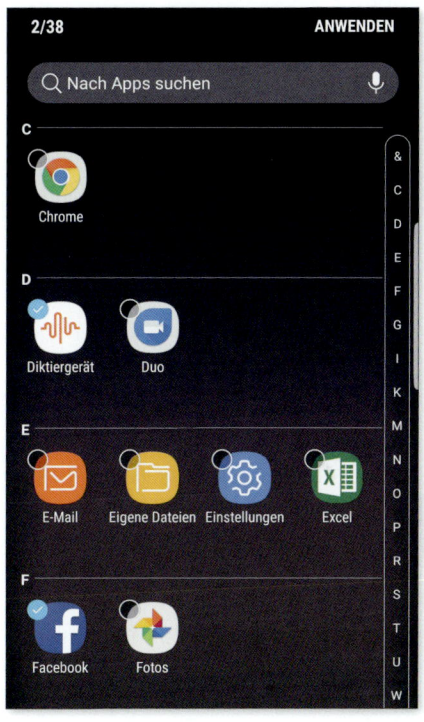

Apps blenden Sie im App-Launcher durch das Setzen eines Häkchens aus.

Im Vergleich zu seinen Vorgängern, dem Galaxy S5 bzw. S6, hat Samsung bereits das S7 und noch mehr das aktuelle S8 deutlich von sog. *Bloatware* befreit. Das sind Programme, die aufgrund von Werbeabkommen mit Firmen automatisch auf dem Gerät installiert wurden und für die meisten Anwender eher ein notwendiges Übel sind. Aber Samsung hält auch interessante, meist kostenlose App-Perlen für Sie bereit: Tippen Sie dazu im App-Launcher zunächst auf das Menü-Symbol oben rechts, anschließend auf

Kapitel 2 – Das Galaxy S8 einrichten und bedienen

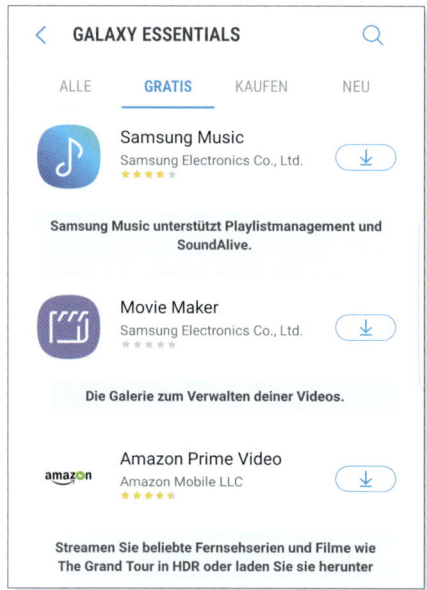

den Menüpunkt **Galaxy Essentials**, und halten Sie Ausschau nach für Sie interessanten Apps. Es lohnt sich insbesondere, im Untermenü **Gratis** zu stöbern. Ich werde Ihnen später noch genauer erläutern, wie man die dort erhältlichen Apps installiert. Einige der dort aufgelisteten Apps sind bereits von Haus aus auf Ihrem S8 installiert.

Samsung bietet eine Vielzahl eigene, aber auch kostenlose Apps von anderen Anbietern an.

Ordnung schaffen mit Ordnern

Mit der Zeit werden das App-Menü und die Home-Bildschirme recht unübersichtlich, und zwar dann, wenn zu viele Icons darauf liegen. Der Trick: Legen Sie die Icons der Apps säuberlich in Ordnern ab. Dieses Vorgehen kennen Sie sicher vom Betriebssystem Ihres PCs. Auf einem Home-Bildschirm geht das folgendermaßen:

1. Legen Sie sich zunächst einige App-Icons, die Sie in einen gemeinsamen Ordner packen wollen, in den freien Bereich eines Home-Bildschirms. Die beiden App-Icons sollten dabei direkt nebeneinanderliegen.

2. Ziehen Sie nun ein Icon per Finger über ein anderes. Sobald ein heller Rahmen erscheint, lassen Sie das gezogene Symbol los.

3. Geben Sie dem Ordner über das Namensfeld ❶ einen prägnanten Namen. Durch Antippen des Farbpaletten-Symbols ❷ können Sie auch die Farbe des Ordners festlegen.

Begeben Sie sich per Zurück-Taste wieder auf den Home-Bildschirm, und schieben Sie weitere Apps per Drag & Drop (Ziehen und Ablegen) in den frisch erstellten Ordner. Alternativ: Verwenden Sie den Ordnermenüpunkt **Apps hinzufügen**, und wählen Sie weitere Apps, die im Ordner enthalten sein sollen, aus dem App-Menü aus.

Im Beispiel oben wurden die *Kamera*- und die *Galerie*-App in einem Ordner namens *Fotografie* untergebracht. Derartige Ordner können Sie übrigens auch in gleicher Weise im App-Menü erstellen.

Google-, Microsoft- und Samsung-Apps sind im App-Menü in Ordnern untergebracht.

Die Displaysperre biometrisch absichern

Wer hätte jemals gedacht, dass Elemente aus James-Bond-Filmen Einzug in Ihren Smartphone-Alltag halten? Aber genau das ist der Fall, wenn Sie Ihr Gerät durch das Einscannen Ihres Auges bzw. per Fingerabdruck entsperren. Der Fingerabdruck und die Struktur der Iris Ihrer Augen sind sog. *biometrische* Merkmale. Die Einrichtung ist rasch erledigt. Beginnen wir mit Ihrem Fingerabdruck:

1. Begeben Sie sich in den Einstellungen in den Bereich **Gerätesicherheit**, und tippen Sie auf den Eintrag **Fingerabdruck-Scanner** ❶.

2. Es startet ein Assistent zur Einrichtung des Fingerabdruck-Scanners. Dieser fordert Sie zunächst auf, eine alternative Entsperr-

Kapitel 2 – Das Galaxy S8 einrichten und bedienen

methode festzulegen, falls Ihr Fingerabdruck einmal nicht erkannt werden sollte. Hier bietet sich das Entsperren per **PIN** oder **Passwort** ❷ an.

3. Legen Sie Ihren Finger während des Registrierungsvorgangs wie gefordert mehrfach auf den Sensor, der sich auf der Geräterückseite neben der Kameralinse befindet ❸, und bestätigen Sie schließlich mit **OK**.

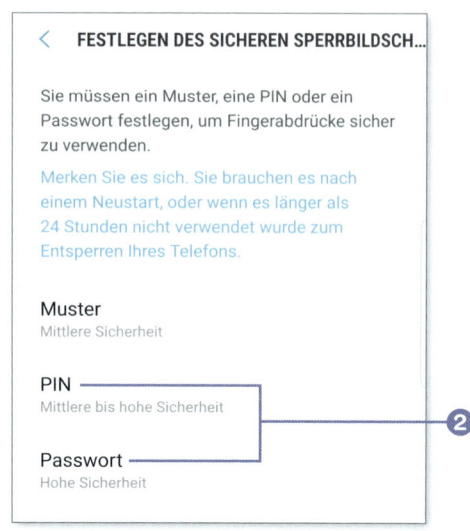

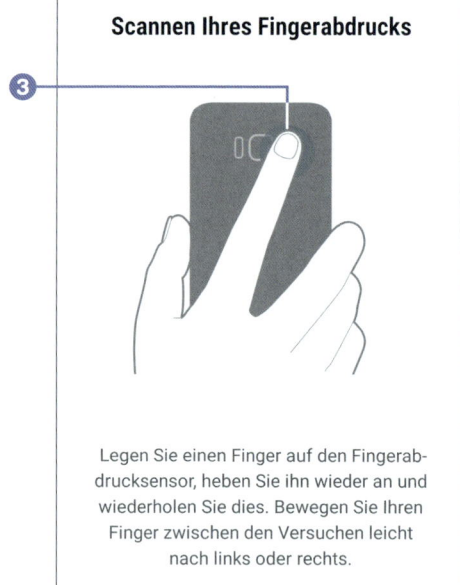

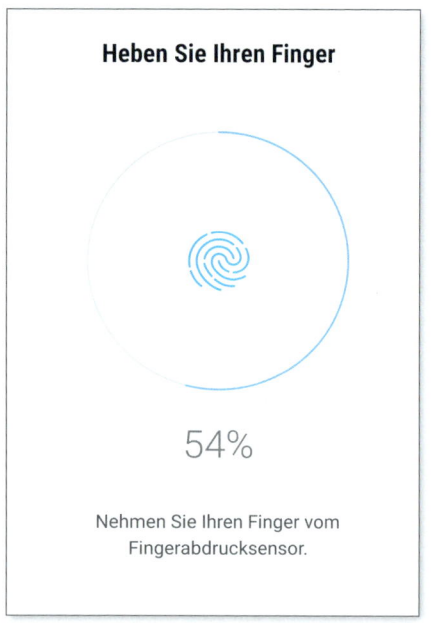

Sie können nun weitere Fingerabdrücke registrieren ❹, z. B. von einem anderen Finger oder einer anderen Person, etwa Ihrer besseren Hälfte. Mit Ihrem Fingerabdruck können Sie nun nicht nur den Sperrbildschirm entsperren, sondern sich damit, wenn Sie dies möchten, auch an

Die Displaysperre biometrisch absichern

anderer Stelle legitimieren, z. B. für Ihr Samsung-Konto ❺ oder die Bezahlung per PayPal. Aktivieren Sie dazu die entsprechenden Schalter.

4. Im Fingerabdruckmenü können Sie schließlich noch den gespeicherten Fingerabdruck benennen. Halten Sie dabei einen Finger über dem alten Namen (in der Regel *Fingerabdruck 1*) gedrückt. Es erscheint ein Feld, in dem Sie den Namen ändern können.

5. Testen Sie schließlich die Funktion des Scanners, indem Sie Ihr Gerät per Ein-/Aus-Schalter kurzzeitig in den Ruhezustand versetzen und anschließend wieder per Fingerscan über dem Sensorfeld auf der Rückseite des Smartphones aufwecken.

Sagt Ihnen die Entsperrung per Fingerabdruck nicht mehr zu, dann können Sie die Entsperrmethode jederzeit in den Einstellungen über das Menü **Gerätesicherheit ▸ Sperrbildschirmtyp** ändern. Dabei wird gefragt, ob Sie die bereits erfassten biometrischen Daten behalten möchten.

> **TIPP**
>
> **Zahlen per Knopfdruck**
>
> Der Fingerabdruckscanner ermöglicht es Ihnen auch, per Knopfdruck auf die Home-Taste mit PayPal und Co. zu bezahlen oder sich bei Ihren passwortgeschützten Zugängen im Internet anzumelden.

Die Einrichtung des Iris-Scanners ist ähnlich unkompliziert und erfolgt ebenfalls im Menü **Gerätesicherheit**:

1. Tippen Sie den Menüpunkt **Iris-Scanner** an.

Kapitel 2 – Das Galaxy S8 einrichten und bedienen

2. Sollte das Telefon durch eine PIN geschützt sein, so geben Sie diese zunächst ein.

3. Folgen Sie den Anweisungen des Assistenten zur Registrierung Ihrer speziellen Augenstruktur (der Iris). Abschließend erklärt Ihnen der Assistent, wie die Entsperrung per Iris optimal verwendet wird. Brillenträger sollten beachten, dass optimale Ergebnisse nur dann zu erzielen sind, wenn die Brille abgesetzt wird.

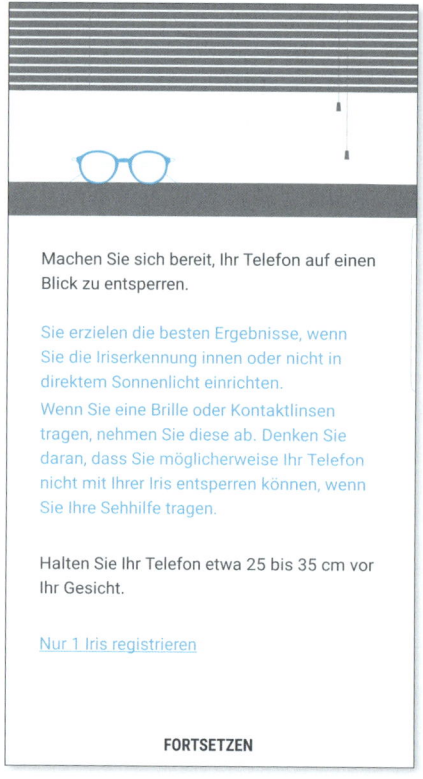
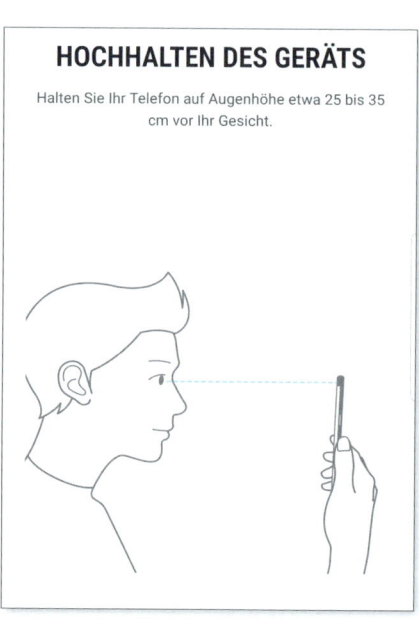

4. Versetzen Sie Ihr S8 durch kurzes Betätigen des Ein-/Aus-Schalters in den Standby-Modus. Schalten Sie es danach wieder an, und wischen Sie im unteren Bereich über das Display. Halten Sie das Gerät vor Ihr Gesicht. Nun erscheint im oberen Bereich ein Kamerabild, welches Ihre Augenpartie untersucht. Kurze Zeit später ist Ihr Smartphone entsperrt.

So bedienen Sie Ihr S8

Die Oberfläche und ihre Elemente haben Sie auf den vorherigen Seiten bereits kennengelernt, jetzt geht es darum, die Bedienung des S8 noch einmal systematisch auszuprobieren und einzuüben.

Im Folgenden fasse ich noch einmal die wichtigsten Grundregeln zur Bedienung zusammen:

- Apps, Widgets, Menüpunkte, einfach alles, was als Symbol auf dem Bildschirm liegt, starten Sie durch Antippen.
- Sie gelangen mit der **Zurück**-Taste stets eine Ebene zurück oder verlassen damit ggf. auch eine gestartete App.
- Sollten Sie sich einmal komplett »verfahren« haben: Ein kurzes Antippen der **Home**-Taste genügt, und Sie landen auf dem zuletzt verwendeten Home-Bildschirm. Bei Vollbildanwendungen, auf denen die Standardschaltflächen am unteren Bildrand nicht unmittelbar sichtbar sind, erreicht man die Home-Tasten-Funktion über einen kräftigen Druck auf den unteren Displaybereich. Das S8 quittiert die Eingabe dann mit einer Vibration.
- Sie möchten schnell zu einer kürzlich gestarteten Anwendung zurückwechseln? Tippen Sie auf die Schaltfläche **Aktuelle Anwendungen** (links neben der Home-Taste), und starten Sie in der daraufhin erscheinenden Liste die gewünschte App durch Antippen.

Diese Liste (ein Beispiel sehen Sie in der Abbildung auf Seite 48) zeigt alle Apps, die im Hintergrund schlummern. Möchten Sie eine App aus der Liste endgültig beenden, so halten Sie den Finger über der Anwendung gedrückt und ziehen sie aus dem Bildschirm heraus, oder Sie tippen auf die Schaltfläche mit dem Kreuz (❶ auf Seite 48). Sie können auch alle Anwendungen auf einmal beenden, indem Sie auf die Schaltfläche **Alle beenden** ❷ ganz unten tippen.

Kapitel 2 – Das Galaxy S8 einrichten und bedienen

Die Multi-Window-Ansicht

Sicher haben Sie schon die eine oder andere App durch Antippen gestartet. Dabei belegt die Anwendung in der Regel den ganzen Bildschirm. Das S8 kann aber auch anders: In der sog. Multi-Window-Ansicht können Sie zwei Apps auf dem Display über- oder nebeneinanderlaufen lassen, vorausgesetzt, die Apps unterstützen das. Probieren Sie es doch einmal aus.

1. Rufen Sie über die Taste **Aktuelle Anwendungen** die Liste der aktuell aktiven Apps auf.

2. Alle Multi-Window-fähigen Apps sind in der Liste durch ein spezielles Symbol ❸ gekennzeichnet. Tippen Sie dieses Symbol an.

3. Die gewählte App wird im oberen Bildschirmteil dargestellt. Im vorliegenden Fall ist das der Browser *Samsung Internet*.

4. Wählen Sie nun eine zweite App durch Antippen aus, die ebenfalls Multi-Window-fähig ist (im Beispiel *Google Play*). Beide Apps werden nun übereinander dargestellt, durch eine schmale Linie getrennt.

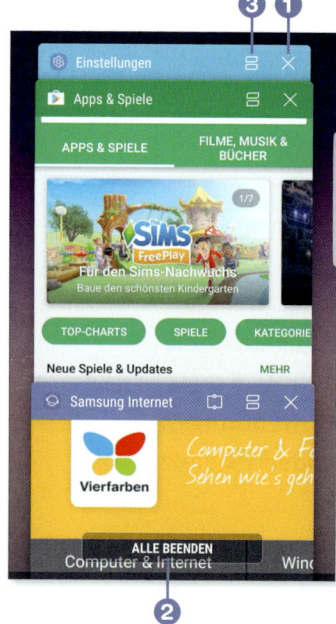 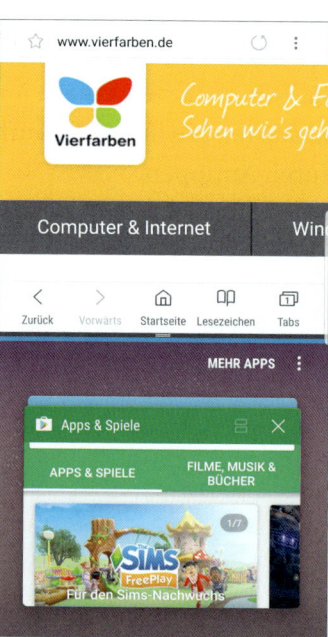 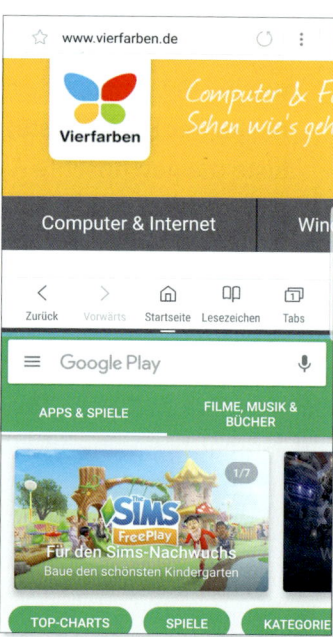

Bedienungshilfen

5. Tippen Sie die Trennlinie in der Mitte an: Es erscheint eine Palette mit Steuermöglichkeiten ❹ für die Multi-Window-Ansicht. Damit können Sie u. a. die Fensterinhalte tauschen oder die Größenverhältnisse beider Fensterteile verändern. Wenn Sie das Display drehen, werden die beiden Fenster nebeneinander statt übereinander dargestellt. Dazu muss die automatische Rotation des Displays in den Schnelleinstellungen aktiviert sein ❺.

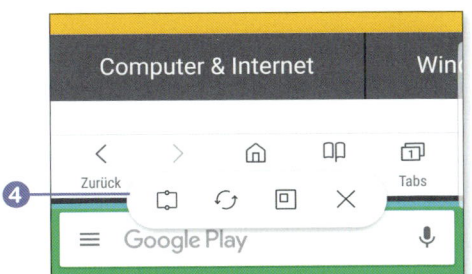

Die Multi-Window-Ansicht kann durch Drücken der Zurück-Taste verlassen werden. Ein entsprechendes Symbol in der Statusleiste zeigt dann, dass die Funktion noch im Hintergrund läuft. Möchten Sie die beiden Fenster wieder zum Vorschein bringen, so ziehen Sie die Statusleiste herunter und tippen auf den Eintrag **Multi Window** ❻. Soll der Multi-Window-Modus komplett beendet werden, so tippen Sie einfach auf das **X** ❼.

Bedienungshilfen

Samsung hat sich einiges einfallen lassen, um die Interaktion mit dem S8 einfacher zu gestalten. So gibt es eine ganze Reihe von Bewegungen und Gesten, mit denen Sie völlig ohne direkte Eingabe per Finger Aktionen ausführen können.

Die nachfolgend beschriebenen Möglichkeiten sind dabei meist in den Tiefen des Einstellungsmenüs versteckt. Sie finden sie am schnellsten über die Suchfunktion im Einstellungsbereich. Lesen Sie dazu auch den folgenden Kasten »Wo finde ich die Funktion XY?« auf Seite 50.

Kapitel 2 – Das Galaxy S8 einrichten und bedienen

> **TIPP**
>
> **Wo finde ich die Funktion XY?**
>
> Das Einstellungsmenü des Galaxy S8 ist mittlerweile so vollgestopft mit Funktionen, dass man vieles auf den ersten Blick gar nicht findet. Hier hilft die integrierte Suchfunktion: Tippen Sie die Schaltfläche **Suche** im Einstellungsmenü an, und geben Sie die gesuchte Funktion ein.

Sie aktivieren die nachfolgend aufgeführten Funktionen, indem Sie den entsprechenden Schalter in den Einstellungen aktivieren.

- **Direktanruf:** Rufen Sie einen Kontakt, der auf dem Display erscheint, sofort an, indem Sie Ihr Smartphone einfach an Ihr Ohr halten.
- **Smart Alert:** Ihr S8 vibriert, wenn Sie es hochheben, um Sie über verpasste Anrufe oder Nachrichten zu informieren.

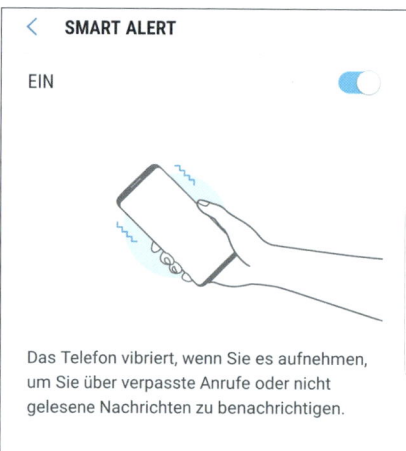

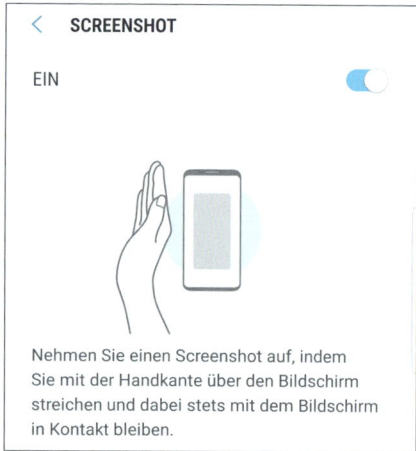

- **Einfache Stummschaltung:** Schalten Sie das Gerät durch eine Wischbewegung über dem Display stumm, wenn ein Anruf zu unpassender Zeit eingeht. Mit der gleichen Geste können Sie auch Videos während des Abspielens kurzfristig unterbrechen.

Bedienungshilfen

- **Screenshot:** Fertigen Sie einen Screenshot des Displays an, indem Sie mit der Handkante darüberwischen.
- **Bildschirm leicht aktivieren:** Weckt Ihr S8 auf, indem Sie mit der Hand über das Display im Standby-Modus streichen.
- **Einhändiger Modus:** Verkleinert das aktive Display, um das Smartphone bequem mit einer Hand bedienen zu können.

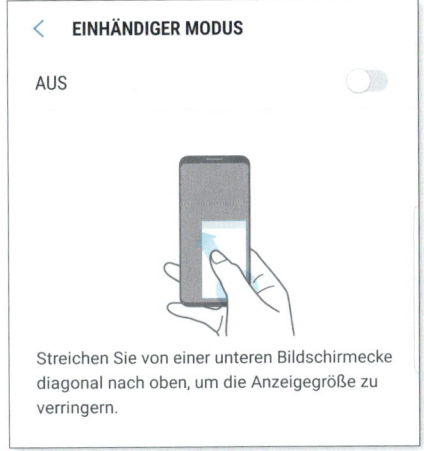

Streichen Sie von einer unteren Bildschirmecke diagonal nach oben, um die Anzeigegröße zu verringern.

Die einzelnen Funktionen werden durch kleine Abbildungen im oberen Teil des Bildschirms erklärt. Sie wechseln zwischen den Abbildungen durch Hin- und Herwischen.

> **INFO**
>
> **Das »Always On Display«**
>
> Sie können auf dem abgeschalteten Display Ihres S8 zusätzliche Informationen wie z. B. die Uhrzeit oder einen Kalender darstellen lassen. Die entsprechende Option ist standardmäßig aktiviert. Möchten Sie das nicht, etwa weil dadurch die Akkulaufzeit ein wenig leidet oder auch weil dadurch private Informationen auf dem Bildschirm erscheinen, dann lässt sie sich jederzeit in den Einstellungen unter **Gerätesicherheit ▶ Always On Display** oder auch mithilfe der entsprechenden Schaltfläche in den Schnelleinstellungen deaktivieren.
>
>

Der universelle Assistent Bixby

Erinnern Sie sich an den alten Star-Trek-Film, in dem Spock mit dem Computer spricht? Das ist mit Ihrem S8 längst Realität geworden. Dazu verwenden Sie *Bixby*, den universellen Assistenten von Samsung. Bixby ist in erster Linie ein Sprachassistent, der Ihnen Rede und Antwort steht zu allen möglichen und unmöglichen Fragen des Lebens. Zur Markteinführung und dem Zeitpunkt der Drucklegung des vorliegenden Buches war Bixby allerdings noch nicht für den deutschen Sprachraum verfügbar, sodass an dieser Stelle nur ein Ausblick auf die künftigen Fähigkeiten gegeben werden kann. Bixby soll aber ab Ende 2017 auch deutschen S8-Besitzern zur Verfügung stehen.

Samsungs Ziel im Hinblick auf Bixby ist die Möglichkeit, alles per Sprache mit dem Smartphone tun zu können, was Sie sonst per Fingerbedienung vornehmen würden. Darüber hinaus können Sie Bixby auch gezielt Fragen stellen. Typische Beispiele sind etwa die folgenden Kommandos:

- Stelle die Helligkeit auf 50 %.
- Aktiviere das Always On Display.
- Schalte WLAN aus.
- Schreibe eine Mail an Max Mustermann.
- Rufe Mutter an.
- Wie alt ist Bob Dylan?
- Wie hoch ist der Eiffelturm?

Wie erhalten Sie Zugang zu Bixby? Samsung hat zu diesem Zweck eigens auf der linken Gehäuseseite einen Bixby-Knopf spendiert, den Sie kurz drücken müssen, um Bixby zu starten. Alternativ aktivieren Sie den Bixby-Home-Bildschirm durch Wischen nach rechts vom Home-Bildschirm aus.

1. Tippen Sie beim ersten Aufruf des Bixby-Bildschirms auf die Schaltfläche **Starten**.

2. Melden Sie sich mit den Zugangsdaten Ihres Samsung-Kontos an, und stimmen Sie den AGB zu. Sie landen auf dem Bixby-Konfigurationsbildschirm. Hier können Sie festlegen, welche Informationen Ihnen dort angeboten werden.

Der universelle Assistent Bixby

3. Nach der Ersteinrichtung können Sie Bixby dann Ihre Sprachkommandos erteilen.

Die Spracherkennung ist aber nur ein Teil von Bixby. Der Assistent besteht aus den folgenden Modulen:

- **Voice:** Bietet die Möglichkeit der Steuerung des Systems per Sprache (u. a. auch eine Diktierfunktion).
- **Vision:** Liefert zusätzliche Informationen zu Elementen, die per Kamera erfasst werden. Beispiel: Sie entdecken im Handel einen Staubsauger, betrachten diesen durch die Smartphone-Kamera, und Bixby identifiziert das Gerät und listet Einkaufsquellen mit Preisen auf.
- **Reminder:** Erstellt per Spracheingabe einfache Merkzettel bzw. Merkhilfen.
- **Home:** Liefert ähnlich wie der Google Assistant standortbasierte Informationen. Zum Beispiel wird geprüft, ob auf Ihrem Weg zur Arbeit ein Stau zu erwarten ist.

Zur Abfrage von allgemeinen Informationen aus dem Internet eignet sich Bixby meiner ersten Erfahrung nach nur bedingt – hier bieten *Google Now* bzw. der *Google Assistant* deutlich mehr. Mehr dazu im Abschnitt »Der Google Assistant« ab Seite 123.

Kapitel 2 – Das Galaxy S8 einrichten und bedienen

Texte eingeben

Sie haben die virtuelle Tastatur bereits bei der Einrichtung Ihres S8 kennengelernt. Schauen wir uns das gute Stück einmal näher an:

1. Starten Sie im App-Menü testweise die App *Samsung Notes* zum Verfassen einer kurzen Notiz. Bestätigen Sie beim ersten Start die Nachfragen des Assistenten. Sie können u. a. Samsung Notes mit Ihrem Samsung-Konto verknüpfen, um Ihre Notizen in der Samsung-Cloud zu speichern. Dadurch stehen Ihnen diese geräteübergreifend zur Verfügung.

2. Erstellen Sie durch Antippen der Schaltfläche **+** ❶ ein Memo im Textmodus. Dadurch wird die Tastatur aufgerufen. Geben Sie nun einen beliebigen Text ein, und beobachten Sie die intelligente Wortergänzung oberhalb der Tastatur ❷.

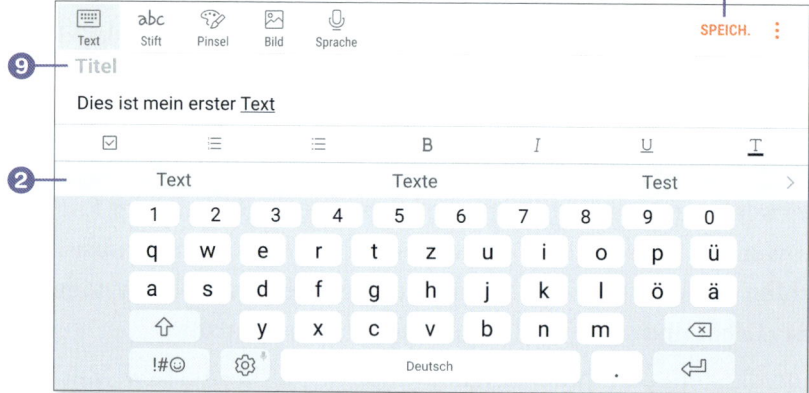

3. Leichter tippt es sich übrigens beidhändig, wenn Sie das Smartphone ins Querformat drehen und danach auf einen Tisch legen. Dazu muss die Option **Bildschirm drehen** in den Schnelleinstellungen aktiviert sein (siehe ❺ auf Seite 49).

4. Sie können einen Wortvorschlag jederzeit durch Antippen des Wortes (siehe ❷ oben) in den Text übernehmen. Dadurch erhöht sich Ihre Tippgeschwindigkeit beträchtlich.

Texte eingeben

5. Den Umlauten hat Samsung auf seiner virtuellen Tastatur mittlerweile eigene Tasten spendiert. Buchstaben mit Akzenten (auch das deutsche ß) erscheinen, indem Sie den Finger länger auf dem entsprechenden Grundbuchstaben platzieren ❸ (für ein ß halten Sie z. B. das **s** länger gedrückt).

6. Sonderzeichen erreichen Sie, indem Sie auf die Symbol-Taste ❹ tippen. Dort gibt es zwei Tastaturbelegungen, zwischen denen Sie per Taste **1/2** ❺ wechseln können.

7. Wer Spaß daran hat, gelangt durch Antippen der Multifunktionsschaltfläche ❻ in eine Übersicht mit erweiterten Symbolen, insbesondere mit Emoticons. Wischen Sie in der Übersicht nach unten, um weitere Symbole zum Vorschein zu bringen.

Wenn Sie länger auf die Multifunktionsschaltfläche links neben der Leertaste tippen, gelangen Sie in eine weitere Übersicht. In der oberen Zeile sieht man zunächst Zeichen, die Sie bei bisherigen Texten besonders häufig verwendet haben. Außerdem können Sie durch Antippen des Mikrofons ❼ einen Text diktieren oder durch Antippen des Zahnradsymbols ❽ zu den erweiterten Einstellungen der Tastatur gelangen.

Kapitel 2 – Das Galaxy S8 einrichten und bedienen

Geben Sie schließlich Ihrer Notiz durch Antippen der Fläche **Titel** ❾ (siehe die Abbildung zu Schritt 2 auf Seite 54) einen aussagekräftigen Namen, und speichern Sie das Dokument durch **Speichern** (❿ auf Seite 54) ab.

Sie können auch Wörter mit einer fließenden Bewegung über die Buchstaben der Tastatur schreiben, wenn Sie in den Einstellungen der Tastatur den Menüpunkt **Tastaturstreichsteuerung ▸ Zum Tippen streichen** aktivieren. Diese Technik nennt man *Swypen*. Dabei entsteht eine charakteristische blaue Wischspur.

 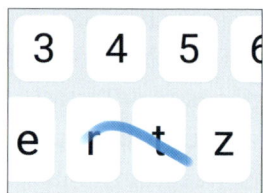

Beim Swypen wischt man von Buchstabe zu Buchstabe, sodass ein blauer »Kondensstreifen« entsteht. Ein integriertes Lexikon schlüsselt aus der Buchstabenfolge die Wörter auf.

> **TIPP**
>
> **Alternative Tastaturen**
>
> Android ist ein äußerst flexibles Mobilbetriebssystem: Sie haben dort stets die Möglichkeit, auch alternative Tastaturen aus dem Google Play Store zu installieren. Hier haben sich insbesondere die Google-Handschrifterkennung sowie die Swype-Tastatur, welche über eine hervorragende integrierte Diktierfunktion (realisiert vom Marktführer für Spracherkennung Nuance) verfügt, sehr bewährt. Wie man solche zusätzlichen Programme installiert, erfahren Sie im Abschnitt »Eine App suchen und installieren« ab Seite 59.

Copy & Paste

Es ist nicht nur bei Verfassern unrühmlicher Doktorarbeiten in Mode: das Kopieren und Einfügen von Text. Hier eine Anleitung für Ihr S8:

1. Doppeltippen Sie auf eine Stelle im Text, sodass zwei kleine blaue Tropfen ❶ erscheinen. Diese können Sie durch Verschieben mit dem Finger exakt am Anfang und am Ende des zu kopierenden Textes positionieren.

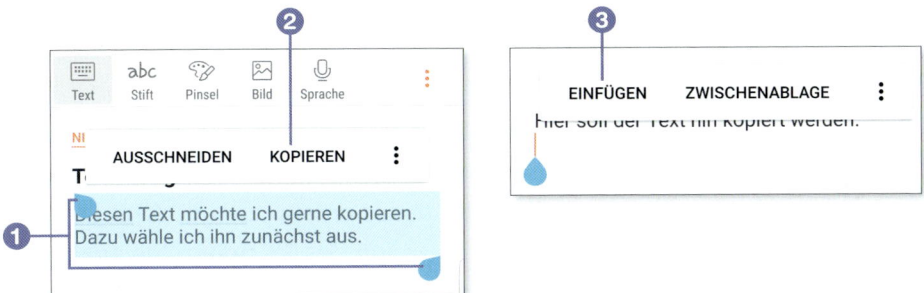

2. Tippen Sie auf die Schaltfläche **Kopieren** ❷, die nun oberhalb des Textes erschienen ist.

3. Wechseln Sie an die Stelle, an der der zu kopierende Text eingefügt werden soll. Das kann durchaus auch eine andere Anwendung sein. Tippen Sie dazu einfach die gewünschte Stelle etwas länger an. Fügen Sie den Text mit der Schaltfläche **Einfügen** ❸ am entsprechenden Ort ein.

Das Ganze funktioniert prinzipiell auch mit Bildern, die Sie z. B. per Internetbrowser aufspüren: Ein längeres Tippen auf das Bild im Browser öffnet ein Menü zum Kopieren des Objekts.

Apps aus dem Google Play Store installieren

Sie sind die Bausteine, mit deren Hilfe Sie aus Ihrem gewöhnlichen Smartphone die sprichwörtliche »Eier legende Wollmilchsau« machen können: Kleine Programme oder Applikationen, kurz Apps genannt, erweitern die Möglichkeiten Ihres Minicomputers in nie gekannter Weise. Der folgende

Abschnitt gibt Ihnen einige erste Informationen, wie Sie die kleinen digitalen Freunde im Handumdrehen auf Ihr S8 befördern.

Wir werden uns später im Abschnitt »Ein Rundgang durch den Google Play Store« ab Seite 177 noch ausführlich dem Play Store widmen. Dort zeige ich Ihnen auch, wie Sie kostenpflichtige Apps kaufen können. An dieser Stelle genügt es zu wissen, wie Sie eine App suchen, installieren und ggf. aktualisieren.

Der Google Play Store

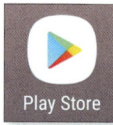

Die zentrale Anlaufstelle für Apps ist der *Google Play Store*. Sie gelangen via Smartphone in den Play Store, indem Sie das entsprechende Icon im App-Menü antippen. In der Standardkonfiguration des S8 finden Sie auch eine Verknüpfung zur Play Store App in der Leiste am unteren Displayrand.

Bevor Sie den Play Store aufrufen, sollten Sie natürlich sicherstellen, dass Sie auch mit dem Internet verbunden sind und Ihr Smartphone mit einem Google-Konto verknüpft ist. Das sollte bereits während der Einrichtung geschehen sein. Lesen Sie dazu ggf. noch einmal im Abschnitt »Das S8 zum ersten Mal starten« ab Seite 16 nach.

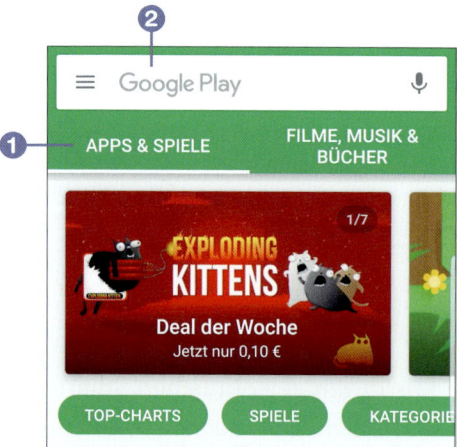

Sehen Sie sich zunächst einmal in Ruhe im Play Store um. Es gibt dort viel zu entdecken. Wir schauen uns zunächst den Bereich **Apps & Spiele** durch Antippen der gleichnamigen Schaltfläche ❶ an.

Der Play Store ist Dreh- und Angelpunkt aller Software, die für Ihr Smartphone erhältlich ist.

Eine App suchen und installieren

Beginnen wir damit, die vielleicht wichtigste App für Ihr künftiges Leben im Android-Kosmos zu installieren: einen Virenscanner. Ja, Sie haben richtig gelesen: Auch auf Googles Smartphone-Betriebssystem spielen die fiesen kleinen digitalen Schädlinge mittlerweile eine ernst zu nehmende Rolle. Einen sehr guten Ruf genießt der kostenlose *Sophos*-Virenscanner. Sie installieren ihn folgendermaßen:

1. Starten Sie Google Play, und begeben Sie sich in den Bereich **Apps & Spiele** (❶ in der Abbildung auf Seite 58).

2. Tippen Sie die Eingabezeile mit der Beschriftung **Google Play** ❷ an, und geben Sie per Tastatur »sophos« ein.

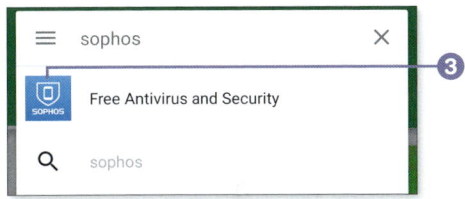

3. Wählen Sie gleich den ersten angebotenen Eintrag **Free Antivirus and Security** ❸ aus. Dann wird die App vorgestellt.

4. Tippen Sie auf die Schaltfläche **Installieren** ❹. Dadurch wird die App auf Ihrem S8 installiert. Bestätigen Sie ggf. die von der App angeforderten Berechtigungen.

5. Sie können den Virenschutz nun entweder aus dem App-Menü oder gleich über die Schaltfläche **Öffnen** ❺ aus dem Play Store heraus starten.

6. Nach dem Starten der App bestätigen Sie zunächst die Lizenzvereinbarungen und gewähren der App Zugriff auf den Speicher Ihres Telefons sowie die Nutzungsdaten. Dazu müssen Sie in den Einstellungen im Bereich **Nutzungsverfolgung** den entsprechenden Schalter aktivieren.

7. Im nächsten Schritt können Sie das Filtern von Webdaten beim Surfen im Internet **Aktivieren** oder auch **Überspringen** (❻ auf Seite 60).

Kapitel 2 – Das Galaxy S8 einrichten und bedienen

 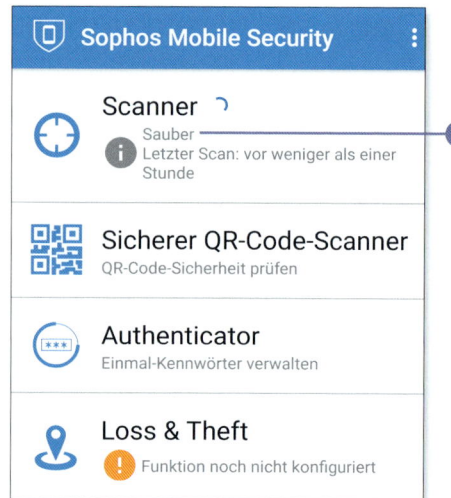

Danach steht Ihnen die App uneingeschränkt zur Verfügung und führt bereits im Hintergrund einen Scan durch. Dieser sollte idealerweise keine Auffälligkeiten ❼ zeigen.

> **TIPP**
>
> **Apps automatisch auf dem neuesten Stand halten**
>
> Ebenso wichtig wie die Installation eines Virenscanners ist die Aktualisierung Ihrer Apps in regelmäßigen Abständen. Sie werden gelegentlich durch eine Meldung in der Statusleiste informiert, wenn aktualisierbare Apps auf Google Play vorliegen. Von Haus aus ist Ihr S8 so eingestellt, dass Ihre Apps dann automatisch aktualisiert werden. Wenn Sie mehr Informationen zum Thema wünschen, dann können Sie bereits jetzt im Abschnitt »Apps automatisch oder manuell aktualisieren« ab Seite 181 nachschlagen.

Eine App per QR-Code installieren

Sie haben sich schon ein wenig im Buch umgesehen, es durchgeblättert und sind auf diese merkwürdigen zerfransten schwarz-weißen Quadrate gestoßen? Dabei handelt es sich um sog. *QR-Codes* (oder *Tags*). Ihre nächste Auf-

Eine App per QR-Code installieren

gabe besteht nun darin, eine App auf Ihrem Galaxy S8 zu installieren, die in der Lage ist, die QR-Codes in lesbare Informationen umzuwandeln. Diese Anforderung erfüllt der *Barcode Scanner* von ZXing.

1. Suchen Sie im **Play Store** im Bereich **Apps** nach dem Begriff »zxing barcode scanner«. Als erster Treffer sollte der ZXing-Scanner aufgelistet sein. Installieren Sie ihn wie oben beschrieben. Bestätigen Sie dabei die von der App angeforderten Rechte.

2. Starten Sie den Barcode Scanner, und lassen Sie per Kamera den QR-Code rechts auslesen.

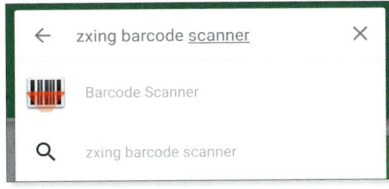 

   Mit dieser App sind Sie bestens ausgerüstet, um die im Buch vorgestellten Apps per Knopfdruck zu installieren. Hinter den im weiteren Verlauf des Buches abgedruckten QR-Codes verbergen sich jeweils Links zu der entsprechenden App im Google Play Store. Ein Beispiel gefällig? Installieren Sie mit dem ZXing-Scanner einen weiteren beliebten Scanner, *Google Goggles*, mithilfe des entsprechenden QR-Codes.

3. Scannen Sie dazu den nebenstehenden QR-Code mit der Barcode-Scanner-App ein.

4. Tippen Sie anschließend auf die Schaltfläche **Browser öffnen** 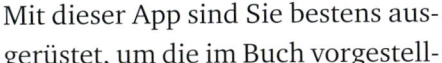. Sie werden nun per Play-Store-Browser zur entsprechenden App im Store geleitet.

Google Goggles

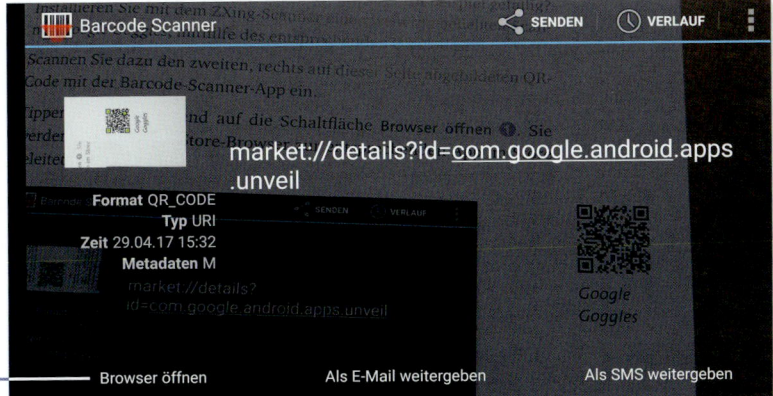

Kapitel 2 – Das Galaxy S8 einrichten und bedienen

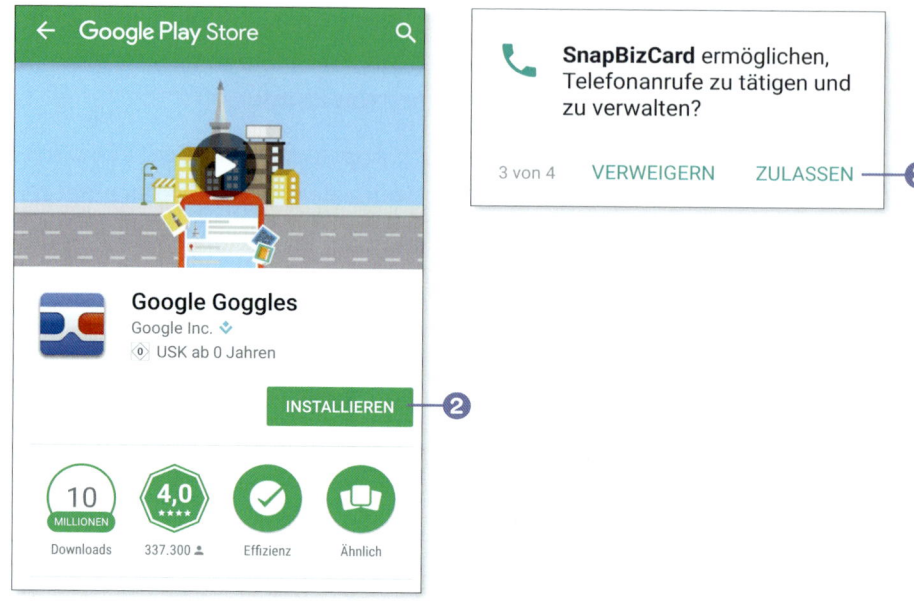

5. Installieren Sie die App über die Schaltfläche **Installieren** ❷. Bestätigen Sie die von der App geforderten Rechte.

Bei einigen Apps werden bei deren erstem Start noch einige Genehmigungen eingeholt, die Sie dann per Schaltfläche **Zulassen** ❸ bestätigen müssen. Das ist dem neuen stringenten App-Rechtesystem in Android geschuldet.

> **INFO**
>
> **Text und QR-Code**
>
> Der Text unter dem im Buch abgedruckten QR-Code bezeichnet die App oder den Inhalt des Links und soll Ihnen zur manuellen Suche der App im Play Store dienen, falls der Hersteller den Link kurzfristig geändert haben sollte und der Scanner-Link ins Leere läuft.

Kapitel 3
Telefonieren und Kontakte einrichten

Wer hätte das gedacht: Sie können mit Ihrem S8 sogar telefonieren. Man verzeihe mir an dieser Stelle den ironischen Unterton – Fakt ist, dass ein Smartphone mittlerweile nur noch einen Bruchteil der Zeit für die ursprüngliche Aufgabe eines Handys genutzt wird. Trotzdem sollten Sie wissen, wie Sie mit dem S8 telefonieren.

Die Telefon-App

Der Weg zur eingebauten Telefoniefunktion führt über das entsprechende Symbol ❶ in der Leiste der Hauptanwendungen bzw. aus dem App-Menü. Vor dem ersten Start sollten Sie prüfen, ob Sie mit dem Mobilfunknetz verbunden sind. Das erkennen Sie an dem entsprechenden Symbol ❷ in der Statusleiste.

Die Leiste der Hauptanwendungen befindet sich am unteren Displayrand.

Nach dem Antippen des **Telefon**-Icons öffnet sich die Telefon-App. Sollte die normale Telefontastatur nicht sichtbar sein, dann tippen Sie einfach auf das entsprechende Feld (❸ auf Seite 64) rechts unten auf dem Display.

Kapitel 3 – Telefonieren und Kontakte einrichten

Hier können Sie nun eine beliebige Nummer per Hand eintippen und wie gewohnt telefonieren. Um die Tastatur auszublenden, tippen Sie in der Tastaturansicht auf die Schaltfläche **Ausblenden** ❹.

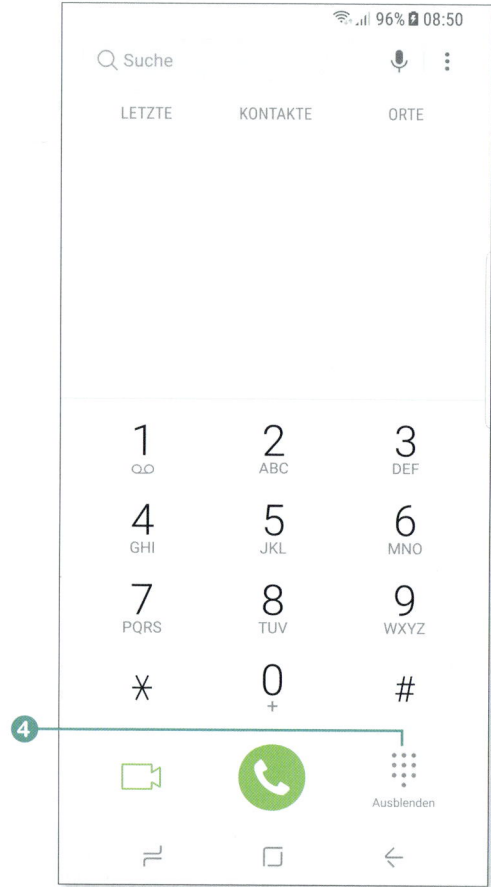 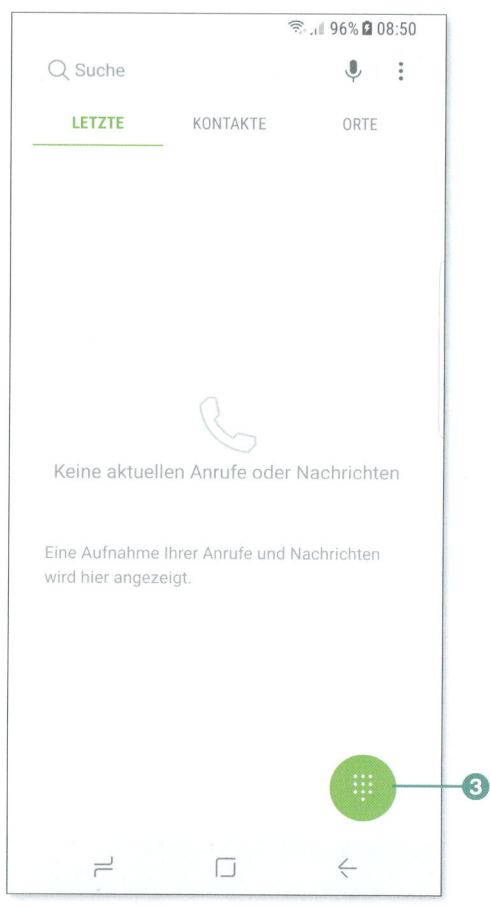

Auf den nächsten Bildern sehen Sie die Telefon-App nach dem Start mit ausgewähltem **Kontakte**-Bereich, beim Antippen eines Kontakts und beim Aufbau eines Anrufs sowie die Elemente und Schaltflächen, die Ihnen dabei zur Verfügung stehen:

❶ Suchfeld zur Suche von Kontakten

❷ Möglichkeit der Spracheingabe

❸ Menü der Telefon-App

Die Telefon-App

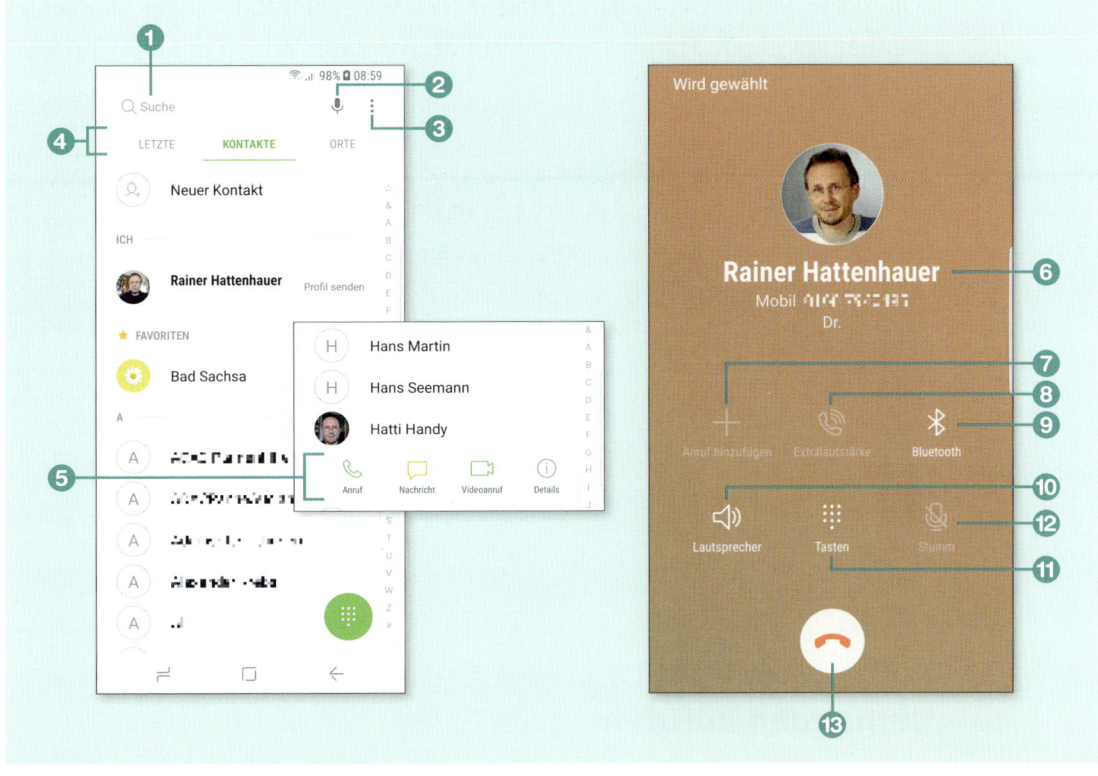

- ④ Auswahlbereich **Letzte**, **Kontakte**, **Orte**
- ⑤ Optionen bei Antippen eines Kontakts: **Anruf**, **Nachricht**, **Videoanruf**, **Details** des Kontakts anzeigen
- ⑥ aktuell gewählter Kontakt mit Nummer (hier aus Datenschutzgründen unkenntlich gemacht)
- ⑦ Makeln (Anruf hinzufügen), nur aktiv bei aufgebauter Verbindung
- ⑧ Extralautstärke einstellen, nur bei aufgebauter Verbindung möglich
- ⑨ Bluetooth-Headset oder Autofreisprechanlage benutzen
- ⑩ Lautsprecher einschalten
- ⑪ Tastatur während eines Anrufs erneut einblenden
- ⑫ Mikrofon stumm schalten, nur aktiv bei aufgebautem Anruf
- ⑬ Anruf beenden

Kapitel 3 – Telefonieren und Kontakte einrichten

Die Verwendung der Telefontastatur ist selbsterklärend – jeder, der schon einmal mit einem Handy telefoniert hat, wird auf Anhieb mit der App klarkommen.

> **TIPP**
>
> **Der neue Bereich »Orte«**
>
> In der Telefonie-App des S8 hat ein neuer Bereich namens **Orte** Einzug gehalten. Dadurch können Sie Ihre nähere Umgebung gezielt nach Telefonnummern durchsuchen, vorausgesetzt, die Ortungsfunktion per GPS ist aktiviert. Auch eine Kategoriensuche, z. B. nach Restaurants, ist damit möglich.

Jemanden anrufen

1. Geben Sie eine Telefonnummer über die Tastatur ein. Beachten Sie, dass das System anhand der eingegebenen Ziffern nach Kontakten sucht, die diese Zahlenkombination enthalten. Sie können sich also etwas Tipparbeit ersparen, wenn Sie den gewünschten Kontakt aus der erscheinenden Liste direkt antippen.

2. Tippen Sie auf das Feld mit dem grünen Hörer. Dadurch wird der Anruf aufgebaut.

3. Zum Beenden des Anrufs tippen Sie einfach auf den nun angezeigten roten Hörer (siehe Seite 65).

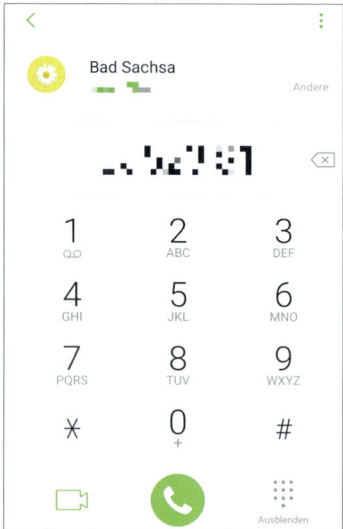

Noch einfacher gestaltet sich das Telefonieren mit einem bereits von Ihnen registrierten Kontakt, wenn Sie diesen direkt auswählen: Dabei tippen Sie den gewünschten Kontakt einfach in Ihrem Kontaktverzeichnis an und bauen den Anruf durch Antippen des kleinen grünen Hörers unterhalb des Kontakteintrags auf.

Einen Anruf annehmen

1. Zum Annehmen eines eingehenden Anrufs schieben Sie einfach das erscheinende Feld mit dem grünen Hörer ❶ nach rechts.

   Sollten Sie in den Einstellungen festgelegt haben, dass beim Eingehen eines Anrufs zunächst eine Meldung im Statusbereich erscheint, so muss diese zum Annehmen des Anrufs zunächst angetippt werden.

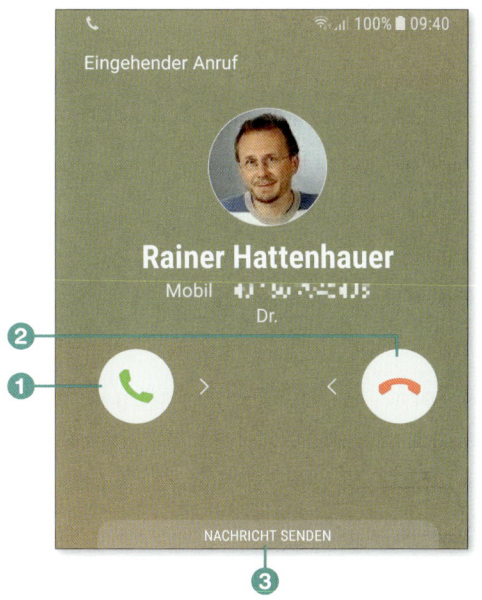
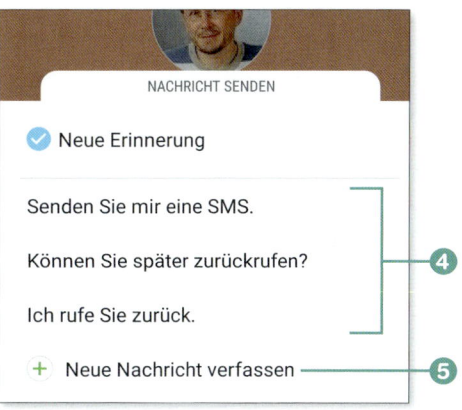

2. Wenn Sie den Anruf hingegen abweisen möchten, schieben Sie den roten Hörer ❷ von rechts nach links. Alternativ können Sie den Anruf auch mit einer vorgefertigten Nachricht abweisen (»Ich rufe Sie zurück.«).

Kapitel 3 – Telefonieren und Kontakte einrichten

Dazu ziehen Sie einfach die graue Leiste **Nachricht senden** am unteren Displayrand (❸ auf Seite 67) nach oben und wählen den gewünschten Eintrag aus der Liste ❹.

3. Sie können eigene Nachrichten über die Schaltfläche **Neue Nachricht verfassen** ❺ ergänzen, das empfiehlt sich aber nur, wenn Sie dabei nicht Auto fahren oder Ähnliches tun.

> **TIPP**
>
> **Anruf automatisch annehmen**
>
> In den Einstellungen der Telefon-App finden Sie einige Komfortfunktionen zum automatischen Annehmen und Beenden von Anrufen. So können Sie hier beispielsweise einen Schalter aktivieren, sodass ein eingehender Anruf beim Betätigen der Lautstärketaste angenommen wird. Im Falle eines angeschlossenen Headsets oder einer Bluetooth-Kopplung an Ihr Auto geschieht dies automatisch binnen zwei Sekunden.

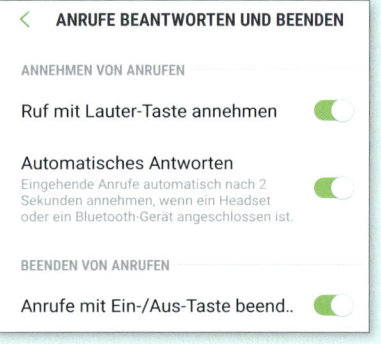

Verpasste Anrufe

Haben Sie einen Anruf verpasst? Keine Sorge, Ihr S8 zeigt Ihnen im Benachrichtigungsfeld, das Sie durch Herunterziehen der Statusleiste erreichen, wer Sie wann angerufen hat. Somit können Sie einfach per Knopfdruck zurückrufen, indem Sie die Benachrichtigung antippen.

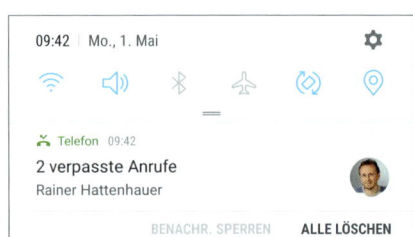

Unbeantwortete Anrufe werden in der Benachrichtigungsleiste und am Telefon-Icon selbst angezeigt.

Das Anrufprotokoll einsehen und löschen

> **TIPP**
>
> **Wahl per Spracheingabe**
>
> Besonders praktisch ist die Möglichkeit, dem Assistenten *Bixby* das Wählen von Telefonnummern zu überlassen: Starten Sie dazu Bixby (siehe dazu auch den Abschnitt »Der universelle Assistent Bixby« ab Seite 52), und sagen Sie z. B. »Rainer auf Handy anrufen« oder »Petra im Büro anrufen«. Den Rest erledigt Ihr S8. Das Ganze funktioniert in ähnlicher Weise mit dem *Google Assistant*. Damit können Sie Anrufe auch ohne jegliche Interaktion mit der Hand über das Kommando »OK Google. Rufe <Kontakt> an« durchführen.

Das Anrufprotokoll einsehen und löschen

Um Ihre gesamten ausgehenden und eingehenden Anrufe einzusehen, begeben Sie sich in der Telefon-App in den Bereich **Letzte**.

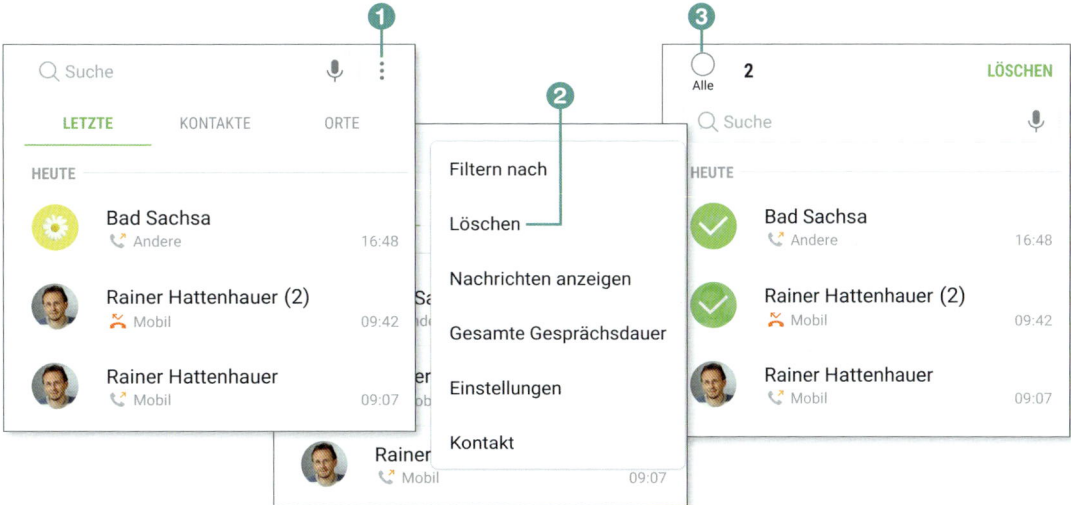

Mithilfe des Menüs ❶ können Sie Ihre Anruferliste auch löschen. Dazu wählen Sie im Menü den Punkt **Löschen** ❷, markieren die entsprechenden Protokolle durch Antippen und betätigen die Schaltfläche **Löschen**. Sie können an dieser Stelle auch alle Anrufprotokolle auf einen Rutsch löschen, indem Sie **Alle** ❸ markieren.

Die Mailbox einrichten

Zur Einrichtung Ihrer Mailbox müssen Sie eine Rufumleitung auf selbige einrichten. Gehen Sie dazu folgendermaßen vor:

1. Bringen Sie zunächst die Mailboxnummer Ihres Providers in Erfahrung. Die folgende Tabelle gibt Ihnen dazu einige Anhaltspunkte:

Provider	Mailboxnummer
T-Mobile	3311
Vodafone	5500
E-Plus	9911
O2	333

2. Begeben Sie sich durch Antippen der drei Punkte oben rechts in das Menü der Telefon-App, wählen Sie dort **Einstellungen** und im Bereich **Mailbox** den Punkt **Mailboxeinstellungen** ❶. Geben Sie (falls sie nicht schon eingetragen ist) die **Mailbox-Nummer** ❷ Ihres Providers ein.

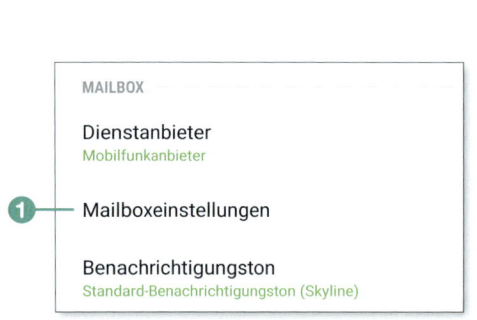 

Bei den meisten Providern wird die Nummer der Mailbox nach dem Einsetzen der SIM-Karte bei der Inbetriebnahme automatisch konfiguriert.

Die eigentliche Einrichtung der Sprachansage Ihrer Mailbox inklusive der Begrüßungsmeldung erfolgt dann über die providerspezifische An-

Die Mailbox einrichten

leitung, die Sie mit Ihrem Mobilfunkvertrag erhalten haben. Dazu rufen Sie in der Regel mit dem Smartphone die Mailboxnummer an und lassen sich per Sprachassistent durch ein entsprechendes Menü führen.

3. Richten Sie die Rufumleitungsoptionen gemäß der Anleitung Ihres Providers ein. Dies können Sie auch einfach in der Telefon-App im Hauptmenü im Bereich **Einstellungen** ▸ **Anrufeinstellungen** ▸ **Weitere Einstellungen** ▸ **Rufumleitung** ▸ **Sprachanruf** erledigen, falls die SIM-Karte Ihres Providers dies unterstützt.

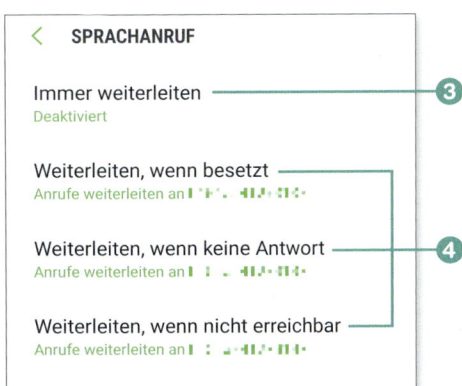

Im Bereich der Rufumleitungen unterscheidet man folgende Typen:

- Bei der *absoluten Rufumleitung* werden alle Anrufe ohne Wenn und Aber an Ihre Mailbox weitergeleitet. Das erreichen Sie mit der Option **Immer weiterleiten** ❸.

- Bei der *bedingten Rufumleitung* ❹ werden die Anrufe immer nur unter bestimmten Bedingungen weitergeleitet, z. B. wenn Ihr Telefon gerade besetzt ist oder wenn Sie nicht erreichbar sind. Dann erscheint hinter den entsprechenden Menüpunkten Ihre Telefonnummer.

Ich persönlich habe insbesondere im nichteuropäischen Ausland meine Rufumleitungen deaktiviert, da man dafür sonst bezahlen muss.

Kapitel 3 – Telefonieren und Kontakte einrichten

> **INFO**
>
> **Wo finde ich meine Telefonnummer?**
>
> Gerade die eigene Telefonnummer hat man häufig nicht im Kopf. Diese finden Sie aber schnell in den Einstellungen im Bereich **Telefoninfo ▶ Status ▶ SIM-Kartenstatus**. Dort sehen Sie ebenfalls die **MAC-Adresse** des WLAN-Adapters sowie die eindeutige Hardwarekennung **IMEI**. Letztere zu kennen kann sich lohnen, falls das Smartphone einmal gestohlen wird, Erstere ist eine eindeutige Hardwareadresse zur Identifizierung Ihres Geräts in einem WLAN.

Ein Headset nutzen

Ihr Galaxy S8 wird mit einem kabelgebundenen Headset von AKG ausgeliefert, das qualitativ sehr hochwertig ist. Sie können natürlich auch andere Sets nutzen, auch kabellose Bluetooth-Headsets. Mehr zum Anschließen von Bluetooth-Hardware erfahren Sie im Abschnitt »Bluetooth-Hardware verwenden« ab Seite 348. Schließen Sie das mitgelieferte Headset an die Kopfhörerbuchse Ihres S8 an, und führen Sie ein Probetelefonat durch.

Das mitgelieferte Headset besitzt eine externe Lautstärkeregelung sowie einen Start-/Stopp-Knopf für die Musikwiedergabe. In dieser Einheit ist auch das Mikrofon untergebracht.

> **TIPP**
>
> **Einen Anruf per Headset automatisch annehmen**
>
> In den Einstellungen der Telefon-App finden Sie unter **Anrufe beantworten und beenden** eine Option, die bei Aktivierung einen Anruf bei angeschlossenem Headset nach zwei Sekunden automatisch annimmt (siehe dazu auch den Kasten »Anruf automatisch annehmen« auf Seite 68).

Kontakte einrichten und verwalten

Das Adressbuch namens *Kontakte* ist der Dreh- und Angelpunkt, wenn es darum geht, Freunde oder Geschäftspartner dauerhaft an Ihrem digitalen Leben teilhaben zu lassen. Die Kontakte-App steht in direkter Verbindung zur Telefon-App – Sie können hier wie dort also auf sämtliche Kontakte zugreifen.

Wenn Sie ein Google-Konto eingerichtet haben, dann sollten Sie es als Basis für Ihre Kontaktdatensammlung verwenden. Dadurch ist sichergestellt, dass Ihnen Ihre Kontakte auch auf dem PC per Browser oder weiteren Android-Smartphones, die mit dem gleichen Google-Konto verknüpft sind, zur Verfügung stehen. Alternative Speicherorte für Ihre Kontakte sind die SIM-Karte oder der Speicher Ihres S8. Diese beiden Alternativen sind allerdings nicht geeignet, um die Adresssammlung auf unterschiedlichen Geräten synchron zu halten.

Im Folgenden gehe ich zunächst davon aus, dass Sie bereits über eine reichhaltige Kontaktsammlung auf Ihrem S8 verfügen. Sollten Sie von einem anderen System (z. B. Microsoft Outlook) kommen und Ihre bestehenden Kontakte noch nicht in Ihr Google-Konto importiert haben, so können Sie die Vorgehensweise schon einmal im Abschnitt »Outlook-Kalender übertragen« ab Seite 168 nachlesen.

Die Kontakte-Anwendung starten Sie in der Standardkonfiguration im App-Menü. Sie hat folgenden Aufbau:

Kapitel 3 – Telefonieren und Kontakte einrichten

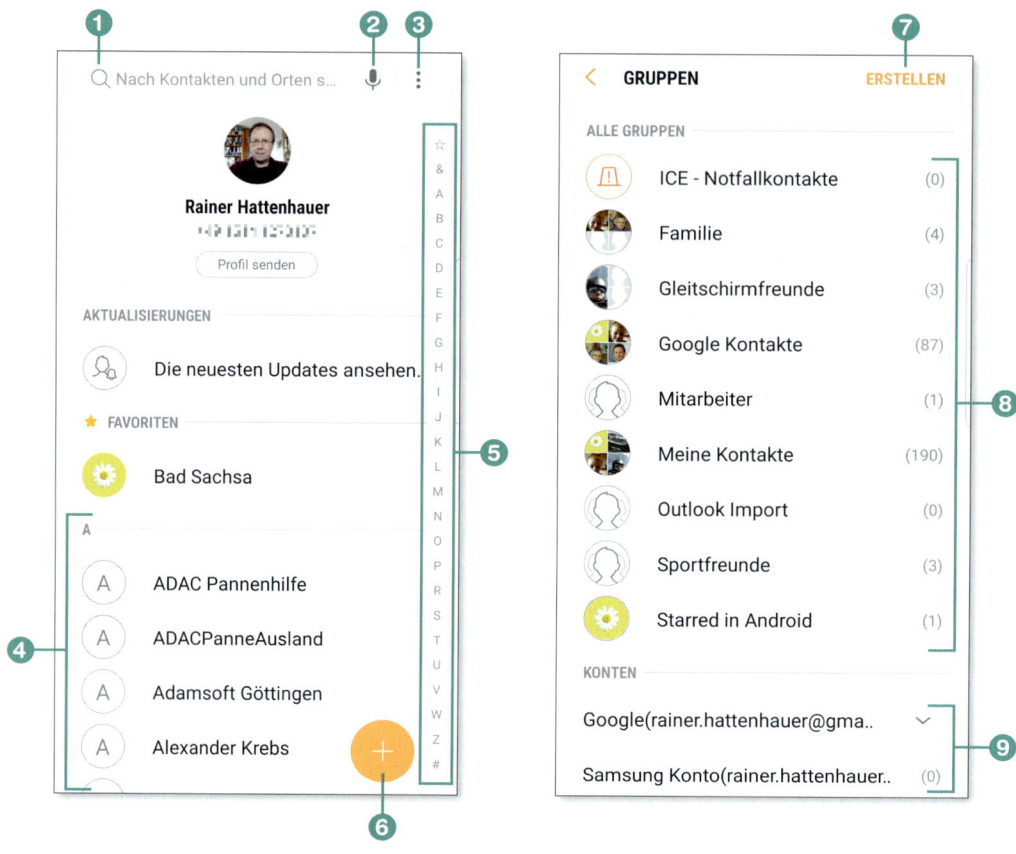

- ❶ Suchfeld/Lupe: Eingabe eines Namens zur Suche
- ❷ Spracheingabe zur Suche eines Kontakts
- ❸ Menü der App
- ❹ Übersicht über alle gespeicherten Kontakte
- ❺ Scrollbalken bzw. alphabetische Schnellsprungleiste
- ❻ **+**-Feld: Hinzufügen eines neuen Kontakts

Über das Menü der App gelangen Sie in den Bereich der Kontaktgruppen. Dort finden Sie die folgenden Elemente vor:

- ❼ **Erstellen**: Hinzufügen einer neuen Gruppe
- ❽ Übersicht über alle aktuellen Gruppen
- ❾ Konten, die mit Ihren Kontakten verknüpft sind

> **INFO**
>
> **Kontakte nach Nachnamen sortieren**
>
> Die Kontakte-App ordnet die Namen alphabetisch nach Vornamen. Möchten Sie die übliche Ordnung per Nachnamen, so begeben Sie sich durch Drücken der **Menü**-Schaltfläche in die Einstellungen der App und wählen bei **Einstellungen** im Bereich **Anzeige ▶ Sortieren nach Nachname** den Punkt **Namensformat: Nachname, Vorname**.

Neue Gruppen erstellen

Um Kontakte in Gruppen zusammenzufassen, gehen Sie folgendermaßen vor:

1. Begeben Sie sich im Menü der Kontakte-App in den Bereich **Gruppen**, und tippen Sie auf das **Erstellen**-Feld.
2. Benennen Sie die Gruppe ❶.

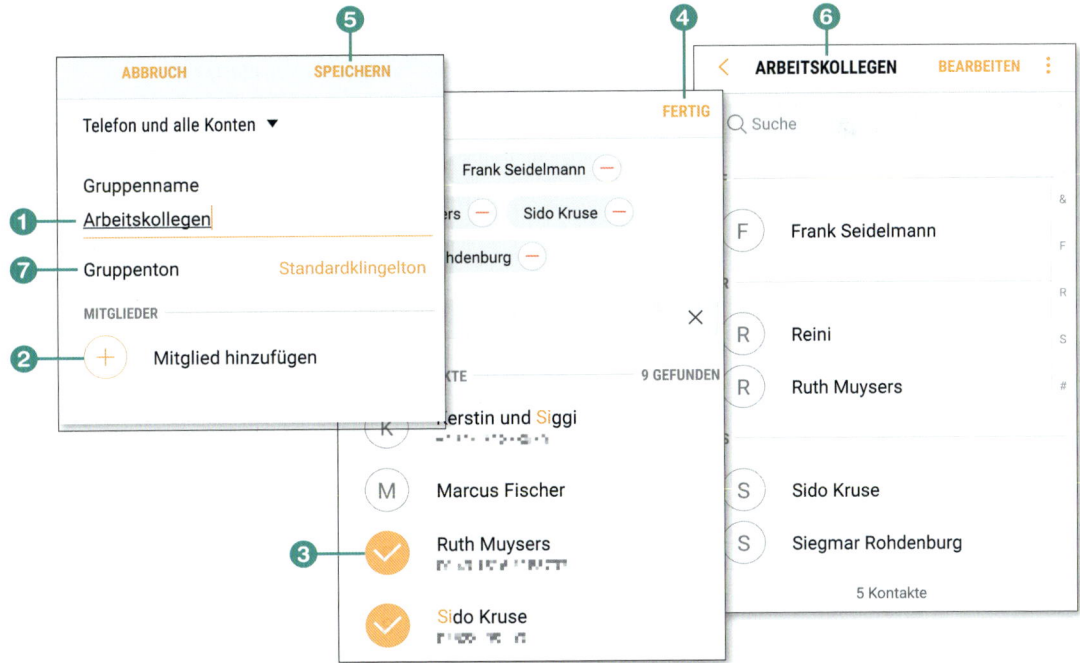

3. Tippen Sie auf **Mitglied hinzufügen** (❷ auf Seite 75), und fügen Sie die gewünschten Mitglieder der Gruppe durch Antippen der Kontakte hinzu. Vor jedem ausgewählten Mitglied erscheint nun ein Häkchen ❸.

4. Bestätigen Sie die Übernahme der Gruppenmitglieder schließlich über die Schaltfläche **Fertig** ❹. Verlassen Sie anschließend das Gruppenmenü durch Antippen der Schaltfläche **Speichern** ❺. Kontrollieren Sie abschließend, ob die Gruppe mit den einzelnen Mitgliedern in der Übersicht ❻ auftaucht.

Im Gruppenmenü können Sie im Übrigen jeder Gruppe durch Antippen des Menüpunkts **Gruppenton** (❼ auf Seite 75) auch einen eigenen Klingelton zuweisen. Das ist sogar für einen einzelnen Kontakt möglich.

Das Kontakte-Menü

Schauen wir uns nun das Menü der Kontakte-App näher an, das Sie durch Betätigen der drei Punkte erreichen.

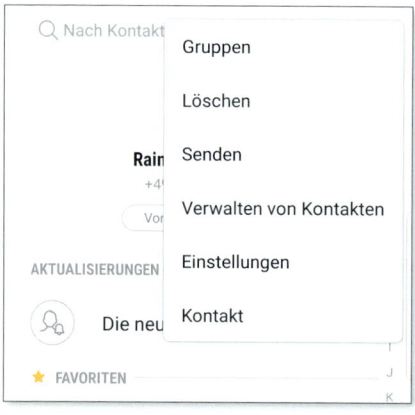

Hier finden Sie die folgenden Menüpunkte:

- **Gruppen**: Führt zum Bereich der Kontaktgruppen.
- **Löschen**: Auswahl eines oder mehrerer Kontakte, um diese zu löschen

- **Senden**: Auswahl eines oder mehrerer Kontakte, um diese an einen anderen Ort zu verschicken
- **Verwalten von Kontakten**: Führt zu einem Unterbereich, in welchem Sie doppelte Kontakte zusammenführen bzw. Kontaktlisten importieren und exportieren können.
- **Einstellungen**: Diese Option führt Sie zum Konfigurationsbereich der Kontakte-App.
- **Kontakt**: Stellt die Verbindung zum Samsung Support her, falls Sie Fragen bezüglich der Kontakte-App haben sollten.

Einen neuen Kontakt manuell hinzufügen

1. Tippen Sie in der Kontakte-App auf das **+**-Zeichen ❶.

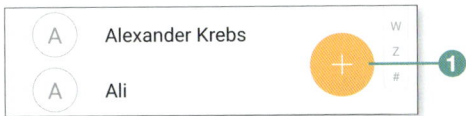

2. Wählen Sie das Konto ❷ aus, mit dem der Kontakt verknüpft werden soll. Dazu tippen Sie zunächst auf den Pfeil neben **Telefon** ❸. Ich empfehle an dieser Stelle die Verwendung des Google-Kontos. Nach dieser ersten Auswahl wird der Speicherort für die nächsten Einträge automatisch beibehalten, Sie können aber jederzeit wieder zu einem anderen Konto bzw. Bereich wechseln.

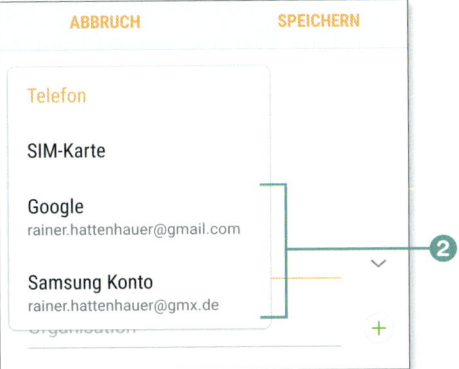

Kapitel 3 – Telefonieren und Kontakte einrichten

3. Geben Sie in den entsprechenden Feldern die Kontaktdaten ❹ ein. Durch Antippen des Kamerasymbols ❺ können Sie von Ihrem Kontakt auch sofort ein Foto per Smartphone schießen und mit dem Kontakt verknüpfen.

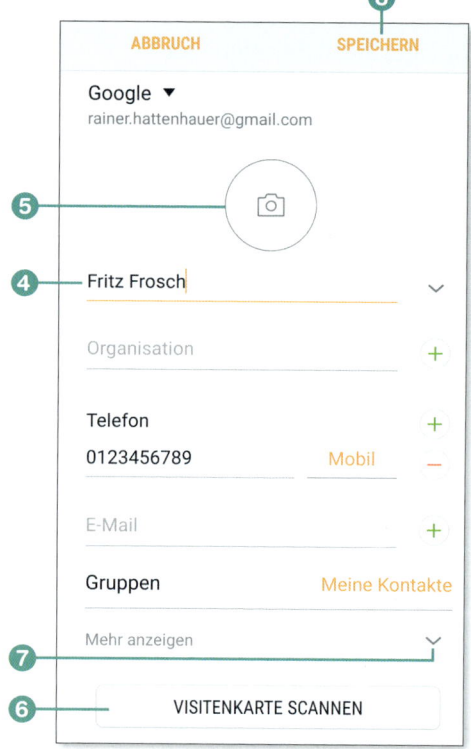
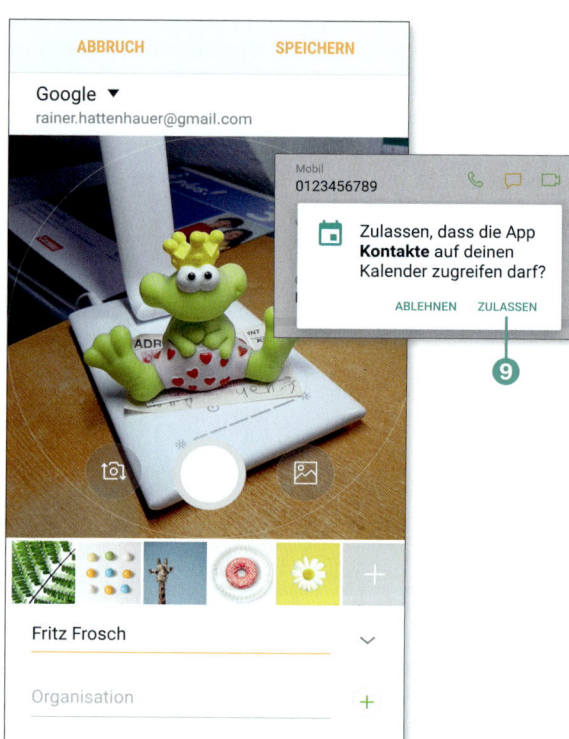

Besonders praktisch: Wenn Ihr neuer Kontakt Ihnen eine Visitenkarte hinterlassen hat, dann können Sie diese über die entsprechende Schaltfläche ❻ einscannen und umwandeln lassen. Dazu muss allerdings eine weitere App (*SnapBizCard*) installiert werden.

4. Weitere Optionen, z. B. zum Eintragen eines Geburtstags, finden Sie, wenn Sie die Schaltfläche **Mehr anzeigen** ❼ antippen. Hier können Sie beispielsweise Geburtstage über das **+**-Zeichen hinzufügen.

5. Bestätigen Sie die Änderungen schließlich durch Antippen der Schaltfläche **Speichern** ❽. Schon ist der neue Kontakt mit allen gewünschten Daten (und Foto) angelegt.

Wenn Sie dies wünschen, können Sie auch die ggf. erscheinende Nachfrage der Kontakte-App über **Zulassen** ❾ bestätigen. Dann werden künftig Ereignisse, die den Kontakt betreffen, in Ihrem persönlichen Kalender automatisch registriert.

> **INFO**
>
> **Kontakte im Browserinterface**
>
> Die nahtlose Integration von Android in die Google-Cloud macht es möglich: Sie können auf Ihre Kontakte auch problemlos per Browser zugreifen. Loggen Sie sich mit Ihrem Google-Account am PC per Internetbrowser (z. B. Chrome) ein, und begeben Sie sich zum Bereich **Gmail ▸ Kontakte**. Dort, im Google-Mailbereich, finden Sie alle Kontakte Ihres Google-Kontos, die zuvor mit Ihrem Android-Smartphone synchronisiert wurden. Wählen Sie dazu im Dropdown-Menü der Mail-App im Browser den Punkt **Kontakte**.

Kontakte auf der Kante

Ihr S8 besitzt ein sog. *Edge-Display*. Damit haben Sie die Möglichkeit, Ihre bevorzugten Kontakte auf die Edge-Funktionsleiste zu legen, die sich am rechten Rand des Bildschirms befindet.

Kapitel 3 – Telefonieren und Kontakte einrichten

1. Ziehen Sie die kleine graue Schaltfläche (❶ auf Seite 79) am rechten Rand per Finger in Richtung Bildschirmmitte, sodass sich das Edge-Menü öffnet. Ein Assistent erläutert Ihnen beim ersten Start die verschiedenen Möglichkeiten. Bestätigen Sie den Dialog mit **Starten**, und streichen Sie so lange nach rechts, bis Sie zur **VIP-Anzeige** gelangen.

2. Bestätigen Sie die Anzeige von VIP-Kontakten über **Zulassen** ❷, und gewähren Sie anschließend die von Android geforderten Rechte.

3. Fügen Sie durch Antippen der Platzhalter ❸ Ihre häufig gewählten Kontakte zum VIP-Bereich hinzu. Diese können von dort nun per Fingertipp angerufen werden.

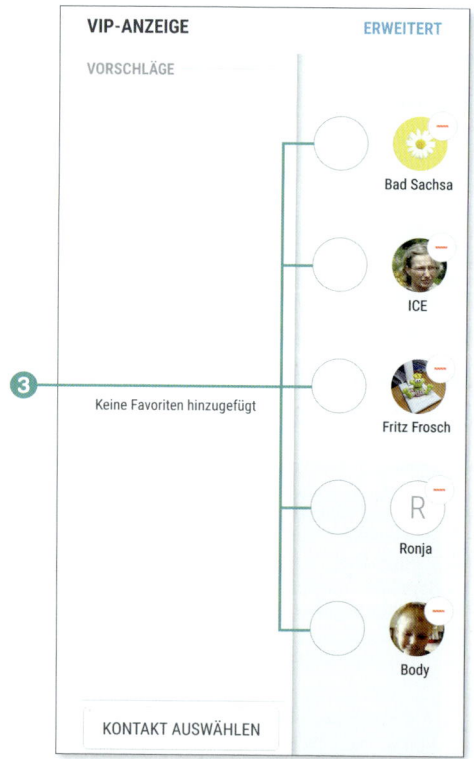 

Netter Begleiteffekt: Ruft Sie jetzt einer der VIP-Kontakte an, so leuchtet die Edge-Kante Ihres Galaxy S8 in der Symbolfarbe des entsprechenden Kontakts auf, und Sie wissen sofort, wer am anderen Ende der Leitung ist.

Verbindung zu einem Kontakt herstellen

Die Kommunikation mit Kontakten ist kinderleicht: Tippen Sie einen Kontakt aus dem Adressbuch an, oder suchen Sie ihn per Eingabe in das Suchfeld. Die Kontaktdaten erscheinen, und es werden Ihnen diverse Möglichkeiten angeboten, mit dem gewählten Kontakt zu kommunizieren. Wählen Sie die gewünschte Möglichkeit durch Antippen aus, und die Verbindung wird entsprechend aufgebaut.

> **TIPP**
>
> **Kontakt automatisch anwählen**
>
> Samsung hat seit dem Galaxy S6 eine nette Extrafunktion für das Telefonieren eingebaut, die Sie einmal ausprobieren sollten: Wenn Sie einen Kontakt aus dem Kontaktverzeichnis auswählen, dem eine eindeutige Telefonnummer zugeordnet ist, wird er automatisch angerufen, wenn Sie das Gerät an Ihr Ohr halten.

Kontakte importieren

Das einfachste Szenario: Ihre Kontakte sind auf Ihrer SIM-Karte gespeichert, die sich ihrerseits in Ihrem neuen Smartphone befindet. Gehen Sie zum Import folgendermaßen vor:

1. Begeben Sie sich über die Menü-Schaltfläche in der Kontakte-App in die Einstellungen zum Bereich **Verwalten von Kontakten**, und wählen Sie dort den Punkt **Kontakte importieren/exportieren** ❶.

 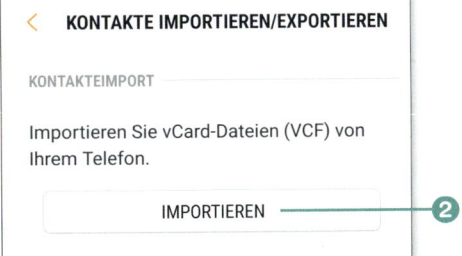

Kapitel 3 – Telefonieren und Kontakte einrichten

2. Tippen Sie im sich öffnenden Dialog nun auf die Schaltfläche **Importieren** (❷ auf Seite 81).

3. Es erscheint ein weiterer Auswahldialog. Wählen Sie hier den Punkt **SIM-Karte** ❸. Dieser Menüpunkt erscheint aber nur, wenn Sie eine SIM-Karte eingelegt haben und sich das Smartphone nicht im Flugmodus befindet.

4. Nun wählen Sie im nächsten Dialog die Kontakte aus, die übernommen werden sollen. Über den Punkt **Alle auswählen** werden sämtliche Kontakte übernommen.

   Bestätigen Sie Ihre Auswahl schließlich über das Antippen der Schaltfläche **Fertig** ❹.

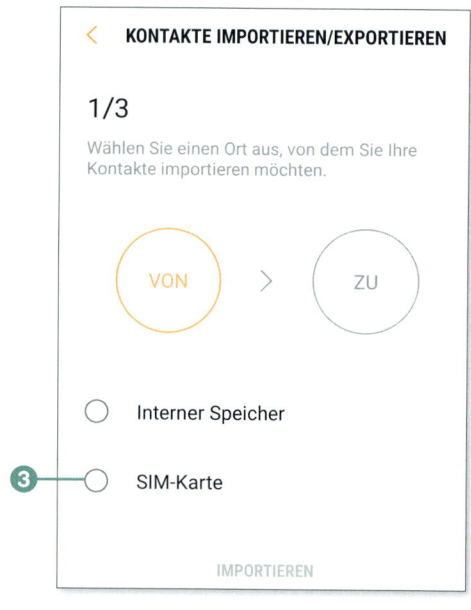
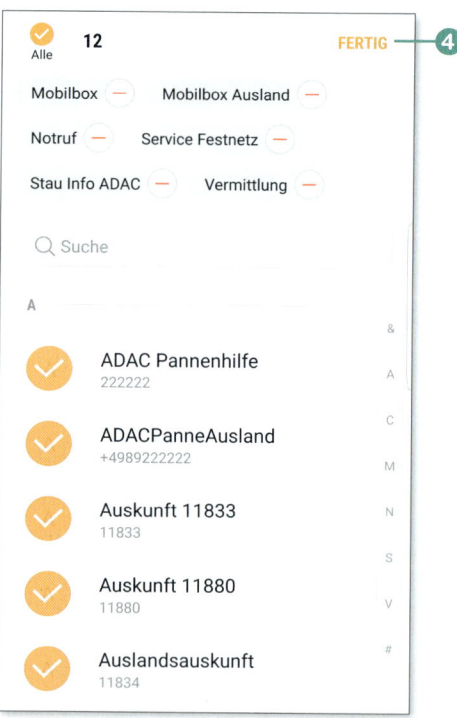

In ähnlicher Weise können Sie natürlich auch die Kontakte, die auf Ihrem S8 gespeichert sind, in andere Konten oder Bereiche exportieren.

Klingeltöne und Vibration anpassen

Was wäre die Handy-Welt nur ohne den bunten Zoo der Klingeltöne? In diesem und dem nächsten Abschnitt erfahren Sie, wie Sie Ihr S8 soundtechnisch individuell gestalten.

1. Schauen wir uns zunächst einmal an, was Samsung an Bordmitteln zu bieten hat. Begeben Sie sich in die Einstellungen, und wählen Sie hier den Menüpunkt **Töne und Vibration**.

2. Zur Auswahl eines Klingeltons wählen Sie im folgenden Menü den Punkt **Klingelton** ❶. Tippen Sie nun nacheinander verschiedene Töne in der Übersicht an. Diese werden in Form einer akustischen Vorschau sofort wiedergegeben. Wählen Sie einen Ihnen sympathischen Ton aus ❷.

Auf die gleiche Art können Sie den Benachrichtigungston für Mails, SMS etc. ändern: Wählen Sie zu diesem Zweck den Punkt **Benachrichtigungstöne** ❸ aus. Dort lassen sich dann individuelle Zuordnungen vornehmen.

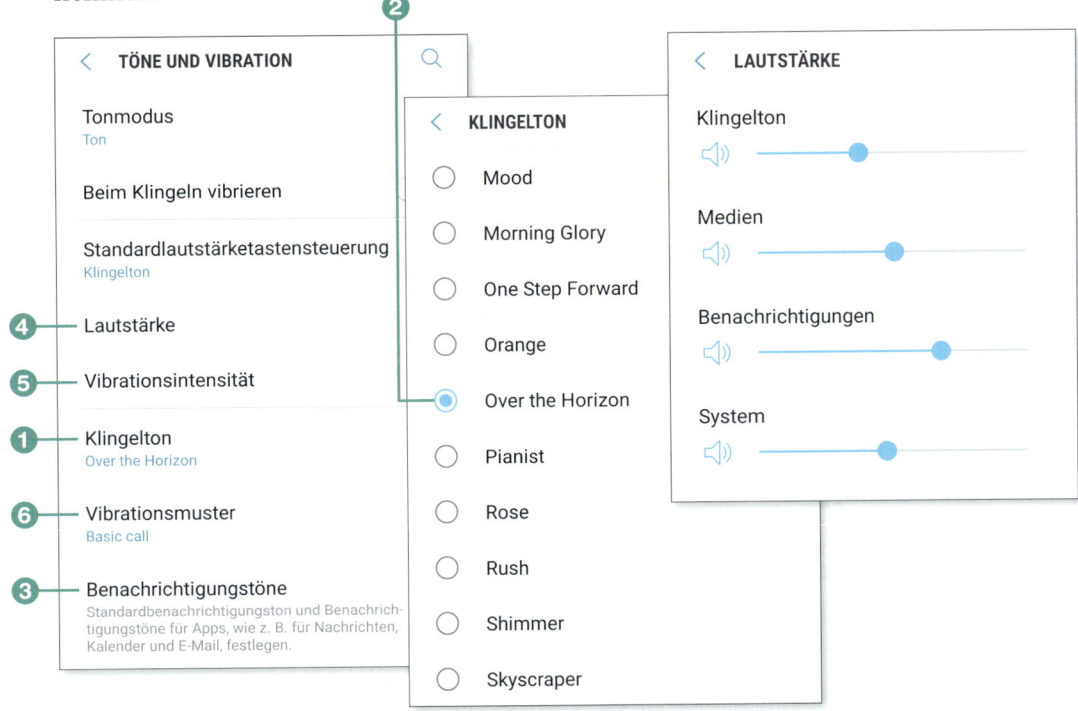

3. Passen Sie die Lautstärke des Klingel- bzw. Benachrichtigungstons im Untermenü **Lautstärke** (❹ auf Seite 83) über die Schieberegler an. Hier können Sie u. a. auch die Lautstärke für die Medienwiedergabe konfigurieren.

4. In gleicher Weise verfahren Sie, um den Vibrationsalarm des Geräts bei eingehenden Anrufen zu konfigurieren. Die entsprechenden Menüpunkte dazu heißen **Vibrationsintensität** ❺ bzw. **Vibrationsmuster** ❻.

Eigene Klingeltöne hinzufügen

Sie möchten Ihre Lieblingsmelodie als Klingelton haben? Kein Problem – Sie müssen lediglich dafür sorgen, dass das Musikstück auf einen allgemein zugänglichen Bereich auf dem S8 geladen wird. Das können Sie u. a. erreichen, indem Sie Ihr S8 per USB-Kabel an einen PC anschließen und die gewünschte Sounddatei vom PC auf das Smartphone kopieren bzw. Ihrer auf dem Gerät gespeicherten Musiksammlung entnehmen, siehe dazu auch Kapitel 12, »Musik auf dem S8«, bzw. Kapitel 14, »Sicherheit, Backup und Synchronisation«.

1. Begeben Sie sich in die Einstellungen, und wählen Sie hier den Bereich **Töne und Vibration** aus.

2. Wählen Sie den Punkt **Klingelton**. Scrollen Sie bis zum Ende des Dialogs, und tippen Sie auf die Schaltfläche **Von Telefon hinzufügen** ❶.

3. Es öffnet sich ein Dialogfeld, in dem Sie den Quelldienst für die gewünschte Musik auswählen. Das geschieht mit der App **Sound-Auswahl** ❷. Alternativ können Sie das Stück aber auch über Cloud-Dienste wie **OneDrive** ❸ oder *DropBox* zur Verfügung stellen.

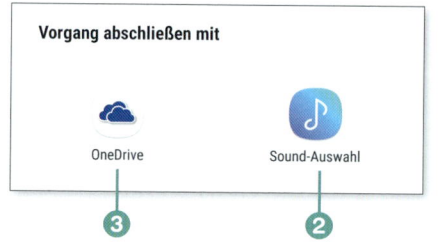

4. Wählen Sie nun das entsprechende Stück durch Antippen aus. Sie können es durch Antippen der Play-Schaltfläche ❹ auch kurz anhören.

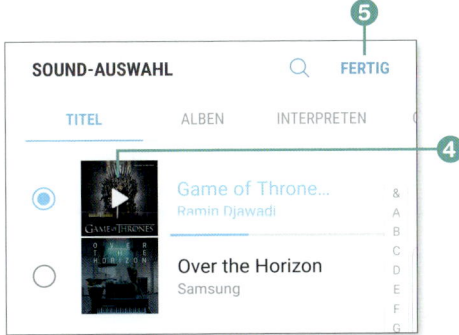

5. Bestätigen Sie Ihre Auswahl über die Schaltfläche **Fertig** ❺. Der neue Klingelton taucht nun auch in der Liste der zur Verfügung stehenden Klingeltöne auf.

6. Verlassen Sie anschließend das Klingelton-Menü mit der **Zurück**-Taste. Nun werden Sie noch gefragt, ob Ihr neuer Ton von Anfang an ❻ oder nur auszugsweise ❼ abgespielt werden soll. Wählen Sie hier die entsprechende Option aus.

Nun werden Sie in Zukunft von Ihrem Lieblingsstück ans Telefon gerufen. In ganz ähnlicher Weise können Sie reguläre Klingeltöne oder Musikstücke direkt per USB-Verbindung auf Ihr Smartphone in das Verzeichnis *Ringtones* kopieren. Diese erscheinen dann unmittelbar in der Liste aller Klingeltöne.

Videotelefonieren mit Google Duo

Wenn Sie eine Begrenzung (z. B. 100 Freiminuten) in Ihrem Mobilfunkvertrag festgelegt haben, können Sie Telefonzeit sparen, indem Sie über WLAN telefonieren. Die Google-eigene Lösung *Google Duo* finden Sie in den vorinstallierten Apps Ihres S8.

Google Duo ist eine App, mit der Sie über das Internet telefonieren können. Ursprünglich für Videotelefonie konzipiert, sind mittlerweile auch normale

Kapitel 3 – Telefonieren und Kontakte einrichten

Internettelefonate (Voice Over IP) möglich. Zum Testen benötigen Sie einen Gesprächspartner, der ebenfalls ein Android-Smartphone besitzt, auf dem Google Duo installiert ist, was bei aktuellen Geräten in der Regel der Fall ist.

1. Beide Kommunikationspartner starten Google Duo auf ihrem Smartphone. Auf Ihrem S8 finden Sie Duo im Google-App-Ordner. Beim ersten Start müssen Sie zunächst Ihr Smartphone per Assistent im Duo-System registrieren. Dazu müssen der App einige Berechtigungen erteilt werden, z. B. der Zugriff auf die Kamera und das Mikrofon sowie auf das Kontaktverzeichnis.

2. Anschließend erhalten Sie eine SMS mit einem Code. Durch diesen wird Ihre Telefonnummer automatisch bestätigt.

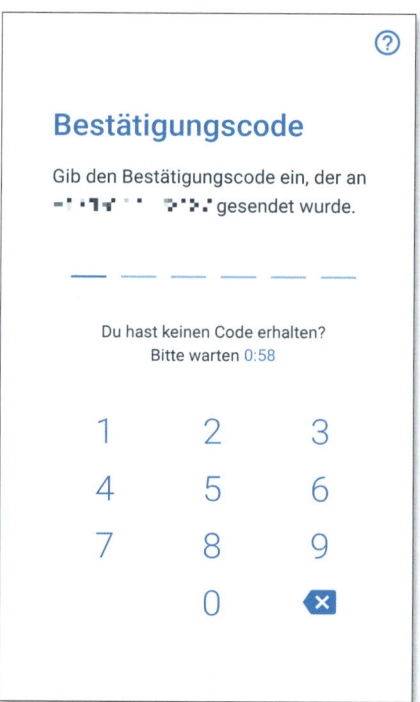

3. Nun begrüßt Sie Ihr eigenes Gesicht, welches per Frontkamera aufgenommen wird, und Sie können einen Anruf starten. Tippen Sie dazu auf die Schaltfläche **Neuer Anruf** ❶.

Videotelefonieren mit Google Duo

Im oberen Bereich der Übersicht erscheinen nun Kontakte, die bereits Google Duo verwenden und mit denen Sie kommunizieren können. Wenn Sie in der Liste Ihrer Kontakte nach unten scrollen, werden Sie bei anderen Kontakten die Möglichkeit finden, diese einzuladen. Tippen Sie dazu einfach auf den Link **Einladen** ❷ neben dem Kontakt.

4. Über den Schiebeschalter ❸ können Sie nun entscheiden, ob Sie ein Video- oder Audiotelefonat führen möchten.

5. Das eigentliche (Video-)Telefonat leiten Sie dann durch Antippen des gewünschten Kontakts in der Kontaktliste ein.

6. Ihr Gegenüber wird automatisch benachrichtigt und schiebt das Kamerasymbol (❹ auf Seite 88) zum Annehmen des Anrufs durch einen Fingerwisch nach oben.

7. Durch Antippen der Bildschirmmitte erscheinen während des Videotelefonats weitere Schaltflächen. Mit der Schaltfläche ❺ können Sie zwischen Frontkamera und Rückkamera umschalten, die Schaltfläche ❻ dient zur Deaktivierung des Mikrofons, falls

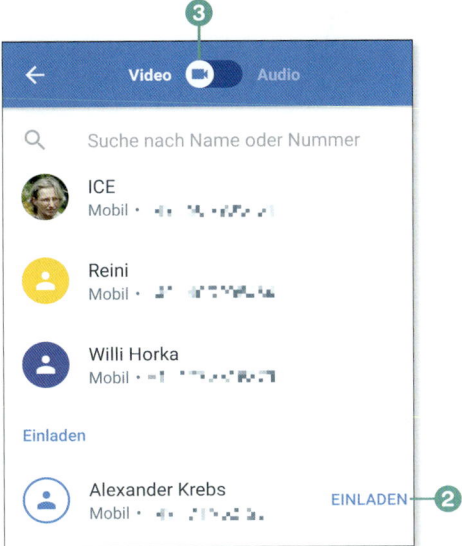

Kapitel 3 – Telefonieren und Kontakte einrichten

Ihr Gegenüber ein Gespräch vor Ort nicht mithören soll. Durch Antippen der roten Hörerfläche ❼ wird das Videotelefonat beendet.

So einfach und günstig kann »Videofonieren« sein!

> **Die Alternativen – Skype und WhatsApp**
>
> Nun kann es ja durchaus vorkommen, dass Sie in Ihrem Bekanntenkreis den einen oder anderen iPhone-Fan haben. Möchten Sie mit diesen kostengünstig telefonieren, so bietet sich die App *Skype* an, die ebenfalls auf Ihrem S8 vorinstalliert ist und in ähnlicher Weise wie Google Duo eingerichtet wird. Aber auch *WhatsApp* bietet die Möglichkeit, Audio- und Videotelefonate via Internet durchzuführen. Zu WhatsApp lesen Sie mehr im Abschnitt »WhatsApp – die kostengünstige Alternative« ab Seite 94.

Kapitel 4
Nachrichten senden und empfangen

Obwohl wir im Zeitalter des mobilen Internets in erster Linie per Mail, Messenger oder Videokonferenz kommunizieren, hat die klassische SMS noch längst nicht ausgedient. Gerade im nicht europäischen Ausland bietet sie eine günstige Form der Kommunikation, denn mobile Internetverbindungen sind dort noch vergleichsweise teuer. Aber auch MMS (das Verschicken von multimedialen Inhalten wie Fotos oder Videos) erfreuen die lieben Verwandten, wenn sie Ihr Abbild vor den klassischen Touristenzielen zeigen.

SMS senden und empfangen

Beginnen wir mit dem Klassiker: der guten alten SMS. Die Abkürzung steht für *Short Message Service*. Eines sei vorab gesagt: Es gibt heute wesentlich günstigere Methoden, Informationen per Text auszutauschen – etwa per E-Mail. Das Tolle an SMS ist aber nach wie vor: Sie funktioniert auch im hintersten Winkel von Tadschikistan.

Alles, was Sie über den Versand von E-Mails mit Ihrem S8 wissen müssen, erfahren Sie übrigens in Kapitel 6, »E-Mails senden und empfangen«.

Der Weg zur ersten SMS auf Ihrem S8 ist leicht. Folgen Sie einfach dieser Anleitung.

1. Suchen Sie auf Ihrem Bildschirm im unteren Bereich das Icon **Nachrichten** ❶, und tippen Sie es an. Finden Sie dieses Icon nicht, suchen Sie im App-Menü danach.

Kapitel 4 – Nachrichten senden und empfangen

Nach dem Start präsentiert sich die Nachrichten-App in einem schlichten Design.

2. Wählen Sie das Symbol mit dem Notizblock ❷ zum Erstellen einer neuen Nachricht.

3. Es erscheint nun Ihre Kontaktliste. Wählen Sie einen Empfänger durch Antippen aus. Sie können an dieser Stelle auch mehrere Empfänger auswählen.

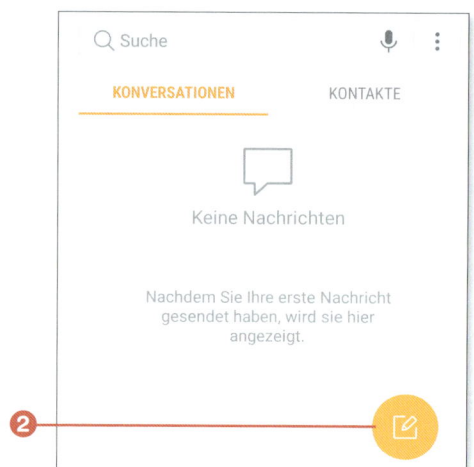

4. Tippen Sie anschließend auf die Schaltfläche **Verfassen** ❸, und schreiben Sie Ihre SMS in das Nachrichtenfeld ❹.

Mithilfe der integrierten Spracheingabe von *Bixby* oder dem *Google Assistant* können Sie die kurzen Texte sogar diktieren – vorausgesetzt, Sie sind online.

5. Nach der Fertigstellung des Textes tippen Sie schließlich auf die Schaltfläche **Senden** ❺.

Fertig! Die SMS tritt nun ihren Weg zum Empfänger an. Die Antwort Ihres Gegenübers erscheint direkt unter der verschickten SMS in Form einer Sprechblase ❻.

SMS senden und empfangen

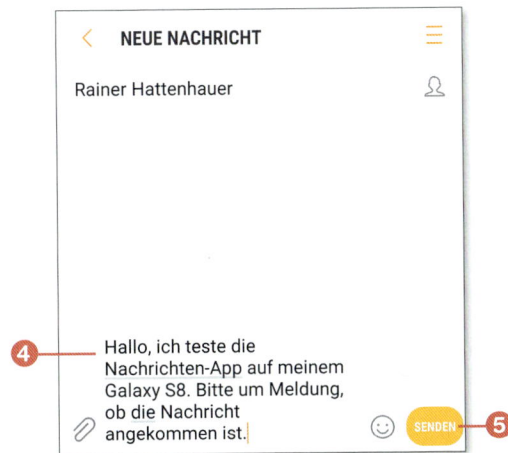

Um über den Empfang einer SMS außerhalb der App informiert zu sein, schauen Sie am besten auf das Nachrichten-Icon am unteren Bildrand: Hier wird jede neue SMS durch eine Zahl signalisiert. Sie können aber auch die Statusleiste herunterziehen und sich eine Vorschau der SMS anschauen.

Android-typisch werden Kommunikationen im Gesprächsverlauf gespeichert. Solche Verläufe nennt man *Threads* oder auch *Konversationen*. Die Antwort erfolgt dann direkt im Thread.

Die Nachrichten-App bietet weitere Möglichkeiten für den SMS-Versand oder die Verwaltung Ihrer SMS. Tippen Sie dazu zunächst mit dem Finger länger auf die betreffende SMS.

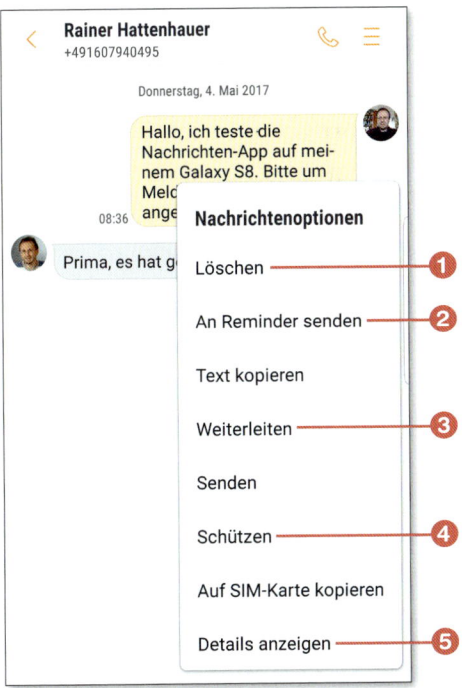

Dadurch erscheinen in einem Kontextmenü weitere Punkte. Unter anderem können Sie damit die aktuell ausgewählte SMS löschen ❶, an den Bixby Reminder schicken ❷, zu einem anderen Kontakt weiterleiten ❸ oder auch schützen (❹ auf Seite 91), sodass die SMS zunächst einmal nicht mehr einfach gelöscht werden kann. Auch die Details der SMS ❺ können Sie auf diese Weise abrufen.

SMS verwalten

Um ganze Konversationen bzw. Threads zu entfernen, begeben Sie sich zunächst mithilfe der Zurück-Taste ins Hauptmenü der App. Halten Sie den Finger länger auf einer Konversation gedrückt.

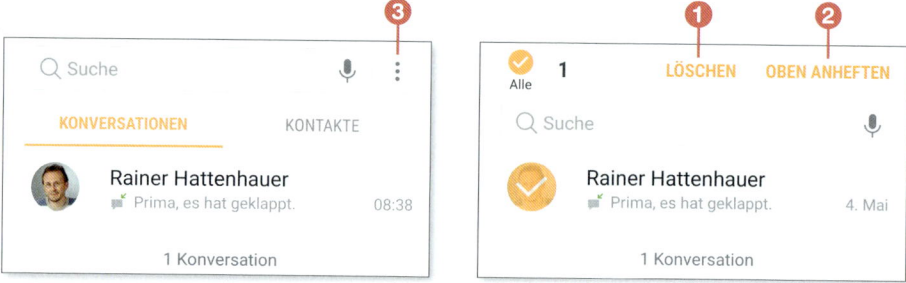

Tippen Sie nun im erscheinenden Menü auf **Löschen** ❶, und die gesamte Konversation verschwindet mit Ausnahme derjenigen Nachrichten, die Sie als geschützt markiert haben. Außerdem haben Sie hier die Möglichkeit, Nachrichten über die Schaltfläche **Oben anheften** ❷ an die obere Stelle des Nachrichtenüberblicks zu setzen.

Schauen Sie sich auch einmal das Menü **Einstellungen** der Nachrichten-App genauer an. Dieses erreichen Sie im Übersichtsbereich der **Konversationen** durch Antippen der Menü-Schaltfläche ❸ und die anschließende Auswahl des Menüpunkts **Einstellungen** ❹.

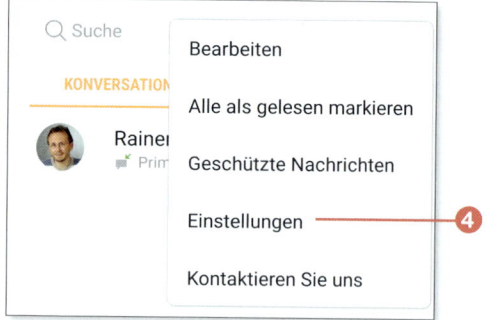

SMS verwalten

Hier können Sie im Untermenü **Weitere Einstellungen ▶ SMS** ❺ u. a. festlegen, ob Sie **Zustellberichte** ❻ für Ihre versendeten SMS wünschen, oder auch die Nummer der **Nachrichtenzentrale** ❼ vorgeben, falls dies nicht schon bereits automatisch über die SIM erfolgt ist.

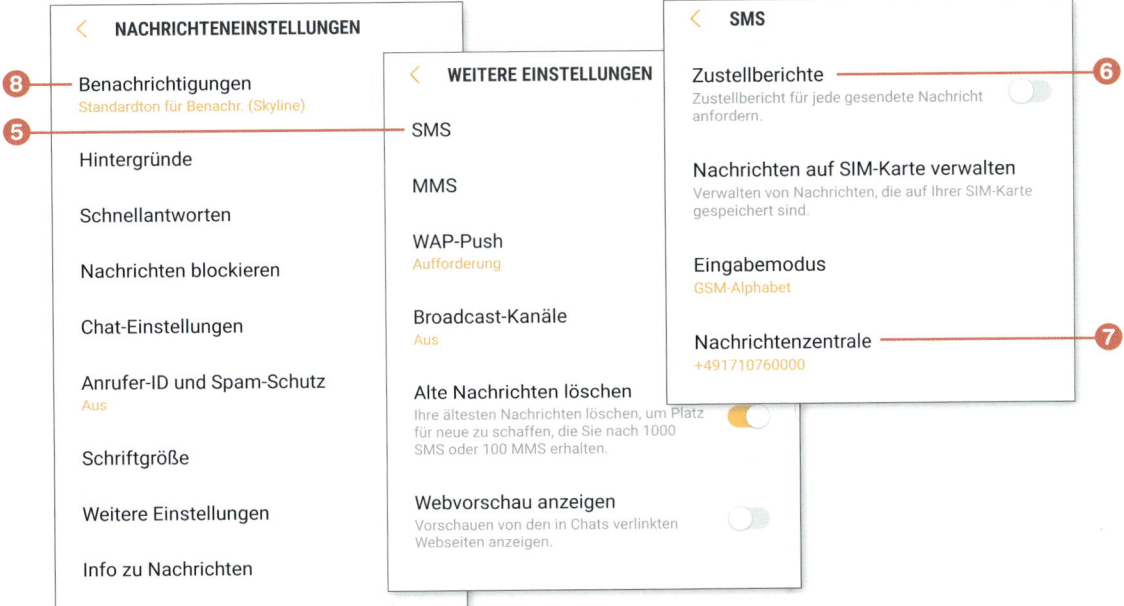

Im Menü **Benachrichtigungen** ❽ finden Sie außerdem Optionen, mit denen Sie die optische und akustische Meldung beim Eingang einer SMS beeinflussen können. Hier legen Sie also fest, ob der Nachrichteneingang durch einen Ton, zusätzlich durch eine Vibration bzw. auch durch ein Benachrichtigungsfenster (ein sog. *Pop-up*) angezeigt wird.

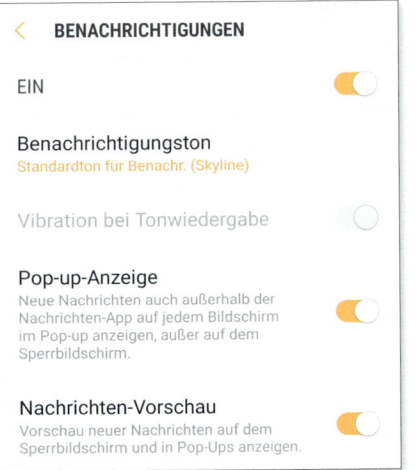

Kapitel 4 – Nachrichten senden und empfangen

> **TIPP**
>
> **Eine SOS-Meldung absetzen**
>
> Wenn Sie sich in einer Notsituation befinden, kann das schnelle Senden einer SOS-Nachricht per SMS ggf. Leben retten. Suchen Sie in den Einstellungen per Suchfunktion nach dem Begriff »SOS«. Sie finden hier den Menüpunkt **SOS-Nachrichten senden.** Dadurch wird eine Nummer bzw. ein Kontakt definiert, an den die SOS-Nachricht geschickt werden soll. In meinem Fall wäre das meine Frau, die ich unter dem Kürzel ICE (*in case of emergency*) in meinem Kontaktverzeichnis hinterlegt habe – ein international gültiger Standard. In einem Notfall drücken Sie dreimal schnell hintereinander die Ein-/Aus-Taste, und die Nachricht wird abgesetzt. Per SMS bzw. MMS werden dann ein aktuelles Bild von der Frontkamera, eine Audioaufnahme und Ihre genaue geografische Position gesendet.
>
>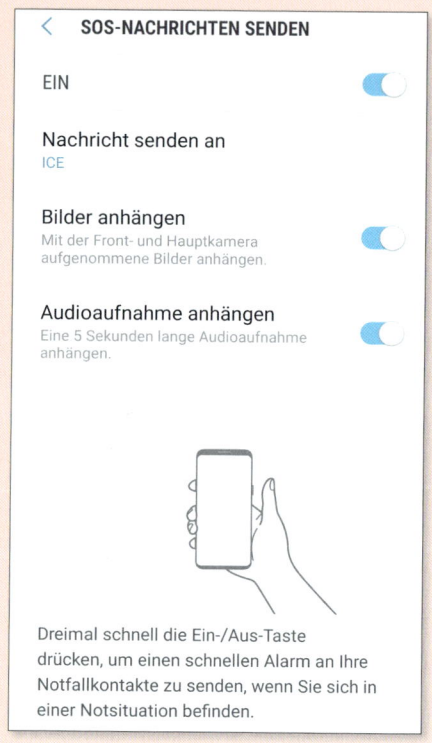
>
> Dreimal schnell die Ein-/Aus-Taste drücken, um einen schnellen Alarm an Ihre Notfallkontakte zu senden, wenn Sie sich in einer Notsituation befinden.

WhatsApp – die kostengünstige Alternative

Es gibt kostengünstige Alternativen zur klassischen SMS. Der Platzhirsch ist hier sicher *WhatsApp*. Der Name ist ein Wortspiel mit dem englischen Ausdruck *What's up?*, zu Deutsch: *Was ist los?*. Die App gibt es für alle prominenten Smartphone-Betriebssysteme, und sie ist wirklich sehr verbreitet. Die Chancen stehen also gut, dass Sie damit eine Vielzahl von Freunden erreichen.

WhatsApp – die kostengünstige Alternative

Im Unterschied zum Vorgänger S7 ist WhatsApp auf Ihrem S8 nicht vorinstalliert. Dies können Sie jedoch leicht mit dem rechts abgedruckten QR-Code nachholen. Nach der Installation finden Sie die App im App-Menü. WhatsApp ist mittlerweile komplett kostenlos – also ein echtes Schnäppchen im Vergleich zur klassischen SMS und erst recht in Bezug auf MMS. Und so richten Sie WhatsApp ein:

WhatsApp Messenger

1. Stellen Sie zunächst sicher, dass Sie sich im Mobilfunkmodus befinden bzw. Ihre SIM-Karte aktiviert haben. WhatsApp wird stets mit einer Mobilfunknummer verknüpft bzw. stellt über eine SMS-Autorisierung sicher, dass sich kein Datendieb mit Ihrer Mobilfunknummer beim Service anmeldet.

2. Starten Sie die App, und bestätigen Sie beim ersten Start die Lizenzvereinbarungen ❶. Anschließend bittet WhatsApp um Erlaubnis, auf Ihre Kontakte zugreifen zu dürfen, was Sie durch **Weiter** ❷ zulassen können. Das hat den Vorteil, dass Sie dann nicht umständlich nach Freunden suchen müssen, die ebenfalls WhatsApp verwenden.

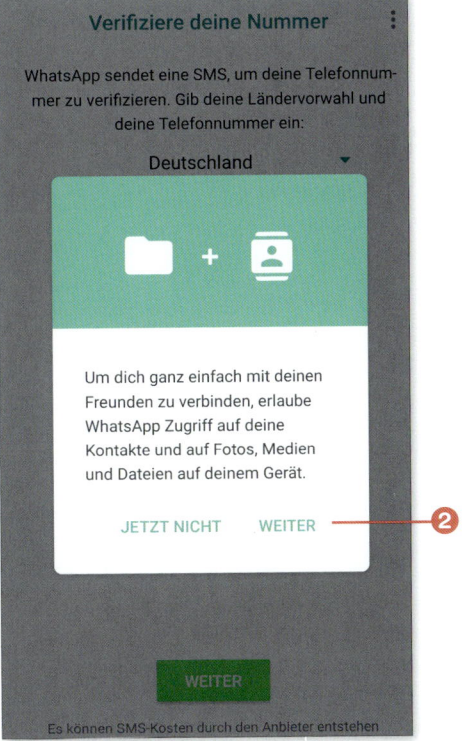

Kapitel 4 – Nachrichten senden und empfangen

3. Geben Sie im ersten Dialogfeld Ihre Mobiltelefonnummer ohne führende Null ein ❸. Wenn Sie Ihre Nummer nicht auswendig wissen, schauen Sie bitte noch einmal im Kasten »Wo finde ich meine Telefonnummer?« auf Seite 72 nach, wie Sie diese schnell in Erfahrung bringen.

4. Bestätigen Sie im nächsten Dialogfeld Ihre Telefonnummer. Das Anmeldungssystem testet nun per SMS-Gateway, ob Ihre Nummer auch gültig ist. Sie erhalten dann eine SMS zur Verifizierung, und der WhatsApp-Dienst wird anschließend automatisch freigeschaltet.

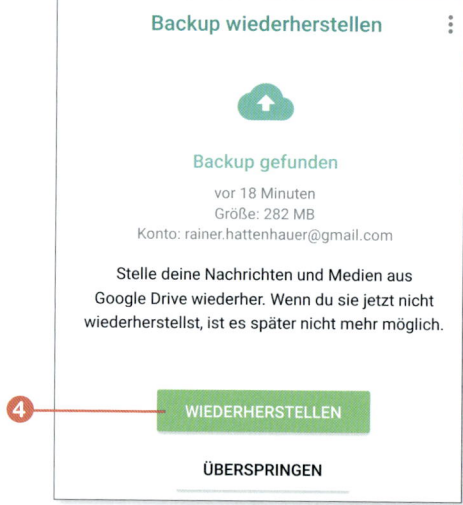

5. Falls Sie schon einmal WhatsApp auf einem anderen Gerät verwendet haben, werden Sie nun gefragt, ob ggf. ein Backup Ihrer alten Nachrichten wiederhergestellt ❹ werden soll. Führen Sie das nur durch, wenn Sie per WLAN mit dem Internet verbunden sind. Insbesondere gespeicherte Medien (Bilder, Videos etc.) beanspruchen hier viel Platz bzw. Bandbreite.

6. Wählen Sie im nächsten Schritt einen Namen ❺ und ggf. ein Profilbild aus, das Sie gut charakterisiert und es Ihren Freunden und Gesprächspartnern auf einen Blick ermöglicht, Sie zu identifizieren.

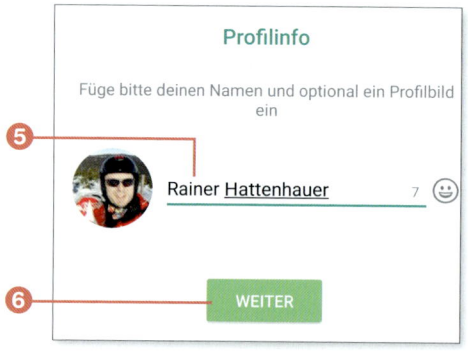

7. Mit der Schaltfläche **Weiter** ❻ schließen Sie die Grundkonfiguration ab.

8. Schauen Sie nun einmal nach, wer von Ihren Freunden in der Kontaktsammlung WhatsApp bereits verwendet. Dazu tippen Sie auf die Schaltfläche mit der Sprechblase ❼.

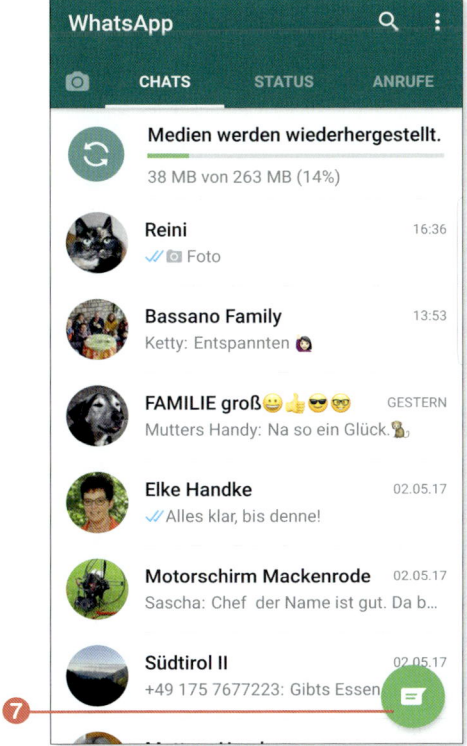 

9. Kontaktieren Sie einen Freund, indem Sie zunächst das Symbol der Sprechblase und anschließend seinen Namen in der WhatsApp-Kontaktliste antippen.

Das Schöne an WhatsApp: Sie sind nicht in der Länge Ihrer Botschaften beschränkt und können auch Bilder, Audiodateien oder Videos anfügen. Und das Ganze ist um ein Vielfaches günstiger als bei SMS oder MMS.

Darüber hinaus ist es möglich, mit WhatsApp in Bild und Ton zu telefonieren, wie Sie im Kasten auf der folgenden Seite lesen können.

Kapitel 4 – Nachrichten senden und empfangen

> **TIPP**
>
> ### Mit WhatsApp telefonieren
>
> Mittlerweile wurde WhatsApp auch mit einer (Video-)Telefoniefunktion ausgestattet. Voraussetzung zur Nutzung ist, dass Ihr Gegenüber ebenfalls WhatsApp verwendet. Wechseln Sie zum Telefonieren mit WhatsApp in den Bereich **Anrufe** ❽. Daraufhin öffnet sich eine Übersicht über die Kontakte, mit denen Sie zuletzt (Video-)Telefonate durchgeführt haben. Durch Antippen eines dort aufgeführten Kontakts können Sie erneut ein Telefonat starten. Das Symbol hinter dem Protokolleintrag zeigt, ob es sich um ein normales Telefonat oder ein Videotelefonat gehandelt hat. Soll ein neuer Kontakt, der im Anrufverlauf nicht gelistet ist, erreicht werden, tippen Sie einfach auf das Hörersymbol ❾ und wählen den gewünschten Kontakt aus Ihrem WhatsApp-Kontaktverzeichnis.
>
>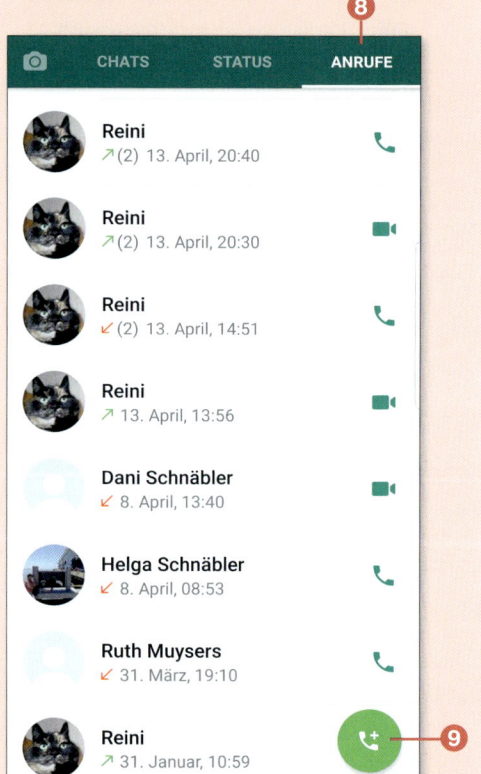

Kapitel 5 – Online mit dem Smartphone

Kapitel 5
Online mit dem Smartphone

Sicherlich wollen Sie mit Ihrem Smartphone auch ins Internet. Vielleicht war das ja sogar der Grund, warum Sie sich Ihr S8 gekauft haben. Deshalb werde ich Ihnen in diesem Kapitel zeigen, wie Sie das am besten anstellen und welche Möglichkeiten es gibt.

Über WLAN günstig ins Internet

Bevor Sie das Budget bei Ihrem Mobilfunkprovider unnötig strapazieren, zeige ich Ihnen den einfachsten und günstigsten Weg, mit Ihrem S8 ins Internet zu gelangen: per WLAN. So ein drahtloses Netz steht vielen Menschen zu Hause oder im Büro zur Verfügung, und so verursacht das Surfen keine weiteren Kosten.

> **INFO**
> **WLAN = Wi-Fi**
> Im Ausland kann man mit dem deutschen Kunstwort *WLAN* bzw. *Wireless LAN* nichts anfangen – der drahtlose Internetzugang wird hier *Wi-Fi* genannt.

WLAN aktivieren und einrichten

Bevor Sie sich in einem WLAN anmelden, müssen Sie zunächst den WLAN-Empfang am Smartphone aktivieren. Bei Ihrem S8 geht das so:

1. Ziehen Sie die Statusleiste herunter, und tippen Sie auf die Schnellschaltfläche **WLAN** ❶, sodass diese blau erscheint.

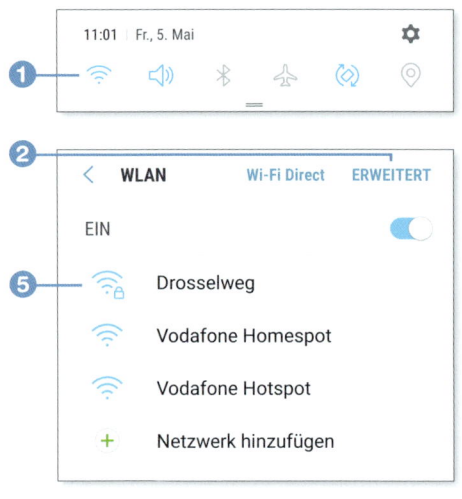

Sollten Sie sich im heimischen WLAN befinden, so wird die Verbindung sofort hergestellt, vorausgesetzt, Sie haben während der Einrichtung Ihres Smartphones den Zugang zu diesem Netz schon definiert, siehe dazu den Abschnitt »Das S8 zum ersten Mal starten« ab Seite 16.

2. Um Zugang zu weiteren Netzen zu haben, begeben Sie sich durch längeres Antippen des WLAN-Symbols im Statusbereich in den Bereich **WLAN**. Diesen finden Sie alternativ auch in den Einstellungen, die Sie über das Zahnradsymbol erreichen, unter **WLAN**. Lassen Sie Ihr Smartphone die Umgebung nach drahtlosen Netzwerken scannen. Dies erfolgt automatisch, wenn Sie sich in dem beschriebenen Menü befinden.

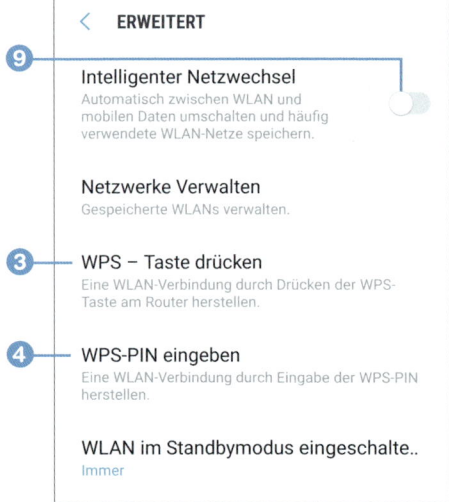

3. Besonders einfach ist die automatische Verbindung mit einem heimischen WLAN, wenn der Router über eine WPS(*WiFi Protected Setup*)-Taste verfügt. In diesem Fall betätigen Sie zunächst die WPS-Taste am Router (bei der verbreiteten FRITZ!Box wird die WPS-Funktion per längerem Betätigen der WLAN-Taste aktiviert) und tippen anschließend im Menü (erreichbar über die Schaltfläche **Erweitert** ❷) auf den Punkt **WPS – Taste drücken** ❸. Zur manuellen Konfiguration verwenden Sie eine **WPS-PIN** ❹, die in diesem Menü ebenfalls eingegeben werden kann.

WLAN aktivieren und einrichten

4. Um eine WLAN-Verbindung – ins heimische wie in andere Netze – manuell vorzunehmen, wählen Sie aus der Liste durch Antippen das Netz aus, dessen Zugangsdaten Sie besitzen. Im vorliegenden Fall ist es das Netz mit dem Namen *Drosselweg* ❺; der Name eines solchen Netzes wird auch als SSID (*Service Set Identifier*) bezeichnet.

5. Geben Sie das Kennwort für das Netz ein ❻. Kennen Sie sich damit schon etwas besser aus, können Sie sich an dieser Stelle **Erweiterte Optionen anzeigen** ❼ lassen, um weitere Einstellungen vorzunehmen.

   Kurze Zeit später sollten Sie die Meldung erhalten, dass Ihr Smartphone mit dem WLAN verbunden wurde. Außerdem wird dies durch ein entsprechendes Symbol ❽ in der Statusleiste angezeigt. Eine parallele Verbindung per Mobilfunknetz wird zugunsten der WLAN-Verbindung abgebrochen. Wenn Sie die Option **Intelligenter Netzwechsel** ❾ aktiviert haben (siehe Seite 100), schaltet Ihr S8 zwischen WLAN und mobilem Netzwerk um, damit die Verbindung zum Internet stets gewährleistet ist.

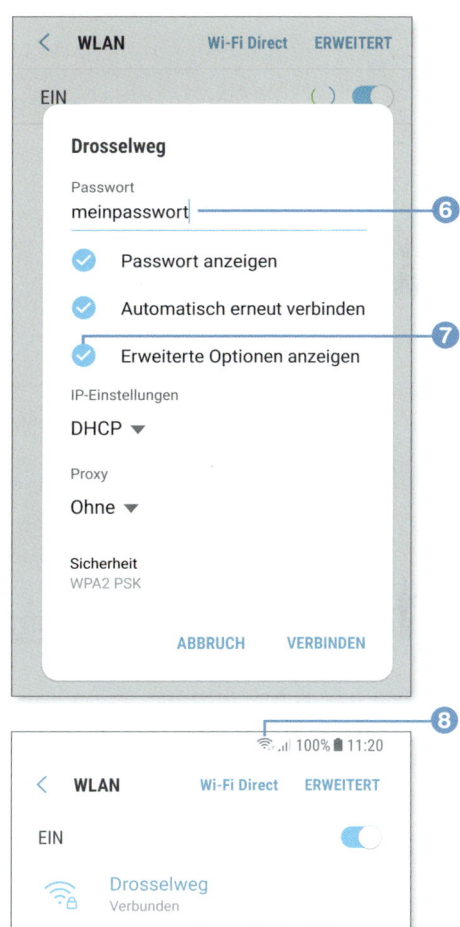

6. Nachdem Sie nun mit dem Internet verbunden sind, rufen Sie eine beliebige Seite im Browser des Smartphones auf, um sich zu überzeugen, dass die Verbindung steht. Der Browser versteckt sich hinter dem Icon mit dem Namen **Internet** am unteren Bildrand. Rufen Sie z. B. die Seite *www.google.de* auf.

7. Um einen Eindruck von der Verbindungsgeschwindigkeit zu erhalten, begeben Sie sich auf die Seite *www.wieistmeineip.de/speedtest*.

Mehr zum Thema, wie Sie Seiten im Internet aufrufen, erfahren Sie im Abschnitt »Im Internet surfen« ab Seite 111.

> **TIPP**
>
> **Wann immer möglich, WLAN verwenden!**
>
> Die meisten Mobilfunkverträge bieten Zugang zum Internet per UMTS oder 3G an, einige sogar mit dem noch schnelleren LTE-Standard. Bei Prepaid-Verträgen wird in der Regel nach der Menge der übertragenen Daten abgerechnet – 1 MB übertragene Daten kostet dabei zurzeit 24 Cent. Auch bei den viel beworbenen Mobilflatrates ab ca. 5 € pro Monat wird nach einer gewissen übertragenen Datenmenge (meist zwischen 200 MB und 1 GB) die Geschwindigkeit der Verbindung drastisch reduziert. Es empfiehlt sich also fast immer, Ihren Datentransfer per Mobilfunknetz zu begrenzen, wo es nur geht. Nutzen Sie stattdessen ein WLAN, um ins Internet zu gehen.

Den mobilen Datenzugang einrichten

Nachdem Sie nun per WLAN den ersten Kontakt zum Internet hergestellt haben, wünschen Sie sich vielleicht, per Mobilfunknetz überall online gehen zu können.

In den Pionierzeiten des mobilen Internets hätte an dieser Stelle eine mehrseitige Anleitung gestanden. Heute heißt es schlicht und ergreifend: SIM-Karte ins Smartphone stecken, einschalten, fertig!

Die Provider bieten mittlerweile vorkonfigurierte Zugänge zum mobilen Internet an. Sie können leicht testen, ob Ihr S8 auch ohne WLAN eine Verbindung zum Internet aufbauen kann.

1. Deaktivieren Sie den WLAN-Empfang durch Antippen der WLAN-Schaltfläche in der Statusleiste ❶.

Den mobilen Datenzugang einrichten

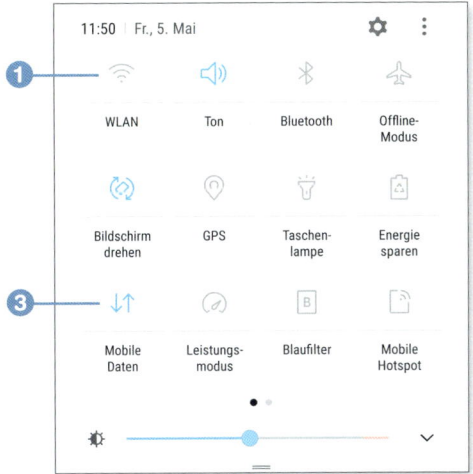

2. Sobald nun eine Internetverbindung erforderlich ist, stellt das Smartphone sie automatisch über die auf der SIM-Karte abgelegten Providerdaten her. Der Test der Verbindung erfolgt dann wieder über den Aufruf einer Seite im Android-Webbrowser, wie in Schritt 6 auf Seite 101 beschrieben.

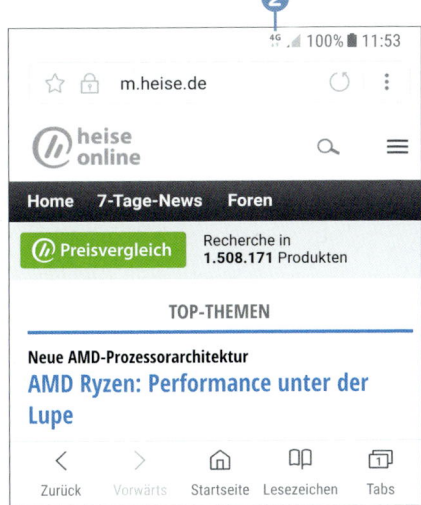

Die Verbindung zu einer Internetseite wird per Browser hergestellt. Das Symbol 4G ❷ zeigt dabei, dass dies mit maximaler Geschwindigkeit (LTE) erfolgt.

Sollten Sie keine Verbindung zum Internet herstellen können, überprüfen Sie, ob ggf. die Übertragung von mobilen Daten deaktiviert ist. Das erkennen Sie an der entsprechenden Schnellschaltfläche ❸. Falls Sie diese

Kapitel 5 – Online mit dem Smartphone

Schaltfläche nicht sehen können, wischen Sie einfach einmal die Statusleiste mit zwei Fingern zugleich herunter. Dadurch erscheint eine Übersicht, die mehr Schaltflächensymbole enthält. Diese lässt sich per Fingerwisch nach links bzw. rechts weiter durchsuchen. Über die Schaltfläche **Mobile Daten** können Sie übrigens auch verhindern, dass Ihr Smartphone ungewollt online geht.

> **INFO**
>
> **LTE, 3G, 2G?**
>
> Dabei handelt es sich um bestimmte Verbindungsarten zum mobilen Internet. LTE ist der schnellste Standard, gefolgt von H+ bzw. 3G. Bei 2G (dem sog. EDGE-Modus) handelt es sich um den normalen Mobilfunknetzstandard, der auch fürs Telefonieren verwendet wird. Der 2G-Modus wird übrigens auch automatisch aktiviert, wenn Sie Ihr monatliches Datenkontingent überschritten haben.

Zwischen Verbindungsarten wechseln

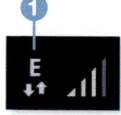
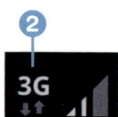
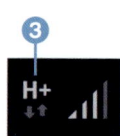
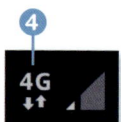

Ihr Galaxy S8 kann sich mit unterschiedlichen Datenraten mit dem Internet verbinden. In der Praxis ist es ratsam, die schnellsten Übertragungsmodi LTE bzw. H+ nur dann zu wählen, wenn Sie diese wirklich nutzen können und wollen, z. B. bei grafik- oder multimedialastigen Internetseiten oder im Bedarfsfall bei Downloads.

In der Statusleiste finden Sie Informationen darüber, wie schnell Sie im Moment mit dem Internet verbunden sind. Die links abgebildeten Symbole bedeuten: EDGE- bzw. 2G-Modus ❶, 3G-Modus ❷, HSDPA+- bzw. H+-Modus ❸ und 4G- bzw. LTE-Modus ❹. Die Datenübertragungen werden in der genannten Reihenfolge immer schneller.

Sie schalten zwischen dem normalen 2G-Modus und den schnellen Übertragungsmodi im Einstellungsmenü im Bereich **Verbindungen ▸ Mobile Netzwerke ▸ Netzmodus** um. In der Regel ist dort die automatische Wahl des schnellsten Modus voreingestellt. Achten Sie darauf, dass bei Bedarf der Punkt bei **Nur 2G** entfernt ist, da Sie sonst »mit angezogener Handbremse«

Zwischen Verbindungsarten wechseln

surfen. Im Ausland ist es erforderlich, den Schalter bei **Daten-Roaming** zu aktivieren, da Sie dort sonst nicht im Internet surfen können. Ab Juni 2017 dürfen Sie dies im Bereich der EU bedenkenlos tun: Gemäß des Roaming-Abkommens fallen in EU-Ländern die gleichen Gebühren wie in der Heimat an. In anderen Ländern sollten Sie sich vorher informieren, ob Ihr Mobilfunkprovider ggf. ein Roaming-Paket anbietet.

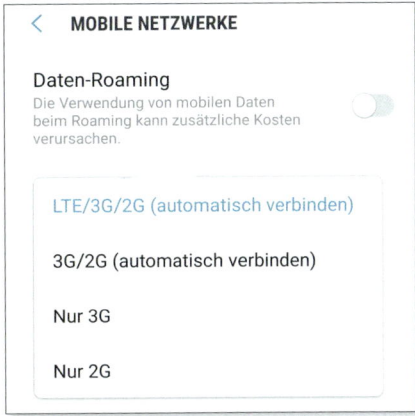

Während der Datenübertragung erkennen Sie an dem entsprechenden Symbol in der Statuszeile, ob Sie sich im schnellen Übertragungsmodus befinden. Der Datentransfer wird damit ebenfalls angezeigt: Ein ausgefüllter Pfeil nach unten bedeutet das Herunterladen (*Download*), ein ausgefüllter Pfeil nach oben das Hochladen (*Upload*) von Daten.

> **TIPP**
>
> **Downloads beschleunigen – der Download-Booster**
>
> Wenn Sie größere Dateien (über 30 MB) aus dem Internet herunterladen möchten, dann können Sie den Download mit dem *Download-Booster* beschleunigen. Dabei werden bei vorhandener LTE- und WLAN-Verbindung beide Kanäle gekoppelt, was zu einer sehr hohen Downloadgeschwindigkeit führt, denn mittlerweile überflügelt schnelles LTE in puncto Geschwindigkeit viele Festnetzanschlüsse. Sie können den Download-Booster in den Einstellungen unter **Verbindungen ▶ Weitere Verbindungseinstellungen ▶ Download-Booster** aktivieren.
>
>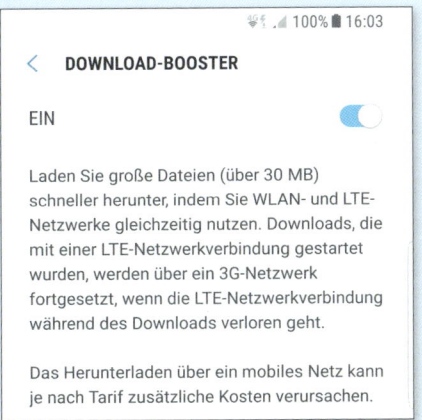

Kapitel 5 – Online mit dem Smartphone

Behalten Sie die Kosten im Blick

Eigentlich ist es ziemlich riskant, ein Smartphone ohne mobile Datenflatrate zu betreiben: Zu groß ist die Gefahr, durch unbeabsichtigten Verbindungsaufbau bei einem unlimitierten Tarif in die Kostenfalle zu geraten. Immerhin werden Sie nach neuem EU-Recht darüber informiert, wenn die Kosten einen bestimmten Betrag (meist 60 €) überschreiten. Aber auch Flatrate-Inhaber sollten sich darüber im Klaren sein, dass ihr Freivolumen nicht unbegrenzt ist und sie nach dessen Verbrauch im Schneckentempo im Internet unterwegs sind. Grund genug, den Datentransfer zu überwachen. Bei Ihrem Galaxy S8 können Sie Ihren Datenverbrauch direkt in den Systemeinstellungen überprüfen bzw. für diesen ein Limit festlegen.

1. Begeben Sie sich in den Einstellungen in den Bereich **Verbindungen ▶ Datennutzung**. Hier können Sie den Datenverbrauch einsehen, aber auch Limits festlegen.

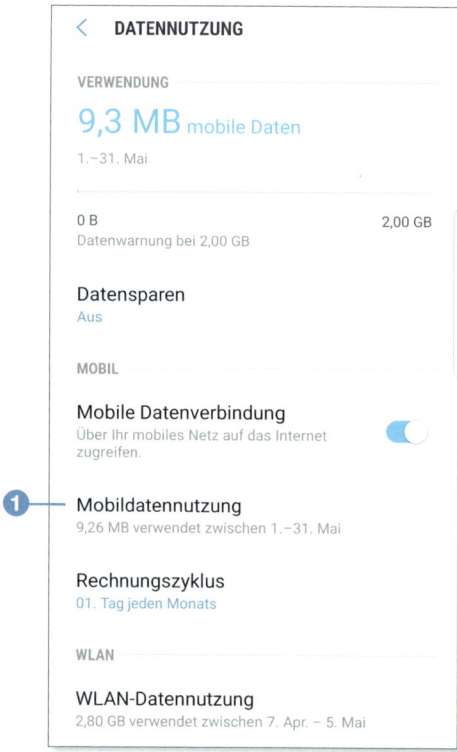
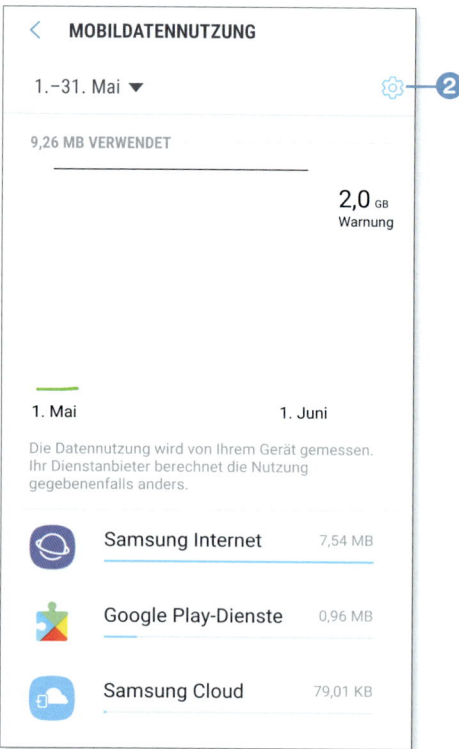

Behalten Sie die Kosten im Blick

Gehen Sie folgendermaßen vor, um ein Datenlimit bzw. eine Verbrauchswarnung einzurichten:

2. Tippen Sie auf **Mobildatennutzung** ❶. Sie gelangen in einen Bereich, in dem der Datenverbrauch aller Apps bei Nutzung des Mobilfunknetzes angezeigt wird.

3. Tippen Sie auf das Zahnradsymbol ❷, um in die Einstellungen der Mobildatennutzung zu gelangen.

Hier können Sie durch Antippen der entsprechenden Schaltflächen den Rechnungszyklus ❸, das Volumen für eine Datenwarnung ❹ sowie die Datenbegrenzung ❺ nach Überschreiten eines vordefinierten Datenvolumens anpassen.

Die Grenze für den mobilen Datentransfer habe ich auf 1 GB gesetzt, die erste Warnung erhalte ich bereits bei 800 MB Datenverkehr. Der Protokollierungszyklus des Datenverbrauchs startet jeweils am ersten Tag eines Monats.

Nach dem Überschreiten eines solchen Limits werden Sie benachrichtigt, und die Onlineverbindung wird gekappt, sodass keine weiteren Kosten anfallen können. Diese Methode empfiehlt sich, wenn Sie im nicht europäischen Ausland unterwegs sind. Über das App-Menü können Sie auch die Protokollierung des WLAN-Datenverbrauchs aktivieren und überprüfen, welche Apps den meisten Datenverkehr verursacht haben. Scrollen Sie dazu einfach in der App nach unten.

Kapitel 5 – Online mit dem Smartphone

> **TIPP**
>
> **Datenverbrauch direkt kontrollieren**
>
> Kunden der Deutschen Telekom (T-Mobile, Congstar) haben die Möglichkeit, ihr verbrauchtes Datenvolumen direkt per Browser unter *datapass.de* einzusehen. Dazu müssen Sie die Seite über das Mobilfunknetz aufrufen. Noch einfacher geht's, wenn Sie einmal recherchieren, ob Ihr Anbieter eine eigene App im *Play Store* zur Überprüfung des Datenvolumens zur Verfügung stellt.
>
>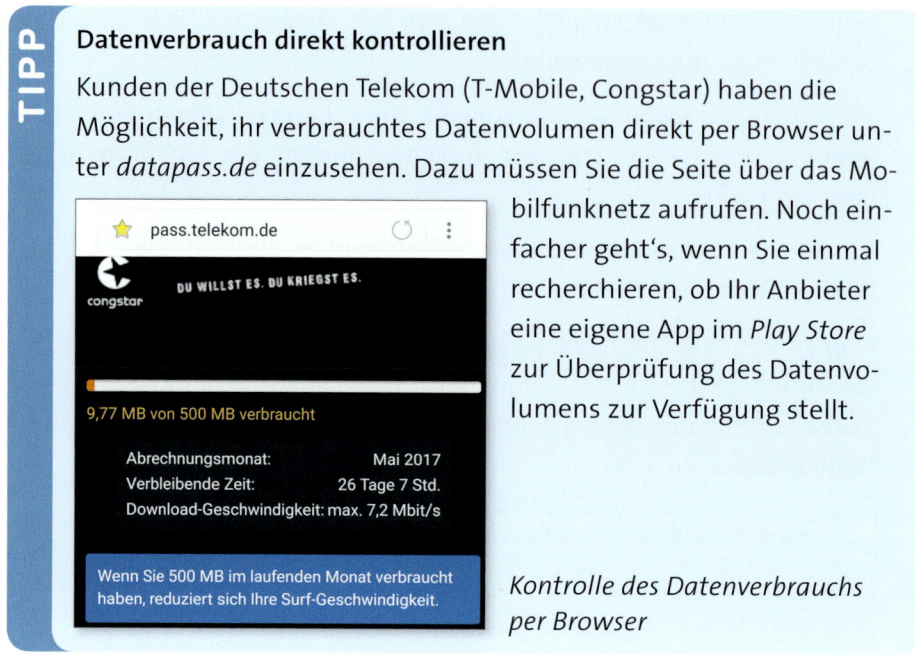
>
> *Kontrolle des Datenverbrauchs per Browser*

Mit anderen Geräten die Internetverbindung des S8 nutzen (Tethering)

Stellen Sie sich vor, Sie sind unterwegs und wollen mit Ihrem Laptop ins Internet, haben aber keinen WLAN-Zugang. Kein Problem! Denn Sie können die Internetverbindung Ihres Galaxy nutzen und so Ihren Laptop oder auch andere Geräte über das S8 mit dem Internet verbinden. Das nennt man *Tethering*.

1. Stellen Sie mit Ihrem S8 wie oben beschrieben eine Datenverbindung zum Mobilfunknetz her.

2. Begeben Sie sich in den Einstellungen in den Bereich **Verbindun-**

Tethering

gen, und wählen Sie hier den Punkt **Mobile Hotspot und Tethering**. Tippen Sie auf den Punkt **Mobile Hotspot** ❶, und aktivieren Sie diesen über den Schalter.

Dabei wird der reguläre WLAN-Empfang des Smartphones deaktiviert. Sie erkennen den aktivierten Hotspot am Symbol links oben in der Statusleiste ❷.

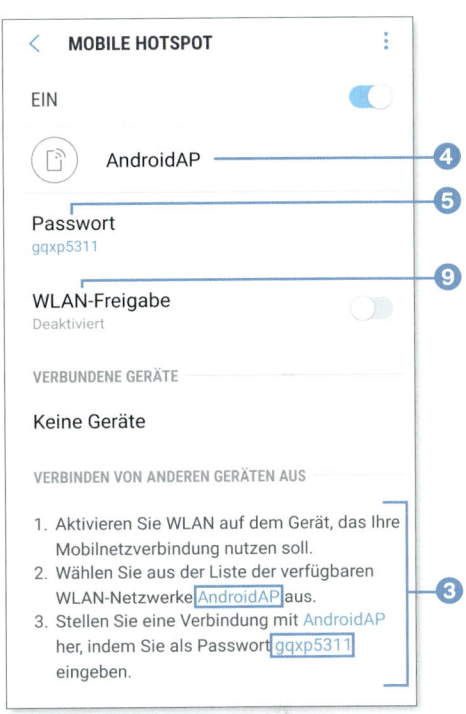

3. Zur Einrichtung des Hotspots tippen Sie den Menüpunkt **Mobile Hotspot** ❶ noch einmal an. Sie gelangen in das Konfigurationsmenü.

4. Hier können Sie nun die Zugangsdaten für externe Geräte ablesen. Am unteren Displayrand erscheint eine Anleitung ❸. In unserem Fall lautet der Name des Zugangspunkts *AndroidAP*, das erforderliche Passwort ist *gqxp5311*.

5. Möchten Sie den Zugang individueller konfigurieren, tippen Sie auf den Namen des Accesspoints ❹ (in unserem Fall **AndroidAP**). Nun können Sie Ihrem Hotspot einen anderen Namen (auch SSID genannt) zuweisen. Auch das **Passwort** ❺ lässt sich auf diese Weise frei wählen ❻. Speichern Sie die Änderungen jeweils durch Antippen der Schaltfläche **Speichern** ❼ ab. Im Menü ❽ stehen weitere Konfigurationsmöglichkeiten zur Verfügung.

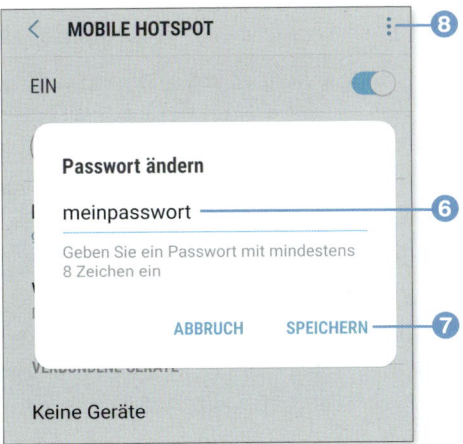

6. Achten Sie darauf, dass nach dieser individuellen Konfiguration des WLAN-Hotspots der Schalter **Mobile Hotspot** erneut aktiviert ist.

Kapitel 5 – Online mit dem Smartphone

Nun können Sie sich auf dem Laptop mit Ihrem Smartphone wie mit jedem anderen WLAN-Hotspot verbinden. Beim S8 ist mit der **WLAN-Freigabe** (❾ auf Seite 109) ein neues Feature hinzugekommen. Damit können Sie Ihre Anbindung an ein bereits vorhandenes WLAN auf weitere Geräte übertragen.

> **INFO**
>
> **Tethering auch per USB**
>
> Der Einfachheit halber habe ich Ihnen in der obigen Anleitung gezeigt, wie man eine drahtlose Verbindung herstellt. Prinzipiell lässt sich eine Verbindung aber nicht nur über einen WLAN-Hotspot, sondern auch über USB herstellen. Für die Nutzung des Smartphones als USB-Modem müssen auf dem Laptop ggf. noch Treiber installiert werden.

Auf dem Laptop, hier einem MacBook, finden Sie den neuen WLAN-Hotspot unter den Drahtlosnetzwerken. Wenn Sie den Namen nicht geändert haben, heißt er *AndroidAP*. Somit können Sie mithilfe der Internetverbindung Ihres S8 ganz bequem auf dem großen Bildschirm Ihres PCs oder auch Macs im Internet surfen.

Auf Ihrem PC bzw. Laptop sehen Sie die neue WLAN-Verbindung wie jedes andere WLAN-Netz.

Im Internet surfen

Ihr Galaxy S8 ist von vornherein mit zwei leistungsfähigen Browsern ausgestattet: Durch Antippen des Icons **Internet** starten Sie den Samsung-eigenen Browser. Dieser befindet sich in der Standardkonfiguration gleich am unteren Displayrand bzw. im Ordner **Samsung** im App-Menü. Wer mag, kann natürlich auch andere Browser, z. B. den Google-Browser *Chrome*, verwenden. Dieser ist ebenfalls im App-Menü zu finden und funktioniert ganz ähnlich wie die im Folgenden beschriebene App (der Samsung-Browser). Sie können natürlich noch weitere Browser aus dem Google Play Store installieren, ich empfehle aber, dass Sie zunächst diese beiden Browser ausprobieren.

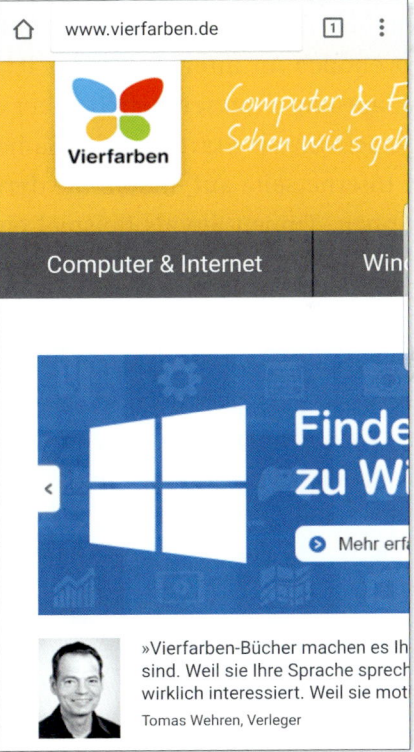

Die beiden mitgelieferten Browser im Vergleich: der angepasste Samsung-Browser (links) und der Chrome-Browser (rechts). Ersterer verfügt über eine Funktionsleiste am unteren Bildrand.

111

Kapitel 5 – Online mit dem Smartphone

> **TIPP**
>
> **Such-Widget nutzen**
>
> Zum integrierten Google-Browser bzw. zu *Google Assistant* (siehe den Abschnitt »Der Google Assistant« ab Seite 123) gelangen Sie auch, wenn Sie eine Suchabfrage im *Such-Widget* ❶ eingeben. Dieses befindet sich in der Standardkonfiguration auf dem Startbildschirm.

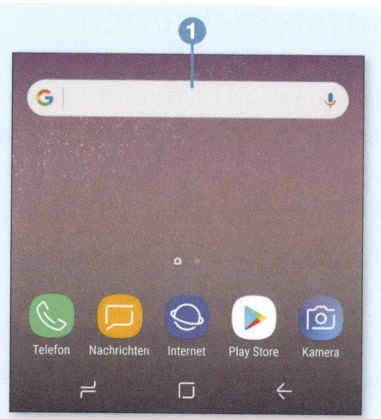

Wenn Sie sich für einen Browser entschieden haben, wollen Sie bestimmt auch endlich im Internet surfen. Ich verwende nachfolgend wie erwähnt den Samsung-Browser, den Sie über das Icon **Internet** starten. Standardmäßig erscheint als Startseite die Samsung-Homepage. Sie rufen eine beliebige Internetseite auf, indem Sie deren Adresse in die entsprechende Zeile eintippen. Tippen Sie als Beispiel einmal »www.vierfarben.de« in die Adresszeile des Browsers (siehe ❶ in der Abbildung unten) ein.

Die Seite wird aufgerufen und – falls möglich – in der optimalen Form für Ihren mobilen Browser dargestellt. Schauen wir uns die einzelnen Elemente des Browsers einmal an. Dazu vorab ein Hinweis: Die Steuerelemente des Samsung-Browsers erscheinen am unteren Bildrand oft erst dann, wenn man aktiv per Fingerbewegung nach oben scrollt.

Im Internet surfen

① Adresszeile

② Seite neu laden

③ internes Menü der App/ Einstellungen

④ aktuelle Seite

⑤ eine Seite zurück

⑥ eine Seite vorwärts

⑦ zur Browser-Startseite (frei definierbar), siehe die folgende Tabelle unter »Einstellungen« auf Seite 114 unten

⑧ Favoriten- bzw. Lesezeichen-Schaltfläche

⑨ Fenster- bzw. Tab-Manager (Die Zahl im Symbol gibt Auskunft über die Anzahl der aktuell geöffneten Fenster.)

Wenn Sie auf die Menü-Schaltfläche ③ der App tippen, sehen Sie mehrere Optionen:

Option	Bedeutung
Senden	Übermittelt den aktuellen Link per Mail an den Empfänger oder auch direkt an soziale Netzwerke.
Zu Favoriten hinzufügen	Speichert eine Webseite als Favorit (siehe auch den Abschnitt »Lesezeichen verwalten« ab Seite 119).
Webseite speichern	Speichert die aktuelle Seite für die Offlinebetrachtung.
Zu Schnellzugriffen hinzufügen	Erstellt einen Schnellzugriff für die aktuelle Seite. Die Schnellzugriffe erscheinen direkt nach dem Öffnen eines neuen Browserfensters.
Shortcut auf Startbildschirm hinzufügen	Legt einen direkten Verweis zur Seite auf dem Startbildschirm ab.
Auf der Seite suchen	Es wird nach einem Begriff auf der aktuellen Seite gesucht.

Option	Bedeutung
Erweiterungen	Bietet Zugang zu Browser-Erweiterungen, u. a. einen QR-Code-Leser sowie einen Videoassistenten. Zusätzliche Erweiterungen können hier auch installiert werden.
Drucken	Druckt den aktuellen Seiteninhalt, vorausgesetzt, ein Drucker wurde (z. B. per WLAN) angeschlossen.
Einstellungen	Führt Sie in das Konfigurationsmenü des Browsers.
Kontakt	Zugang zum Samsung-Support

In den **Einstellungen** wiederum finden Sie die folgenden Optionen:

Option	Bedeutung
Startseite	Legt die Startseite des Browsers (standardmäßig ist das die Samsung-Homepage) fest.
Standardsuchmaschine	Ihre Lieblingssuchmaschine
Formulare automatisch ausfüllen	Hier legen Sie Standardprofile fest, mit denen Sie Formulare auf Webseiten automatisch ausfüllen können.
Manueller Zoom	Deaktiviert den automatischen Zoom einiger Webseiten.
Datenschutz	Hier können Sie u. a. Ihre Surfdaten löschen.
Samsung-Cloud	Aktiviert den automatischen Zugang zum Cloud-Speicher von Samsung.
Erweitert	Erweitertes Menü, enthält u. a. den Pop-up-Blocker und ermöglicht, die Textskalierung einer Seite zu ändern.

Im Internet surfen

Ein Beispiel für die Anwendung einer der obigen Optionen: In der Regel erkennt der Server, dessen Internetseite Sie aufrufen, dass es sich bei Ihrem Gerät um ein mobiles Endgerät handelt. Die Seite wird dementsprechend als *informationsreduzierte Mobilseite* dargestellt, um die Datenmenge für die Übertragung zu reduzieren.

Aktivieren Sie die Option **PC-Version anfordern**, indem Sie den entsprechenden Punkt im Einstellungsmenü antippen, und begeben Sie sich auf eine im Normalfall grafisch überladene Seite wie z. B. *www.heise.de*, um den Unterschied zwischen Mobilbrowser und klassischer Browseransicht im direkten Vergleich zu sehen.

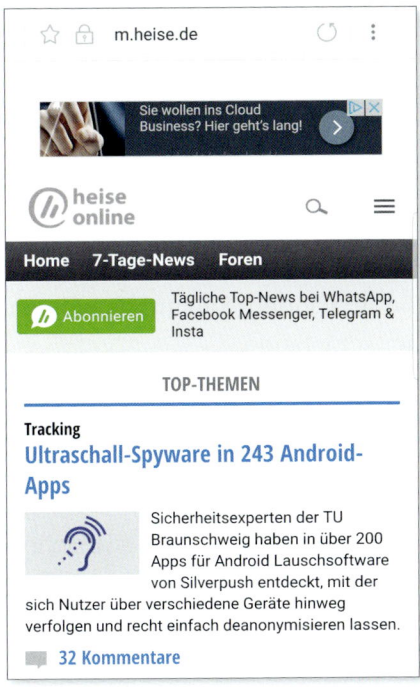 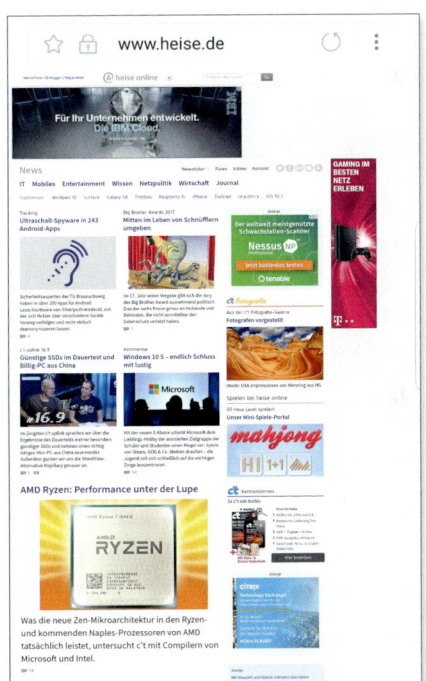

Links sehen Sie die Mobil-Ansicht, rechts die Desktop-Ansicht von »heise.de«. Die Werbung nimmt im Desktop-Modus einen großen Teil des Bildschirms ein.

Möchten Sie auf einer Seite, die im Desktop-Modus dargestellt wird, einen Ausschnitt vergrößern, dann bietet sich die *Pinch to Zoom*-Technik an: Legen Sie Daumen und Zeigefinger auf das Display, und spreizen Sie sie – daraufhin wird der Inhalt dynamisch vergrößert.

Kapitel 5 – Online mit dem Smartphone

Ziehen Sie zum Vergrößern der Webseite das Bild mit gespreizten Fingern auseinander (Pinch to Zoom).

Auf der nun vergrößerten Seite bewegen Sie sich, indem Sie mit dem Finger auf das Display drücken und ihn hin und her schieben.

Folgende goldene Regeln gelten beim Surfen mit dem mobilen Browser:

- Sie folgen einem Link durch Antippen.
- Sie gelangen wieder zurück zur vorher betrachteten Seite durch Antippen der Zurück-Schaltfläche Ihres Smartphones oder der grafischen Zurück-Schaltfläche links unten im Display.
- Sie gelangen eine Seite nach vorn durch Antippen der Vorwärts-Schaltfläche links unten im Display.
- Sie erhalten eine optimal vergrößerte Ansicht eines Seitenteils durch doppeltes Antippen des gewünschten Textbereiches.

Das wären erst einmal die Grundlagen des mobilen Surfens, schauen wir uns nun die erweiterten Möglichkeiten an.

Browsen mit mehreren Fenstern

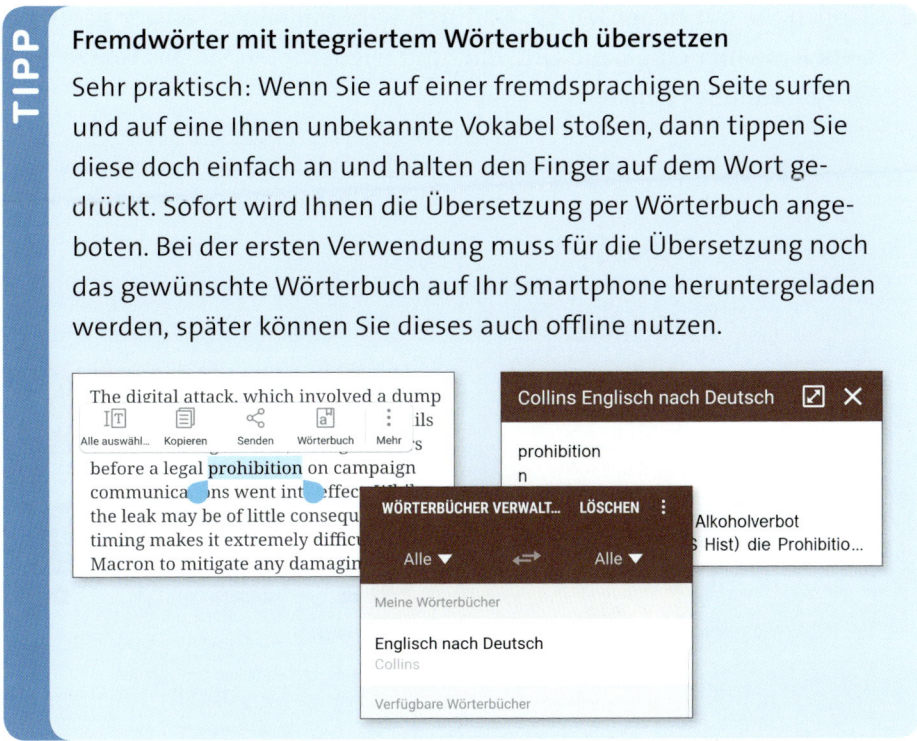

TIPP

Fremdwörter mit integriertem Wörterbuch übersetzen

Sehr praktisch: Wenn Sie auf einer fremdsprachigen Seite surfen und auf eine Ihnen unbekannte Vokabel stoßen, dann tippen Sie diese doch einfach an und halten den Finger auf dem Wort gedrückt. Sofort wird Ihnen die Übersetzung per Wörterbuch angeboten. Bei der ersten Verwendung muss für die Übersetzung noch das gewünschte Wörterbuch auf Ihr Smartphone heruntergeladen werden, später können Sie dieses auch offline nutzen.

Browsen mit mehreren Fenstern

Tabs, wie Sie sie von Ihrem Desktopbrowser gewohnt sind, gibt es wegen des kleinen Displays nicht. Dennoch können Sie mehrere Fenster auch im Browser auf Ihrem S8 öffnen.

1. Starten Sie den Browser, und öffnen Sie eine beliebige Webseite durch Eingabe einer URL in die Adresszeile.

2. Öffnen Sie den Fenster- bzw. Tab-Manager durch Antippen des entsprechenden Symbols **Tabs** ❶ in der rechten unteren Displayecke. Dadurch wird eine Übersicht über alle aktuellen Fenster geöffnet.

3. Tippen Sie auf **Neuer Tab** 2. Dadurch wird ein neues Fenster geöffnet. Geben Sie hier eine neue URL ein, und wiederholen Sie das Ganze zum Öffnen weiterer Fenster.

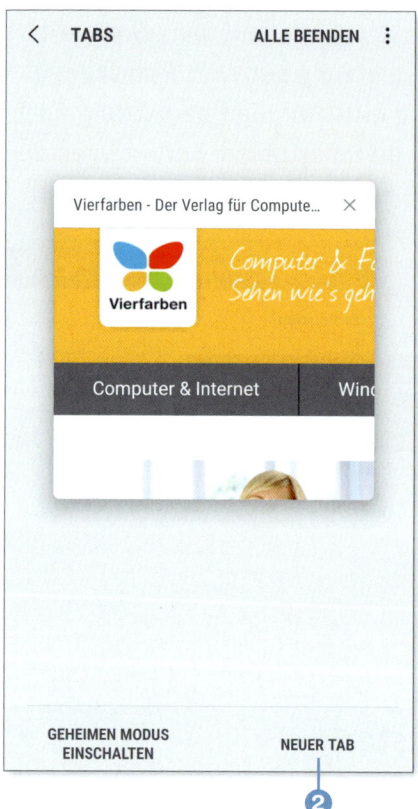
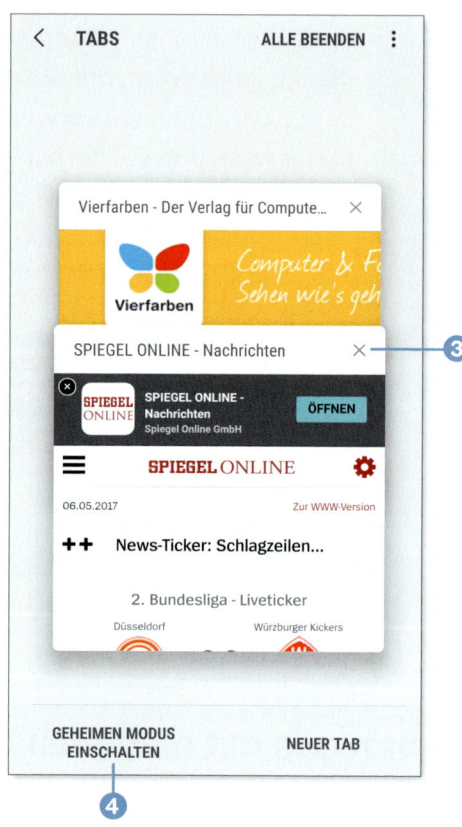

4. Wechseln Sie zwischen den einzelnen Fenstern, indem Sie die Fenster- bzw. Tab-Manager-Schaltfläche antippen und das jeweils gewünschte Fenster auswählen.

Fenster, die nicht mehr gewünscht sind, ziehen Sie per Fingerstreich nach rechts aus der Übersicht heraus oder schließen sie durch Antippen des **X**-Symbols 3. Welche Funktion sich hinter der Schaltfläche **Geheimen Modus einschalten** 4 verbirgt, lesen Sie im Kasten »Anonym surfen« auf der folgenden Seite.

Lesezeichen verwalten

TIPP

Anonym surfen

Wenn Sie im Tab-Modus auf die Schaltfläche **Geheimen Modus einschalten** ❹ tippen, dann können Sie ein Fenster öffnen, dessen Surfverlauf nicht gespeichert wird. Sie haben zudem die Möglichkeit, die aufgerufenen Webseiten mit einem Passwort zu schützen. Möchten Sie ohne Passwort sofort lossurfen, tippen Sie einfach auf **Kein Passwort verwenden** ❺. Sie verlassen diesen Modus wieder, indem Sie erneut die Schaltfläche **Geheimen Modus einschalten** antippen.

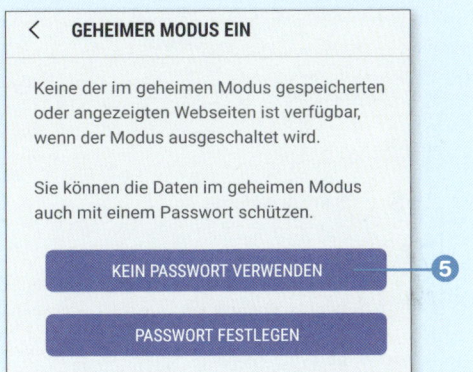

Lesezeichen verwalten

Die Lesezeichen im Browser Ihres S8 können Sie ganz einfach setzen und verwalten:

1. Rufen Sie eine Seite auf, für die Sie ein Lesezeichen setzen möchten.
2. Tippen Sie auf das sternförmige Symbol in der Adresszeile. Dieses erscheint nun gelb – ein Indiz dafür, dass die betreffende Seite zu Ihren Favoriten gehört. Am unteren Bildrand wird das mit einer entsprechenden Meldung angezeigt.

3. Um Ihre Lesezeichen nutzen bzw. auch verwalten zu können, tippen Sie auf das Lesezeichensymbol ❶ im unteren Displaybereich.

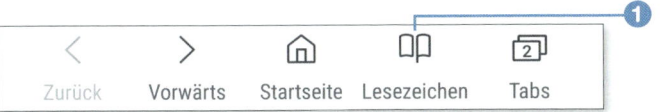

4. Das soeben erstellte Lesezeichen erscheint nun am unteren Ende Ihrer Lesezeichenliste. Sollten Sie Ihr S8 mit Ihrem Samsung-Konto verknüpft haben, dann finden Sie hier auch Lesezeichen, die Sie bereits auf anderen Samsung-Geräten erstellt haben.

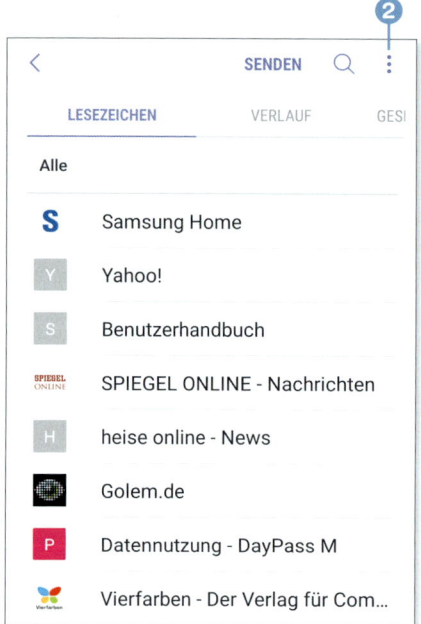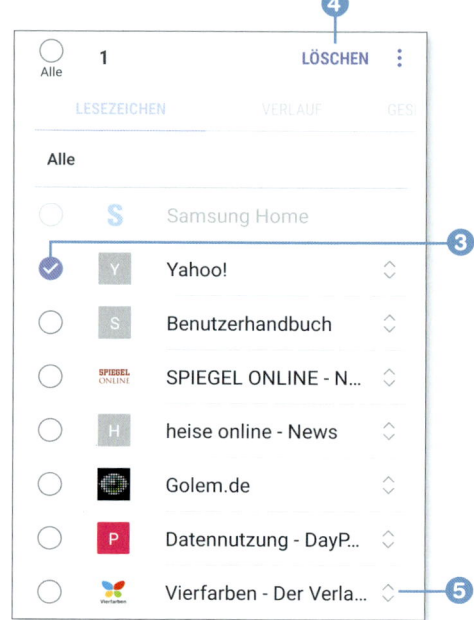

5. Um die Lesezeichenliste zu bearbeiten, rufen Sie aus dem Menü ❷ der App den Punkt **Bearbeiten** auf. Daraufhin ändert sich die Darstellung. Durch Antippen der kreisförmigen Schaltfläche ❸ vor einem Lesezeichen können Sie diese auswählen und anschließend über die Schaltfläche **Löschen** ❹ entfernen. Im Bearbeiten-Modus können die Lesezeichen darüber hinaus beliebig angeordnet werden. Dazu tippen Sie mit einem Finger länger auf die Doppelpfeil-Schaltfläche ❺ und schieben das Lesezeichen an die gewünschte Position.

6. Außerdem ist es möglich, Ordner für Ihre Lesezeichen zu erstellen. Das ist vor allem dann nützlich, wenn Sie viele Favoriten gespeichert haben. Sichern Sie Ihre Eingaben durch Antippen von **Speichern**. Verschieben Sie anschließend im Bearbeiten-Modus die gewünschten Lesezeichen in den Ordner, indem Sie diese auswählen und über den Menüpunkt **Verschieben** ❻ in den Ordner befördern.

Lesezeichen verwalten

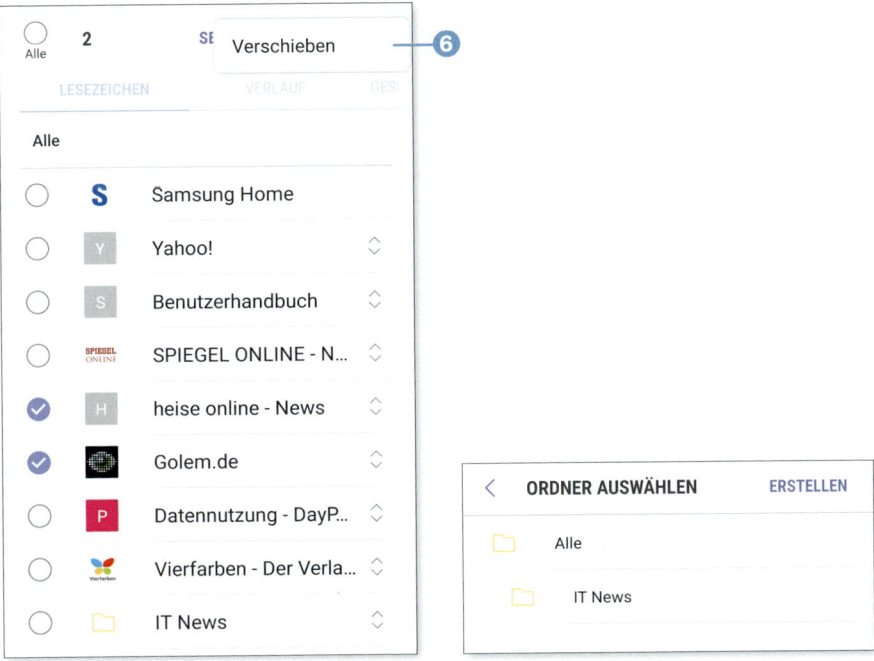

Zum Aufruf der in einem Ordner abgelegten Seiten tippen Sie wieder auf die **Lesezeichen**-Schaltfläche, anschließend auf den entsprechenden Ordner und wählen daraus das gewünschte Lesezeichen.

TIPP

Schnellzugriffe nutzen

Sie können für häufig genutzte Webseiten auch einen Schnellzugriff anlegen. Rufen Sie dazu die gewünschte Seite auf, und wählen Sie anschließend aus dem Menü der Browser-App den Punkt **Zu Schnellzugriffen hinzufügen**. Die Schnellzugriffe erscheinen immer dann im Browserfenster, wenn Sie in die Adresszeile des Browsers tippen.

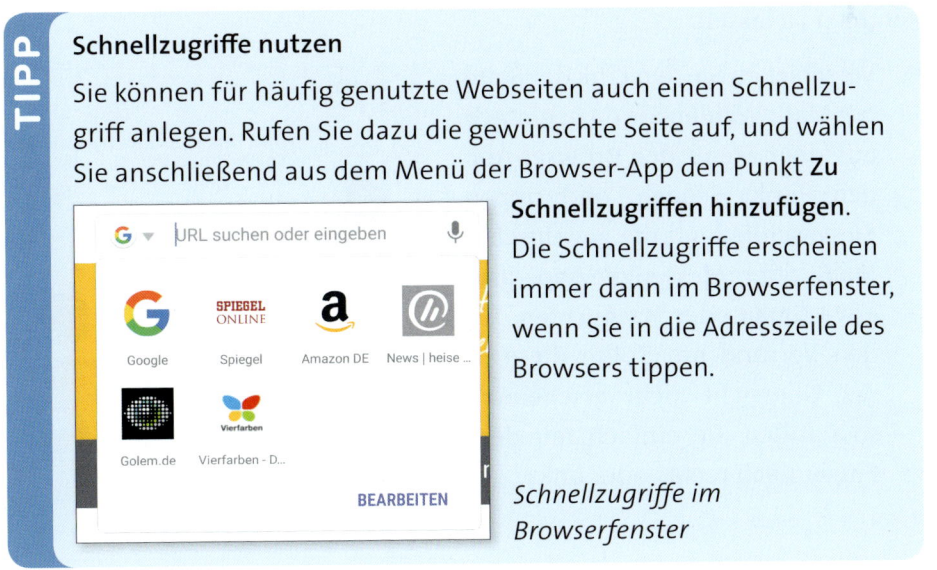

Schnellzugriffe im Browserfenster

Eine weitere Möglichkeit, auf beliebte Seiten schnell zuzugreifen, bietet ein *Shortcut* auf einem Home-Bildschirm. Das funktioniert folgendermaßen:

1. Begeben Sie sich auf einen Home-Bildschirm, der noch genügend freien Platz bietet.

2. Starten Sie die App **Internet**, und surfen Sie auf eine Seite, die Sie häufig nutzen.

3. Wählen Sie aus dem App-Menü den Punkt **Shortcut auf Startbildschirm hinzufügen**.

Der entsprechende Link landet auf einem freien Bereich des Bildschirms. Durch Antippen des Shortcuts können Sie die entsprechende Seite direkt vom Home-Bildschirm aus öffnen.

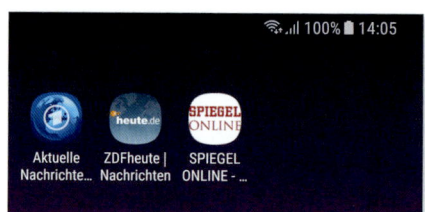

Webseiten teilen oder drucken

Sie haben folgende Möglichkeiten, den Inhalt einer Webseite anderen zukommen zu lassen:

- Verschicken Sie den Link der Seite per Mail: Wählen Sie dazu einfach aus dem Menü der Browser-App den Punkt **Senden**, und tippen Sie anschließend die gewünschte Mail- oder Messenger-App, also etwa **Gmail** oder **Nachrichten**, für den Versand an. Sollte diese in der Übersicht nicht erscheinen, so scrollen Sie einfach mit dem Finger nach rechts oder links.

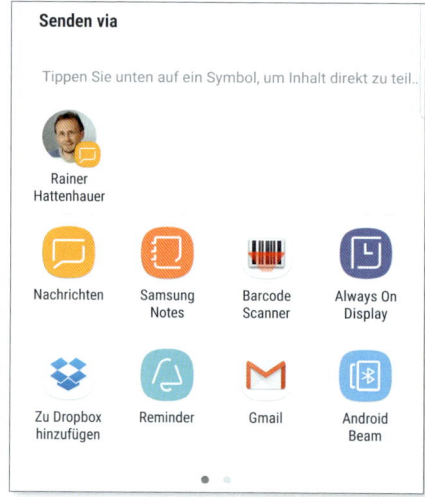

- Drucken Sie die Seite auf einem WLAN-fähigen Drucker aus, der sich in Ihrem Netzwerk befindet. Dazu wählen Sie im Menü der Browser-App den Punkt **Drucken**. Viele Druckerhersteller bieten Ihnen mittlerweile die Option, Ihr Smartphone per WLAN direkt mit dem Drucker zu verbinden und über eine App des Herstellers Ihre Dateien zu drucken.

Der Google Assistant

Ein echtes Killerfeature im Umgang mit den Informationen, die Sie per Google-Suchmaschine auf Ihrem Smartphone erhalten, ist der *Google Assistant*. Diese Software ist der direkte Nachfolger der bereits recht intelligenten Suchschnittstelle *Google Now*. Die Idee: Beim Aufruf der Google-Suche auf Ihrem Android-Gerät begrüßt Sie zunächst ein personalisierter Startbildschirm, der Informationen zu Ihrer individuellen Situation bietet, etwa zum örtlichen Wetter oder den Spielergebnissen Ihres Lieblingsfußballvereins. Aber auch die Komponenten für ein sog. *Smart Home*, also beispielsweise speziell dafür konstruierte Heizkörperthermostate oder auch eine Hi-Fi-Anlage, lassen sich mittlerweile per Google Assistant via Sprache steuern. Langfristig plant Google, mit dem Assistant eine sprachgesteuerte intelligente Schnittstelle zu technischen Geräten aller Couleur anzubieten. Sehen wir uns den Google Assistant einmal etwas näher an.

1. Am schnellsten gelangen Sie zum Google Assistant, indem Sie die Home-Taste Ihres S8 länger drücken. Aber auch die Google-App im App-Menü oder das Google-Widget, welche sich im Auslieferungszustand des S8 auf dem Home-Bildschirm befinden, stellen eine Schnittstelle zum Google Assistant dar.

2. Beim ersten Aufruf des Assistant bestätigen Sie die Einrichtung des Assistenten mit der Schaltfläche **Jetzt starten** (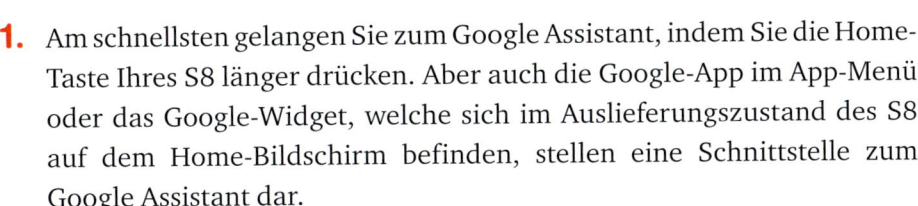 auf Seite 124). Sie können Ihren Startbildschirm nun mithilfe von Informationskarten zu bestimmten Themen individuell konfigurieren.

3. Einige Karten erscheinen entsprechend Ihrem Nutzungsverhalten bereits im Google Assistant, d. h., wenn Sie z. B. häufiger nach dem Wetter fragen, dann finden Sie in der Übersicht eine Wetterkarte vor. Besuchen Sie oft die gleichen Orte, so bietet Ihnen der Assistant Informationen zur Fahrzeit bzw. liefert aktuelle Verkehrsmeldungen, welche die Strecke betreffen. Auch über wichtige Termine informiert Google Sie – prinzipiell also über all die Dinge, von denen die Suchmaschine denkt, dass diese für Sie interessant sind, wie z. B. Ergebnisse von Fußballspielen.

4. Informationskarten, die Ihnen nicht zusagen, wischen Sie später einfach aus dem Displaybereich heraus. So lernt das System nach und nach Ihre Vorlieben kennen.

Der Google Assistant

5. Der Zugang zum eigentlichen Sprachassistenten geschieht ebenfalls über einen längeren Druck auf die Home-Taste, aber auch über das gesprochene Kommando »OK Google«. Auch hier müssen Sie zunächst eine Einrichtungsroutine über die Schaltfläche **Jetzt starten** durchlaufen.

Äußerst interessant innerhalb der Google-Assistant-Umgebung ist die Vernetzung von Informationen mithilfe einer Technik namens *Google Knowledge Graph*. So versteht die Suchmaschine gesprochene, aber auch eingetippte Suchabfragen, die in Umgangssprache formuliert werden, und versucht nach Möglichkeit, diese mit weiteren Informationen zu vernetzen. Testen Sie dazu einmal folgende Beispiele (bevor Sie eine Frage stellen, müssen Sie zuvor immer die Floskel »OK Google« aussprechen):

- Welche Filme laufen in meiner Umgebung?
- Brauche ich morgen einen Regenschirm?
- Wie wird das Wetter in Braunlage?
- Was ist 2.466 mal 3.845?
- Wann geht heute die Sonne unter?

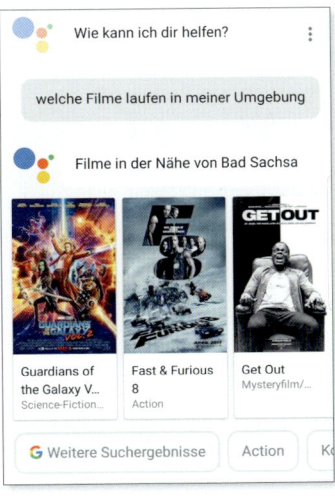

Auch auf folgende mögliche Fragen (oder auch Aufforderungen) gibt der Google Assistant Auskunft:

- Wann ist David Bowie gestorben?
- Wer hat das Penicillin erfunden?
- Wie lange geht der Film »Inception«?
- Zeige mir Bilder von Picasso!
- Wie ist die Verkehrslage um Hannover?
- Was heißt »Hund« auf Französisch?

Richtig spannend ist auch die kontextabhängige Verknüpfung von Fragen. Testen Sie beispielsweise einmal die folgende Fragesequenz per Spracheingabe:

- Wie groß ist Angela Merkel?
- ... und wie alt ist sie?
- ... und wo wurde sie geboren?

Das Schöne dabei ist, dass der Google Assistant lernfähig ist. Probieren Sie es z. B. einmal mit der folgenden Kommunikation:

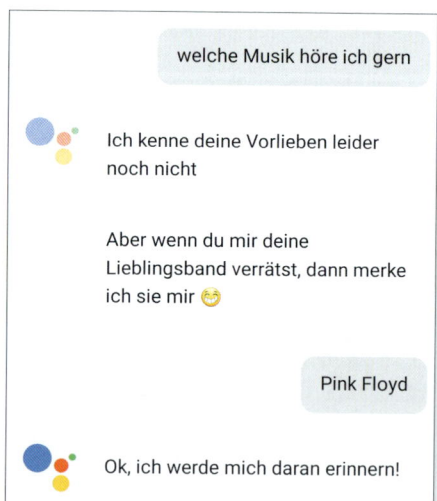

Ihr S8 steht Ihnen nun via Google Assistant im wahrsten Sinne des Wortes Rede und Antwort: Die Ergebnisse Ihrer Fragen werden Ihnen per Sprachausgabe präsentiert. Es bleibt abzuwarten, wann Samsungs integrierter Assistent Bixby auch in Deutschland den Anschluss an den Google Assistant finden wird.

Facebook, Twitter und Google+

> **TIPP**
>
> **Kommandos per »OK Google«**
>
> Sie können jederzeit Befehle per Sprache erteilen, wenn Sie in der Google-App Ihr S8 mit »OK Google« aufwecken. Die folgenden Beispiele sollen einen Überblick über die interessantesten Sprachbefehle geben, mit denen Sie in den jeweiligen Apps entsprechende Funktionen aufrufen:
>
> - Timer einstellen auf 5 Minuten!
> - Zeige mir den Weg zur nächsten Pizzeria!
> - Notiz schreiben!
> - Musik hören!
> - Sende eine E-Mail/SMS/WhatsApp an …!
> - Wecke mich um 05:00 Uhr!
> - Rufe <Kontaktname> an!

Facebook, Twitter und Google+

In diesem Abschnitt steht weniger der Umgang in und mit den sozialen Netzwerken im Vordergrund als vielmehr eine kurze Übersicht, welche Apps für Facebook und Co. Ihnen auf Ihrem S8 zur Verfügung stehen. Es empfiehlt sich stets, die Original-App vom Anbieter des jeweiligen sozialen Netzwerks zu verwenden.

Kaum einer kommt an diesem sozialen Netz vorbei: *Facebook* ist in aller Munde und ersetzt den Kaffeeklatsch unserer Großeltern. Man tauscht sich untereinander mit Statusmeldungen, Bildern, Videos und Links zu interessanten Materialien aus dem Internet aus.

1. Die Facebook-App ist auf Ihrem S8 bereits vorinstalliert. Starten Sie diese aus dem App-Menü heraus.

2. Anschließend werden Sie nach Ihren Zugangsdaten gefragt. Geben Sie diese in der entsprechenden Maske ein, bzw. registrieren Sie sich bei Facebook.

Schon können Sie am bewegten Treiben des größten sozialen Netzwerks teilnehmen.

Google+

Google+

Google+, Googles Antwort auf Facebook, erfreut sich in der breiten Masse bei Weitem nicht derselben Beliebtheit wie das große Vorbild. Seriöse Anwender schätzen Google+ genau deswegen: Statusmeldungen können selektiv bestimmten Kreisen (*Circles*) zugänglich gemacht werden. Da Sie Ihr Android-Smartphone bereits mit Ihrem Google-Konto verknüpft haben, steht Ihnen Google+ automatisch zur Verfügung.

Beim Galaxy S8 ist die Google+-App allerdings nicht mehr vorinstalliert. Installieren Sie die App mit dem nebenstehenden QR-Code, falls Sie Google+ verwenden möchten.

Facebook, Twitter und Google+

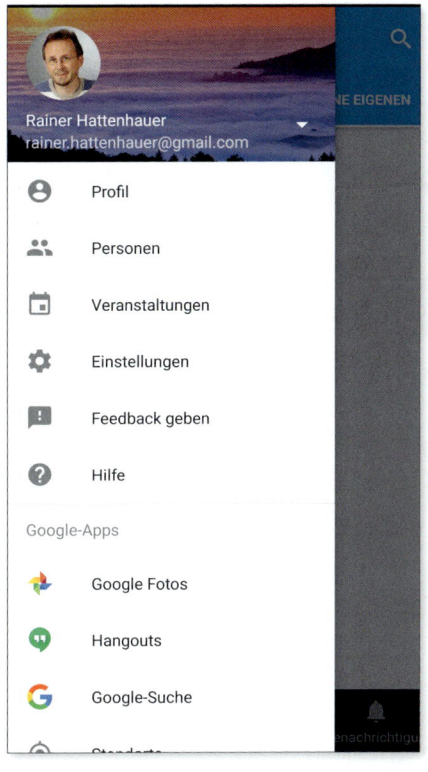 

Bei Statusmeldungen auf Google+ entscheiden Sie individuell, welche öffentlich und welche nur für bestimmte Kreise sichtbar sind.

> **TIPP**
>
> **Die Google+-Circles**
>
> Ein Vorteil gegenüber Facebook besteht darin, dass Sie in Google+ sog. *Circles* (Kreise) definieren und damit den Empfängerkreis einer Statusmeldung ganz gezielt eingrenzen können. Sie können Kreise für Ihre Familie, Ihre Freunde, für Kollegen oder für Gruppen Ihrer Wahl einrichten. Dadurch verhindern Sie beispielsweise, dass das unüberlegt geschossene exzessive Partyfoto via Google+ auf dem Smartphone Ihres Chefs landet.

Kapitel 5 – Online mit dem Smartphone

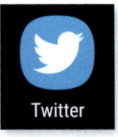

Twitter

Twitter – das ist die SMS des Internets, und natürlich finden Sie im Google Play Store auch dafür die passende App:

Twitter

Der direkte Draht zur digitalen Umwelt: Twitter

> **ACHTUNG**
>
> **Vorsicht: vertrauliche Daten!**
>
> Gehen Sie im Zusammenhang mit sozialen Netzwerken äußerst behutsam mit Ihren vertraulichen Daten um. Die Apps sind so konzipiert, dass sie schnellen Zugriff auf die Netze gestatten und der Login nur einmal vorgenommen werden muss. Im Fall von Verlust oder Diebstahl ist der Finder bzw. Dieb im Besitz all Ihrer Zugangsdaten. Wie Sie in so einem Fall Ihr Gerät wiederfinden oder sperren, lesen Sie im Abschnitt »Das Galaxy S8 wiederfinden oder sperren« ab Seite 316.

Maßgeschneiderte Nachrichten mit Bixby und Upday

Im Abschnitt »Die Oberfläche im Überblick« ab Seite 27 habe ich Ihnen den digitalen Assistenten *Bixby* kurz vorgestellt und gezeigt, wie Sie ihn vorerst deaktivieren können. Wenn Sie möchten, können Sie Bixby nun reaktivieren und mit Neuigkeiten befüllen. Dies geschieht über eine Informationskarte des Nachrichtenanbieters *Upday*.

1. Begeben Sie sich durch einen langen Druck auf einen Home-Bildschirm in die Übersicht, navigieren Sie zum Bixby-Bildschirm ❶, und markieren Sie dort die entsprechende Option per Schalter ❷.

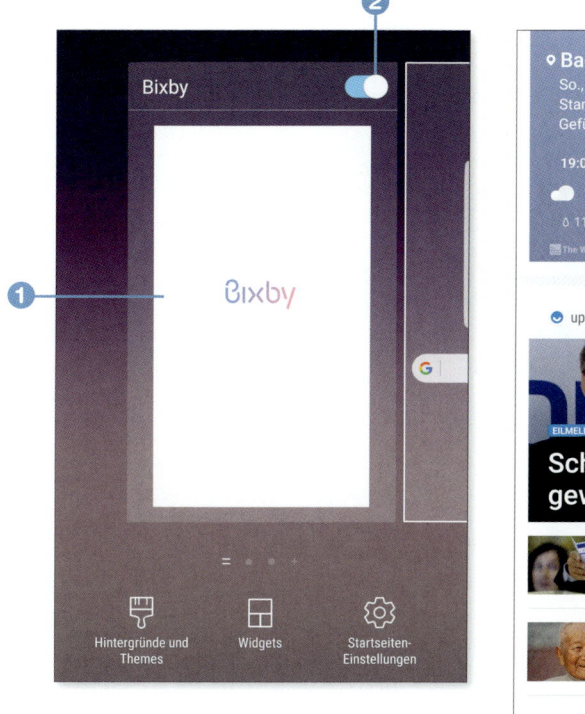
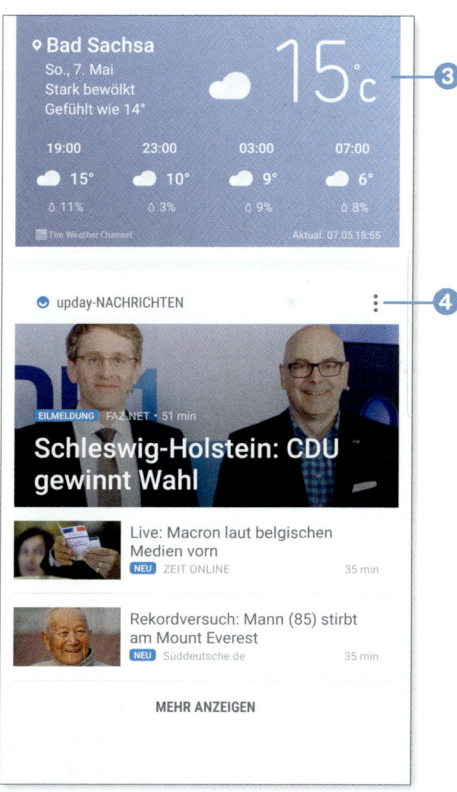

2. Wechseln Sie mithilfe der Zurück-Taste wieder auf einen Home-Bildschirm. Wischen Sie in den Home-Bildschirmen ganz nach links: Sie erreichen die Startseite von Bixby.

3. Richten Sie (falls noch nicht geschehen) Bixby per Assistent ein. Dabei können Sie u. a. auch entsprechende Info-Karten, wie etwa zum Wetter (❸ auf Seite 131), auswählen. Für einen Nachrichtenüberblick bietet sich hier Upday an – ein Onlineableger des Springer-Konzerns. Gegebenenfalls ist es für Sie auch sinnvoll, die Karte mit dem Upday-Nachrichtenüberblick per Menü ❹ oben auf der Bixby-Seite anzuheften.

4. Wenn Sie eine interessante Nachricht in der Upday-Übersicht antippen, landen Sie auf einer Webseite, auf der Sie dann den kompletten Artikel lesen können.

5. Selbstverständlich ist es auch möglich, den Nachrichtenüberblick thematisch anzupassen. Zu diesem Zweck tippen Sie auf die Schaltfläche **Jetzt loslegen** ❺.

Kapitel 6
E-Mails senden und empfangen

Sie ist zwar mittlerweile infolge des hohen Spamaufkommens ein wenig in Verruf geraten, gehört aber dennoch nach wie vor zum Standardkommunikationsmittel des Webbürgers: die E-Mail. Auf dem Galaxy S8 gibt es grundsätzlich zwei Alternativen, um per E-Mail zu kommunizieren:

- Durch die Registrierung bei Google steht Ihnen automatisch ein Gmail-Konto zur Verfügung. Hierzu verwenden Sie die Gmail-App.
- Mailkonten anderer Provider lassen sich mittlerweile ebenfalls in Gmail einbinden. Sie können dafür aber auch die Samsung-eigene E-Mail-App nutzen, welche sich im *Samsung*-Ordner im App-Menü befindet. Deren Konfiguration erfordert in der Regel etwas zusätzliche Handarbeit.

Natürlich gibt es im *Play Store* auch eine Vielzahl anderer Mail-Apps. Aufgrund der hervorragenden Integration in das Android-Betriebssystem soll nachfolgend aber zunächst die universelle Google-eigene Lösung Gmail im Vordergrund stehen.

Das Google-Programm Gmail

Das Gmail-Konto steht Ihnen sofort nach der Aktivierung Ihres Smartphones bei Google zur Verfügung. Zur Anmeldung verwenden Sie eine E-Mail-Adresse entweder in der Form *<IhrName>@googlemail.com* oder *<IhrName>@<IhrProvider>.de*.

Testen wir zunächst, ob Ihr Gmail-Account funktioniert. Stellen Sie dazu sicher, dass Ihr S8 online ist.

> **INFO**
>
> **Benachrichtigungen im Standby-Modus**
>
> Wenn eine E-Mail auf Ihrem Smartphone eintrifft, werden Sie über einen Benachrichtigungston darüber informiert. Zusätzlich leuchtet die Status-LED Ihres S8 blau auf.

1. Schicken Sie sich vom PC aus, von Ihrem bisherigen Mailaccount, eine E-Mail an Ihre Gmail-Adresse. Die Mailadresse hat typischerweise die Form *<IhrName>@gmail.com*.

2. Achten Sie auf die Benachrichtigungszeile bzw. den Sperrbildschirm Ihres S8: Schon nach kurzer Zeit sollte der Eingang einer neuen E-Mail mithilfe eines Symbols ❶ (auf dem Sperrbildschirm inklusive des Betreffs und Absenders ❷) angezeigt werden.

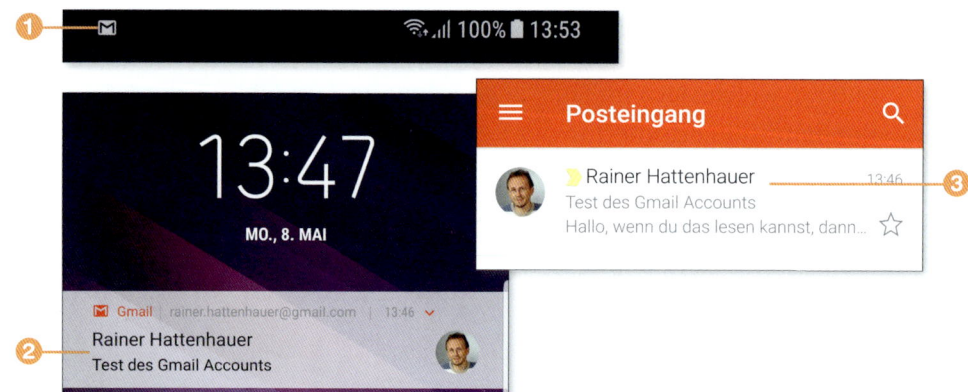

Die E-Mail wurde an Ihr Smartphone weitergeleitet. Voraussetzung dafür ist natürlich, dass sich Ihr Handy im Online-Modus befindet.

3. Lesen Sie die E-Mail, indem Sie entweder den Sperrbildschirm verlassen, die Statuszeile herunterziehen und die Benachrichtigung antippen oder alternativ die Gmail-App aus dem App-Menü starten.

4. Nach dem Start der Gmail-App gelangen Sie zunächst auf die Übersichtsseite, auf der auch die Mail erscheint. Durch Antippen der Betreffzeile ❸ öffnen Sie die E-Mail, um sie zu lesen.

Haben Sie die Mail direkt über die Statusleiste bzw. vom Sperrbildschirm aus geöffnet, dann gelangen Sie durch Antippen sofort zum Inhalt.

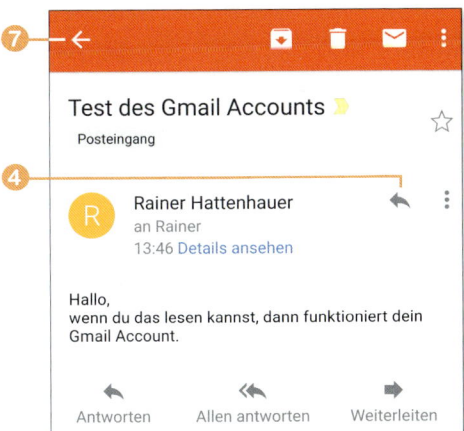 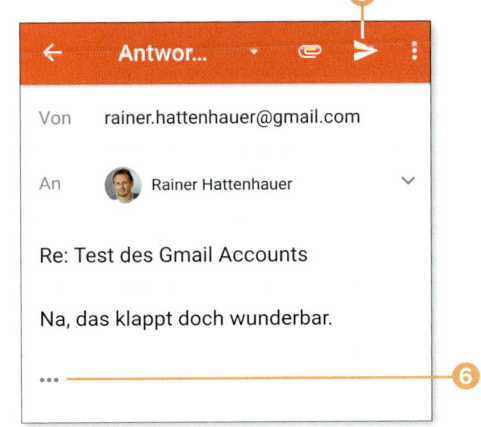

5. Beantworten Sie nun die E-Mail durch Antippen der Schaltfläche **Antworten** ❹, und versenden Sie Ihre Antwort durch Betätigen der Schaltfläche **Senden** ❺, welche die Form eines stilisierten Papierfliegers hat. Standardmäßig wird die Originalmail als Zitat eingefügt. Diese bringen Sie durch Antippen der drei waagerechten Punkte ❻ zum Vorschein. Sie haben dadurch die Möglichkeit, das Zitat innerhalb der neuen Mail zu platzieren und ggf. auch noch zu bearbeiten.

Die E-Mail wird nun gesendet, was Ihnen Gmail mit einer Meldung noch einmal bestätigt.

Gmail im Überblick

Schauen wir uns die Gmail-App einmal etwas genauer an. Begeben Sie sich aus der im letzten Abschnitt beantworteten Nachricht per Zurück-Schaltfläche in das Hauptmenü. Alternativ tippen Sie am linken oberen Bildrand auf den Pfeil ❼. Das auf der folgenden Seite links abgebildete Hauptmenü erreichen Sie durch Antippen der Menü-Schaltfläche links oben. Durch Antippen der Mail im Posteingang wird diese geöffnet. Folgende Schaltflächen bzw. Links stehen Ihnen zur Verfügung:

135

Kapitel 6 – E-Mails senden und empfangen

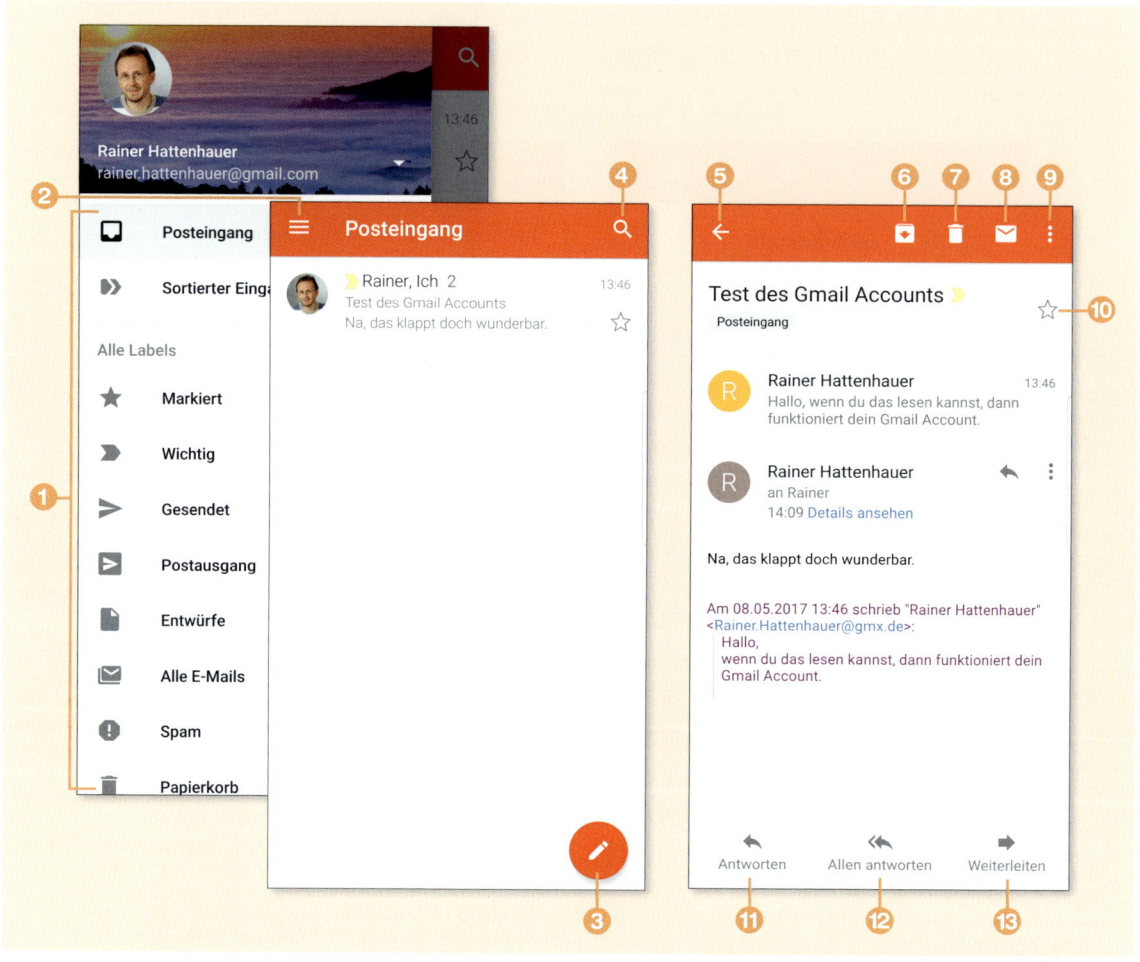

- ❶ Übersicht/Seitenmenü (erreichbar durch die Hauptmenü-Schaltfläche)
- ❷ Hauptmenü-Schaltfläche
- ❸ neue E-Mail schreiben
- ❹ E-Mail suchen
- ❺ zurück zum Posteingang
- ❻ E-Mail archivieren
- ❼ E-Mail löschen
- ❽ E-Mail als ungelesen markieren
- ❾ In-App-Menü Posteingang. Hier können Sie u. a. eine Mail verschieben oder ihr Label ändern.
- ❿ E-Mail als Favorit markieren
- ⓫ E-Mail beantworten
- ⓬ allen Empfängern einer Gruppenmail antworten
- ⓭ Mail weiterleiten

E-Mails verwalten, ordnen und sortieren

Eine E-Mail schreiben

Es ist wirklich ganz einfach, von Gmail aus eine E-Mail zu versenden. Zwei kleine Schritte sind nötig:

1. Um eine neue E-Mail zu schreiben, tippen Sie einfach auf die Schaltfläche mit dem Stiftsymbol (siehe ❸ in der Abbildung auf Seite 136).

2. Gegebenenfalls werden Sie beim ersten Aufruf der Mail-Funktion direkt bei der Eingabe eines Empfängers dazu aufgefordert, den Zugriff auf Ihre Kontakte zu gestatten. Das sollten Sie unbedingt tun, denn nur so erhalten Sie den vollen Zugriff auf Ihr Kontaktverzeichnis.

3. Wählen Sie einen Empfänger ❶ aus, bzw. geben Sie dessen Adresse ein, formulieren Sie einen Betreff ❷, und erstellen Sie schließlich Ihren Nachrichtentext ❸.

4. Die Schaltfläche zum Versenden der Mail ist der stilisierte Papierflieger ❹.

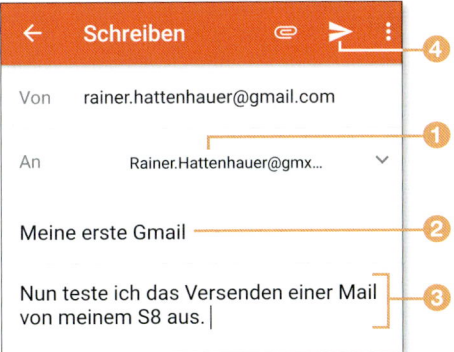

E-Mails verwalten, ordnen und sortieren

Auf den ersten Blick gewöhnungsbedürftig ist die Art und Weise, in der Gmail die E-Mails abspeichert: Diese werden in sog. *Konversationen* angeordnet – das kennen Sie schon von der Nachrichten-App (siehe Kapitel 4, »Nachrichten senden und empfangen«). Das sind Gruppierungen von Mails, die z. B. denselben Betreff haben oder zwischen denselben Leuten hin und her gesendet wurden. Jeder Mailaustausch wird dabei in einem *Thread*, also der Konversation, gesammelt. Die einzelnen Mails lassen sich dann durch Antippen der Statuszeile separat lesen. Wenn Sie schon eine ganze Zahl von Mails bekommen haben, fragen Sie sich sicherlich, wie Sie Ordnung in die scheinbar willkürliche Folge von Konversationen bekommen. Die Lösung lautet: Mit Labels!

Das Ganze können Sie sich in etwa so vorstellen, als würden Sie Etiketten an jede Mail heften. Die E-Mail von Ihrem Bruder bekommt z. B. das Etikett *Privat*, die Bestellbestätigung von Amazon das Etikett *Einkäufe*. Das kennen Sie bestimmt schon, denn das funktioniert so wie das alte Ordnerprinzip: Jede Mail wird in einen Ordner verschoben. Labels können aber noch mehr. Sie können einer E-Mail auch mehrere Labels zuweisen; beispielsweise bekommt die E-Mail von Ihrem Bruder zusätzlich das Label *Familie* oder die Bestellbestätigung zusätzlich das Label *Amazon*. So können Sie geschickter sortieren und behalten viel besser den Überblick über Ihre Mails.

Um eine E-Mail einem Label zuzuordnen, rufen Sie per Menü-Taste (die drei Punkte rechts oben) das Kontextmenü auf und wählen den Punkt **Labels ändern** ❶.

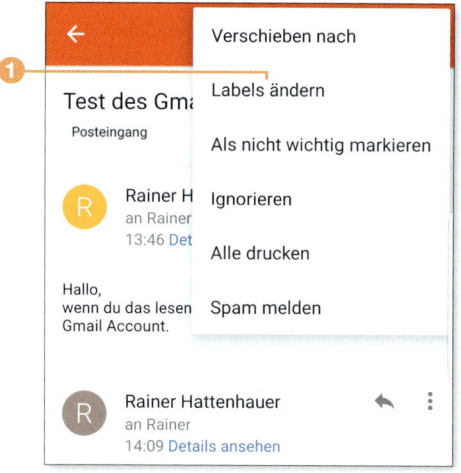
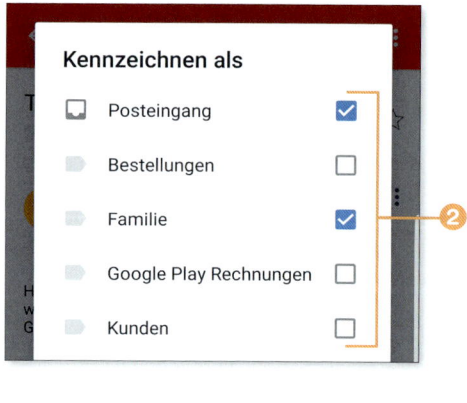

Es öffnet sich ein weiteres Fenster, in dem Sie ein oder mehrere vordefinierte Labels ❷ auswählen können. Die Verwendung mehrerer Labels für die gleiche E-Mail hat den Vorteil, dass Sie Ihre Mails so in verschiedene Kategorien gleichzeitig einordnen können. Auch der Posteingang stellt ein eigenes Label dar. Wenn Sie möchten, dass eine Mail länger im Posteingang bleibt, dann belassen Sie dort einfach die entsprechende Markierung.

Die Labels definieren Sie am einfachsten am PC, indem Sie mit einem Browser Gmail aufrufen. Sie finden den Zugang zu Gmail, wenn Sie sich auf *www.google.de* begeben, sich mit Ihren Google-Kontodaten einloggen und aus dem Google-Menü ❸ dem Verweis zu Gmail ❹ folgen. Dort können

Sie unter dem Punkt **Labels verwalten** neue Labels erstellen, mehr dazu im folgenden Abschnitt.

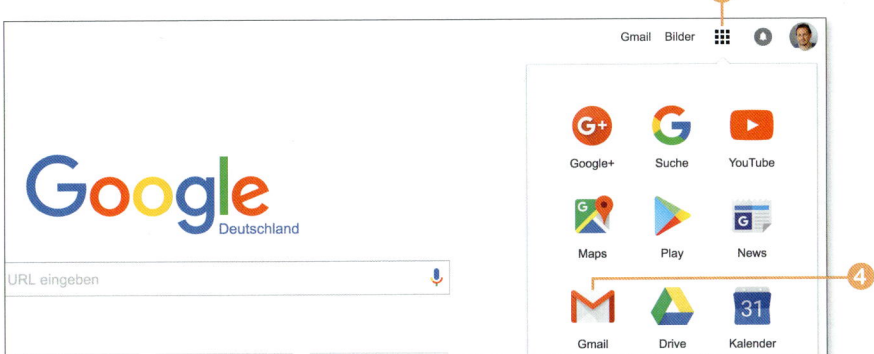

Ich habe beispielsweise sämtliche Rechnungen über Apps aus dem Google Play Store mit dem Label *Google Play Rechnungen* versehen.

Sie greifen auf die verschiedenen Labels in der Mail-App (❷ auf Seite 138) durch Antippen der Seitenmenü-Schaltfläche zu. Auch der Posteingang und der Postausgang erscheinen dort als Label.

> **TIPP**
>
> **Eingegangene E-Mails schnell archivieren und löschen**
>
> Möchten Sie eine eingegangene E-Mail schnell aus dem Posteingang ins Archiv befördern, so wischen Sie sie per Fingerstreich einfach aus dem Displaybereich zur Seite heraus. Es erscheint das Symbol zum Archivieren der E-Mail ❺. Im folgenden Dialog können Sie dies auch wieder rückgängig machen ❻.
>
>

E-Mails über die Website am PC abrufen

Das Schöne an Gmail ist die Möglichkeit, am heimischen PC bequem per Browser auf die Konversationen zuzugreifen.

Kapitel 6 – E-Mails senden und empfangen

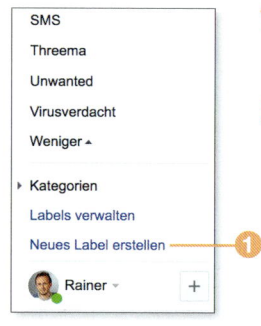

1. Starten Sie Ihren Browser auf dem PC, und loggen Sie sich mit Ihrem Google-Account bei *www.google.de* ein.

2. Klicken Sie den Link **Gmail** im Google-Menü an. Sie können nun Ihre E-Mails im Browser betrachten, bearbeiten, einordnen und per Menüpunkt **Neues Label erstellen** ❶ mit neuen Labels versehen.

Einstellungen vornehmen

Durch Betätigen der Seitenmenü-Schaltfläche von Gmail gelangen Sie über den Menüpunkt **Einstellungen** (diesen finden Sie erst nach längerem Scrollen nach unten) in das Hauptmenü der App. Dort stehen Ihnen die üblichen Möglichkeiten zur Konfiguration einer Mailanwendung zur Verfügung. Insbesondere können Sie dort auch durch Antippen Ihres Google-Kontonamens ❷ eine individuelle Signatur definieren, die an jede E-Mail angehängt wird ❸.

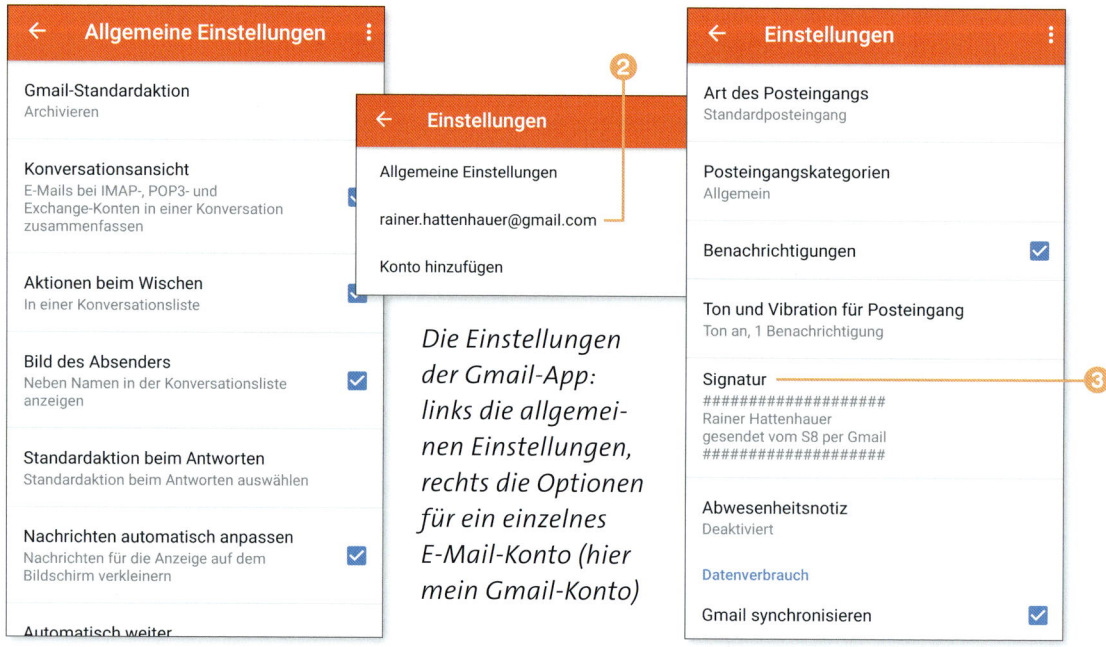

Die Einstellungen der Gmail-App: links die allgemeinen Einstellungen, rechts die Optionen für ein einzelnes E-Mail-Konto (hier mein Gmail-Konto)

Bilder und andere Dokumente an E-Mails anhängen

Bilder fügen Sie in einfacher Weise an Ihre E-Mail an – mit dem kleinen, aber feinen Unterschied, dass diese Art des Dateitransfers wesentlich günstiger als der Versand einer MMS (*Multi Messaging Service*), also das Verschicken von multimedialen Inhalten, ist.

1. Schreiben Sie eine Mail so wie weiter oben beschrieben.

2. Tippen Sie auf das Büroklammersymbol ❶, und wählen Sie im erscheinenden Menü den Punkt **Datei anhängen** ❷.

3. Es öffnet sich ein neues Fenster. Tippen Sie dort auf die Menü-Schaltfläche am linken oberen Bildrand. Wählen Sie hier den Punkt **Eigene Bilder** ❸, und begeben Sie sich durch Antippen der Schaltfläche **Camera** in den lokalen Bilderordner. Suchen Sie sich ein Bild aus Ihrer Sammlung durch Antippen aus. Mehr zur *Fotos*-App erfahren Sie in Kapitel 9, »Fotografieren mit dem S8«.

   Das war's auch schon: Das gewünschte Bild wird an Ihre Mail angehängt.

4. Verschicken Sie die E-Mail durch einen Klick auf die **Senden**-Schaltfläche ❹.

Kapitel 6 – E-Mails senden und empfangen

Ein eingefügtes Bild aus der Galerie wird in Originalgröße übernommen.

Wenn es sich um ein Originalbild der eingebauten Kamera handelt, sollten Sie das Bild nach Möglichkeit vor dem Versenden komprimieren. Methoden zur Bildbearbeitung werden später noch in Kapitel 9, »Fotografieren mit dem S8«, ausführlich besprochen.

Sie können nicht nur Bilder, sondern auch andere Anhänge versenden. Möchten Sie Ihrem Kollegen ein PDF- oder gar Word-Dokument schicken? Auch das ist kein Problem – vorausgesetzt, es sind die entsprechenden Programme installiert (siehe dazu den Abschnitt »Office-Software« ab Seite 173). Dazu verwenden Sie den eingebauten Dateimanager.

1. Starten Sie die App *Eigene Dateien* aus dem Samsung-Ordner im App-Menü, und navigieren Sie damit zur Datei, die Sie verschicken möchten. Das funktioniert ähnlich wie mit dem Dateimanager Explorer unter Windows.

2. Halten Sie den Finger über der Datei gedrückt, bis diese mit einem Häkchen ❶ markiert ist, und wählen Sie aus dem nun erscheinenden Menü per Antippen den Punkt **Senden** ❷ aus.

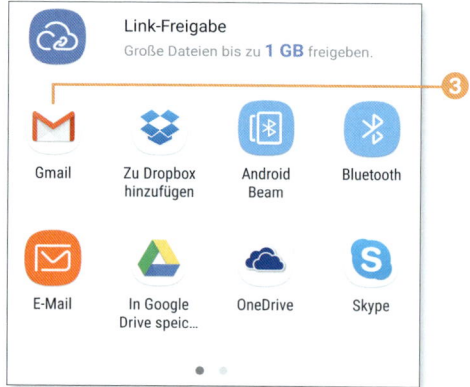

3. Wählen Sie die E-Mail-App aus ❸ (hier: Gmail), mit der Sie das Dokument verschicken möchten.

GMX, Web.de, Yahoo und Co.

4. Es wird eine neue E-Mail erstellt, der automatisch die ausgewählte Datei angehängt wird.

5. Wählen Sie den Adressaten aus, und schreiben Sie, wenn Sie möchten, anschließend noch ein paar erläuternde Worte zu dem zu übermittelnden Dokument in die E-Mail. Verschicken Sie Ihre Mail schließlich wie üblich über die Senden-Schaltfläche ❹.

Andere E-Mail-Anbieter einrichten: GMX, Web.de, Yahoo und Co.

Möchten Sie Ihren gewohnten E-Mail-Provider auf dem S8 nutzen, so bietet sich die vorinstallierte E-Mail-App von Samsung an. Vor der ersten Verwendung müssen Sie diese App mithilfe eines Assistenten konfigurieren. Das zeige ich Ihnen anhand der Einrichtung eines GMX-Kontos.

1. Starten Sie die E-Mail-App aus dem Samsung-Ordner im App-Menü. Bestätigen Sie die Nachfrage, dass die App auf Ihre Kontakte zugreifen darf.

2. Wählen Sie im ersten Dialogfenster **Neues Konto hinzufügen** ❶.

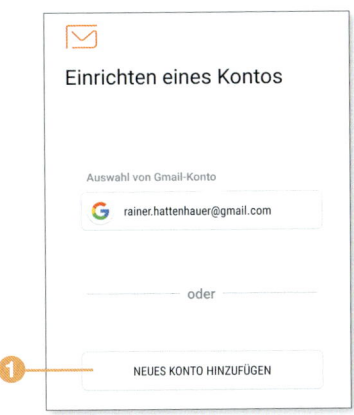
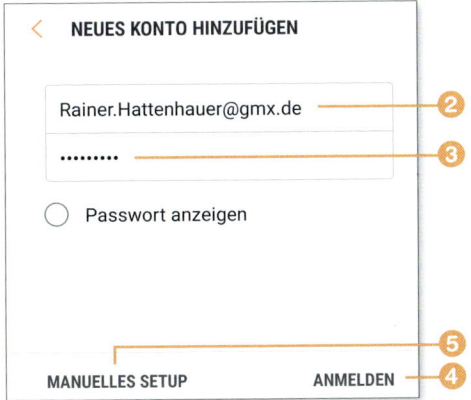

Prinzipiell könnten Sie an dieser Stelle auch Ihr Gmail-Konto auswählen, dafür empfehle ich aber die oben beschriebene Gmail-App.

3. Nun werden Ihre E-Mail-Adresse (❷ auf Seite 143) sowie das Passwort Ihres Mailkontos ❸ abgefragt. Geben Sie diese in das jeweilige Eingabefeld ein.

4. Tippen Sie anschließend auf die Schaltfläche **Anmelden** ❹. Dadurch werden Ihre Zugangsdaten sowie die Servereinstellungen überprüft.

5. Wer sich etwas besser auskennt, kann nun schon hier, nach der Eingabe der Mailadresse und des Passworts, die Möglichkeit nutzen, das Konto manuell einzurichten. Das geschieht über die Schaltfläche **Manuelles Setup** ❺. Wie das im Einzelnen geht und wann eine manuelle Einrichtung sinnvoll ist, lesen Sie im folgenden Abschnitt.

Das war's schon: Ihr Mailkonto steht Ihnen nun in einer Übersicht zur Verfügung, und Sie können Mails wie gewohnt senden und empfangen. Testen Sie den Mailempfang, indem Sie wie bereits oben beschrieben eine E-Mail an sich selbst schicken und diese anschließend beantworten.

Bei Web.de, Yahoo und anderen Anbietern ist der Vorgang der Einrichtung im Grunde derselbe.

Ein IMAP-Konto einrichten

Die im vorherigen Abschnitt beschriebene Kontoeinrichtung per Assistent birgt einen Nachteil: Standardmäßig erfolgt der E-Mail-Abruf mit dem *POP-Verfahren*. Dabei werden (sofern nicht anders konfiguriert) sämtliche Mails beim Mailabruf komplett vom Server heruntergeladen und ggf. auch gelöscht. Schlecht, wenn Ihr Chef auf die Idee gekommen ist, ein 100 MB großes wichtiges PDF-Dokument per E-Mail an Sie zu verschicken.

Günstiger ist in jedem Fall der Abruf der E-Mail im *IMAP-Verfahren*. Dabei greift das Smartphone auf eine zuvor auf dem Mailserver erstellte Ordnerstruktur zu, und die abgerufenen Mails verbleiben so lange auf dem Ser-

Ein IMAP-Konto einrichten

ver, bis sie explizit gelöscht werden. Das IMAP-Verfahren hat noch einen weiteren Vorteil: Sie verfügen damit auf verschiedenen Geräten (Ihrem PC, Smartphone, Tablet) über die gleiche Ordnerstruktur.

Um Ihr Mailkonto auf IMAP umzustellen, müssen Sie nur den Namen des IMAP-Servers herausfinden. Das geschieht am schnellsten durch eine Google-Recherche nach »imap« und dem Namen Ihres Providers. Im Falle von GMX lautet der Name des IMAP-Posteingangsservers z. B. *imap.gmx.net*, T-Online verwendet *secureimap.t-online.de*. Der Mailtransfer per IMAP muss, wie angedeutet, manuell eingerichtet werden. Sollten Sie das Konto für den Provider bereits per Assistent eingerichtet haben, so müssen Sie die Mailserver-Einstellungen erneut konfigurieren:

1. Starten Sie die Mail-App, und tippen Sie auf die Menü-Schaltfläche in der linken oberen Bildschirmecke. Tippen Sie anschließend auf das Zahnradsymbol ❶, um zum Konfigurationsdialog der App zu gelangen.

2. Tippen Sie das Konto an, das Sie auf IMAP umstellen wollen ❷. Im Beispiel ist dies das GMX-Konto.

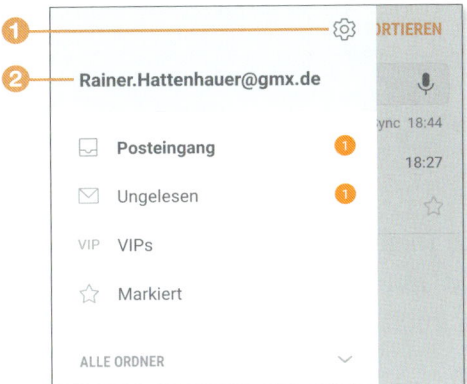

3. Wählen Sie im folgenden Menü den Punkt **Entfernen** ❸, um das Konto zu löschen.

4. Beginnen Sie per Assistent erneut, das IMAP-Konto einzurichten. Dazu starten Sie die Mail-App einfach neu. Wählen Sie aber nun nach Eingabe Ihrer Mailadresse und Ihres Passworts den Punkt **Manuelles Setup** ❹.

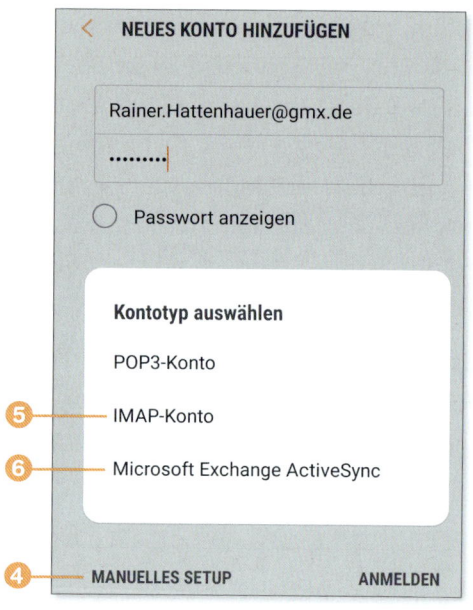
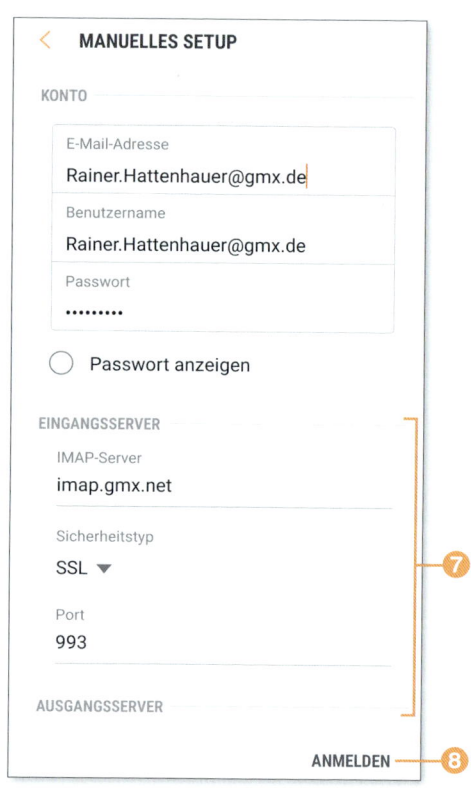

Das Programm bietet im folgenden Dialog eine Auswahl verschiedener Kontotypen an. Wählen Sie hier die Option **IMAP-Konto** ❺. Sie haben an dieser Stelle auch die Gelegenheit, Ihr S8 mit einem Exchange-Konto ❻ zu verbinden.

5. Tragen Sie in der folgenden Maske die Serverdaten Ihres Providers ❼ ein. Oft hat die App anhand Ihrer Mailadresse die richtigen Einträge schon automatisch ausgefüllt.

6. Danach bestätigen Sie Ihre Eingaben mit **Anmelden** ❽. Daraufhin wird der Zugang zum Server geprüft. Nach erfolgreicher Prüfung steht Ihnen der Mailzugang per IMAP zur Verfügung.

Ein IMAP-Konto einrichten

Zur Feinkonfiguration Ihres Mailkontos begeben Sie sich in die Einstellungen der Mail-App. Dort haben Sie u. a. die Möglichkeit, den Spamfilter anzupassen oder das Konto mit einem anderen Namen zu versehen. Dazu tippen Sie es einfach in der Übersicht an.

Vor allem auch im Bereich **Synchronisationseinstellungen** finden Sie zahlreiche Optionen, um die Art des Abrufs Ihrer E-Mails individuell festzulegen.

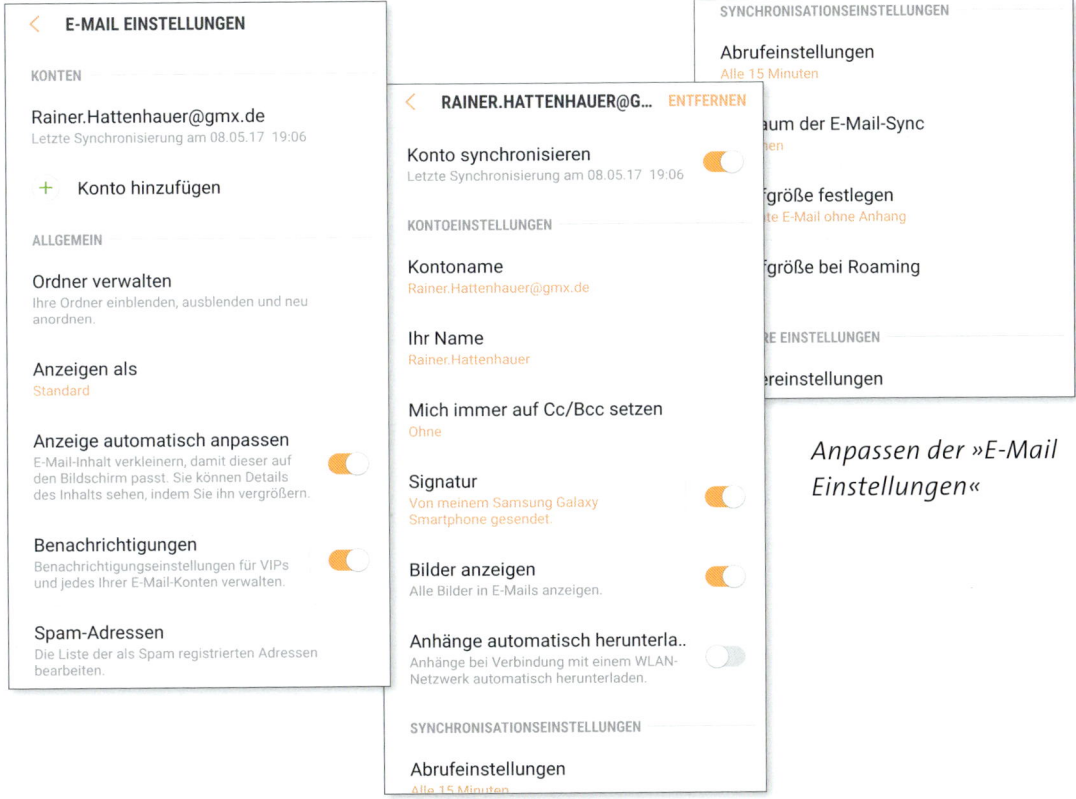

Anpassen der »E-Mail Einstellungen«

Über Ihr IMAP-Konto haben Sie nun Zugriff auf die zuvor auf dem Server per Webmail bequem im Browser eingerichtete Ordnerstruktur. Wenn ich im Urlaub bin, verschiebe ich z. B. wichtige Mails nach ihrer Kenntnisnahme in meinen selbst erstellten IMAP-Ordner **Sicherung** (❾ auf Seite 148), um sie dann zu Hause in aller Ruhe zu lesen.

Auf die beschriebene Weise können Sie Mailkonten aller bekannten Provider (GMX, Web.de usw.) einbinden.

Kapitel 6 – E-Mails senden und empfangen

Die Ordner-struktur eines IMAP-E-Mail-Kontos

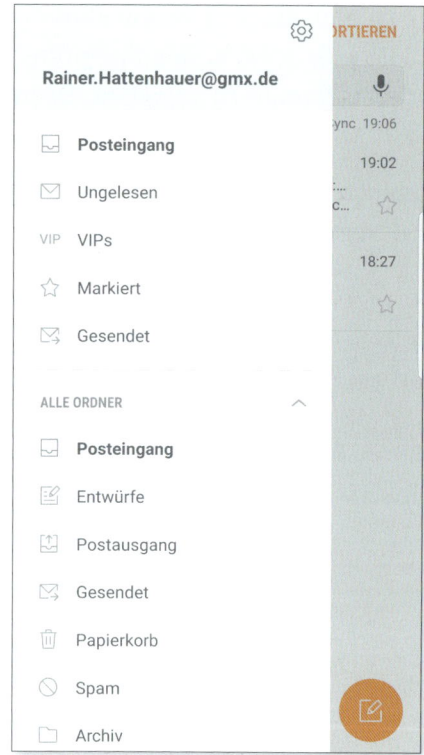
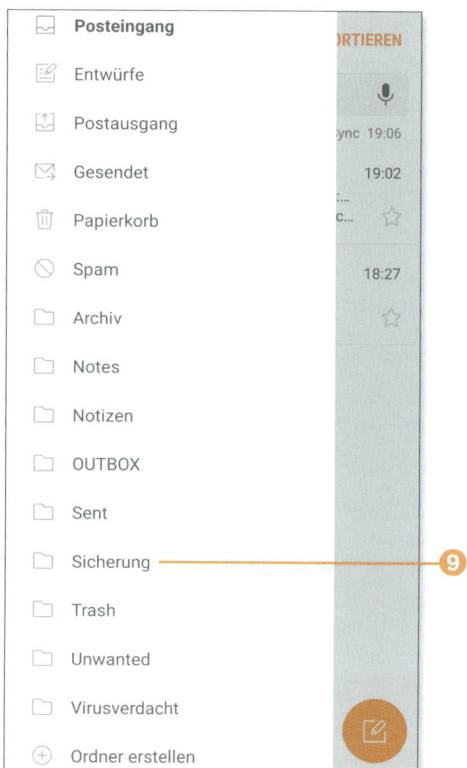

Die Arbeit mit der E-Mail-App ist in vielen Punkten identisch mit dem Verfahren, das Sie bereits bei der Gmail-App kennengelernt haben.

> **TIPP**
>
> **Gmail als universelle Mail-App**
>
> Seit einiger Zeit können Sie auch die Konten anderer Provider mit der Google-eigenen Gmail-App verwalten. Öffnen Sie dazu Gmail, begeben Sie sich in die **Einstellungen**, und wählen Sie dort den Punkt **Konto hinzufügen** ❿. Anschließend führt Sie ein Assistent durch die Konfiguration des Mailkontos.
>
>

Mehrere E-Mail-Konten nutzen

Mit der E-Mail-App, aber auch der Gmail-App ist es überhaupt kein Problem, mehrere Konten, z. B. GMX- und Outlook-Postfach, bei unterschiedlichen Providern zu nutzen. Die eingehenden Mails landen dann in einem kombinierten Posteingang. Erstellen Sie dazu einfach wie im letzten Abschnitt beschrieben in der Mail-App über **Konto hinzufügen** ein weiteres Konto. Die unterschiedlichen Konten erscheinen dann im Mailprogramm in der Übersicht. Auf diese Weise können Sie auch ein Microsoft-Exchange- bzw. Outlook-Konto einbinden. Bei Letzterem werden sogar Kalender und Kontakte synchronisiert.

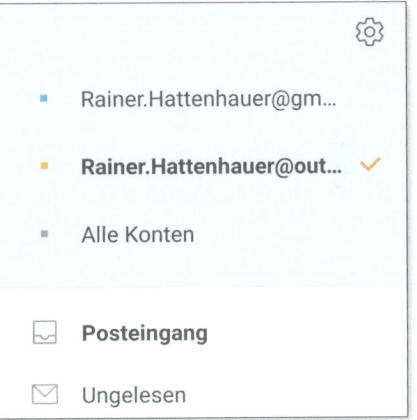

In der E-Mail-App können mehrere Mailkonten genutzt werden. Das aktuell ausgewählte Konto ist mit einem Häkchen markiert.

> **TIPP**
>
> **Outlook für Android**
>
> Microsoft hat sein Office-Paket mittlerweile auch Android-fit gemacht. Word, Excel und PowerPoint sind bereits auf Ihrem S8 vorinstalliert. Outlook können Sie leicht aus dem Google Play Store mit dem nebenstehenden QR-Code nachinstallieren.

Microsoft Outlook

E-Mails an Kontakte aus dem Adressbuch schicken

Eine E-Mail lässt sich auch direkt an einen Empfänger aus Ihrem Kontaktverzeichnis erstellen:

1. Starten Sie die *Kontakte*-App, und wählen Sie einen Kontakt aus, an den Sie eine E-Mail verschicken möchten. Tippen Sie anschließend auf die Schaltfläche **Details** (❶ auf Seite 150).

Kapitel 6 – E-Mails senden und empfangen

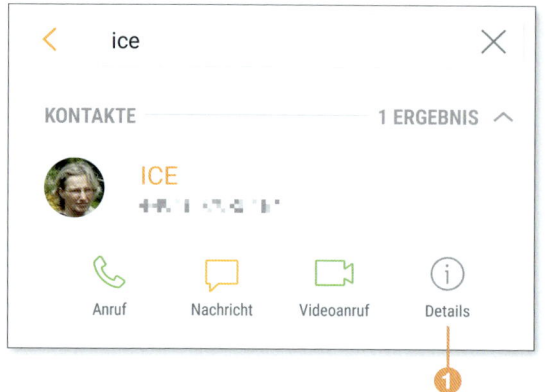
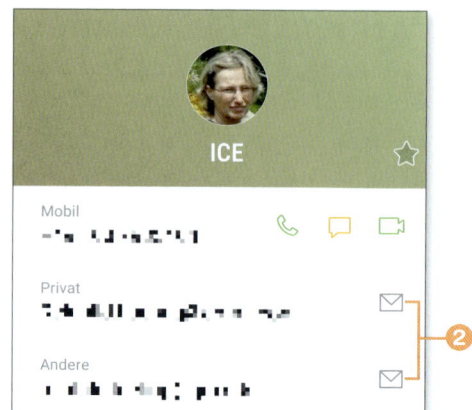

2. Tippen Sie nun auf das E-Mail-Symbol hinter der Mailadresse ❷. Gegebenenfalls erhalten Sie hier eine Auswahl mehrerer Mailadressen.

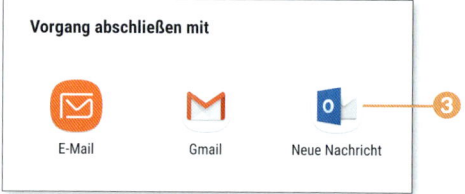

3. Wählen Sie die Mail-App aus, die Sie verwenden möchten ❸. Nun können Sie loslegen, die E-Mail schreiben und wie oben beschrieben verschicken.

> **TIPP**
>
> **Adressbuch direkt in der Mail-App nutzen**
>
> Alternativ zur soeben beschriebenen Vorgehensweise können Sie natürlich auch in der E-Mail-App direkt auf Ihr Adressbuch zugreifen. Tippen Sie dazu einfach die ersten Buchstaben ❹ eines in der Kontakte-App gespeicherten Kontakts in das Adressfeld.

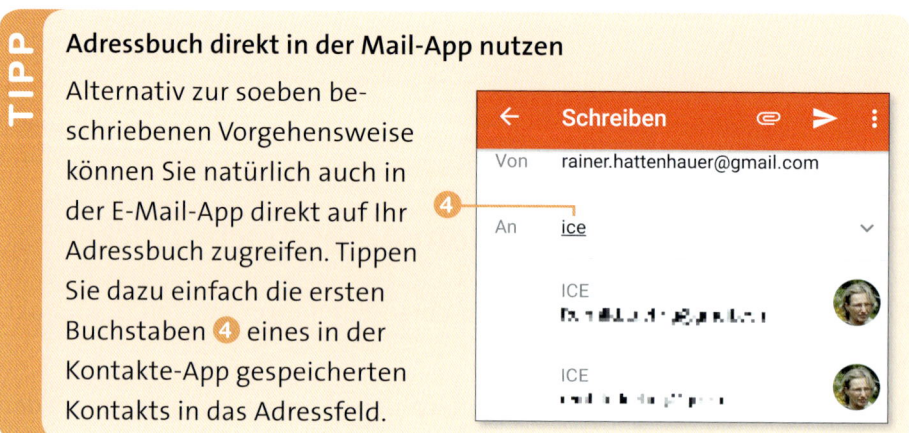

Signatur und Benachrichtigungston anpassen

Sowohl in der Gmail- als auch in der E-Mail-App haben Sie die Möglichkeit, Ihre Mails mit einer Signatur zu versehen. Mehr noch: Für unterschiedliche Mailkonten können Sie sowohl unterschiedliche Signaturen als auch unterschiedliche Benachrichtigungstöne festlegen. Ich zeige Ihnen das im Folgenden am Beispiel der E-Mail-App.

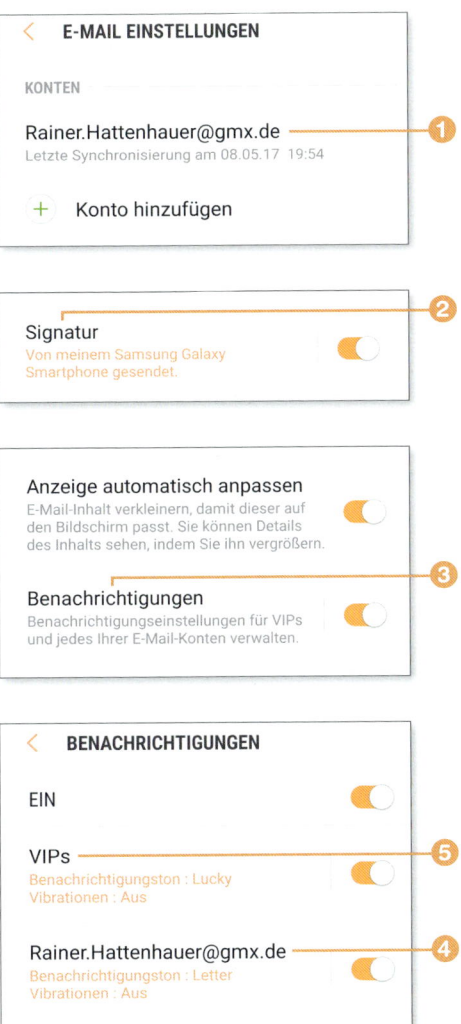

1. Starten Sie die E-Mail-App, und begeben Sie sich zunächst per Menü-Schaltfläche **Mehr** in die Einstellungen. Tippen Sie in der erscheinenden Übersicht das Konto an ❶, für welches Sie die Signatur anpassen möchten.

2. Tippen Sie nun in den Kontoeinstellungen den Punkt **Signatur** ❷ an. Geben Sie in das entsprechende Eingabefeld eine Signatur ein, und bestätigen Sie mit **OK**. Außerdem haben Sie hier die Gelegenheit, für das Eintreffen einer E-Mail einen individuellen Benachrichtigungston auszuwählen.

3. Begeben Sie sich zurück in den Bereich **E-Mail Einstellungen**, und wählen Sie hier das Menü **Benachrichtigungen** ❸. Tippen Sie im nächsten Dialog den Namen des Kontos an ❹, und passen Sie die Benachrichtigungen gemäß Ihren Wünschen an. Im Beispiel habe ich für meine VIP-Kontakte ❺ einen eigenen Ton definiert.

Kapitel 7
Kalender, Termine, Erinnerungen und Co.

Android und damit auch Ihr Galaxy S8 ist längst in der Business-Liga angekommen. Das System bietet eine exzellente Terminverwaltung und Aufgabenplanung und lässt sich obendrein mit Office-Software bestücken, sodass Sie unterwegs noch schnell an einem wichtigen Vortrag feilen oder Ihre Spesenabrechnung vornehmen können.

Die Kalender-App

Ihr S8 ist von Haus aus mit einer perfekten Terminverwaltungs-App namens *Kalender* ausgestattet, die mit Ihrem Google- bzw. Samsung-Konto synchronisiert wird. Ich muss an dieser Stelle zugeben, dass es mir zunächst äußerst suspekt war, meine sämtlichen beruflichen und privaten Termine dem Datenkraken Google (oder alternativ Samsung) zu übergeben. Andererseits: Sie liegen dort wahrscheinlich sicherer als im Safe einer Schweizer Bank, wenn man einige grundlegende Prinzipien des Datenschutzes beachtet. Und es ist schon äußerst bequem, eine reibungslose Terminsynchronisation zu haben, ohne dass man das Smartphone umständlich per Dockingstation mit dem PC verbinden muss.

Dieses Kapitel gibt Ihnen einen Überblick darüber, was Sie beachten sollten, wenn Sie sich Ihren Alltag von Google planen lassen möchten. Dabei wird besonderer Wert auf die Verzahnung und Synchronisation von Smartphone und Google-Kalender gelegt. Die Synchronisation mit Outlook und Co. beschreibe ich ebenfalls.

Kapitel 7 – Kalender, Termine, Erinnerungen und Co.

> **INFO**
>
> **Google- vs. Samsung-Konto**
>
> Sie können selbst auswählen, ob Sie Ihre Termine mit Ihrem Google- oder Samsung-Konto synchronisieren wollen. Ich empfehle Ihnen das Google-Konto, denn es ist universeller, da Sie so eine hersteller- und plattformunabhängige Synchronisation zur Hand haben. Auch wenn Ihr nächstes Smartphone nicht mehr von Samsung ist, haben Sie ganz leicht wieder Zugriff auf alle Ihre Daten. Ich werde mich im Folgenden daher auf den Abgleich mit dem Google-Konto beschränken. Eine Übersicht über alle aktuell verwendeten Konten finden Sie in den Einstellungen im Bereich **Cloud und Konten**.

Der Google-Kalender

Bevor wir uns den Möglichkeiten des Kalenders auf dem Smartphone widmen, sehen wir uns zunächst einmal den »großen Bruder« im Netz näher an. Dies soll die enge Beziehung von Smartphone- und Cloud-Kalender verdeutlichen. Im Folgenden gehe ich davon aus, dass Sie ein Google-Konto besitzen und dieses wie im ersten Kapitel beschrieben eingerichtet haben.

1. Loggen Sie sich auf Ihrem PC per Browser in Ihrem Google-Konto ein. Dazu gehen Sie auf die Seite *https://www.google.de* und klicken dort auf die Schaltfläche **Anmelden**.

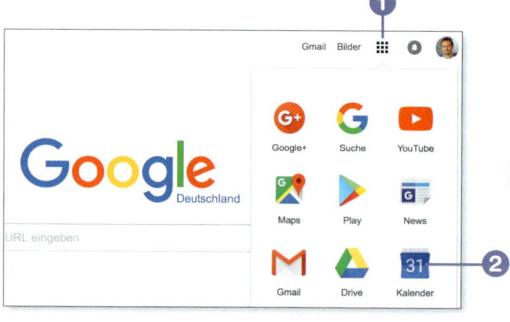

Alternativ können Sie sich natürlich auch per Smartphone-Browser (mittels der App *Internet*) im Desktop-Modus auf der Google-Seite einloggen.

2. Begeben Sie sich ins Google-Menü ❶ im rechten oberen Bereich des Browserfensters, und wählen Sie dort **Kalender** ❷.

Es öffnet sich der Google-Kalender. Er ist in folgende Bereiche aufgeteilt:

Der Google-Kalender

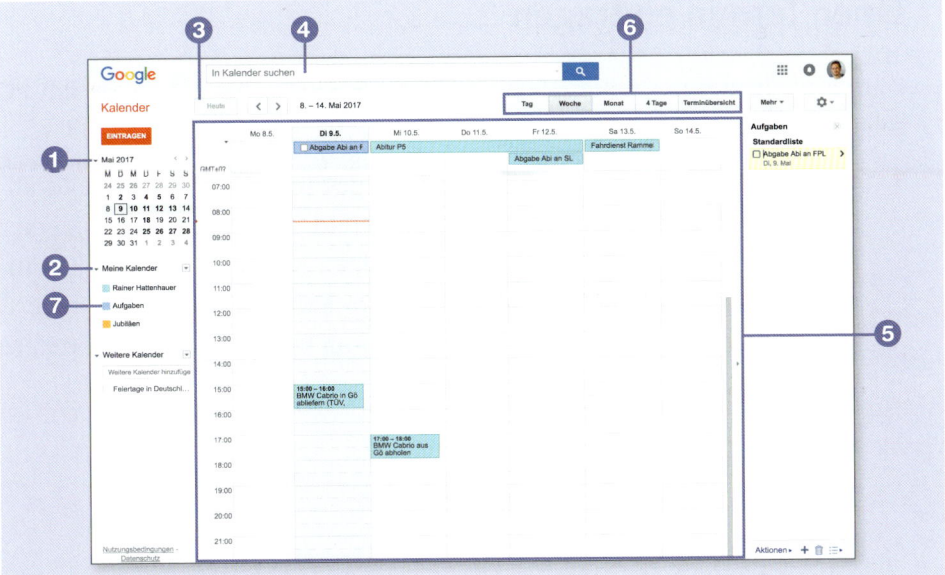

❶ **Monatsübersicht:** Hier können Sie zwischen den Monaten wechseln.

❷ **Meine Kalender:** Zeigt Ihre aktuell verwendeten Kalender an. Das ist zunächst der zu Ihrem Konto gehörende Standardkalender, aber auch der Aufgabenbereich (englisch: *tasks*) taucht hier auf. Sie können jederzeit neue Kalender definieren.

❸ **Heute:** Mithilfe dieser Schaltfläche navigieren Sie zum aktuellen Datum (im Bild ausgegraut, da ich mich bereits auf dem aktuellen Datum befinde).

❹ **Suchfeld:** Hier können Sie gezielt nach Terminen suchen.

❺ **Zentraler Kalender:** Hier tragen Sie Ereignisse und Termine in den Browser ein. Dauerereignisse erscheinen genau wie Ereignisse aus anderen Kalenderbereichen in unterschiedlichen Farben. Die aktuelle Uhrzeit des jeweiligen Tages erscheint in dieser Darstellung als feine rote Linie.

❻ **Ansichten:** Hier wechseln Sie zwischen verschiedenen Kalenderansichten. Im Normalfall ist die Wochenansicht am günstigsten, um sich einen Überblick über die aktuelle Arbeitswoche zu verschaffen.

❼ **Aufgaben:** Die Aufgabenliste am rechten Rand erscheint, wenn Sie den entsprechenden Punkt im Bereich **Meine Kalender** aktiviert haben.

Einen Termin eintragen

Zum Eintragen eines neuen Termins im Onlinekalender gehen Sie am PC folgendermaßen vor:

1. Navigieren Sie per Browseransicht zum gewünschten Datum, und klicken Sie einfach auf das gewünschte Zeitfeld. Es öffnet sich ein kleines Fenster, in dem Sie den Termin beschreiben können ❶. Durch Betätigen der Schaltfläche **Eintragen** ❷ wird der Termin im Kalender fixiert. Mittels **Bearbeiten** ❸ können Sie den Termin feinjustieren, d. h. weitere Details hinzufügen.

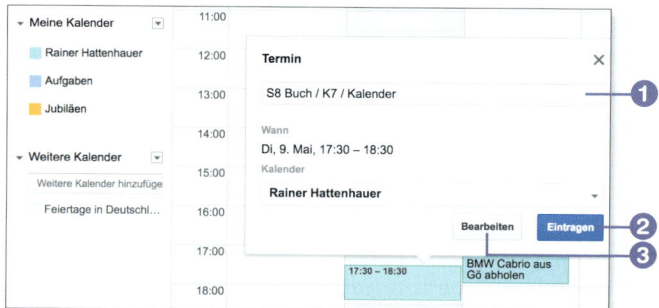

2. Um weitere Einzelheiten zu ergänzen, klicken Sie einfach den Termin im Onlinekalender an. Insbesondere können Sie hier festlegen, in welcher Farbe der Termin im Kalender dargestellt werden soll. Schließen Sie Ihre Änderungen durch Betätigen der Schaltfläche **Speichern** ❹ ab.

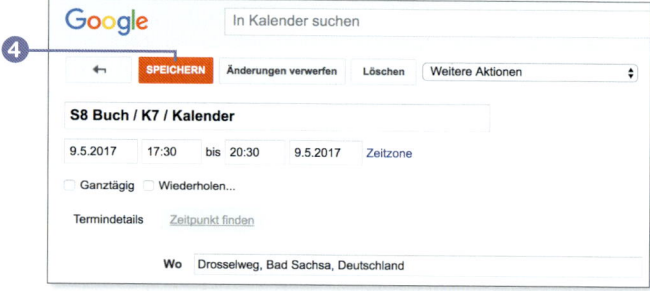

Nun haben Sie eine grobe Vorstellung von der Art und Weise gewonnen, wie Google Ihre Termine in der Cloud verwaltet. Sehen wir uns nun an, wie sich die Terminverwaltung auf dem Smartphone gestaltet.

Termine auf dem S8 verwalten

Sie gelangen zum Kalender Ihres S8, indem Sie die gleichnamige App aus dem App-Menü starten.

Ich empfehle Ihnen, das Kalender-Widget für einen schnellen Zugriff auf den Terminplaner auf einem Home-Bildschirm abzulegen.

1. Tippen Sie dazu länger auf eine freie Stelle eines Home-Bildschirms, wählen Sie anschließend im Feldbearbeitungsmodus den Punkt **Widgets** aus, und halten Sie Ausschau nach dem Widget **Kalender** ❶. Hier stehen mehrere Varianten zur Auswahl, ich entscheide mich nachfolgend für das Widget **Monat (5 x 5)**.

2. Tippen Sie mit dem Finger länger auf das Widget, und platzieren Sie dieses, wie im Abschnitt »Die Oberfläche selbst einrichten« ab Seite 38 beschrieben, auf einem freien Home-Bildschirm. Anschließend können Sie noch die Hintergrundfarbe und die Größe des Widgets anpassen.

3. Schauen Sie sich die angezeigten Termine an. Möchten Sie die Details zu einem Termin erfahren, so tippen Sie diesen in der Übersicht an.

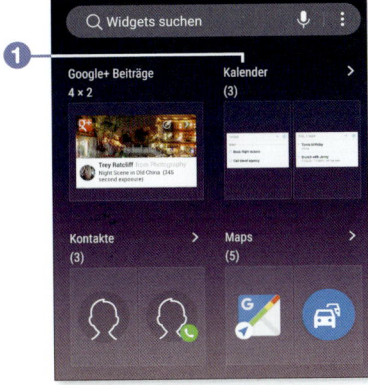

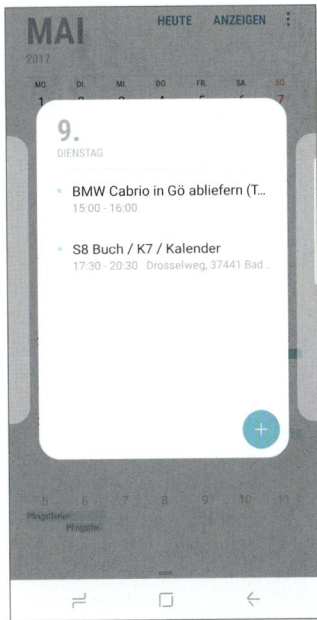

Das Kalender-Widget wird auf einen Home-Bildschirm verschoben und zeigt dort Ihre Termine an.

Kapitel 7 – Kalender, Termine, Erinnerungen und Co.

Taucht der Termin, den Sie im vorangegangenen Abschnitt per Browser in Ihren Google-Kalender eingetragen haben, nicht im Kalender bzw. im Kalender-Widget auf, dann prüfen Sie, ob die Synchronisierung des Kalenders aktiviert wurde. Um diese zu aktivieren, gehen Sie wie folgt vor:

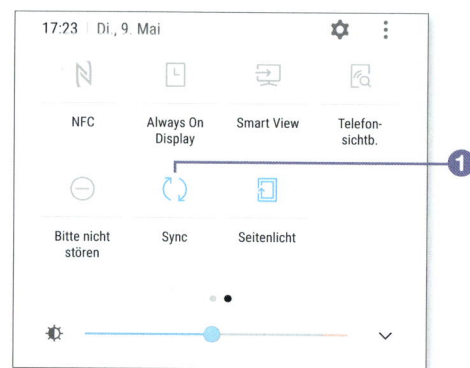

1. Wischen Sie von der oberen Kante Ihres Smartphones mit zwei Fingern nach unten, und entfalten Sie, wie in Schritt 2 der Anleitung auf Seite 33 beschrieben, die kompletten Schnellstartschaltflächen. Suchen Sie die Schnellstartschaltfläche **Sync** ❶, und stellen Sie sicher, dass diese aktiviert ist. Dadurch wird die Synchronisierung Ihres Smartphones eingeschaltet.

2. Begeben Sie sich nun in den Einstellungen in den Bereich **Cloud und Konten ▶ Konten**. Kontrollieren Sie dort durch Antippen Ihres Google-Kontos ❷, ob die Synchronisierung des Google-Kalenders aktiviert ist. Das erkennen Sie an dem entsprechenden Schalter ❸.

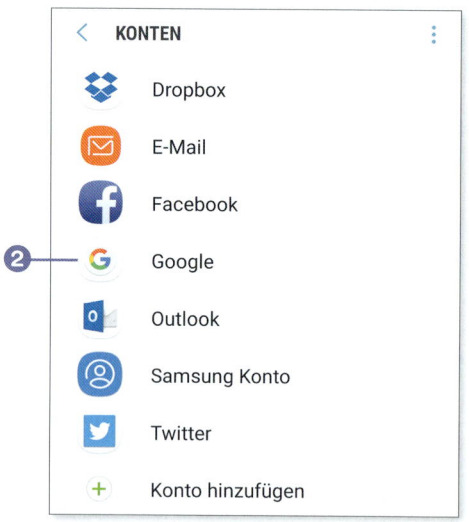
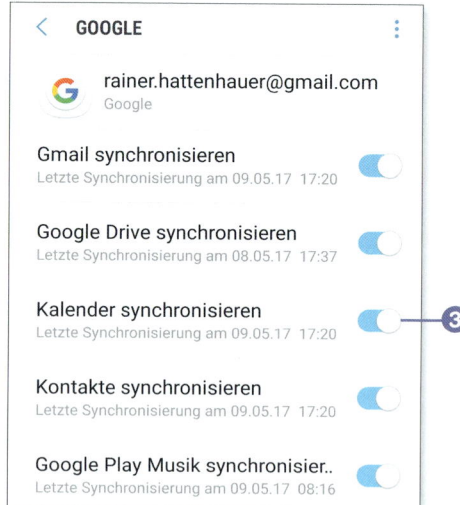

Termine auf dem S8 verwalten

Selbstverständlich müssen Sie online sein, wenn Sie Ihren Google-Kalender synchronisieren möchten.

Jetzt sollten alle Ihre Termine in der Kalender-App zu sehen sein. Infolge der ähnlichen Struktur von Kalender-App und Google-Kalender fühlen Sie sich bestimmt in der App des Smartphones sofort heimisch. Samsung-Galaxy-Veteranen kennen die Kalender-App sicher noch unter dem Namen *S-Planner*. Schauen wir uns die App doch einmal etwas genauer an:

1. Starten Sie den Smartphone-Kalender durch Antippen des Icons **Kalender** im App-Menü. Alternativ können Sie auch einen Eintrag im Widget antippen, das Sie ja auf einem Home-Bildschirm abgelegt haben.

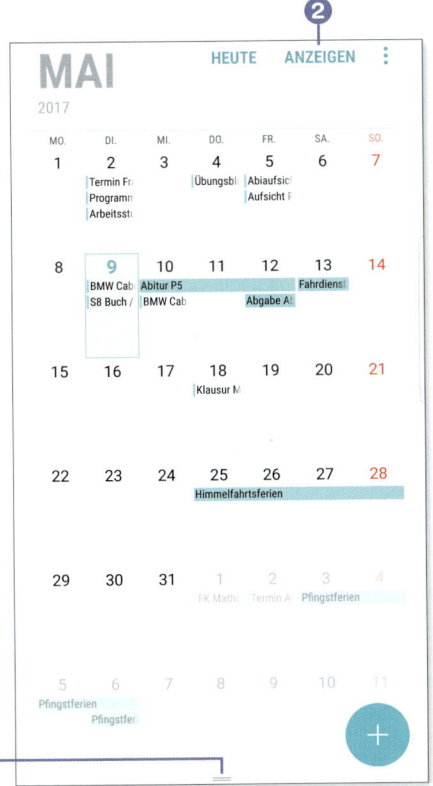 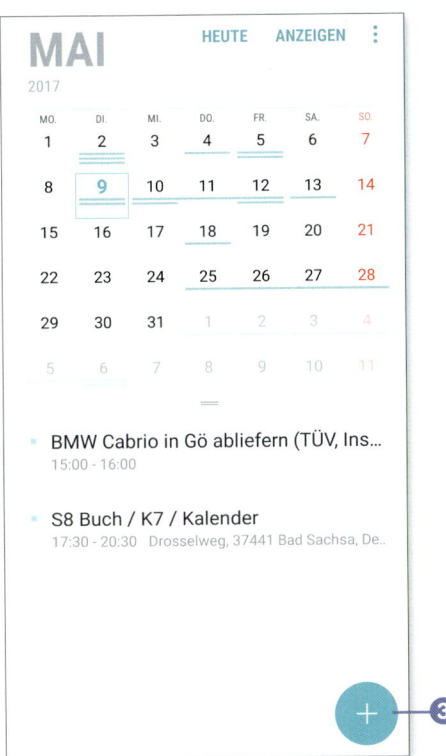

2. Standardmäßig startet die App in der Monatsansicht. Tagesaktuelle Termine bringen Sie zum Vorschein, indem Sie die beiden parallelen Striche ❶ am unteren Bildrand antippen und nach oben ziehen.

Kapitel 7 – Kalender, Termine, Erinnerungen und Co.

3. Sie können die Kalenderansicht wechseln, indem Sie die Schaltfläche **Anzeigen** (❷ auf Seite 159) antippen. Zur Verfügung stehen hier die Ansichten **Jahr**, **Monat**, **Woche**, **Tag** sowie **Aufgaben**.

4. Tippen Sie auf das Pluszeichen ❸, um einen neuen Termin zu erstellen.

   Alternativ können Sie auch auf die gewünschte Stelle im Kalender tippen, an welcher der Termin eingetragen werden soll, und anschließend auf das an dieser Stelle erscheinende Pluszeichen. Achten Sie bitte unbedingt darauf, dass Ihr Termin mit Ihrem Google-Kalender verknüpft wurde. Das erkennen Sie am entsprechenden Eintrag ❹.

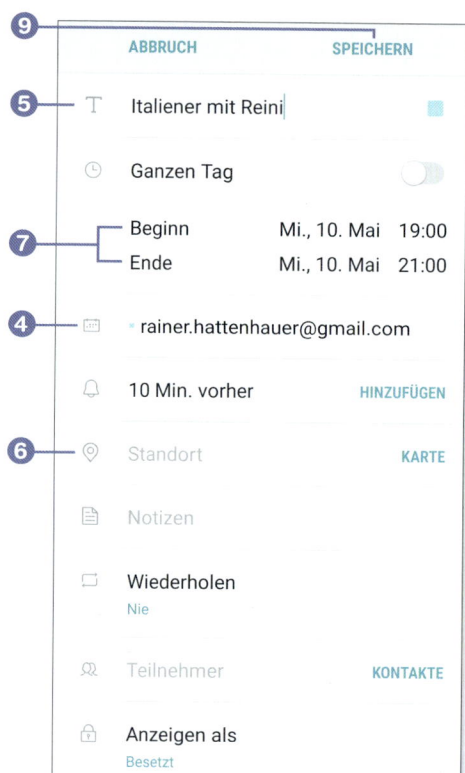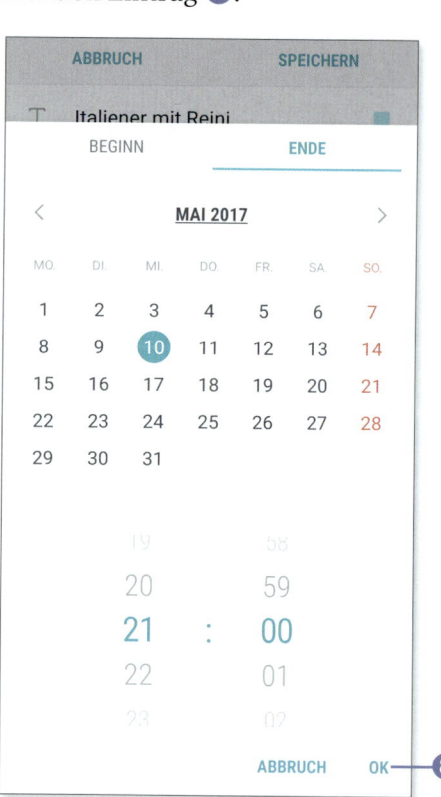

5. Beschreiben Sie den Termin über das Titelfeld ❺. Sie können den Ort über ein entsprechendes Feld angeben ❻ und sich kurz vorher benachrichtigen lassen. Hier ist automatisch ein Alarm von 10 Minuten vor Eintritt des Termins voreingestellt. Beginn und Ende des Termins lassen sich durch Antippen der Datums- bzw. Zeitschaltfläche ❼ präzisieren.

Termine auf dem S8 verwalten

Speichern Sie den Termin schließlich über Antippen der Schaltfläche **OK** ❽ bzw. **Speichern** ❾ ab.

Sollten Sie den Termin nachträglich genauer beschreiben oder ändern wollen, so gehen Sie folgendermaßen vor:

6. Öffnen Sie zunächst den Termin im Kalender durch einfaches Antippen. Ändern Sie den Termin gemäß Ihren Vorstellungen.

7. Mit **Speichern** bestätigen Sie die durchgeführten Änderungen.

Auf die gleiche Weise können Sie den Termin durch Bearbeitung des Zeitfelds auf ein anderes Datum legen.

Nach dem Bearbeiten von Terminen werden diese automatisch mit dem Google-Kalender synchronisiert, sofern Sie die Synchronisierung korrekt konfiguriert haben und Ihr Smartphone mit dem Internet verbunden ist. Ob das funktioniert hat, testen Sie ganz einfach, indem Sie den Google-Kalender auf Ihrem PC öffnen.

> **TIPP**
>
> **Schnelles Anpassen von Terminen**
>
> Ein Termin kann z. B. in der Wochenansicht schnell verschoben oder zeitlich angepasst werden, indem Sie zunächst einen Finger über diesem gedrückt halten. Es erscheint ein Rahmen. Diesen können Sie nun an eine andere Stelle im Terminplaner schieben. Soll die Dauer des Termins verändert werden, so können Sie dies leicht durch Ziehen an den Begrenzungspunkten des Terminfelds vornehmen. Diese tauchen auf, wenn Sie das Terminfeld nach längerem Antippen wieder loslassen.
>
>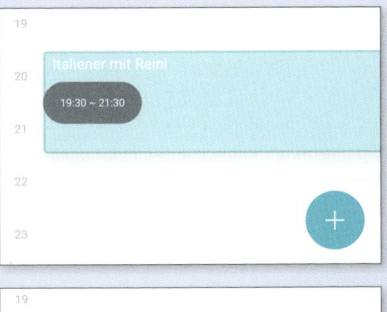
>
>
> *Ideal für Menschen, die zur Prokrastination neigen: Termine können per Fingertipp verschoben und zeitlich angepasst werden.*

Kapitel 7 – Kalender, Termine, Erinnerungen und Co.

Einen Eintrag löschen und weitere Optionen

Nicht immer verläuft alles so wie geplant. Gehen Sie in der Kalender-App folgendermaßen vor, um einen dort angelegten Kalendereintrag zu löschen:

1. Tippen Sie den betreffenden Termin zunächst in der Kalender-App an. Sie gelangen in die Detailansicht des Ereignisses.

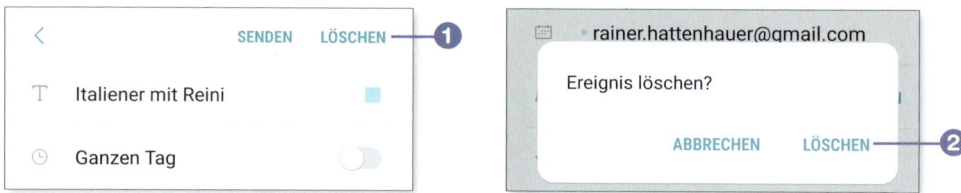

2. Tippen Sie auf die **Löschen**-Schaltfläche ❶.

3. Bestätigen Sie schließlich die Löschanfrage noch einmal ausdrücklich mit **Löschen** ❷.

In der Detailansicht eines Termins finden Sie etliche Optionen, die wir uns nachfolgend noch einmal anschauen. Öffnen Sie dazu einen Termin im Bearbeitungsmodus. Durch Antippen des Pfeils vor **Mehr anzeigen** tauchen weitere Optionen auf:

❶ zurück zum Kalender

❷ Termin versenden per E-Mail, WhatsApp etc.

❸ Termin löschen

❹ Titel des Termins

❺ Darstellungsfarbe im Kalender ändern

❻ Option »ganztägig«

❼ Zeitraum des Termins

❽ zugeordneter Kalender (Google, Samsung etc.)

❾ Erinnerung durch Alarmton oder auch Nachricht (E-Mail)

❿ Ort des Termins (Verknüpfung zu Google Maps per **Karte**)

⓫ Notizen zum Termin

⓬ Wiederholung des Termins

Regelmäßige Termine und Geburtstage

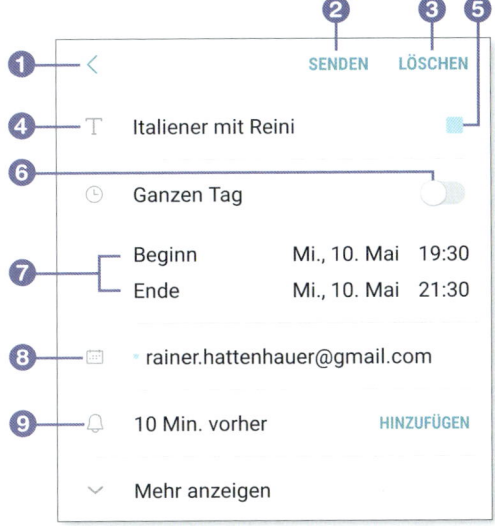
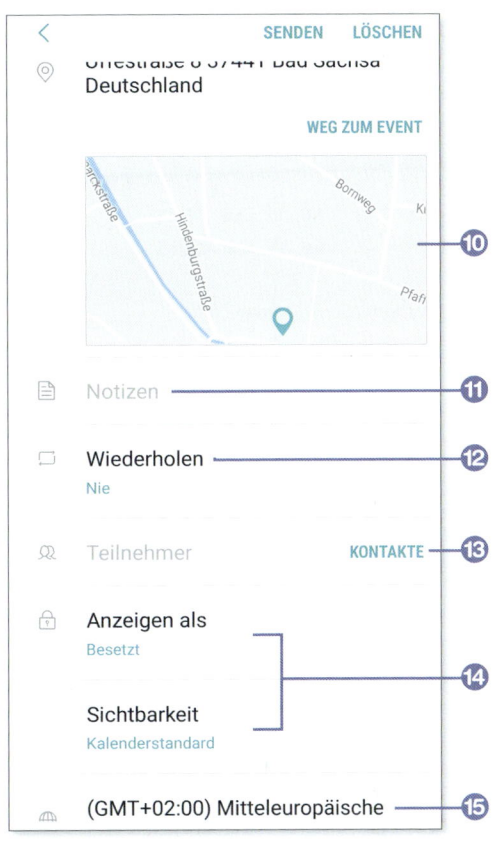

- ⑬ Teilnehmer aus dem Kontaktverzeichnis (können per Mail eingeladen werden)
- ⑭ Datenschutzoption (Anzeigen als **Verfügbar** oder **Besetzt**, Sichtbarkeit **Privat** oder **Öffentlich**)
- ⑮ Zeitzone für den aktuellen Termin

Regelmäßige Termine und Geburtstage

Sicher haben Sie auch einige Termine, die sich regelmäßig wiederholen. In meinem Fall wäre das z. B. der wöchentliche Termin zum Yoga. So einen wiederkehrenden Termin legen Sie folgendermaßen an:

1. Starten Sie die Kalender-App, und geben Sie den gewünschten Termin wie gewohnt ein (❶ auf Seite 164).
2. Wählen Sie nun den Punkt **Wiederholen** ❷ am unteren Bildrand, und stellen Sie im folgenden Menü die gewünschte Wiederholungsfrequenz ein.

Kapitel 7 – Kalender, Termine, Erinnerungen und Co.

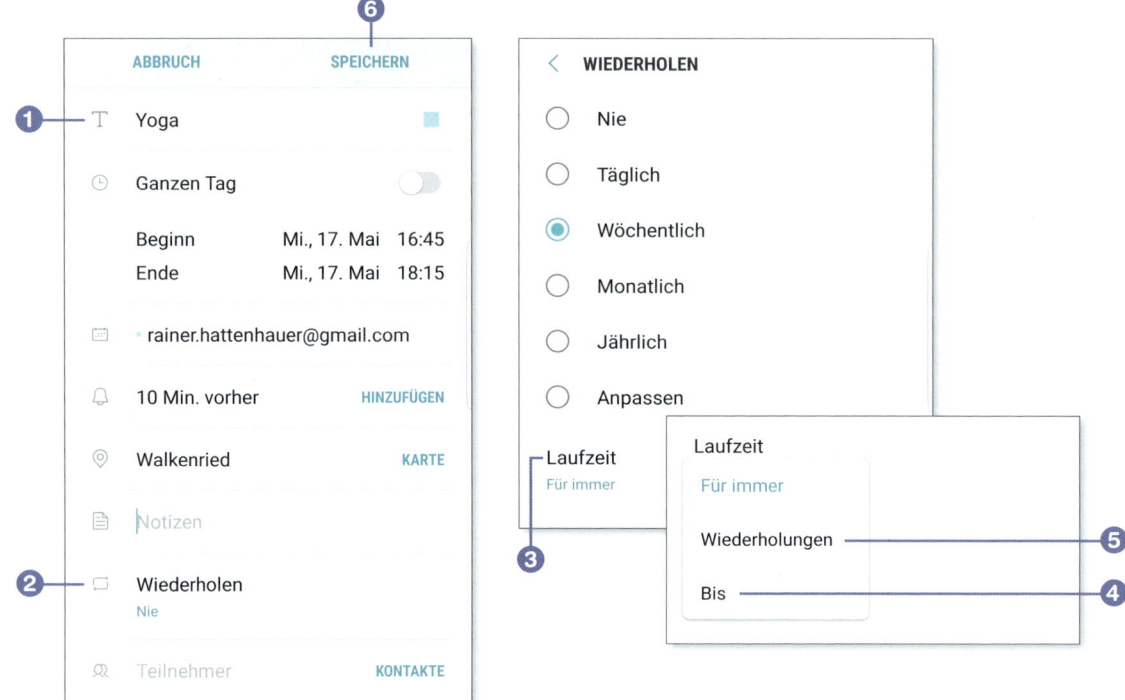

3. Im Normalfall wiederholt sich der soeben erstellte Termin endlos (**Für immer**). Sie können aber durch Antippen des Punkts **Laufzeit** ❸ festlegen, ob der Termin nur bis zu einem bestimmten Enddatum festgelegt werden soll (**Bis** ❹) oder ob er sich über eine bestimmte Anzahl von Wiederholungen (**Wiederholungen** ❺) erstrecken soll.

4. Speichern Sie den fertigen Termin schließlich über **OK** ab, gefolgt von **Speichern** ❻.

Mehrere Kalender und Konten verwalten

Sie können die Kalender-App in Verbindung mit mehreren virtuellen Kalendern nutzen. Das sind dann jeweils Datensätze, die zu einem bestimmten Thema bzw. Bereich gehören. Dazu müssen Sie die entsprechenden Kalender innerhalb der App aktivieren. In der Standardeinstellung werden folgende Kalender und Aufgabensammlungen mit der App verknüpft:

Mehrere Kalender und Konten verwalten

- Der *Google-Kalender*: Er ist unmittelbar mit Ihrem Android-Konto verknüpft und wird auf allen Geräten synchronisiert, die Android verwenden. Sie können bei Google beliebige eigene Kalender definieren bzw. importieren, z. B. Geburtstags- bzw. Feiertagskalender.
- Der *Samsung-Kalender*: Dieser Kalender ist mit Ihrem Samsung-Konto verknüpft. Sollten Sie mehrere Geräte von Samsung besitzen, so werden diese über den Samsung-Kalender synchron gehalten.
- Die *Samsung Tasks*: Die reguläre Android-Kalender-App synchronisiert keine Aufgabenlisten. Samsung schafft hier Abhilfe durch Verwendung einer eigenen Task-Liste, die auf allen Samsung-Geräten synchron gehalten wird.
- *Eigene Kalender*: Dabei handelt es sich um den lokal auf dem Smartphone befindlichen Kalender, der in der Regel nicht mit anderen Geräten synchronisiert wird. Davon würde ich abraten, da derartige Kalender immer nur mit dem aktuellen Gerät abgeglichen werden.

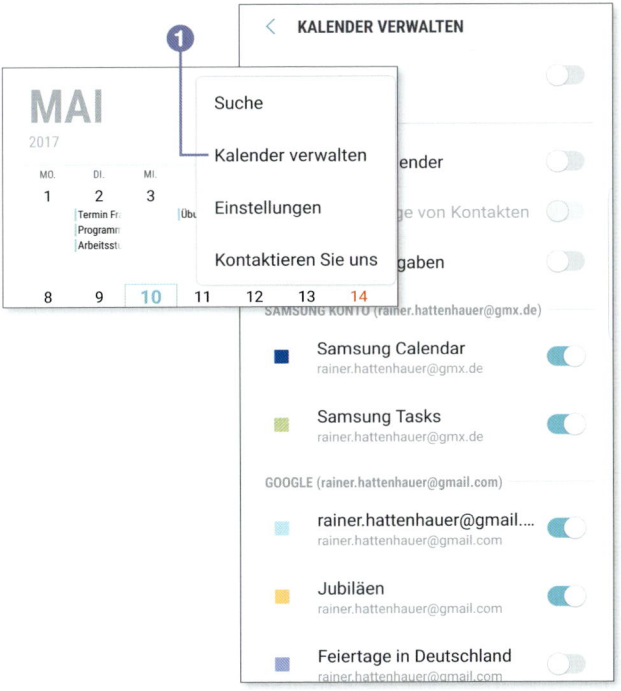
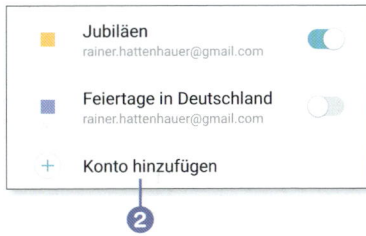

Kapitel 7 – Kalender, Termine, Erinnerungen und Co.

Welche Kalender mit der Kalender-App verknüpft sind, erfahren Sie per Blick in das In-App-Menü über die Option **Kalender verwalten** (❶ auf Seite 165). Über **Konto hinzufügen** (❷ auf Seite 165) lassen sich auch weitere Termindatenbanken wie z. B. ein Microsoft-Exchange-Konto anbinden.

Einen neuen Kalender erstellen

Möchten Sie Ihren höchstpersönlichen Kalender mit jeweils gesonderten Einträgen, z. B. einen Projektmeilenstein- oder Geburtstagskalender, erstellen, so gehen Sie unter Verwendung Ihres Google-Kontos folgendermaßen vor:

1. Loggen Sie sich am PC im Browser mit Ihrem Google-Konto ein, und begeben Sie sich dann in den Bereich **Kalender**.

Sie können die folgenden Schritte zwar auch per Smartphone-Browser durchführen, am PC gestaltet sich die Arbeit aber deutlich einfacher.

2. Wählen Sie aus dem Kontextmenü zu **Meine Kalender** den Punkt **Neuen Kalender erstellen** ❶.

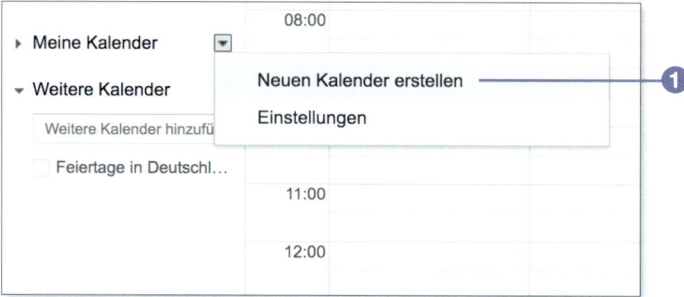

3. Benennen Sie den neuen Kalender im Feld **Kalendername** ❷, und fügen Sie ggf. noch eine Beschreibung des Kalenders hinzu ❸. Beenden Sie den Dialog mit der Schaltfläche **Kalender erstellen** ❹.

4. Der Kalender sollte jetzt in der Kalenderübersicht im Browser erscheinen. Über das Kontextmenü haben Sie nun Gelegenheit, diesem Kalender eine neue Farbe zuzuordnen.

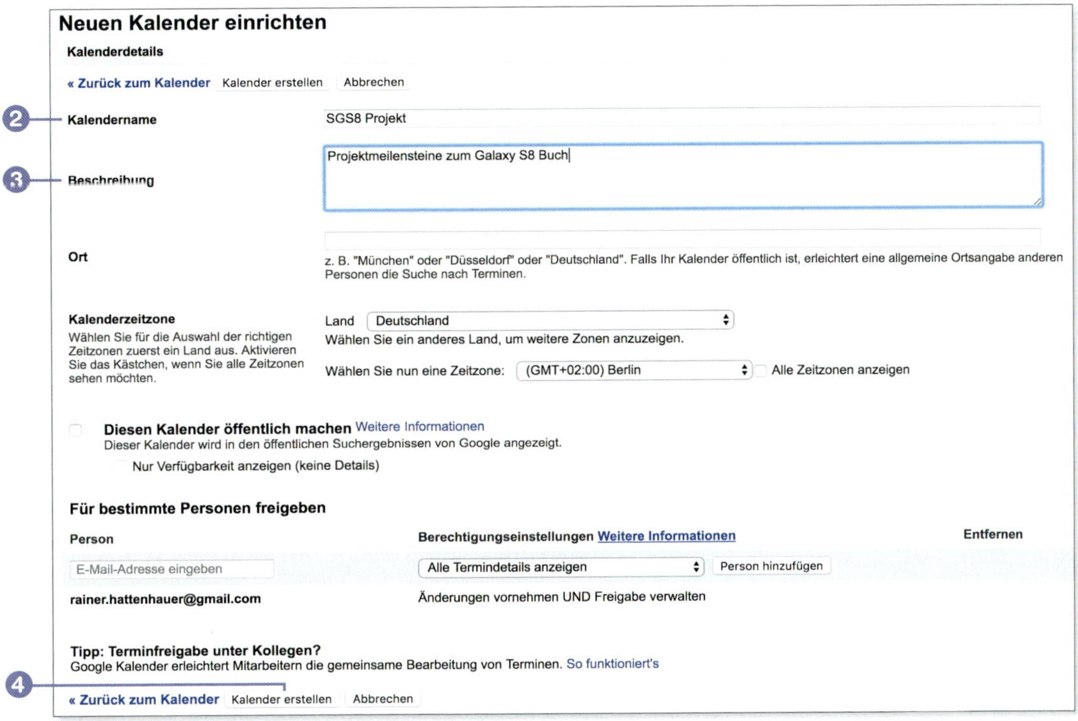

Neuen Kalender einrichten
Kalenderdetails
« Zurück zum Kalender
Kalender erstellen
Abbrechen
2
Kalendername
SGS8 Projekt
3
Beschreibung
Projektmeilensteine zum Galaxy S8 Buch
Ort
z. B. "München" oder "Düsseldorf" oder "Deutschland". Falls Ihr Kalender öffentlich ist, erleichtert eine allgemeine Ortsangabe anderen Personen die Suche nach Terminen.
Kalenderzeitzone
Wählen Sie für die Auswahl der richtigen Zeitzonen zuerst ein Land aus. Aktivieren Sie das Kästchen, wenn Sie alle Zeitzonen sehen möchten.
Land
Deutschland
Wählen Sie ein anderes Land, um weitere Zonen anzuzeigen.
Wählen Sie nun eine Zeitzone:
(GMT+02:00) Berlin
Alle Zeitzonen anzeigen
Diesen Kalender öffentlich machen
Weitere Informationen
Dieser Kalender wird in den öffentlichen Suchergebnissen von Google angezeigt.
Nur Verfügbarkeit anzeigen (keine Details)
Für bestimmte Personen freigeben
Person
Berechtigungseinstellungen
Weitere Informationen
Entfernen
E-Mail-Adresse eingeben
Alle Termindetails anzeigen
Person hinzufügen
rainer.hattenhauer@gmail.com
Änderungen vornehmen UND Freigabe verwalten
Tipp: Terminfreigabe unter Kollegen?
Google Kalender erleichtert Mitarbeitern die gemeinsame Bearbeitung von Terminen. So funktioniert's
4
« Zurück zum Kalender
Kalender erstellen
Abbrechen

5. Wählen Sie den Menüpunkt **Nur diesen Kalender anzeigen** ❺ aus, und tragen Sie Ihre Projektmeilensteine in diesen Kalender ein. Sollten Sie einen Geburtstags- bzw. Jubiläumskalender erstellen, so achten Sie ggf. darauf, dass sich die Termine jährlich wiederholen.

5
Meine Kalender
Rainer Hattenhauer
Aufgaben
Jubiläen
SGS8 Projekt
Weitere Kalender
08:00
09:00
10:00
Nur diesen Kalender anzeigen
Diesen Kalender ausblenden
Kalendereinstellungen
Papierkorb ansehen
Termin in diesen Kalender eintragen
Diesen Kalender freigeben
Benachrichtigungen bearbeiten

Mi 10.5.
Do 11.5.
Fr 12.5.
Kapitel 7 fertigstellen
Termin
Kapitel 8 beginnen
Wann
Do, 11. Mai
Kalender
SGS8 Projekt
Bearbeiten
Eintragen

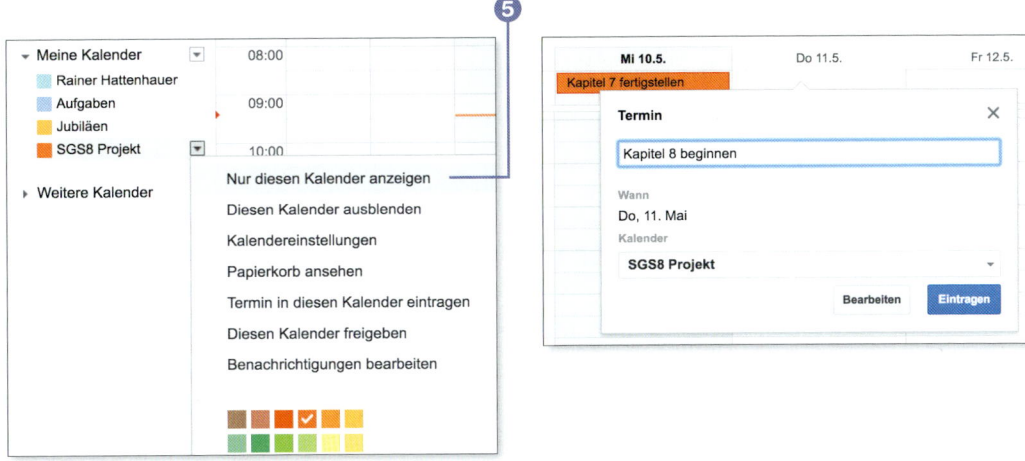

Kapitel 7 – Kalender, Termine, Erinnerungen und Co.

6. Nachdem Sie Ihren Kalender erstellt haben, blenden Sie die anderen Kalender wieder ein, indem Sie auf die nun nicht mehr farbigen Felder neben ihren Namen klicken.

Schließlich müssen Sie noch kontrollieren, ob der Kalender korrekt auf Ihrem Smartphone übernommen wurde. Starten Sie dazu die Kalender-App, und kontrollieren Sie im In-App-Menü **Kalender verwalten**, ob der soeben erstellte Kalender in der Liste der Google-Kalender ❻ auftaucht.

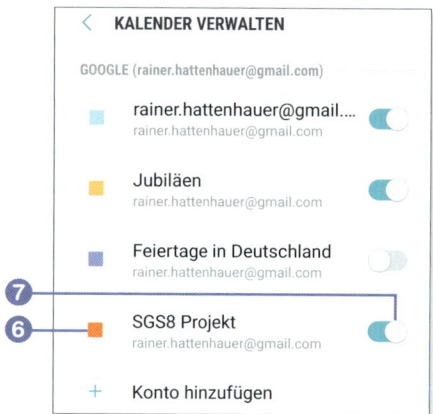

Hier mag es sein, dass Sie ein wenig Geduld haben müssen, bis die Synchronisation des Android-Systems den neuen Kalender mit Ihrem Smartphone abgeglichen hat. Sie können den Vorgang beschleunigen, indem Sie die Synchronisation über die Schnellschaltfläche im Statusbereich einmal deaktivieren und anschließend wieder aktivieren. Schalten Sie schließlich noch die Ansicht des Kalenders über den entsprechenden Schalter ❼ ein, und schauen Sie im Kalender nach, ob Ihre Termine übernommen wurden.

Auf die gleiche Art und Weise können Sie nun beliebig viele verschiedene Kalender erstellen. So hat es sich beispielsweise bei großen Projekten bewährt, einen Kalender für die Projektmeilensteine zu erstellen, der allen Projektmitarbeitern zugänglich ist. Sie können einen solchen Kalender entweder als öffentlichen Kalender oder als Kalender für einen geschlossenen Teilnehmerkreis realisieren. Dazu passen Sie einfach die Eigenschaften des Google-Kalenders im Browser an.

Outlook-Kalender übertragen

Um einen bestehenden Microsoft-Outlook-Kalender in Ihr Google-Kalendersystem zu übertragen, müssen Sie diesen aus Outlook exportieren. Das funktioniert bei Microsoft Outlook 2016 bzw. 365 folgendermaßen:

Outlook-Kalender übertragen

1. Starten Sie Outlook auf Ihrem PC, und begeben Sie sich zunächst in den Bereich **Kalender**.

2. Wechseln Sie zum Reiter **Datei** ❶. Wählen Sie im Menü den Punkt **Kalender speichern**.

3. Es öffnet sich ein Fenster über dem aktuellen Kalender. Wählen Sie zunächst über **Weitere Optionen** den zu exportierenden Kalenderbereich aus. Ich empfehle hier die Optionen **Vollständiger Kalender** ❷ sowie **Alle Details** ❸.

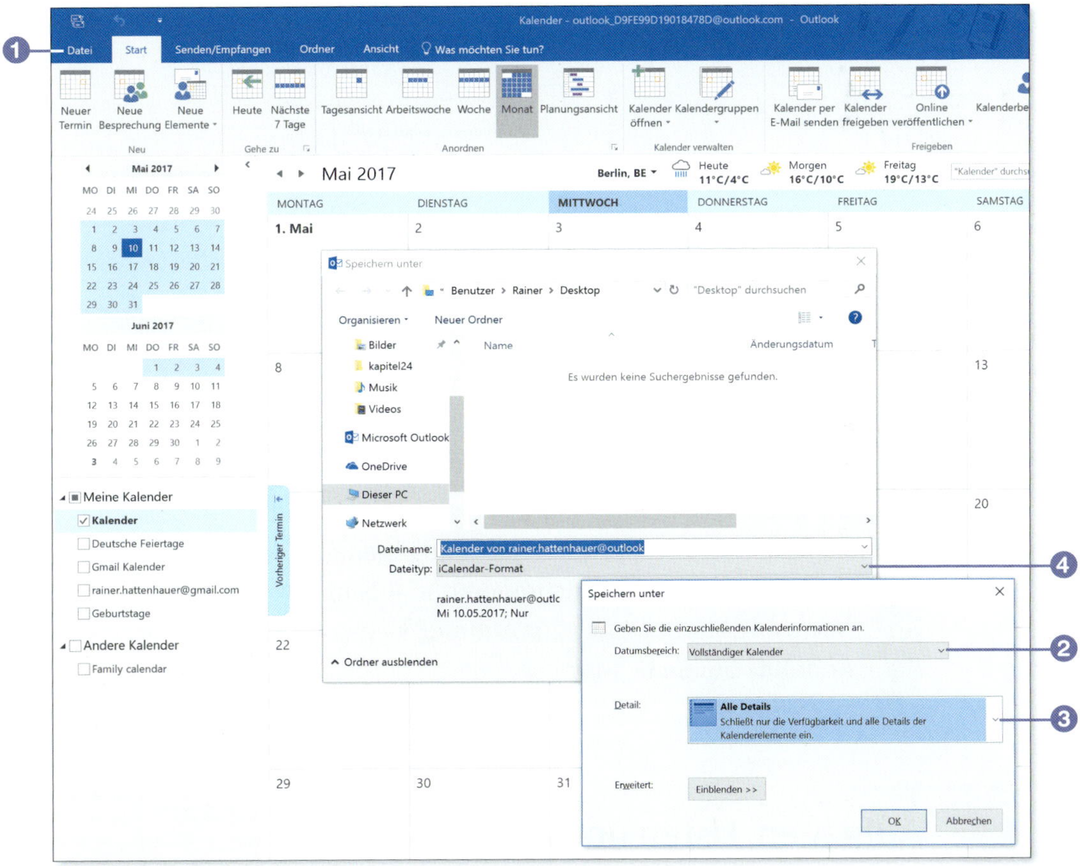

4. Speichern Sie den ausgewählten Kalender im *iCalendar*-Format ❹ an einem Ort Ihrer Wahl ab. Diese Datei benötigen Sie nun für den Import in Ihren Google-Kalenderbereich.

Kapitel 7 – Kalender, Termine, Erinnerungen und Co.

5. Loggen Sie sich bei Google ein, und öffnen Sie Ihren Google-Kalender im Browser. Es empfiehlt sich, zunächst einen neuen Kalender für die zu importierenden Outlook-Termine anzulegen.

6. Wählen Sie dazu im Kalenderbereich **Neuen Kalender erstellen** im Menü den Punkt **Meine Kalender**. Definieren Sie einen neuen Kalender (z. B. **Outlook Import**).

7. Öffnen Sie das Kontextmenü zu **Weitere Kalender**, und folgen Sie hier dem Link **Kalender importieren** ❺. Wählen Sie die soeben exportierte Datei aus, und klicken Sie auf die Schaltfläche **Importieren** ❻. Eine Meldung zeigt, ob der Export erfolgreich verlaufen ist.

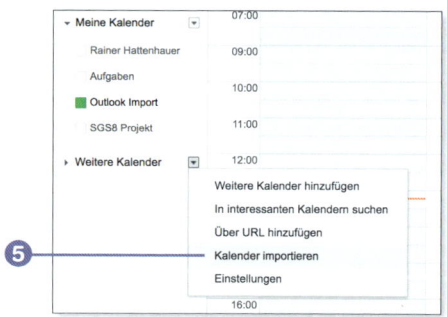
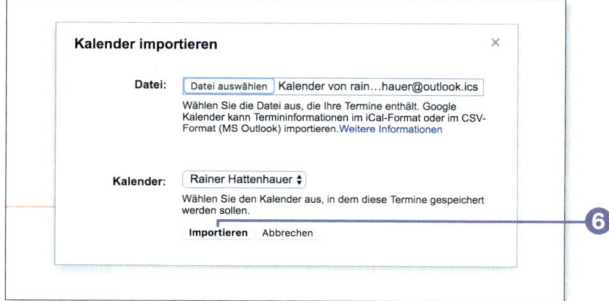

> **TIPP**
>
> **Outlook-Kalender synchron halten**
>
> Die oben beschriebene Verfahrensweise ist für den einmaligen Abgleich mit einem Outlook-Kalender gedacht. Wer Outlook permanent nutzen und synchron halten möchte, dem empfehle ich Microsofts Outlook-App für Android, siehe den Kasten »Outlook für Android« auf Seite 149.

Aufgaben, Listen und Memos

Ihr Google-Konto verfügt zwar über eine Aufgabenplanung, diese lässt sich aber nur mithilfe von Drittanbieter-Apps mit Ihrem Smartphone synchronisieren. Was liegt also näher, als auf die eingebaute Samsung-Lösung zurückzugreifen? Diese ist direkt mit der Kalender-App verknüpft.

Aufgaben, Listen und Memos

So erstellen Sie eine Aufgabe:

1. Starten Sie die Kalender-App, und begeben Sie sich über das Menü **Anzeigen** im oberen rechten Bereich zu den **Aufgaben** ❶.

2. Klicken Sie anschließend auf das +-Zeichen, um eine neue Aufgabe zu erstellen.

3. Geben Sie den Titel ❷ der neuen Aufgabe ein.

4. Optional können Sie für die Aufgabe auch ein **Fälligkeitsdatum** ❸ oder eine **Erinnerung** ❹ setzen. Die Priorität der Aufgabe wird über den Menüpunkt **Vorrangig** ❺ festgelegt.

5. Schließen Sie den Vorgang durch Antippen der Schaltfläche **Speichern** ❻ ab. Die Aufgabe erscheint nun in Ihrer Aufgabenliste ❼, und Sie werden zur gegebenen Zeit an die Erledigung erinnert.

6. Wenn Sie die Aufgabe abgearbeitet haben, tippen Sie einfach das Kästchen vor der Aufgabe an, und die Aufgabe erscheint durchgestrichen. Sie können die erledigte Aufgabe mithilfe der Schaltfläche **Alles Löschen** ❽ aus der Übersicht entfernen.

Es empfiehlt sich, die Aufgabenliste mit dem Cloud-Konto **Samsung Tasks** zu synchronisieren. Dieses wählen Sie durch Antippen der Konten-Schaltfläche ❾.

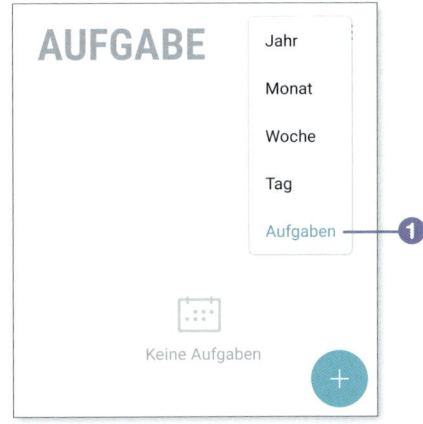
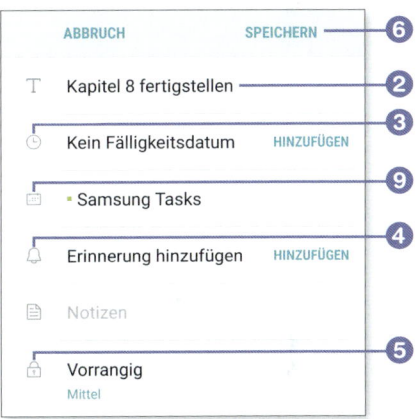
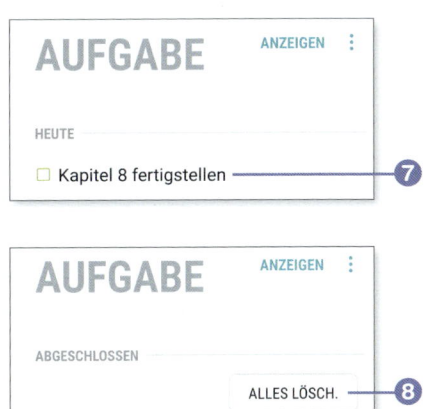

Kapitel 7 – Kalender, Termine, Erinnerungen und Co.

Ein Memo ist eine kleine Notiz (vergleichbar mit den kleinen gelben Post-it-Zetteln), die Sie ebenfalls auf Ihrem S8 erstellen können. Dazu verwenden Sie die vorinstallierte App *Samsung Notes*.

1. Starten Sie die Notes-App aus dem App-Menü, und tippen Sie auf das **+**-Zeichen. Das kennen Sie schon aus dem Abschnitt »Texte eingeben« ab Seite 54.

2. Schreiben Sie eine beliebige Notiz. Sie können der Notiz auch Sprachnotizen oder Bilder hinzufügen und sie einer Kategorie zuordnen, indem Sie die entsprechenden Schaltflächen am linken oberen Bildrand betätigen ❶. Dazu müssen Sie dann ggf. noch beim ersten Einsatz die geforderten Berechtigungen bestätigen.

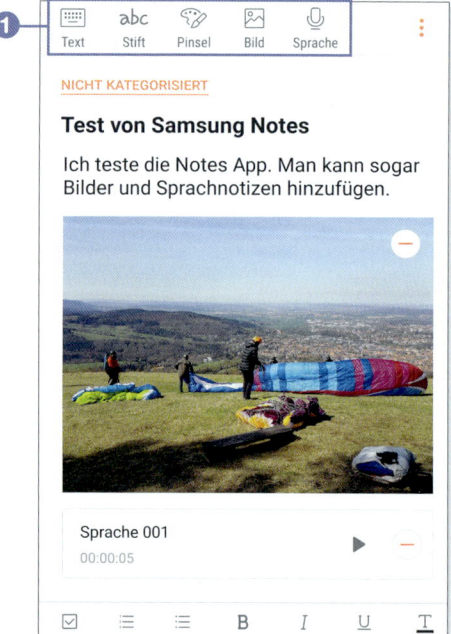

3. Geben Sie Ihrem Memo bei Bedarf noch einen Titel, und verlassen Sie den Bearbeitungsmodus mit der Zurück-Taste. Sie werden nun gefragt, ob die Notiz gespeichert werden soll. Bestätigen Sie diese Nachfrage. Das so erstellte Memo erscheint nun in der Übersichtsliste ❷.

TIPP

Weitere Notizbuch-Apps

Die integrierte Memo-App auf dem S8 ist sehr einfach strukturiert. Sie möchten Ihre Notizen lieber komfortabel in einem virtuellen Notizbuch erstellen – und das über Systemgrenzen hinweg? Dann sollten Sie sich einmal *Evernote* anschauen! Das Evernote-Ökosystem hat sich mittlerweile zum Standard für alle Kreativen entwickelt, die ihre Geistesblitze nahtlos auf dem PC und Smartphone verwalten möchten.

Evernote

Office-Software

Wer hätte vor wenigen Jahren gedacht, dass man die typischen Office-Aufgaben Textverarbeitung, Tabellenkalkulation und Präsentation nicht nur auf dem sperrigen PC, sondern auch im Jackentaschen-Smartphone-Büro erledigen könnte. Auf Ihrem Galaxy S8 sind bereits die Office-Apps des Branchenprimus Microsoft vorinstalliert. Sie finden diese im Ordner *Microsoft Apps* im App-Menü. Diese gestatten in jedem Fall das Betrachten von Word-, Excel- und PowerPoint-Dateien. Wenn Sie diese auch auf Ihrem S8 bearbeiten möchten, müssen Sie ein Office-365-Abonnement abgeschlossen haben.

Der einfachste Weg, Microsoft-Office-Dokumente auf Ihrem S8 zu nutzen, besteht darin, diese in Microsofts Cloud-Speicher *OneDrive* abzulegen. Die OneDrive-App finden Sie ebenfalls im App-Menü im Ordner *Microsoft Apps*. Sie können die Dokumente aber auch lokal vorhalten, indem Sie diese per USB-Kabel auf den Speicher Ihres Smartphones übertragen. Wie das genau funktioniert, erfahren Sie im Abschnitt »Eine Datensicherung erstellen« ab Seite 306.

Sie öffnen ein übertragenes Dokument, indem Sie mit dem eingebauten Dateimanager zu dessen Speicherort navigieren und das Dokument antippen. Daraufhin wird die entsprechende Office-App gestartet. Dokumente, welche Sie aus der OneDrive-Cloud öffnen, werden bei etwaigen Änderungen stets synchron gehalten.

Kapitel 7 – Kalender, Termine, Erinnerungen und Co.

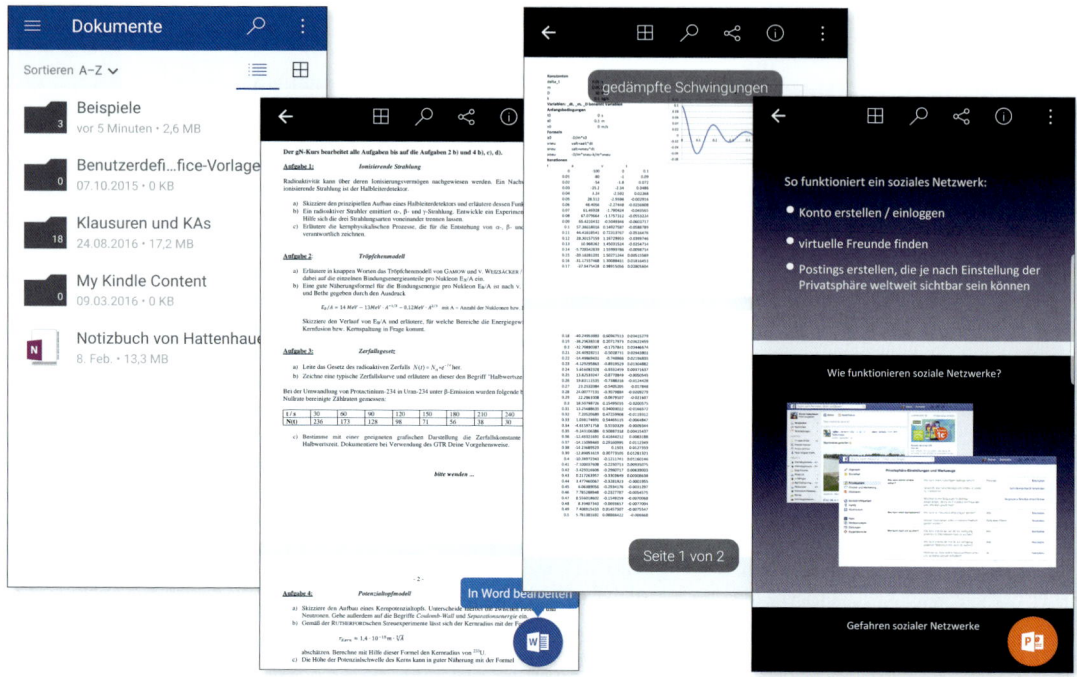

Word-, Excel- und PowerPoint-Dokumente können direkt aus Microsofts Cloud-Lösung OneDrive geöffnet werden.

> **TIPP**
>
> **Geheimtipp: Softmaker Office – kostenlos für Smartphones**
>
> Wenn Sie kein Microsoft-Office-365-Abo besitzen (dieses schlägt mit mindestens 70 € pro Jahr zu Buche), dann können Sie Ihre Microsoft-Office-Dokumente auf Ihrem Smartphone mit den Office-Apps nicht bearbeiten. Hier springt *Softmaker Office* ein. Diese App-Sammlung ist der Geheimtipp für alle Büroschaffenden: Sie erhalten kostenlos für Ihr S8 ein Programmpaket, das nahezu sämtliche Microsoft-Office-Funktionen beherrscht und das Layout Ihrer Microsoft-Dokumente unbehelligt lässt, was selbst bei Microsofts Original-Apps nicht unbedingt immer der Fall ist. Nähere Informationen zu dem beliebten Office-Paket für Android finden Sie auf *www.softmaker.de/softmaker-freeoffice-mobile-android*. Die kostenlosen Apps *TextMaker*, *PlanMaker* und *Presentations* in der Mobil-Version für Smartphones finden Sie direkt im Play Store.

PDF-Reader

Sie möchten unterwegs ein komplexes Dokument mit Bildern, Tabellen etc. lediglich auf seinen Inhalt prüfen, die zusätzlichen Elemente werden aber nur unzureichend dargestellt? Kein Problem: Exportieren Sie zum Sichten Ihre Dokumente einfach als PDF-Dateien. In Microsofts aktueller Office-Suite geschieht das über **Datei ▸ Speichern unter** durch Auswahl des Dateityps **PDF**. Auf Ihrem S8 sind bereits mehrere Apps vorinstalliert, die in der Lage sind, einfache PDF-Dokumente zu lesen, beispielsweise die *Google Drive*-App oder die *Microsoft Word*-App.

Xodo PDF Reader

Für komplexere PDFs wie etwa E-Books bietet sich allerdings eine darauf spezialisierte App an. Einen sehr guten Ruf genießt hier der *Xodo PDF Reader & Editor*. Mit seiner Hilfe lassen sich PDFs sogar bearbeiten.

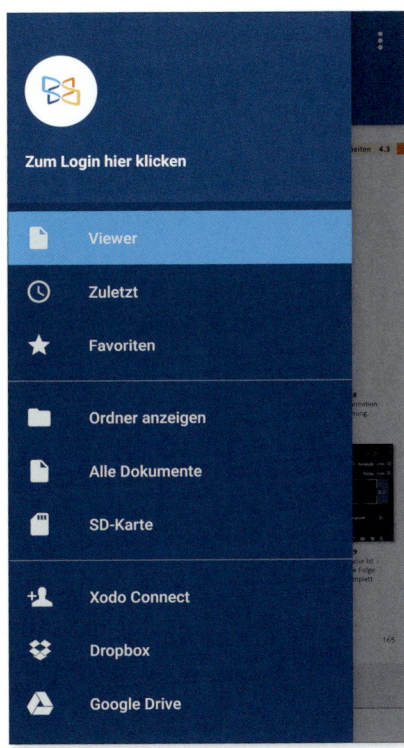

Der Xodo PDF Reader glänzt mit einer perfekten Darstellung komplexer E-Books. PDFs lassen sich auch in der Cloud ablegen und von dort aus im Reader nutzen.

Kapitel 7 – Kalender, Termine, Erinnerungen und Co.

> **TIPP**
>
> **PDF direkt aus Microsoft Office erzeugen**
>
> Die Microsoft-Office-Apps für Windows und Mac bieten die Möglichkeit, ein Office-Dokument (d. h. eine Word-, PowerPoint- oder Excel-Datei) in ein PDF zu konvertieren und anschließend zu verschicken oder auf das Smartphone zu übertragen. Somit benötigt ein Empfänger auf seinem Smartphone lediglich einen PDF-Betrachter (*Viewer*) und kein vollständiges Office-App-Paket.

Kapitel 8
Apps installieren und verwalten

In diesem Kapitel sehen wir uns die Standardquelle aller Apps einmal etwas genauer an, den G*oogle Play Store* (kurz: *Google Play* oder *Play Store*). Er ist der Dreh- und Angelpunkt, wenn es darum geht, neue Apps auf Ihr S8 zu befördern.

Ein Rundgang durch den Google Play Store

In Kapitel 2, »Das Galaxy S8 einrichten und bedienen«, haben Sie bereits Bekanntschaft mit dem Google Play Store gemacht und danach sicher auch die eine oder andere App installiert. Sie können sowohl unterwegs als auch vom heimischen WLAN aus jederzeit auf Google Play zugreifen. Grund genug, an dieser Stelle noch einmal etwas genauer auf den zentralen Markt der Apps einzugehen. Zunächst sehen wir uns lediglich den Teil an, der für die Apps zuständig ist.

1. Starten Sie den Play Store durch Antippen des Icons im Programmmenü. In der Standardkonfiguration des S8 befindet sich die Play-Store-App auch als Verknüpfung in der Symbolleiste im unteren Bereich des Home-Bildschirms.

2. Nach dem Start der App präsentiert sich die Play-Store-Übersicht. Sie finden dort die beiden Hauptkategorien **Apps & Spiele** (❶ auf Seite 178) sowie **Filme, Musik & Bücher** ❷. Das Antippen der Seitenmenü-Schaltfläche ❸ im linken oberen Displaybereich öffnet das Menü des Play Stores.

Kapitel 8 – Apps installieren und verwalten

3. Direkt nach dem Start der App befinden Sie sich im Bereich **Apps & Spiele**, genauer gesagt, auf der Startseite. Hier finden Sie App-Vorschläge, die auf Ihren bisherigen Installationen bzw. Einkäufen basieren.

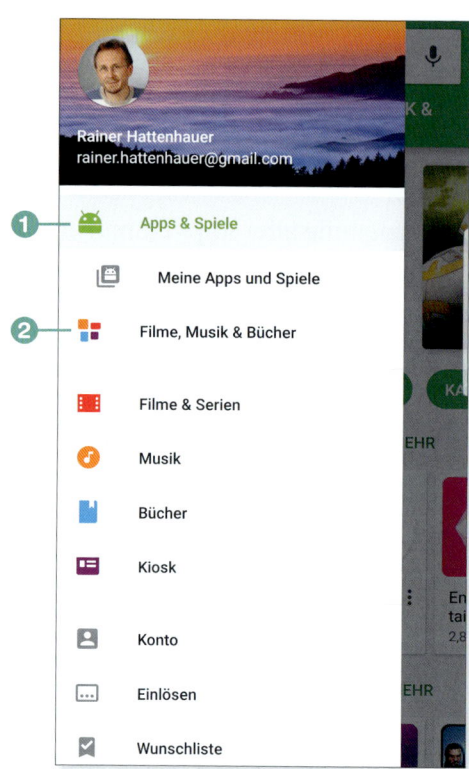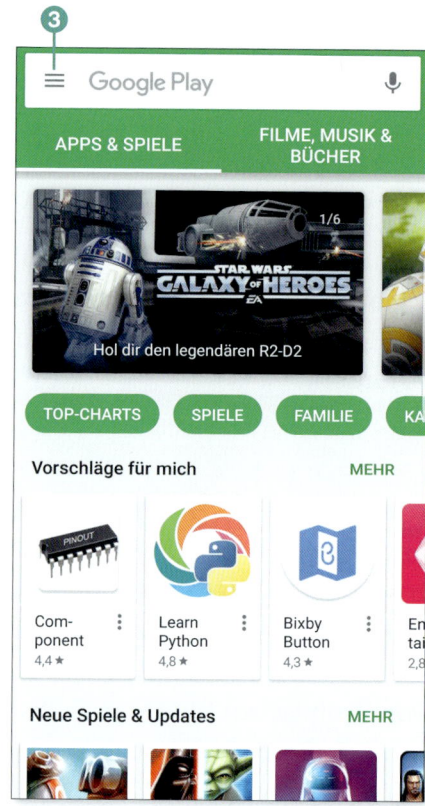

Durch Hin- und Herwischen und anschließendes Antippen der Rubrik-Schaltflächen wechseln Sie zwischen den verschiedenen App-Hauptbereichen. Innerhalb der einzelnen Bereiche können Sie dann teilweise beliebig weit herunterscrollen.

Die einzelnen Apps im Play Store sind dabei in folgenden wesentlichen Bereichen sortiert:

Top-Charts	Hitliste der beliebtesten Apps
Spiele	Bereich aller im Play Store angebotenen Spiele

Ein Rundgang durch den Google Play Store

Familie	Liste von für Kinder geeigneten Apps, nach Alter geordnet
Kategorien	Sortierung von Apps nach Kategorien
Beta	Vorschau auf Apps, die noch in der Entwicklungsphase sind
Empfehlungen	App-Empfehlungen der Play-Store-Redakteure

Einige App-Bereiche im Play Store

In einigen der genannten Bereiche finden Sie weitere Unterteilungen. So gibt es im Bereich **Top-Charts** beispielsweise die Unterbereiche **Top-Apps**, **Top-Spiele**, **Erfolgreichste**, **Trends**, **Bestseller-Apps** und **Bestseller-Spiele**. Ist der Schalter **Installierte Apps anzeigen** ❹ aktiviert, so werden auch diejenigen Apps angezeigt, die Sie bereits installiert haben, anderenfalls nur die Apps, die sich noch nicht auf Ihrem S8 befinden.

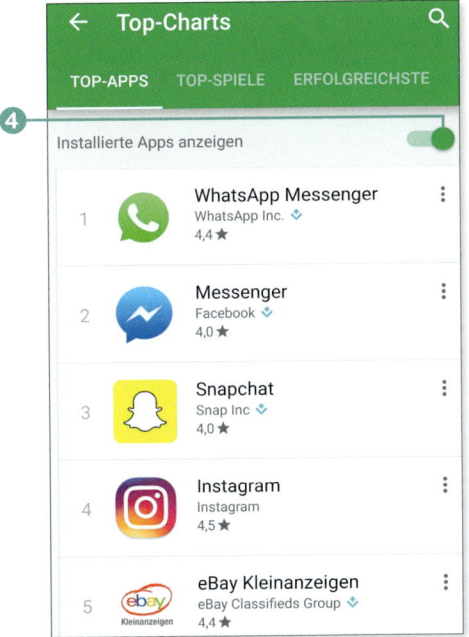 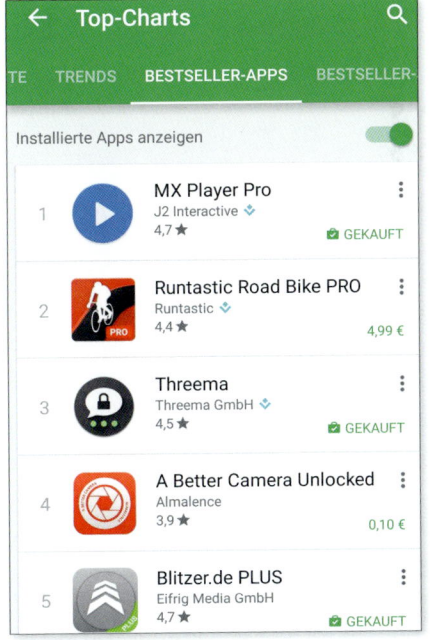

Einige Unterbereiche in »Top-Charts«

Kapitel 8 – Apps installieren und verwalten

Installierte Apps anzeigen

Um sich einen Überblick zu verschaffen, welche Apps auf dem aktuellen Gerät installiert sind bzw. welche Apps Sie bislang erworben haben, tippen Sie einfach auf die Seitenmenü-Schaltfläche Ihres S8 und wählen dort den Menüpunkt **Meine Apps und Spiele** ❶. Es erscheint zunächst die Rubrik **Aktualisierungen** ❷. Hier erfahren Sie, ob Updates für auf dem Gerät installierte Apps zur Verfügung stehen.

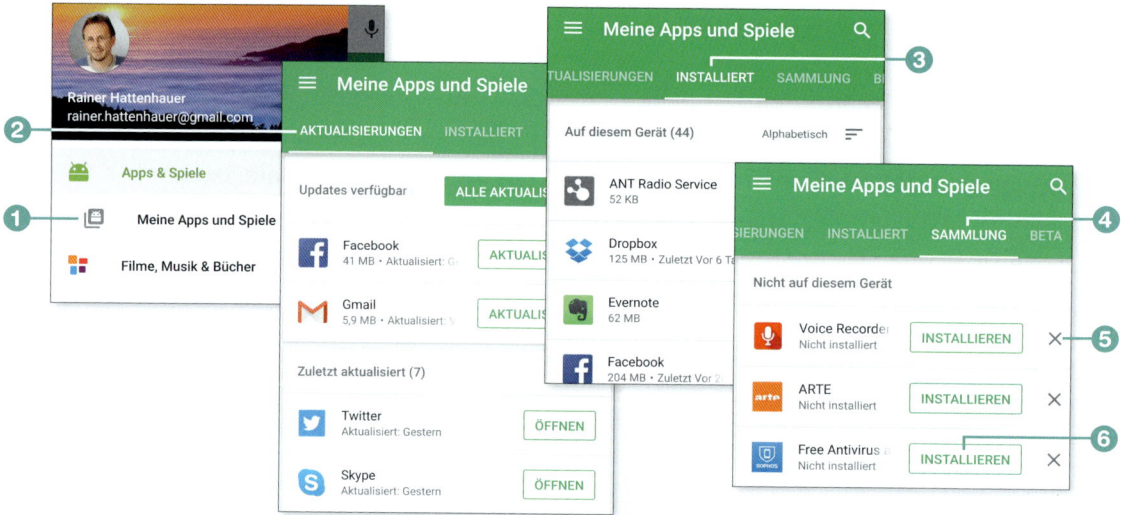

Im Bereich **Installiert** ❸ sehen Sie alle Apps, die Sie auf Ihrem aktuellen Gerät installiert haben. Sollten Updates vorhanden sein, so werden diese hier ebenfalls gelistet. Im Bereich **Sammlung** ❹ finden Sie sämtliche Apps, die Sie bislang mit Ihrem Google-Konto getestet, aber ggf. auch wieder deinstalliert haben. Das sind insbesondere auch Apps, die sich auf anderen Geräten befinden, die ebenfalls mit Ihrem Google-Konto verknüpft sind. Diese können Sie mithilfe der entsprechenden Schaltfläche ❺ aus der Übersicht entfernen oder auch über die Schaltfläche **Installieren** ❻ auf das vorliegende Gerät befördern.

Schließlich zeigt Ihnen der Bereich **Beta**, welche Apps Sie aus dem Beta-Programm des Play Stores installiert haben. Das ist in der Regel die Facebook-App, welche häufig aktualisiert wird.

Apps automatisch oder manuell aktualisieren

Die Apps, die Sie im Play Store erwerben, werden ständig weiterentwickelt. Sogenannte *Updates* werden regelmäßig herausgebracht, und das System benachrichtigt Sie, wenn eine App aktualisiert wurde bzw. werden kann. Im Normalfall ist eine automatische Aktualisierung Ihrer Apps vorgesehen. Dann werden diese aktualisiert, wenn Sie sich im Bereich eines bekannten WLANs befinden und Ihr Gerät am Ladeadapter angeschlossen ist. Es spricht mittlerweile nichts dagegen, diese Voreinstellung so zu belassen. Sollte eine App neue Berechtigungen beanspruchen, so wird Ihnen das bereits während der Installation mitgeteilt.

Kontrollieren Sie über das Seitenmenü der Play-Store-App unter **Einstellungen**, ob auf Ihrem Smartphone die automatischen Updates aktiviert sind ❶. An dieser Stelle lässt sich über den Menüpunkt **Symbol zu Startbildschirm hinzufügen** ❷ auch festlegen, ob nach der Installation ein Icon der App auf einem Startbildschirm abgelegt werden soll – eine Option, auf die ich aus Gründen der Übersichtlichkeit verzichte.

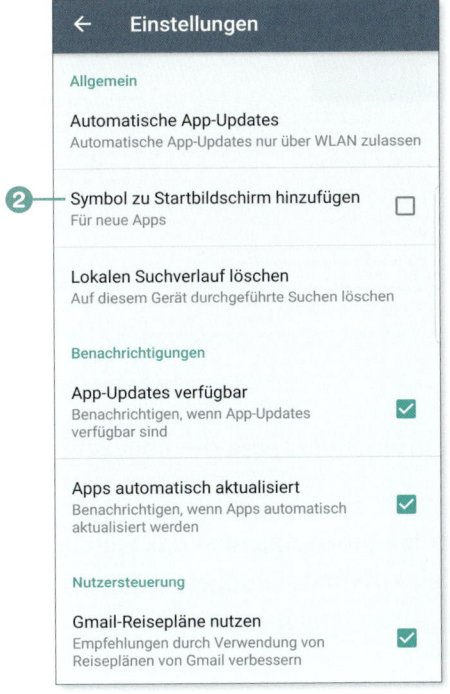
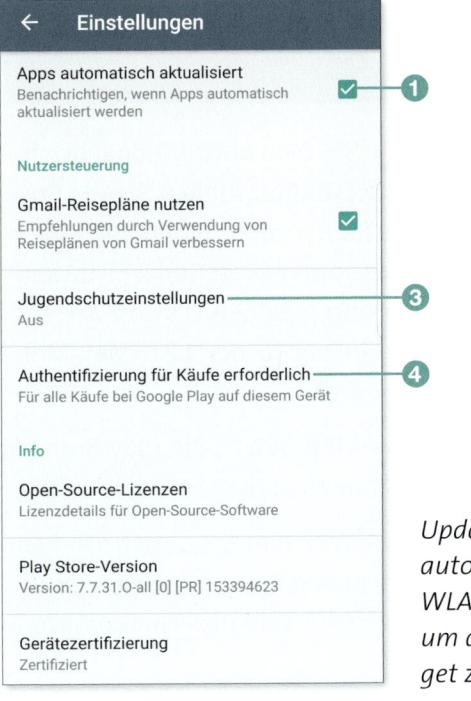

Updates sollten automatisch über WLAN erfolgen, um das Onlinebudget zu schonen.

Kapitel 8 – Apps installieren und verwalten

In den Einstellungen haben Sie außerdem die Möglichkeit, einen Jugendschutzfilter für den Play Store zu setzen (❸ auf Seite 181) sowie die Authentifizierung für Käufe anzufordern ❹. Das kann per Google-Passwort, aber auch über den Fingerabdruckscanner erfolgen. Es empfiehlt sich, die Voreinstellungen so zu belassen.

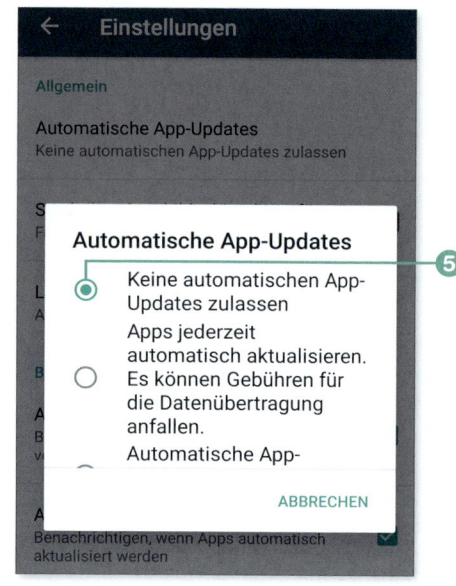

Sollten Sie lieber die komplette Kontrolle über den Aktualisierungsprozess behalten wollen, so tippen Sie auf die Schaltfläche **Automatische App-Updates** und aktivieren anschließend den Menüpunkt **Keine automatischen App-Updates zulassen** ❺.

Haben Sie die manuelle Aktualisierung ausgewählt, werden Sie auf mögliche Updates per Statusleiste hingewiesen ❻.

1. Wenn Sie eine solche Benachrichtigung erhalten, ziehen Sie die Statusleiste herunter, indem Sie einen Finger vom oberen Bildschirmrand nach unten ziehen. Tippen Sie auf den Eintrag in der Liste der Meldungen ❼.

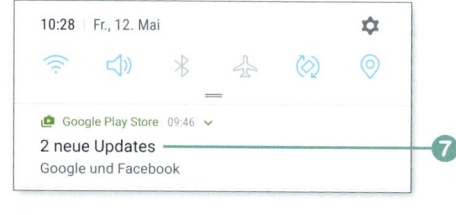

2. Sie werden nun in die Play-Store-App weitergeleitet, um die angezeigten Apps zu aktualisieren.

   Alternativ können Sie auch direkt in der Play-Store-App über das Seitenmenü in den Bereich **Meine Apps und Spiele ▶ Aktualisierungen** wechseln, um sich die aktualisierbaren Apps anzeigen zu lassen.

Was Apps dürfen

3. Tippen Sie hier entweder auf **Alle aktualisieren** ❽, um alle updatefähigen Apps in einem Rutsch zu aktualisieren, oder wählen Sie gezielt einzelne Apps zur Aktualisierung aus.

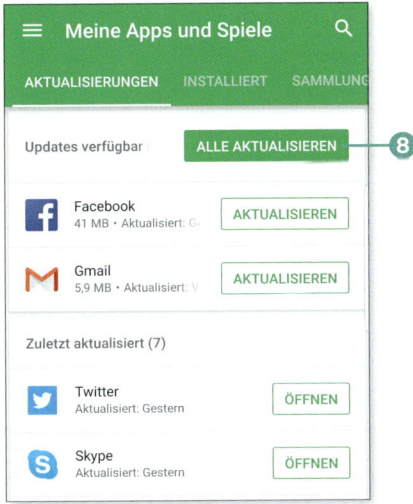

Benötigt eine App neue Berechtigungen, so wird Ihnen das ebenfalls vor dem Update mitgeteilt. Nach der Aktualisierung erscheint eine Meldung in der Statuszeile, falls der Updatevorgang erfolgreich verlaufen ist. Mittels **Alle löschen** entfernen Sie die Meldungen wieder.

Achten Sie darauf, Ihre installierten Apps stets aktuell zu halten. Dadurch stellen Sie sicher, dass Sie immer die neuesten Funktionen erhalten und Sicherheitslücken umgehend geschlossen werden.

> **TIPP**
>
> **Sicherheit im Play Store**
>
> Es empfiehlt sich, die Eingabe eines Passwortes zu verlangen, wenn eine App aus dem Play Store installiert werden soll. Eine entsprechende Option (**Authentifizierung für Käufe erforderlich**) finden Sie im Bereich der Play-Store-Einstellungen.

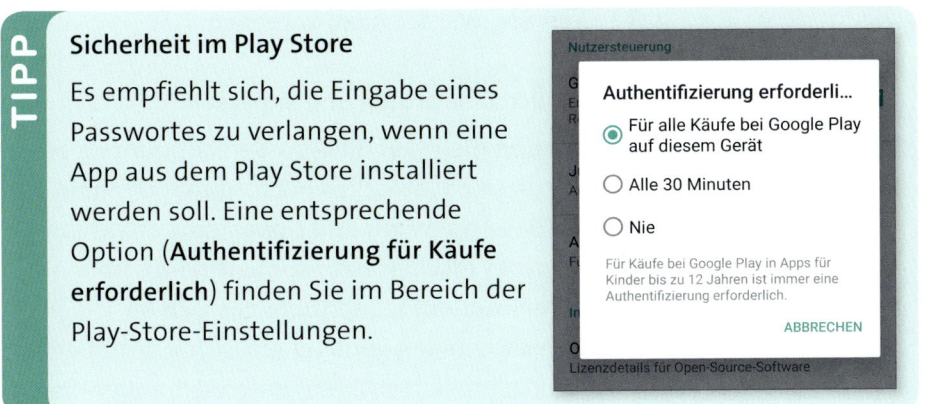

Was Apps dürfen

Besonderes Augenmerk sollten Sie auf die Berechtigungen richten, die Apps auf Ihrem Smartphone beanspruchen. Diese werden Ihnen zunächst unmittelbar vor der Installation einer App angezeigt. Aber auch wenn die

Kapitel 8 – Apps installieren und verwalten

betreffende App das erste Mal auf eine geschützte Funktion zugreift (z. B. eine Scanner-App auf die Kamera Ihres S8), wird noch einmal um Erlaubnis gefragt.

Im Bild sehen Sie, dass die App *Google Goggles* u. a. Standortinformationen einholt ❶ und auf die Kamera Ihres Geräts zugreift ❷. Schauen Sie sich die Liste der Berechtigungen genau an, und installieren Sie eine App nicht, wenn Sie sich nicht sicher sind, ob Sie dieser App diese »Freiheiten« auch einräumen möchten. Skepsis ist z. B. angebracht, wenn ein vermeintlich harmloses Spiel Zugriff auf den SMS-Versand beansprucht, denn so können kostenpflichtige Dienste durch die Hintertür auf Ihr Smartphone gelangen.

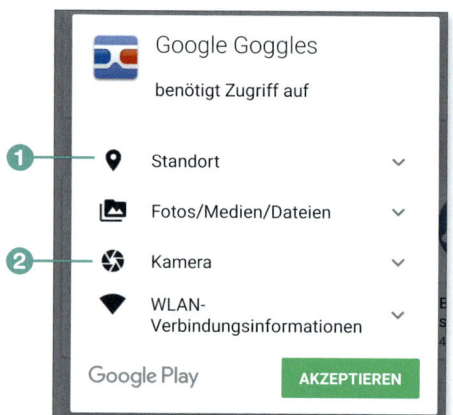

Sie können einer App auch gezielt bestimmte Rechte entziehen, was in der Regel allerdings wenig sinnvoll ist. Im folgenden Kasten erfahren Sie, wie Sie dazu vorgehen.

> **TIPP**
>
> **Berechtigungen nachträglich überprüfen und anpassen**
>
> Haben Sie bei der Installation nicht auf die App-Berechtigungen geachtet und möchten sich diese nachträglich noch einmal ansehen, dann begeben Sie sich in das App-Menü und tippen dort etwas länger auf das Symbol der App. Es erscheint ein Kontextmenü. Tippen Sie dort auf den Menüpunkt **App-Info**, und sehen Sie sich im folgenden Dialog den Punkt **Berechtigungen** genauer an. Durch Antippen der Schalter können Sie einzelne Berechtigungen gezielt außer Kraft setzen. Beachten Sie aber, dass die App dann unter Umständen nicht mehr voll funktionsfähig ist. So macht es z. B. keinen Sinn, einer Navigations-App den Zugriff auf die Lokalisierung (Schalter **Standort**) zu entziehen oder einer Fotografie-App zu verbieten, auf die Kamera zuzugreifen.
>
>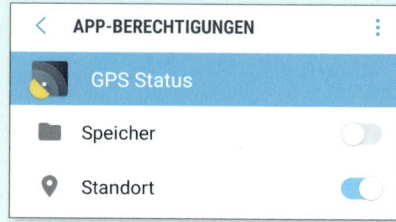

Apps gezielt suchen

In aller Regel haben Sie sicher bereits eine grobe Vorstellung, welche Apps Sie gern auf dem Smartphone installieren möchten. Bei der Suche hilft Ihnen die integrierte Suchfunktion des Play Stores.

1. Begeben Sie sich im Play Store in den Bereich **Apps & Spiele**, und geben Sie einen Suchbegriff in das Suchfeld ein. Dieser kann durchaus auch ungenau formuliert sein, Sie müssen also die Namen der Apps nicht unbedingt kennen.

2. Stöbern Sie die Ergebnisse durch, und sehen Sie sich insbesondere auch die Rezensionen zu den Apps an, um sich einen Eindruck von deren Qualität zu verschaffen.

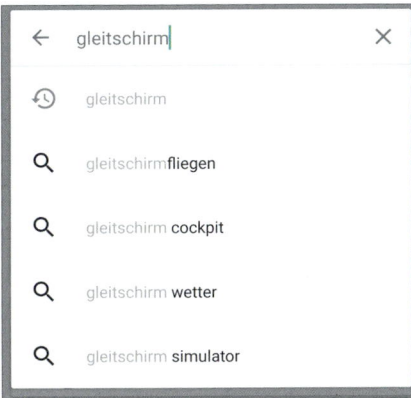

Eine interessante Option im Play Store ist die selektive Suche nach Apps in Kategorien.

1. Wechseln Sie durch Antippen der Schaltfläche **Apps & Spiele** ❶ auf der Startseite des Play Stores in den Apps-Bereich.

2. Wischen Sie von links nach rechts, bis Sie zum Menüpunkt **Kategorien** ❷ gelangen, und tippen Sie darauf.

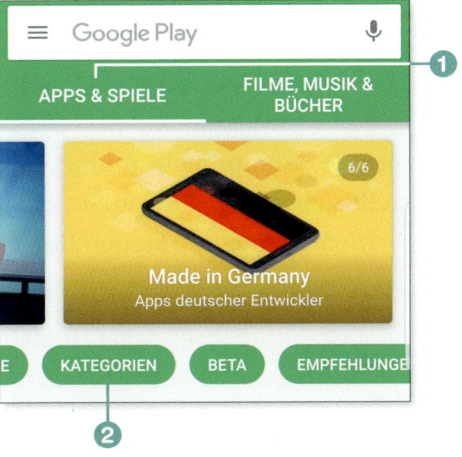

Kapitel 8 – Apps installieren und verwalten

3. Scrollen Sie ggf. nach unten, um weitere Kategorien zu Gesicht zu bekommen. Tippen Sie eine Kategorie an, die Sie interessiert.

4. Im Bereich der gewählten Kategorie finden Sie die gleichen Unterrubriken vor, die auch die vollständige App-Übersicht bietet.

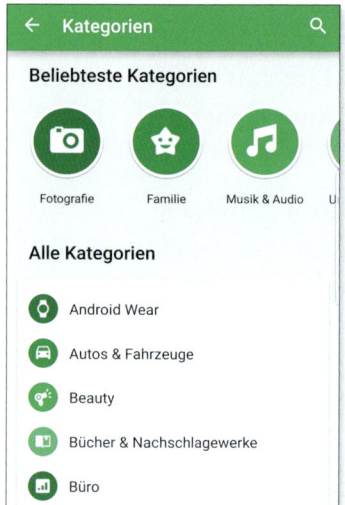

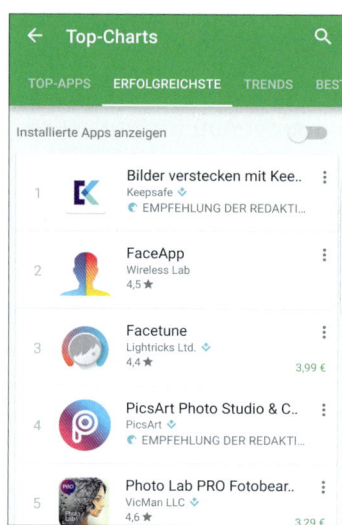

Suchen Sie sich beispielsweise eine nette kostenlose App aus dem Bereich **Fotografie** aus, und installieren Sie sie. Zum Erwerb einer kostenpflichtigen App sehen Sie sich den nächsten Abschnitt an.

Eine App kaufen

Der Google Play Store hält sehr viele gute kostenlose Apps bereit. Wer wirklich professionelle Software mit vollem Funktionsumfang installieren möchte, kommt nicht umhin, von Zeit zu Zeit auch Apps zu kaufen. Dabei stellt sich die Frage, wie Sie an das Bezahlsystem von Google angebunden werden. Momentan stehen Ihnen folgende Wege zur Auswahl:

- Sie besitzen eine gültige Kreditkarte: Melden Sie sich zum Zweck der Bezahlung Ihrer Apps zunächst beim Google-Bezahlsystem *Google Payments* an, und geben Sie dort Ihre Kreditkartendaten ein. Wie das genau funktioniert, erfahren Sie in der Schrittanleitung ab Seite 189.

Eine App kaufen

- Etliche Mobilfunkprovider gestatten die Bezahlung für Einkäufe aus dem Play Store per Mobilfunkrechnung. Informieren Sie sich am besten im Internet darüber, ob das bei Ihrem speziellen Provider der Fall ist.
- Guthabenkarten für den Play Store gibt es bei einer Vielzahl von Lebensmitteldiscountern und Tankstellen zu kaufen. Das ist sicherlich der einfache, risikolose Weg, Apps aus dem Play Store zu erwerben. Auf der Rückseite der Karten befindet sich ein Rubbelcode, den Sie direkt im Play Store einlösen können.
- Und schließlich: Sie können auch mit PayPal bezahlen. Dazu müssen Sie lediglich über ein gültiges PayPal-Konto verfügen.

Am einfachsten gestaltet sich der Erwerb von Apps, wenn Sie über eine Guthabenkarte verfügen:

1. Rubbeln Sie das Feld auf der Rückseite der Karte frei. Unter dem Feld befindet sich ein Code. Verwenden Sie dazu am besten Ihren Daumennagel und keine scharfkantigen Gegenstände.

2. Starten Sie die Play-Store-App, und wählen Sie aus dem Seitenmenü den Punkt **Einlösen** ❶.

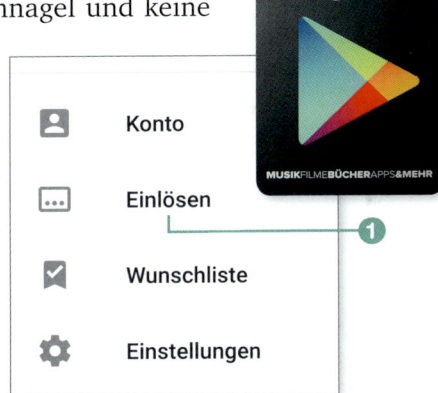

3. Geben Sie in das nun erscheinende Feld den Code Ihrer Karte ein ❷. Leerzeichen zwischen Feldern müssen nicht eingegeben werden. Tippen Sie schließlich auf die Schaltfläche **Einlösen** ❸.

4. Bestätigen Sie nun das Konto, dem das Guthaben zugeordnet werden soll, mit der entsprechenden Schaltfläche (❹ auf Seite 188).

Kapitel 8 – Apps installieren und verwalten

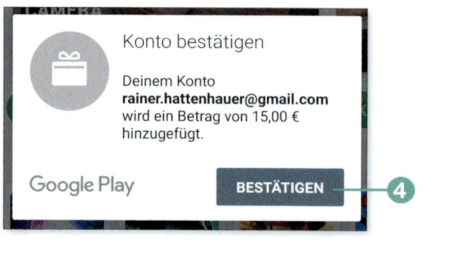 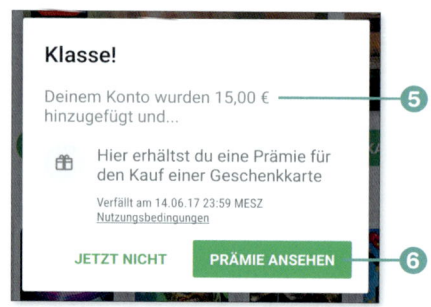

5. Es erscheint schließlich eine Meldung, dass Ihr Konto erfolgreich aufgefüllt wurde ❺. Durch Betätigen der dann erscheinenden Schaltfläche **Einkaufen** gelangen Sie wieder in den Play Store und können Ihre Einkaufstour starten. Von Zeit zu Zeit erhalten Sie auch Prämien in Form von kostenlosen Apps oder Spielen, welche Sie über die Schaltfläche **Prämie ansehen** ❻ einlösen können.

Zentral für die Verwaltung Ihrer Zahlungsmittel ist das *Google Payments*-Konto (früher: *Google Wallet*). Dort können Sie auch Ihr aktuelles Guthaben abrufen. Innerhalb der Play-Store-App gelangen Sie auf folgende Weise zu Google Payments: Wählen Sie im Menü der Play-Store-App den Punkt **Konto** aus. Hier finden Sie zunächst einen Überblick über alle Bereiche, die mit Ihrem Google-Payments-Konto in Verbindung stehen. Folgende Bereiche sind anwählbar:

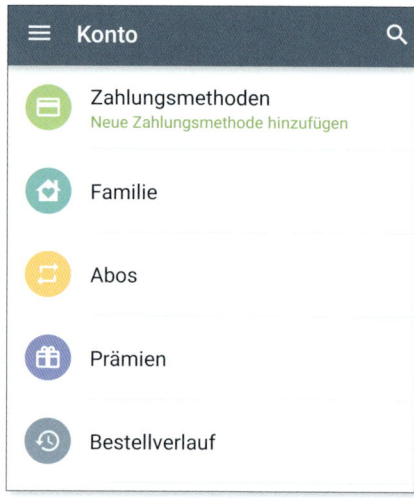 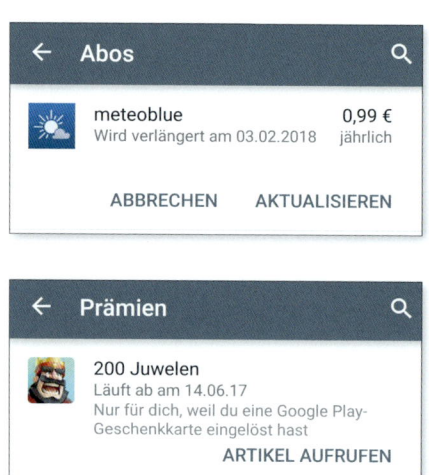

- **Zahlungsmethoden**: Hier (siehe die Abbildung unten) erfahren Sie, wie hoch Ihr Play-Store-Guthaben ist, das Sie zuvor mit Wertkarten aufgefüllt haben. Außerdem lassen sich hier weitere Zahlungsmittel (Kreditkarte, PayPal-Konto) hinterlegen.
- **Familie**: In diesem Bereich können Sie sich für die Familienmediathek registrieren, um geliehene oder gekaufte Filme bzw. Musik auf unterschiedlichen Geräten zu schauen.
- **Abos**: Listet die mit Ihrem Konto verknüpften Abonnements auf. Diese können Sie an dieser Stelle auch jederzeit kündigen.
- **Prämien**: Hier tauchen die Prämien auf, welche Sie beim Erwerb einer Play-Store-Karte erhalten und noch nicht eingelöst haben.
- **Bestellverlauf**: Gibt einen Überblick über die Bestellungen, die Sie bislang im Play Store getätigt haben.

1. Wechseln Sie in den Bereich **Zahlungsmethoden**. Hier finden Sie, wie gesagt, alle bislang definierten Zahlungsmittel sowie Ihr Play-Store-Guthaben.

2. Im Unterbereich **Zahlungsmethode hinzufügen** ❶ können Sie auch neue Zahlungsmittel festlegen. Der Link **Mehr Zahlungseinstellungen** ❷ führt Sie zu Ihrem Google-Payments-Bereich im Internet. Hier finden Sie erweiterte Möglichkeiten zur Regelung des Zahlungsverkehrs. Die gleiche Seite erreichen Sie übrigens am PC via Browser unter der Adresse *https://payments.google.com*.

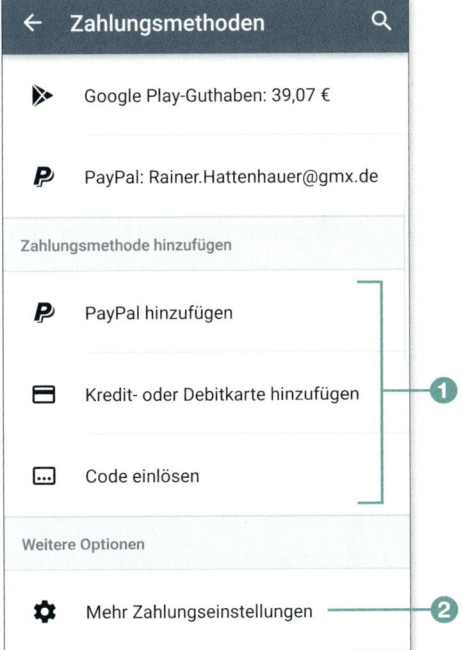

Kapitel 8 – Apps installieren und verwalten

Der eigentliche Kauf einer App ist ziemlich unspektakulär:

1. Suchen Sie sich eine kostenpflichtige App im Play Store aus, und tippen Sie auf ihr Preisschild ❶.

2. Akzeptieren Sie die von der App ggf. eingeforderten Rechte per Schaltfläche **Akzeptieren**.

3. Fahren Sie fort, indem Sie den Button **Kaufen** ❷ antippen. Sollte die App sehr groß sein, dann erhalten Sie diesbezüglich eine Warnmeldung. Unter Umständen werden Sie für den Abschluss des Kaufs nach Ihrem Play-Store-Passwort oder der Eingabe Ihres Fingerabdrucks über den Sensor gefragt. Legitimieren Sie sich, und tippen Sie anschließend auf die Schaltfläche **Bestätigen** ❸. Wenn Sie möchten, können Sie an dieser Stelle auch die Option aktivieren, die zukünftige Einkäufe per Fingerabdruck ermöglicht ❹.

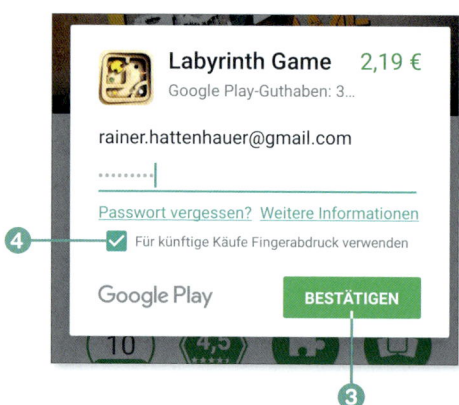
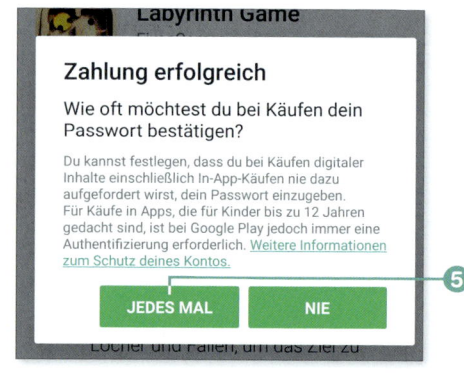

Keine Sorge, falls Sie es sich doch noch einmal anders überlegen sollten – auch der Kauf einer App kann ggf. rückgängig gemacht werden (siehe dazu den Kasten »Umtausch nicht ausgeschlossen« auf dieser Seite).

4. Nach dem Kauf werden Sie schließlich noch gefragt, ob Sie in Zukunft stets Ihr Passwort für einen Kauf eingeben wollen. Das sollten Sie auf jeden Fall bestätigen ❺.

Damit hätten Sie nun Ihre erste App gekauft. Und wenn Ihnen diese nicht gefällt?

TIPP

Umtausch nicht ausgeschlossen

Sie können eine App bei Nichtgefallen innerhalb von zwei Stunden im Play Store wieder zurückgeben, ohne dass Ihr Konto belastet wird. Dazu rufen Sie die App im Play Store erneut auf und tippen auf die Schaltfläche **Erstatten** ❻. Neuerdings funktioniert die Rückerstattung übrigens auch, wenn Sie die App direkt nach einer kurzen Testphase (diese kann bis zu zwei Stunden betragen) deinstallieren – allerdings nur, wenn Sie die App nicht per PayPal bezahlt haben.

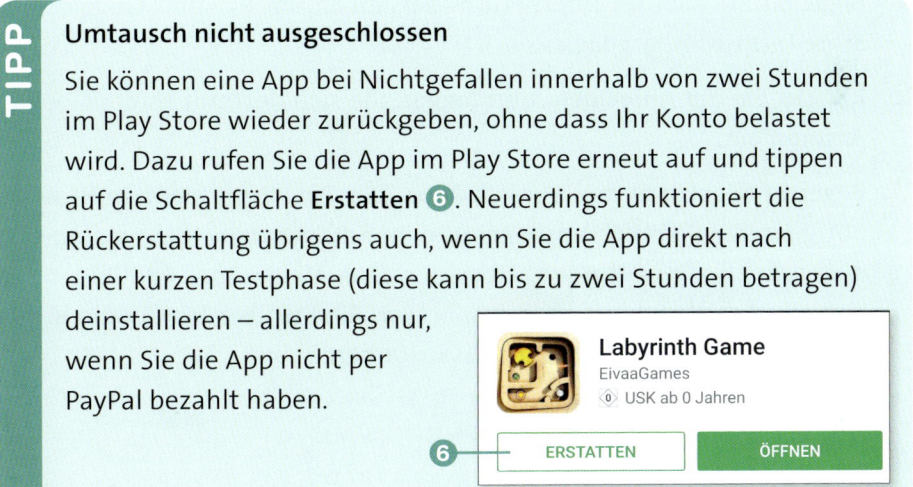

Eine App erneut installieren

Das Schöne an Apps, die Sie im Play Store erworben haben, ist die Tatsache, dass Sie sie nicht verlieren können. Sie können sie immer wieder neu installieren, z. B. wenn Sie ein neues Smartphone kaufen oder Ihr S8 kaputtgeht. Dann können Sie aus Ihrem Google-Konto alle gekauften Apps wieder aufspielen. Voraussetzung ist, dass Ihr Smartphone dabei mit dem Google-Konto verknüpft ist, mit dem Sie die entsprechende App erworben haben.

Kapitel 8 – Apps installieren und verwalten

> **TIPP**
>
> **Einmal kaufen – vielfach nutzen**
>
> Apps, die Sie einmal erworben haben, können Sie auf beliebig vielen Android-Geräten nutzen – vorausgesetzt, diese sind mit demselben Google-Konto verknüpft.

Sie müssen eine App noch nicht einmal direkt auf Ihrem Smartphone installieren. Sie können sich auch Apps bequem per Browser auf Ihrem PC aussuchen und sie sozusagen ferngesteuert auf Ihrem S8 installieren.

1. Begeben Sie sich im Internetbrowser auf Ihrem PC zum Google Play Store (*https://play.google.com*).

2. Klicken Sie auf **Anmelden**, und loggen Sie sich dort mit Ihrem Google-Account ein.

3. Begeben Sie sich in den Bereich **Apps**. Der Play Store sieht im Browser übrigens ganz ähnlich aus wie auf dem Smartphone – Sie werden sich dort schnell zurechtfinden. Über den Link **Meine Apps** ❶ können Sie sich alle Anwendungen anzeigen lassen, die Sie über Ihr Google-Konto auf Ihren Android-Geräten bereits installiert haben.

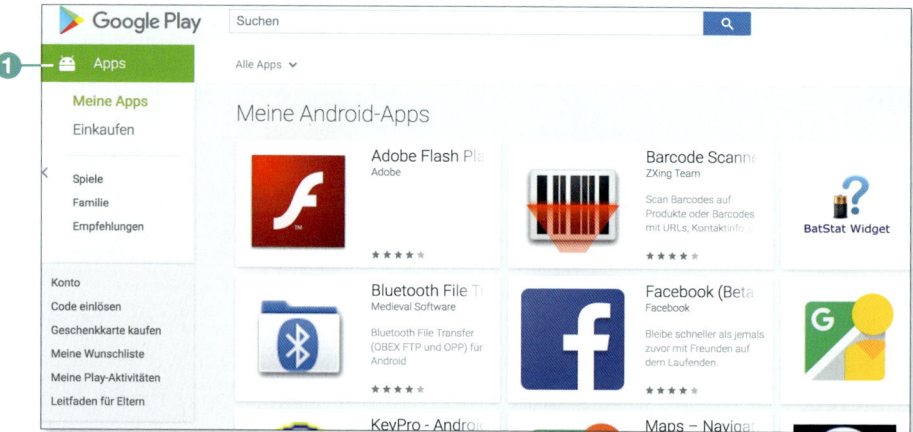

4. Halten Sie über die Suchfunktion am oberen Rand nach einer App Ausschau, die Sie gern erneut installieren möchten. Sind Sie fündig geworden, so bereiten Sie im PC-Browser die Installation auf dem Smartphone vor, indem Sie auf die Schaltfläche **Installiert** ❷ klicken.

Eine App erneut installieren

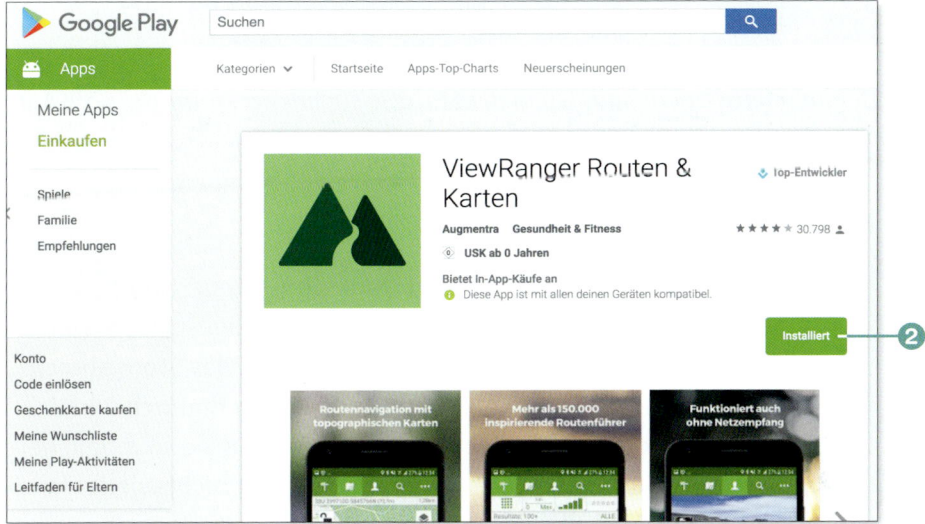

5. Sollten Sie mehrere Android-Geräte ❸ besitzen, so können Sie nun aus der erscheinenden Liste auswählen, auf welchem Ihrer Geräte die App installiert werden soll.

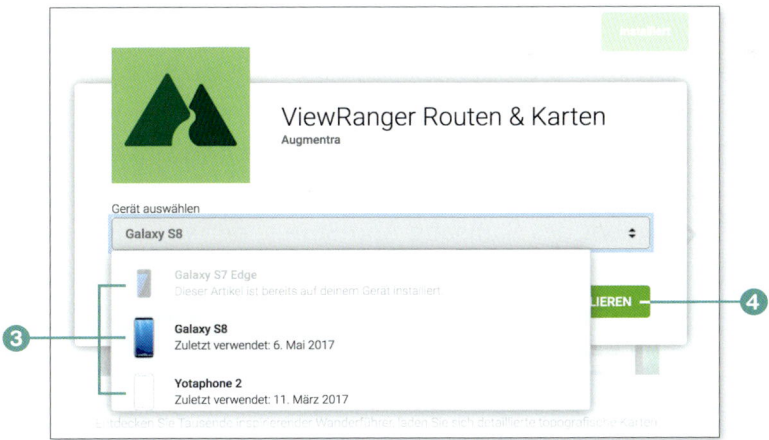

Durch Betätigen der Schaltfläche **Installieren** ❹ landet die App auf Ihrem Smartphone, vorausgesetzt, dieses ist mit dem Internet verbunden. Das beschriebene Verfahren zur Installation bereits gekaufter Apps funktioniert natürlich auch im Play Store auf Ihrem Smartphone. Alle zuvor installierten Apps finden Sie im Menü im Bereich **Sammlung** (siehe dazu Seite 180).

Kapitel 8 – Apps installieren und verwalten

Der animierte Downloadpfeil in der Statusleiste links zeigt an, dass die App installiert wird.

> **TIPP**
>
> **Vorsicht vor In-App-Bezahlung!**
> Eine vermeintlich kostenlose App kann schnell teuer werden. In einigen Apps können Funktionen nachträglich freigeschaltet werden, wenn Sie diese per In-App-Bezahlung über den Play Store abrechnen. Hier müssen Sie sorgfältig abwägen, ob Sie dadurch wirklich einen Mehrwert erhalten. Ebenso schnell kaufen Sie so möglicherweise überteuerte Abos, aus denen Sie so leicht nicht wieder herauskommen.

Apps außerhalb von Google Play kaufen

Es gibt zur Installation von Android-Apps jenseits von Google Play einige Alternativen. Diese sind jedoch oft mit Risiken verbunden, da Sie nie genau wissen, ob die Apps in den Fremd-Stores ebenso gründlich wie im Play Store auf Viren und Trojaner überprüft werden. Ich beschränke mich daher im Folgenden auf das Angebot des Samsung-App-Stores, der sicherheitstechnisch unbedenklich ist und Apps anbietet, die speziell auf Samsung-Geräte zugeschnitten sind. Voraussetzung dafür ist, dass Sie das Gerät mit einem Samsung-Konto verknüpft haben.

1. Starten Sie die App **Galaxy Apps**. Diese befindet sich im *Samsung*-Ordner im App-Menü.

2. Im Bereich **Exklusiv** finden Sie die *Galaxy Essentials*, Apps für das *Dock DeX* oder Apps *Made For Samsung* – das sind Sammlungen von sehr nützlichen, in der Regel kostenlosen Apps.

3. Installieren Sie z. B. einmal die App *Kindle für Samsung*. Die Installation erfolgt hier in ähnlicher Weise wie in Googles Play Store. Per App erhal-

ten Sie über das Programm *Samsung Deals* ein kostenloses E-Book pro Monat aus Amazons Kindle Shop. Zur Installation tippen Sie die App in der Übersicht an und folgen der Anleitung.

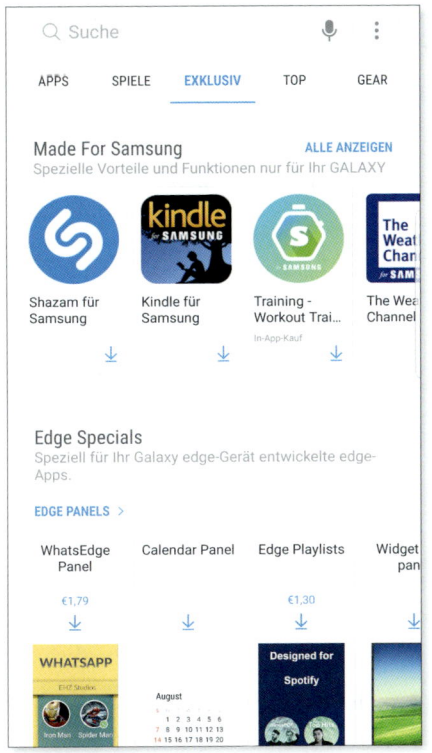

Stöbern Sie ruhig einmal durch den Galaxy-App-Store, Sie werden dort sicher einige interessante Apps entdecken.

Apps löschen oder zurücksetzen

Je mehr Anwendungen Sie auf Ihrem Smartphone installieren, desto größer ist die Gefahr, dass permanent laufende Hintergrunddienste Ihr Gerät ausbremsen. Von Zeit zu Zeit kann es daher notwendig sein, Ihr S8 von überflüssigen, weil nicht genutzten Apps zu befreien. Am schnellsten geht das folgendermaßen:

Kapitel 8 – Apps installieren und verwalten

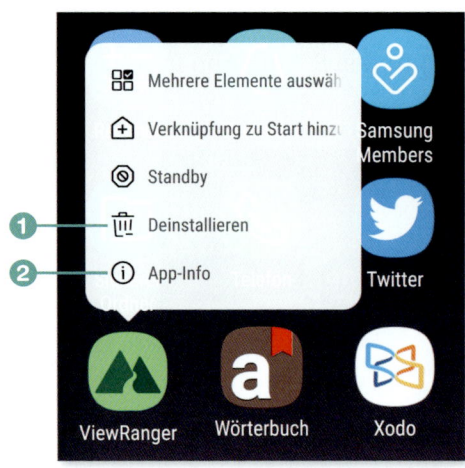

1. Begeben Sie sich ins App-Menü (siehe den Abschnitt »Der App-Launcher und das App-Menü« ab Seite 40), und suchen Sie sich dort eine App aus, die Sie deinstallieren möchten.

2. Halten Sie den Finger auf der App gedrückt, und tippen Sie auf den Kontextmenüeintrag **Deinstallieren** ❶.

Leider lässt diese Methode oft Dateileichen zurück. Zum rückstandsfreien Löschen einer App gehen Sie folgendermaßen vor:

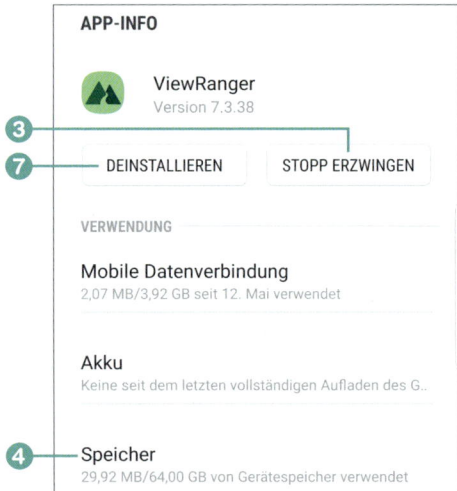

1. Tippen Sie erneut länger auf das App-Symbol, und wählen Sie nun den Kontextmenüpunkt **App-Info** ❷.

2. Stoppen Sie die App zunächst über die Schaltfläche **Stopp erzwingen** ❸.

3. Tippen Sie nun auf **Speicher** ❹. Im folgenden Menü wählen Sie die Punkte **Cache leeren** ❺ und **Daten löschen** ❻. Daraufhin werden sämtliche von der App gespeicherten Daten aus dem (Permanent-)Speicher des Smartphones gelöscht.

   Diese Verfahrensweise bietet sich übrigens auch dann an, wenn eine App nicht mehr so läuft, wie sie sollte, und Sie sie von Grund auf neu konfigurieren möchten.

4. Zum Löschen der App tippen Sie schließlich auf **Deinstallieren** ❼.

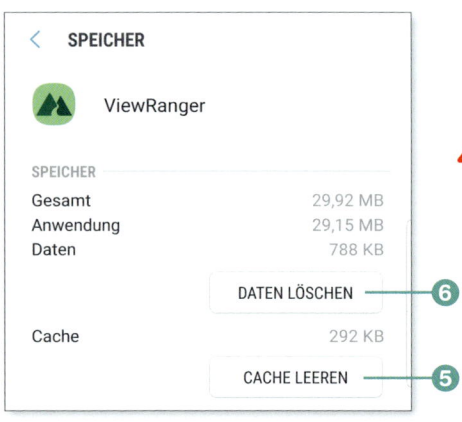

Kapitel 9
Fotografieren mit dem S8

Der Markt der Kompaktkameras schrumpft stark. Kein Wunder – ersetzen doch die modernen Smartphones die früher allgegenwärtigen Immerdabei-Knipsen. Ihr Samsung Galaxy S8 ist mit einer modernen 12-Megapixel-Kamera nebst ultraschnellem Autofokus ausgestattet, die bei guten Lichtverhältnissen sogar den Vergleich mit einer teuren und schweren Spiegelreflexausrüstung nicht zu scheuen braucht. Bei schwierigen Lichtverhältnissen, insbesondere auch in der Nacht, sorgen der eingebaute Bildstabilisator und die lichtstarke Blende-1,7-Optik dafür, dass Ihre Aufnahmen in bestem Licht erscheinen und nicht verwackelt sind. Die Frontkamera hat Samsung beim S8 gegenüber dem Vorgänger S7 deutlich verbessert: Diese verfügt nun über eine Auflösung von 8 Megapixeln, was sich bei Selfies deutlich bemerkbar macht. Auch softwaretechnisch hat sich einiges getan: Immer dann, wenn Sie auf den Auslöser drücken, werden stets drei Aufnahmen gemacht. Der leistungsfähige Bildprozessor errechnet daraus eine Aufnahme, welche eine optimale Ausleuchtung und Schärfe aufweist – Samsung nennt diese Technik *Multi-Frame-Processing*. In diesem Kapitel erfahren Sie, wie Sie das Optimum aus der vorhandenen Hardware herausholen und mit Ihrem Galaxy S8 gute Fotos erstellen.

Ein erstes Foto machen

Der Weg zur Kamerafunktion führt über die *Kamera*-App, die auf dem S8 von Hause aus installiert ist und die Sie sowohl im App-Menü als auch in der Fix-Icon-Leiste am unteren Bildschirmrand finden. Für die folgenden

praktischen Übungen empfiehlt es sich, ein Icon für den Schnellzugriff auf einem Home-Bildschirm oder in der Schnellstartleiste am unteren Bildschirmrand abzulegen, falls Sie nicht mit der Oberfläche in der Standardkonfiguration arbeiten.

Sollten Sie nicht mehr genau wissen, wie Sie eine App auf einen Home-Bildschirm ablegen, lesen Sie noch einmal im Abschnitt »Die Oberfläche selbst einrichten« ab Seite 38 nach.

> **TIPP**
>
> **Kamera-Schnellstart**
>
> Um die Kamerafunktion auf Ihrem S8 blitzschnell zu aktivieren, genügt es, in der Standardeinstellung zweimal schnell hintereinander auf den Ein-/Aus-Knopf zu drücken – beim S7 lag die Schnellstartfunktion noch auf dem Home-Button, den es ja beim S8 in der alten Form nicht mehr gibt. Die Kamera-App startet daraufhin im Vollautomatik-Modus. Dieses Verfahren bietet sich für Schnappschüsse an. Sollte diese Option bei Ihnen nicht aktiviert sein: Sie finden sie in den Einstellungen der Kamera-App (siehe den Abschnitt »Die Kamera einrichten« ab Seite 204).

1. Tippen Sie das Icon der Kamera-App an, um die integrierte Kamera zu starten. Alternativ: Drücken Sie zweimal kurz hintereinander auf den Ein-/Aus-Knopf.

2. Beim ersten Start der Kamera-App erläutert Ihnen ein Assistent die wichtigsten Funktionen. Tippen Sie auf die Schaltfläche **OK**, und Sie können loslegen.

3. Es erscheint nun der *Vorschaubildschirm*. Wählen Sie einen geeigneten Bildausschnitt, indem Sie Ihr Smartphone bewegen.

4. Tippen Sie schließlich kurz auf den Auslöser ❶, und das Bild wird auch schon geschossen.

Ein erstes Foto machen

Einfach, nicht wahr? Fokussierung, Belichtungssteuerung, Weißabgleich, Bildstabilisierung – all das übernimmt Ihr S8 vollautomatisch. Sie möchten mehr Kontrolle, z. B. wollen Sie selbst bestimmen, welches Objekt in der Szene fokussiert werden soll?

5. Tippen Sie zur manuellen Fokussierung mit dem Finger länger auf das Objekt im Bild, das Sie scharf stellen möchten. Daraufhin erscheint nach kurzer Zeit ein gelber Kreis mit der Beschriftung **AF/AE-Sperre** ❷ (AF = *AutoFokus*, AE = *AutoExposure*, d. h. automatische Belichtungszeit) – ein Indiz dafür, dass das

Objekt nun auf die entsprechende Stelle fokussiert. Wenn Sie nun den gedrückten Finger auf einen anderen Bereich im Bild ziehen, wird die Belichtung auf diese Stelle angepasst. Sie können somit Fokussierung und Belichtung trennen.

6. Tippen Sie anschließend auf den Auslöser, und das Foto wird auch schon geschossen.

Und wie vergrößern Sie den Bildausschnitt? Dazu haben Sie zwei Möglichkeiten:

Möglichkeit 1: Verwenden Sie die *Pinch to Zoom*-Geste. Sie spreizen dafür Ihre Finger wie gewohnt auf dem Display. Daraufhin wird der Bildausschnitt vergrößert, und der Vergrößerungsmaßstab erscheint an der rechten Seite ❸.

Möglichkeit 2: Sie lassen den Finger auf dem Auslöser und ziehen diesen nach oben bzw. unten. Auch dadurch wird das Objekt heran- bzw. weggezoomt.

Bedenken Sie aber, dass dadurch infolge der starren Optik Ihres Smartphones die Bildqualität leidet. Besser ist es hier oft, den gewünschten Bildausschnitt erst am heimischen PC aus einer Originalaufnahme zu wählen.

Damit wären Sie schon gut gerüstet, um die ersten Schnappschüsse aufzunehmen. Möchten Sie sich Ihre Fotos anschauen, so wechseln Sie durch Antippen des Miniaturbilds in der rechten oberen Displayecke ❹ in die Vorschau. Es handelt sich dabei um eine Abkürzung zur *Galerie*-App, mit der wir uns später noch ausführlicher beschäftigen werden.

Hier können Sie alle Ihre Aufnahmen direkt nach der Anfertigung ansehen. Durch seitliches Hin- und Herwischen können Sie zwischen den letzten Bildern wechseln. Sie verlassen die Galerie wieder per Zurück-Taste.

Die Bilder und Videos, die in der Galerie erscheinen, können sich sowohl lokal auf dem Smartphone als auch auf Ihrem Facebook-, WhatsApp- oder Google+-Konto befinden, mehr dazu, wie gesagt, später.

Die Kamera-App kennenlernen

Gerade Anfänger werden von den enormen Möglichkeiten, die ihnen die Kamera-App bietet, erschlagen sein. Daher stelle ich Ihnen nachfolgend Schritt für Schritt die verschiedenen Möglichkeiten vor. Auf dem Vorschau-

Die Kamera-App kennenlernen

bildschirm, in den Sie direkt nach dem Start der App gelangen, sehen Sie eine Menge Elemente, wobei sich die folgende Abbildung auf die Standardkonfiguration der Kamera-App bezieht. Sollten Sie in der App schon einiges ausprobiert haben, so lesen Sie im Kasten »Zurück auf Los« auf Seite 204, wie Sie wieder zur Standardkonfiguration gelangen.

Wozu sind nun all diese Schaltflächen und Anzeigen gut? Folgendes können Sie damit tun:

1 in die Einstellungen der Kamera-App wechseln
2 den LED-Blitz aktivieren bzw. deaktivieren oder die Blitzautomatik verwenden
3 den HDR-Modus aktivieren (Damit erstellen Sie Aufnahmen mit einem breiten Kontrastspektrum.)
4 zwischen Rück- und Frontkamera wechseln
5 Sticker für Selfies überlagern
6 Hautton anpassen (bietet sich bei Selfies an)
7 Zugang zu *Bixby Vision* (Fotografierte Objekte werden, eine Onlineverbindung vorausgesetzt, erkannt, und es werden Informationen dazu präsentiert.)

Kapitel 9 – Fotografieren mit dem S8

❽ zur Vorschau in die Galerie-App wechseln

❾ den Fotokameraauslöser betätigen (Ein längerer Druck mit Verschiebung nach oben bzw. unten zoomt das Objekt, ein längerer Druck ohne Verschiebung erstellt eine Serienaufnahme.)

❿ in den Videomodus wechseln bzw. ein Video sofort aufzeichnen

Die für Ihre Fotos zur Verfügung stehenden Effekte erreichen Sie beim S8, indem Sie auf dem Display nach links wischen. In den Modus-Bereich gelangen Sie per Wischbewegung nach rechts.

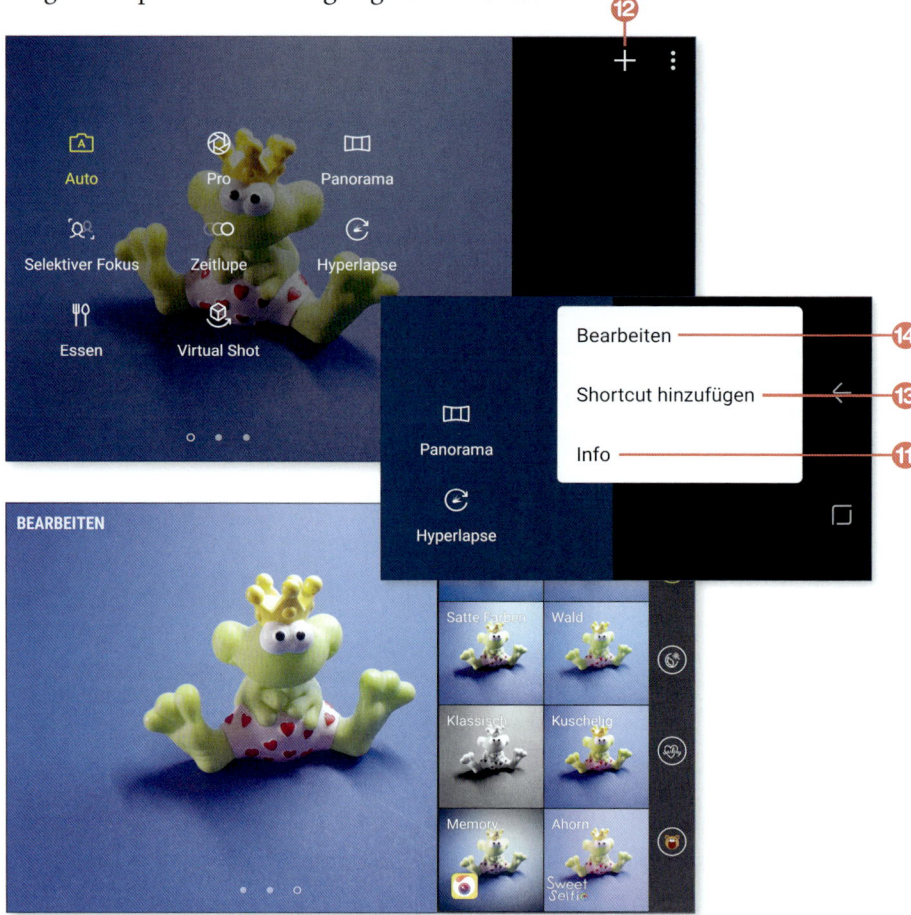

In den Modus- bzw. Effektbereich gelangen Sie per Wischbewegung.

Die Kamera-App kennenlernen

Im Modus-Bereich erhalten Sie Zugang zu weiteren interessanten Funktionen. Diese werden Ihnen erläutert, wenn Sie im In-App-Menü (die drei übereinanderliegenden Punkte) den Menüpunkt **Info** 11 antippen. Außerdem haben Sie die Möglichkeit, über die **+**-Schaltfläche 12 weitere Effekte für das Fotografieren auf Ihrem S8 zu ergänzen. Per Schaltfläche **Shortcut hinzufügen** 13 können Sie Schnellschaltflächen für bestimmte Kameramodi auf einem Home-Bildschirm ablegen. Über den Punkt **Bearbeiten** 14 lassen sich die verschiedenen Modi umordnen.

Nun ist es aber an der Zeit für einige Übungen mit Ihrem neuen tollen Immer-dabei-Kamerasystem:

Nehmen Sie z. B. ein Selbstporträt (im Internetjargon auch *Selfie* genannt) auf, indem Sie von der rückwärtigen Kamera zur Frontkamera wechseln (siehe 4 auf Seite 201). In diesem Modus wird die Frontkamera verwendet. Ein interessantes Feature dabei ist: Zur Auslösung des Selbstporträts können Sie einfach den Zeigefinger auf den Pulssensor legen, der sich auf der Rückseite des Smartphones befindet, dadurch können Sie ein Selfie mit nur einer Hand erstellen. Eine weitere Alternative zum Anstoßen eines Selfies besteht darin, eine Hand vor der Frontkamera zu heben. Dadurch erscheint ein Timer, der nach einer gewissen Vorlaufzeit automatisch eine Aufnahme anfertigt.

Mit den neuen Stickern in der Fotos-App können Sie sich beim Anfertigen eines Selfies hervorragend zum Affen oder Elch machen.

Kapitel 9 – Fotografieren mit dem S8

> **TIPP**
>
> **Zurück auf Los**
>
> Sollten Sie die Kamera-App durch einige Experimente einmal komplett verkonfiguriert haben, keine Angst: Es gibt einen einfachen Weg zurück. Begeben Sie sich durch Antippen des Zahnradsymbols in die Einstellungen der Kamera-App, und wählen Sie dort den Menüpunkt **Einstellungen zurücksetzen** aus. Bestätigen Sie mit **Zurücksetzen**, erscheint die Kamera-App wieder im jungfräulichen Gewand.

Die Kamera einrichten

Sehen Sie sich nun einmal im Optionsmenü der Kamera-App um. Dieses erreichen Sie durch Betätigen der Zahnrad-Schaltfläche ❶.

Im Optionsmenü haben Sie Zugang zu folgenden Kameraeinstellungen:

Bereich **Hintere Kamera**:

- **Bildgröße**: Auflösung der hinteren Kamera einstellen. Möglichkeit, im Pro-Modus Bilder im RAW-Format zu speichern.
- Videoauflösung der hinteren Kamera einstellen (**Videogröße**)
- **Verfolgungs-AF**: ein bewegtes Objekt fokussieren und während der Bewegung verfolgen
- **Formkorrektur**: Korrigiert automatisch Verzerrungen im Bild, z. B. stürzende Linien bei Hochhäusern.
- **Timer**: Vorlaufzeit für den Selbstauslöser (hintere Kamera) einstellen

Bereich **Vordere Kamera**:

- **Bildgröße**: Auflösung der vorderen Kamera einstellen
- Videoauflösung der vorderen Kamera einstellen (**Videogröße**)

Die Kamera einrichten

- **Bilder wie angezeigt speichern**: Bilder werden bei dieser Option nicht wie üblich spiegelverkehrt gespeichert.
- **Auslöser**: Einstellen alternativer Auslösemethoden für Selfies (Tippen mit dem Finger auf den Bildschirm, Zeigen der Handfläche, Berühren des Pulssensors)
- **Timer**: Vorlaufzeit für den Selbstauslöser (vordere Kamera) einstellen

Bereich **Allgemein**:

- **Bewegungsaufnahme**: Damit nehmen Sie bereits ein Video von drei Sekunden Länge vor der eigentlichen Aufnahme auf. Sie können dann im Nachhinein entscheiden, welches Standbild Sie behalten möchten.
- **Videostabilisierung** aktivieren bzw. deaktivieren
- **Raster** in das Bild einblenden
- **Geotagging**: Jede Aufnahme wird mit geografischen Koordinaten versehen.
- **Bilder direkt anzeigen**: Ein Bild wird nach Aufzeichnung noch einmal kurz angezeigt.
- **Schnellstart**: Die Kamera wird (auch aus dem Standby) durch zweimaliges Drücken der Home-Taste aktiviert.
- **Speicherort**: Dieser Menüpunkt erscheint nur, wenn eine externe SD-Speicherkarte eingelegt wurde. Damit legen Sie fest, ob Bilder im internen oder externen Speicher abgelegt werden (siehe dazu den Kasten »Fotos auf externer SD-Karte speichern« auf Seite 206).
- **Sprachsteuerung**: Hier können Sie die Sprachsteuerung für eine Aufnahme aktivieren. Dann lösen Sie die Aufnahme durch ein Kommando aus (»Bitte lächeln«, »Klick« bzw. »Aufnahme«).
- **Schwebende Kamera-Schaltfläche**: Es erscheint eine zusätzliche Kamera-Schaltfläche, die Sie auf dem Bildschirm beliebig positionieren können.
- **Funktion der Lautstärketaste**: Die Taste kann neben ihrer Standardfunktion als Lautstärkeregler entweder als Auslöser, als Video-drehen-Funktion oder als Zoom dienen.
- **Einstellungen zurücksetzen**: Alle Funktionen der Kamera-App werden wieder auf Standardwerte zurückgesetzt.

Kapitel 9 – Fotografieren mit dem S8

> **INFO**
>
> **Fotos auf externer SD-Karte speichern**
>
> Auch wenn der interne Speicher Ihres S8 mit 64 Gigabyte recht großzügig bemessen ist, empfiehlt sich der Erwerb einer externen Speicherkarte. Die Fotos-App erkennt, wenn Sie eine derartige Karte ins Gerät eingelegt haben, und ändert sofort den Speicherort. Das schafft Platz im wertvollen internen Speicher. Bitte beachten Sie: Serienaufnahmen, die einen schnellen Speicherzugriff bedingen, werden prinzipiell im internen Speicher abgelegt.

Profis können beim S8 noch mehr auf ihre Kosten kommen. Wischen Sie dazu einmal auf dem Display nach rechts, und tippen Sie anschließend auf die Schaltfläche Pro ❶. Nun erscheinen weitere Optionen am rechten Bildrand mit folgender Bedeutung:

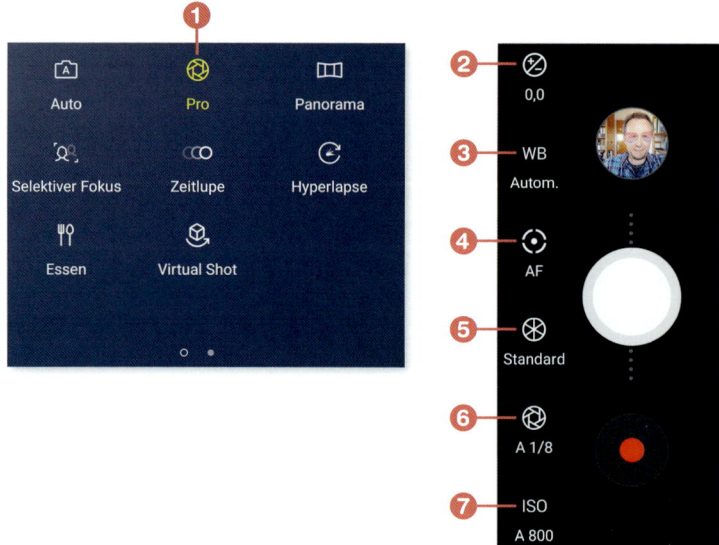

❷ manuelle Helligkeitskorrektur: Passen Sie die Belichtung manuell an.

❸ Weißabgleich: Passen Sie die Farbtemperatur der Aufnahmen dem Umgebungslicht an.

❹ Fokusmodus: Fokussieren Sie manuell per Regler vom Makrobereich bis hin zur Landschaftsaufnahme.

Die Kamera einrichten

5 interessante Farbeffekte für Aufnahmen

6 manuelle Auswahl der Verschlusszeit

7 ISO-Zahl automatisch bzw. selbst festlegen (Damit steuern Sie die Empfindlichkeit des Lichtsensors.)

> **TIPP**
>
> **Aufnahmen im RAW-Modus anfertigen**
>
> Profis schätzen das RAW-Format. Bei derartigen Aufnahmen wird das Bild exakt so gespeichert, wie es vom Kamerasensor registriert wird. Bei der Nachbearbeitung derartiger Bilder können Sie noch einiges an Helligkeit und Kontrast mit speziellen Programmen wie beispielsweise *Adobe Lightroom* oder *Photoshop* herausholen. Der Nachteil: Das Bildmaterial wird auf diese Weise nicht komprimiert und beansprucht überdurchschnittlich viel Speicherplatz (beim S8 ca. 20 Megabyte pro Aufnahme). Wenn Sie möchten, dass Ihre Aufnahmen sowohl im JPEG- als auch im RAW-Format abgespeichert werden, dann begeben Sie sich in die Einstellungen der Fotos-App zum Punkt **Bildgröße** (Hauptkamera) und aktivieren den Schalter **RAW-/JPEG-Dateien speichern**. Zusätzlich ist es erforderlich, dass Sie die entsprechende Aufnahme im **Pro**-Modus angefertigt haben. RAW-Aufnahmen landen stets im internen Speicher.

Puh, recht viele Funktionen, die Ihnen Ihr S8 da zumutet, oder? Keine Angst: Sie können sich hier Schritt für Schritt herantasten und alles peu à peu ausprobieren. Sollten Sie den Eindruck haben, dass Sie die Kamera komplett verstellt haben, dann hilft das Zurücksetzen mithilfe der gleichnamigen Option (siehe dazu auch den Kasten »Zurück auf Los« auf Seite 204). Danach ist alles wie vorher.

Meine persönliche Lieblingsfunktion ist übrigens die Sprachsteuerung. Probieren Sie es einmal aus:

1. Aktivieren Sie die **Sprachsteuerung** in den Einstellungen der App im Bereich **Allgemein**.

2. Stellen Sie sicher, dass die rückwärtige Kamera aktiviert ist, und drehen Sie Ihr S8 um, sodass Sie in die Kamera schauen.

3. Sagen Sie »Lächeln«, »Bitte lächeln«, »Aufnahme« oder schlicht und ergreifend »Klick«. Dadurch wird ein Selbstporträt in bester Auflösung mit der rückwärtigen Kamera geschossen.

Diese Methode eignet sich übrigens auch hervorragend, um bei schlechten Lichtverhältnissen verwacklungsfreie Bilder zu schießen. Fixieren Sie dazu einfach das Smartphone z. B. durch Anlehnen an ein Buch oder Ähnliches, und sprechen Sie das Kommando »Klick«. Sogar Videos lassen sich auf diese Weise berührungslos mit dem Kommando »Video aufnehmen« aufzeichnen.

Um den Blitz zu aktivieren, tippen Sie auf die **Blitz**-Schaltfläche und wählen die Automatikblitz- oder Permanentblitz-Option aus. In ähnlicher Weise aktivieren bzw. deaktivieren Sie auch die HDR-Funktion, mehr dazu später.

Den passenden Aufnahmemodus finden

Je nach Motiv oder Szene, welche Sie fotografieren möchten, bietet Ihnen die Kamera-App einen passenden Aufnahmemodus.

1. Wischen Sie auf dem Display nach rechts, um in den Bereich der Modi zu gelangen.

2. Wählen Sie den entsprechenden Aufnahmemodus im erscheinenden Menü aus.

Im Folgenden werde ich Ihnen einige häufig verwendete Modi und ihre Funktionsweise erläutern. Außerdem gebe ich Ihnen einige Tipps mit auf den Weg, sodass Sie mithilfe der einzelnen Programme noch mehr aus Ihren Bildern machen können.

Den passenden Aufnahmemodus finden

Wählen Sie den Modus **Auto** aus, so übernimmt die Kamera die Regie über die Belichtungseinstellungen. Sie müssen dann nur noch auf Ihr Motiv fokussieren und abdrücken. Dieser Modus bietet sich als Standard an und ist auch stets voreingestellt, wenn die Fotos-App neu gestartet wird.

Der **Pro**-Modus wurde weiter oben schon dargestellt: Hier haben Sie u. a. Zugang zur manuellen Fokussierung und Belichtungssteuerung.

Wenn Sie bei einer Szene noch nicht genau wissen, welches Objekt Sie in den Fokus setzen wollen, dann bietet sich die Option **Selektiver Fokus** an.

Erstellen Sie eine Aufnahme mit variablem Fokus:

1. Aktivieren Sie den Modus **Selektiver Fokus** durch Antippen.
2. Tippen Sie auf dem Bildschirm ein Objekt als Fokusreferenz ❶ an, und fertigen Sie die Aufnahme wie gewohnt an.
3. Wechseln Sie in die Galerie, und tippen Sie dort auf das Fokus-Symbol ❷ über dem soeben angefertigten Bild.

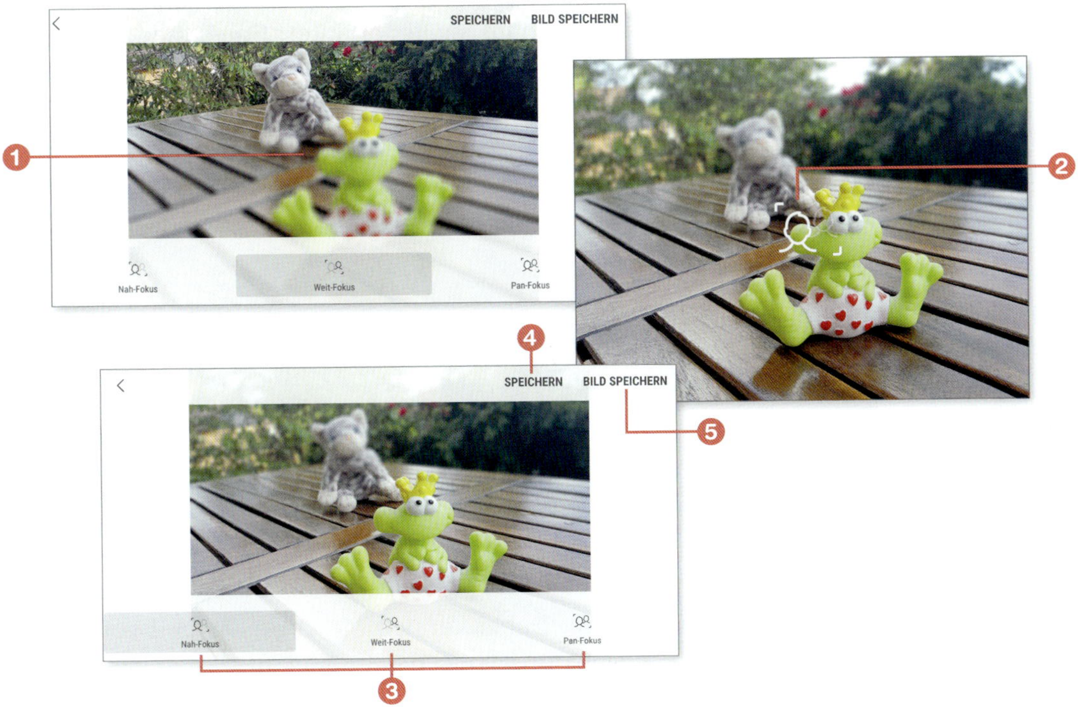

4. Tippen Sie nun die Schaltflächen **Nah-Fokus**, **Weit-Fokus** oder **Pan-Fokus** (❸ auf Seite 209) an, und beobachten Sie, wie sich dadurch der Fokus ändert. Beim Nah-Fokus werden im Vordergrund befindliche Objekte scharf gestellt, beim Weit-Fokus Objekte im Hintergrund, und der Pan-Fokus verwendet einen Mittelwert bezogen auf das gesamte Motiv.

5. Speichern Sie schließlich das gewünschte Bild über die Schaltfläche **Speichern** ❹ bzw. **Bild speichern** ❺ ab.

Der **Panorama**-Modus dient zum Anfertigen schöner breiter Panoramen und empfiehlt sich immer dann, wenn Ihr Objekt nicht vollständig im Display abgebildet wird. Das kann z. B. ein schönes Bergpanorama sein oder ein kleiner Rundgang durch Ihren Garten. Gehen Sie folgendermaßen vor, um ein Panorama zu erstellen:

1. Wählen Sie den Panorama-Modus aus.

2. Tippen Sie auf den Auslöser, und schwenken Sie Ihr Smartphone langsam von rechts nach links (oder umgekehrt), um die gesamte Szene zu erfassen. Ein kleines Infofeld im Sucher erläutert Ihnen hier zusätzlich, was zu tun ist.

3. Betätigen Sie schließlich die **Stopp**-Schaltfläche, und betrachten Sie das Panorama in der Galerie. Dabei können Sie sogar virtuell von rechts nach links und umgekehrt durch das Panorama fahren.

Den passenden Aufnahmemodus finden

Virtual Shot ist ein weiterer interessanter Foto-Modus, der über den Panorama-Modus noch hinausgeht. Damit können Sie eine Rundfahrt an einem Ort Ihrer Wahl in Szene setzen oder auch ein Objekt umkreisen. Der Virtual Shot geht im Gegensatz zum Panorama-Modus in alle Richtungen. Nach der Aufzeichnung können Sie dann das Objekt in der Galerie durch Drehen und Neigen Ihres Smartphones virtuell umrunden.

Freunde kulinarischer Genüsse werden den Modus **Essen** schätzen lernen. Ist dieser aktiviert, dann erscheinen Speisen in kräftigen, leuchtenden Farben, um Ihren Freund(inn)en den Mund wässrig zu machen.

Kommen wir zu einigen Modi, die nur im Videobetrieb nutzbar sind. Der Modus **Videocollage** bietet Ihnen die Möglichkeit, vier kleine Videosequenzen nacheinander aufzunehmen und diese anschließend in einem Rahmen abzuspielen. Eine interessante Option, wenn man einen Rundgang ansprechend in Szene setzen möchte.

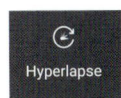

Der **Hyperlapse**-Modus ermöglicht das Erstellen von Zeitraffervideos. Damit erwecken Sie den Eindruck, das Geschehen liefe in höherer Geschwindigkeit ab. Die Bildfrequenz des Zeitraffers können Sie mithilfe einer Schaltfläche am Bildrand einstellen.

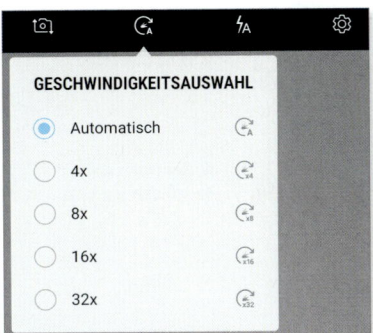

Genau das Gegenteil des Hyperlapse-Modus bewirkt der Modus **Zeitlupe**. Dieser ist ebenfalls nur im Videobetrieb nutzbar. Damit drehen Sie – wie unschwer zu vermuten ist – Videos im Zeitlupenformat.

Wenn Sie die Frontkamera Ihres Smartphones aktivieren, dann stehen Ihnen weitere Modi zur Verfügung, die insbesondere beim Erstellen von Selfies nützlich sind.

Kapitel 9 – Fotografieren mit dem S8

- **Selfie**: klassischer Modus zum Erstellen eines Selbstporträts
- **Gruppen-Selfie**: Breitbild-Modus, um eine ganze Gruppe auf das Bild zu bringen

Das ist aber noch lange nicht alles: Sie können weitere Modi in Form von App-Ergänzungen auf Ihr S8 laden. Dazu müssen Sie aber online sein:

1. Begeben Sie sich per Wischbewegung zu den Modi, und tippen Sie auf die **+**-Schaltfläche. Sie werden zum Galaxy-App-Store weitergeleitet, der (größtenteils kostenlose) Erweiterungen für die Galaxy-App *Fotos* anbietet.

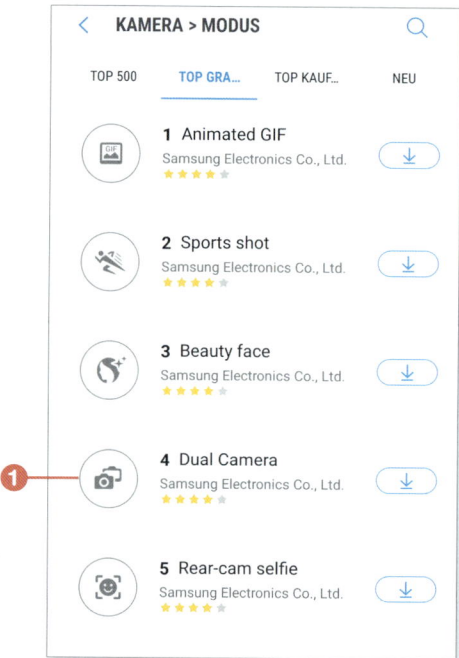

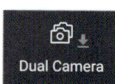

2. Suchen Sie sich einen interessanten Modus aus, und installieren Sie diesen über Galaxy Apps. Im Beispiel oben wurde der Modus **Dual Camera** ❶ ausgewählt. Damit können Sie sehr schöne Bild-in-Bild-Fotos erstellen.

Eine HDR-Aufnahme machen

3. Der Effekt taucht nach der Installation im Modus-Bereich auf und kann dort auch ausgewählt werden.

4. Nehmen Sie in diesem Modus simultan jeweils ein Bild mit der Rück- und Frontkamera auf, und wählen Sie über die Schaltfläche ❷ einen der angebotenen Filter bzw. Effekte aus, z. B. den Bild-in-Bild-Effekt.

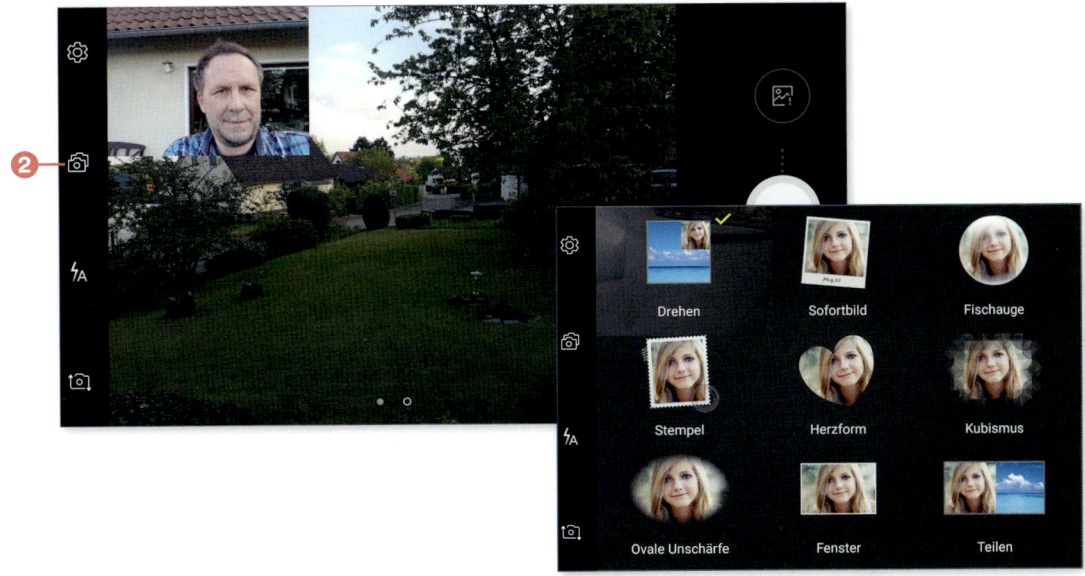

Eine HDR-Aufnahme machen

Die Option *HDR* ist mittlerweile zum Klassiker in der Fotografie geworden. Sie kennen vielleicht selbst die Situation, dass der Vordergrund vor einem Gebäude zu dunkel und der Rest zu hell ist. In diesem Modus haben Sie die Möglichkeit, starke Kontrastunterschiede innerhalb eines Motivs auszugleichen. HDR steht für *High Dynamic Range*, also einen hohen Dynamikumfang bzw. einen hohen Kontrast. HDR ist in der Kamera-App in Form einer Automatik voreingestellt. Von Zeit zu Zeit ist es aber wünschenswert, auch bei optimalen Lichtbedingungen den Kontrast im Motiv zu optimieren. Gehen Sie wie folgt vor, um eine manuelle HDR-Aufnahme anzufertigen:

1. Aktivieren Sie die **HDR**-Option durch Antippen der entsprechenden Schaltfläche. Diese ist im Normalfall auf **Auto-HDR** eingestellt, im vorliegenden Beispiel wähle ich aber die permanente Einstellung (**HDR**).

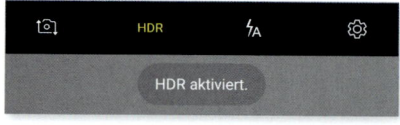

2. Im Idealfall platzieren Sie das Smartphone auf einer ruhigen Ablage, z. B. einem Tisch oder einer Mauer, und stützen es ggf. ab, etwa mit einem Buch oder einem anderen Gegenstand.

3. Fokussieren Sie das Motiv wie gewohnt, und betätigen Sie den Auslöser, oder besser: Lösen Sie die Aufnahme mit einem Sprachkommando aus.

4. Betrachten Sie das Ergebnis schließlich in der Galerie.

Eine typische Situation: Aus einem dunklen Raum wird nach außen fotografiert. Das linke Bild wurde ohne, das rechte mit HDR-Optimierung angefertigt. Dadurch erzielt man auch bei starken Kontrastunterschieden eine optimale Ausleuchtung.

Effekte anwenden

Zu den Spezialeffekten gelangen Sie per Wischbewegung nach links. Diese sind in vier Gruppen unterteilt:

Effekte anwenden

❶ **Farbeffekte (allgemein):** Wählen Sie für allgemeine Fotografie aus verschiedenen Farbeffekten den passenden aus.

❷ **Farbeffekte (Portrait):** Farbeffekte für Porträtfotografie

❸ **Schriftsticker:** Ergänzen Sie eine Aufnahme mit einem Schriftzug.

❹ **Tiermasken:** Überlagern Sie Aufnahmen mit lustigen Tiermasken (siehe auch Seite 203).

Die Effekte lassen sich bei Ihren Fotos bereits während der Aufnahme anwenden. Sehen Sie sich dazu einfach die Vorschaubilder an, und wählen Sie einen interessanten Effekt durch Antippen aus. Sie können den Effekt nach Anwendung jederzeit durch Antippen der Schaltfläche **Effekt entfernen** ❺ rückgängig machen. Die **+**-Schaltfläche ❻ ermöglich es Ihnen, weitere Effekte aus dem Galaxy-App-Store nachzuinstallieren. Mittels **Bearbeiten** ❼ ordnen Sie die Effektschaltflächen Ihren Wünschen gemäß an.

> **TIPP**
>
> **Effekte besser am PC nachbearbeiten**
>
> Obwohl die Echtzeitberechnung der Effekte auf dem S8 eine spektakuläre Geschichte ist, empfehle ich Ihnen, das Motiv »normal« abzulichten und ggf. später am PC mit einer gängigen Bildbearbeitung (Photoshop, GIMP) weiter zu bearbeiten. Hier haben Sie wesentlich mehr Einfluss darauf, wie Ihre Bilder am Ende aussehen werden, und obendrein behalten Sie die Originalaufnahme.

Fotos in der Galerie-App anzeigen

Sie haben nun schon eine Reihe ansprechender Aufnahmen gemacht und wollen sich diese anschauen. Hierzu verwenden Sie die Galerie-App. Sie können die App aus dem App-Menü oder direkt aus dem Vorschaubild der Kamera-App starten, indem Sie darauf tippen.

Im Gegensatz zu Google hält Samsung immer noch an der guten alten Android-Galerie-App fest. Darin finden Sie Ihre auf dem Smartphone gespeicherten Aufnahmen, aber auch ggf. die Bilder, die in der Samsung-Cloud gesichert wurden. Aber sehen Sie sich dort doch erst einmal um:

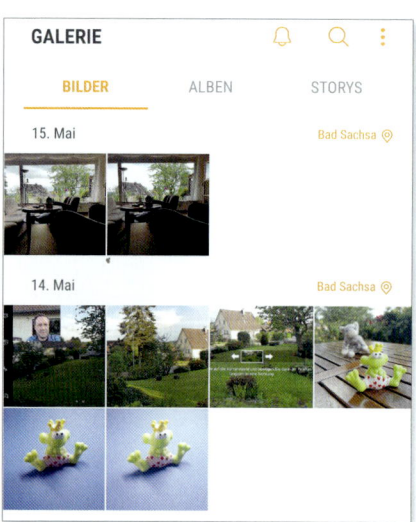
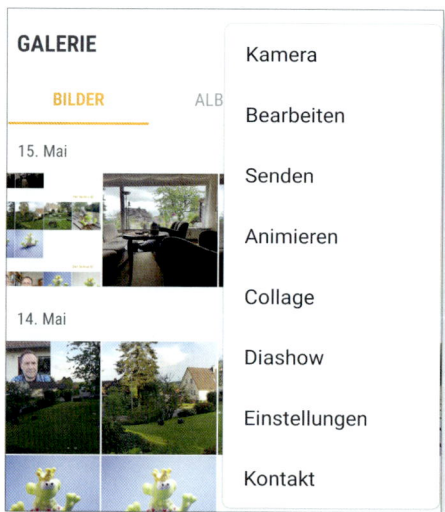

Zunächst erscheint eine Übersicht über alle lokal gespeicherten Fotos. Diese sind nach ihrem Aufnahmedatum geordnet. Es gibt noch zwei weitere Reiter. Im Bereich **Alben** können Sie Bilder zu Alben zusammenfassen, im Bereich **Storys** erstellt das System aus Ihren Aufnahmen kleine Bildergeschichten.

Im In-App-Menü haben Sie u. a. Zugang zur **Kamera** und gelangen in die **Einstellungen** der App. Über den Punkt **Bearbeiten** lassen sich mehrere Bilder auf einmal zum Löschen oder Versenden auswählen. Denselben Effekt erzielen Sie, wenn Sie ein Bild in der Übersicht länger antippen: Sie gelangen dadurch ebenfalls in den Bearbeitungsmodus.

Googles Fotos-App

Um Ihre Bilder auf dem ganzen Display bewundern zu können, tippen Sie einfach eines in der Übersicht an. Der Wechsel zum nächsten bzw. vorherigen Bild erfolgt durch Hin- und Herwischen.

Googles Fotos-App

Wesentlich vielseitiger als die Galerie-App und zudem auf die Bedürfnisse der Google-Cloud angepasst ist die Google-App *Fotos*.

1. Öffnen Sie die App durch Antippen des entsprechenden Symbols im *Google*-Ordner des App-Menüs. Beim ersten Start werden Sie zunächst aufgefordert, den Zugriff auf Ihre lokal gespeicherten Fotos zu gewähren sowie die Synchronisierung mit Ihrem Google-Konto zuzulassen. Diese Nachfrage sollten Sie durch Setzen des Schalters ❶, Auswahl des Kontos ❷ und Antippen der Schaltfläche **Fertig** ❸ bestätigen.

2. Achten Sie darauf, dass die Synchronisation mittels der Option **Nur über WLAN hochladen** erfolgt. Dies lässt sich nach Antippen von **Ändern** ❹ in den Einstellungen der App festlegen. Anderenfalls würde Ihr mobiles Datenvolumen unnötig beansprucht.

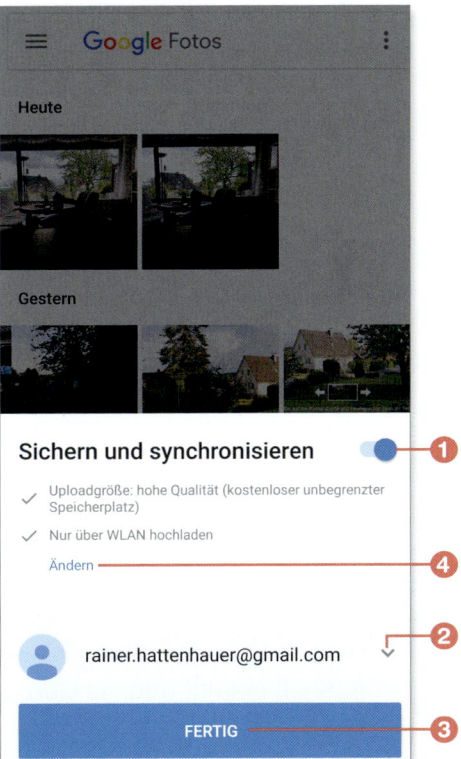

Bei bestehender WLAN-Verbindung werden nun sämtliche Fotos, die Sie lokal auf Ihrem Smartphone abgelegt haben, mit der Google-Cloud abgeglichen. Dabei erhalten Sie auch Zugriff auf andere Fotos und Alben, die Sie bereits in der Cloud abgelegt haben.

Auf diese können Sie mit allen Android-Geräten zugreifen, die mit Ihrem Konto verknüpft sind.

Die App ist unterteilt in die Bereiche **Assistent**, **Fotos** und **Alben**:

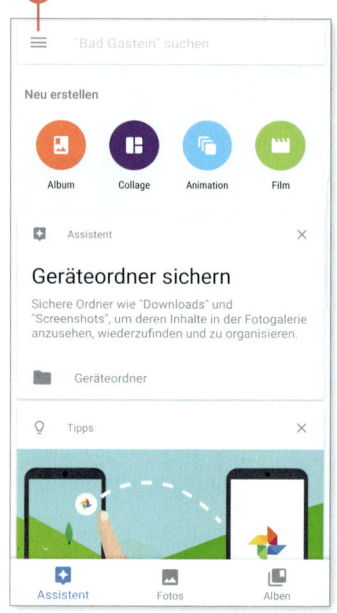  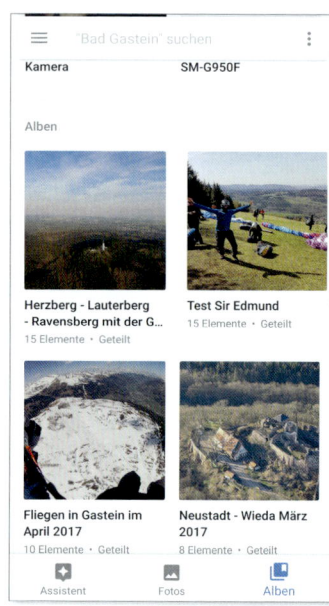

- **Assistent**: Diese Google-eigene Spezialität bietet etliche Hilfsprogramme an. Hier regeln Sie u. a. die Sicherung Ihrer Fotodateien, können sich aber auch vom Assistenten automatisierte Fotocollagen erstellen lassen.

- **Fotos**: Hier finden Sie sämtliche sowohl lokal als auch in der Google-Cloud abgespeicherten Fotos wieder.

- **Alben**: In diesem Bereich lassen sich Fotos zu Alben zusammenfassen. Diese erscheinen dann ebenfalls in Ihrer Google-Fotos-Cloud.

Das Hauptmenü der Fotos-App öffnen Sie per Menü-Schaltfläche ❺. Dieses umfasst u. a. folgende Bereiche:

- **Geteilt**: Hier befinden sich sämtliche Alben, die Sie im Google-Fotos-Bereich erstellt und via Google+ oder einen Link geteilt haben.

- **Geräteordner**: Zeigt nur die Bilder an, die sich lokal auf Ihrem Gerät befinden.

Googles Fotos-App

- **Papierkorb**: Hier werden gelöschte Bilder zwischengelagert.
- **Speicherplatz freigeben**: Löscht Bilder, die zur temporären Darstellung aus der Google-Cloud auf das Gerät geladen wurden.
- **Fotos scannen**: Führt per Link in den Google Play Store und bietet die Möglichkeit, dort eine Scanner-App von Google zu installieren, welche die Digitalisierung von alten analogen Fotos ermöglicht.
- **Einstellungen**: Hier gelangen Sie zum Konfigurationsbereich der Google-Fotos-App.

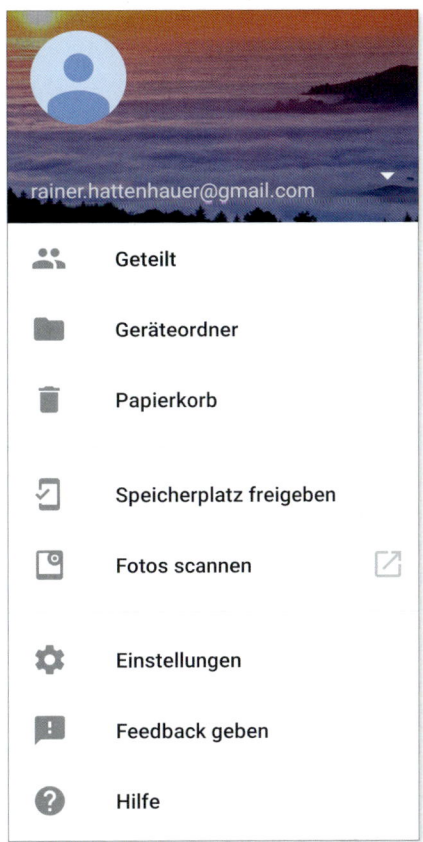

In den beiden Modi **Fotos** und **Alben** finden Sie rechts oben jeweils ein weiteres In-App-Menü (erkennbar an den drei senkrechten Punkten). Mithilfe dieses Menüs können Sie Aufnahmen auswählen, das Darstellungslayout ändern oder auch ein neues (geteiltes) Album, eine Animation oder eine Collage erstellen.

Auf jeder Seite der App befindet sich oben ein Suchfeld. Damit suchen Sie Fotos, auf denen bestimmte Personen abgebildet sind oder die an bestimmten Orten aufgenommen wurden. Beispiel einer Suchabfrage: »Rainer, Bad Gastein, Berg«.

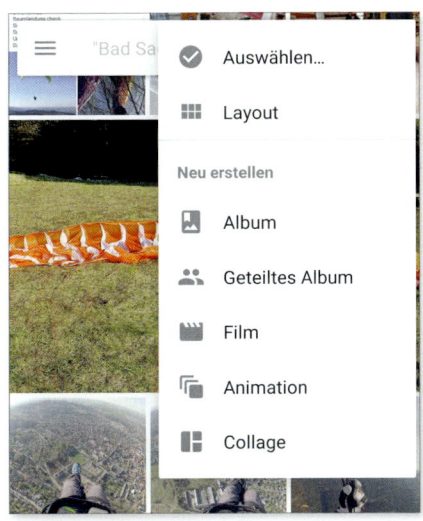

Kapitel 9 – Fotografieren mit dem S8

Sicherer Ordner

> **INFO**
>
> **Die Privatsphäre wahren**
>
> Im September 2014 machte ein Skandal die Runde, bei dem etliche äußerst private Bilder einiger prominenter Damen im Internet kursierten. Einige Theorien schrieben dies einem Fehler des iPhone- bzw. Apple-Services iCloud zu. Wenn Sie nicht möchten, dass Ihre Bilder permanent in die Google-Cloud hochgeladen werden, dann können Sie dies dadurch verhindern, dass Sie in den Einstellungen der Fotos-App die automatische Sicherung der Fotos deaktivieren.
>
> Noch einen Schritt weiter geht Samsung beim S8 mit der Möglichkeit, Bilder auf dem Gerät im sog. **Sicheren Ordner** zu verstecken. Dazu rufen Sie die gleichnamige App im App-Menü auf und folgen dem Assistenten zur Einrichtung eines geschützten Speicherbereichs. Dabei geben Sie u. a. eine Entsperrmethode (z. B. ein Passwort) vor, und Sie gelangen künftig zu den versteckten Bildern nur per Passwort oder Ähnlichem. Wie Sie hierzu im Einzelnen vorgehen, lesen Sie im Abschnitt »Das Smartphone und die SD-Karte verschlüsseln« ab Seite 304.

Eigene Alben erstellen

Sie können aus dem auf dem S8 gespeicherten Bildmaterial ein Album erstellen und diesem Fotos zuordnen. Das ist sowohl mit der Galerie- als auch mit der Fotos-App möglich. Im Folgenden zeige ich Ihnen beispielhaft, wie es mit der Fotos-App funktioniert.

1. Starten Sie die Fotos-App, und begeben Sie sich in den Bereich **Fotos**.

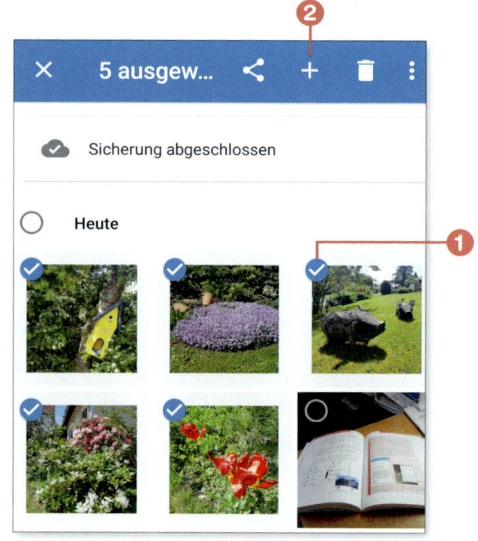

Eigene Alben erstellen

2. Tippen Sie das erste Bild, das in Ihrem Album erscheinen soll, etwas länger an. Daraufhin erscheint ein Häkchen am Bild ❶.

3. Wählen Sie durch Antippen weitere Bilder aus, die Sie zum Album hinzufügen möchten. An allen Bildern sollte nun ein Häkchen zu sehen sein.

4. Tippen Sie die **+**-Schaltfläche ❷ an, und wählen Sie aus dem nun erscheinenden Menü den Punkt **Album** ❸.

   Wenn Sie planen, das Album zu veröffentlichen, können Sie alternativ auch den Punkt **Geteiltes Album** ❹ wählen.

5. Geben Sie Ihrem Album noch einen Namen ❺, und betätigen Sie die Speichern-Schaltfläche ❻. Fertig!

   Das Album wird automatisch in Ihrem Google-Fotos-Bereich veröffentlicht. Sie können dann entweder mit der Fotos-App auf Ihrem S8 oder auch über einen beliebigen Browser am PC darauf zugreifen. Um sich Ihr Album am PC anzuschauen, rufen Sie einfach in der Adresszeile des Browsers die Seite *photos.google.com* auf.

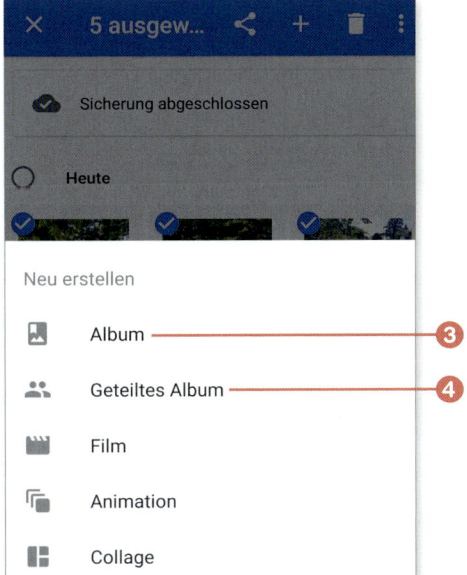

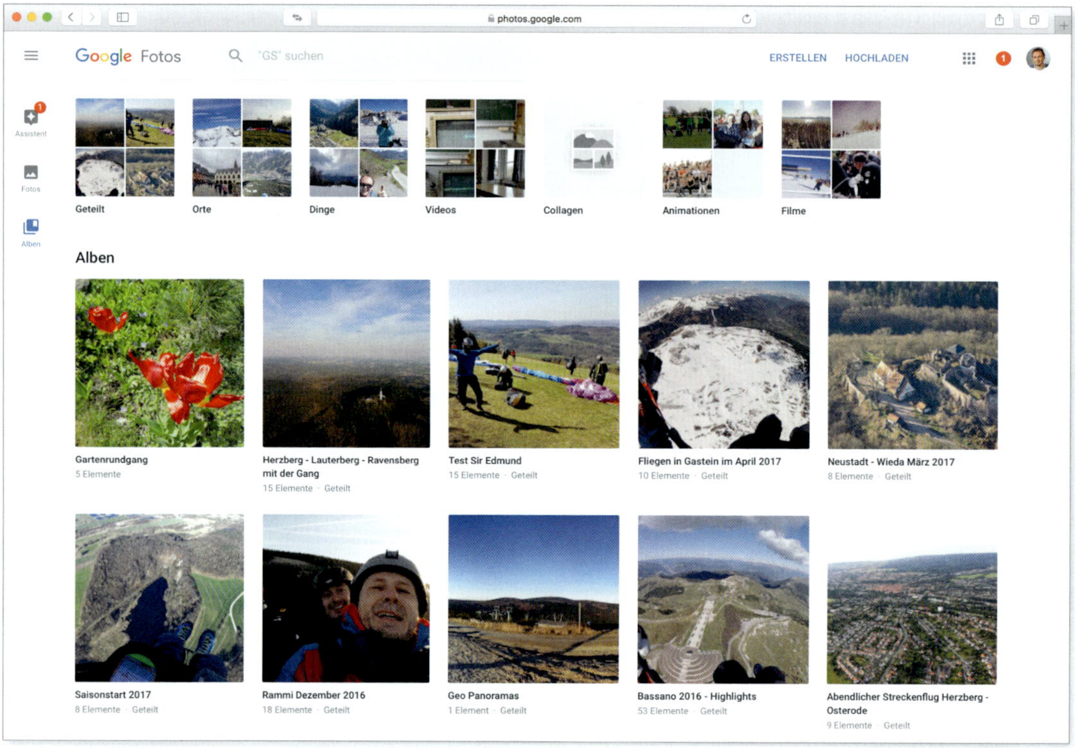

Kapitel 9 – Fotografieren mit dem S8

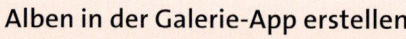

Das Onlinealbum kann einfach per Browser betrachtet und mit Freunden geteilt werden.

> **INFO**
>
> **Alben in der Galerie-App erstellen**
>
> Ebenso einfach lassen sich Fotoalben in der Galerie-App erstellen. Dazu wählen Sie einfach die gewünschten Bilder durch Antippen aus und anschließend den In-App-Menüpunkt **In Album kopieren** bzw. **In Album verschieben**. Im ersten Fall wird ein neues Album erstellt, im letzten Fall werden die Fotos zu einem bestehenden Album hinzugefügt. Beachten Sie jedoch, dass das Verfahren nur mit lokal abgespeicherten Fotos funktioniert.
>
>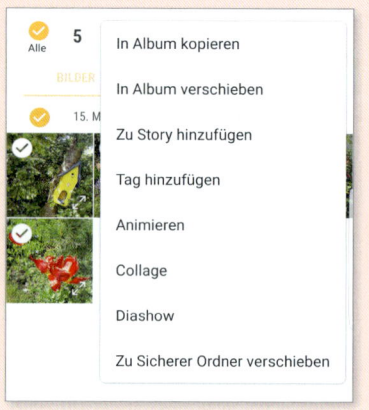

Fotos bearbeiten

Eine Diashow vorführen

Sämtliche Fotoalben, die in der Galerie- bzw. Fotos-App zur Verfügung stehen, können Sie als Grundlage zum Anzeigen einer eigenen Diashow auf dem S8 nutzen. Zur Abwechslung nehmen wir an dieser Stelle einmal wieder die Galerie-App (mit der Google-Fotos-App funktioniert das Beschriebene genauso).

1. Öffnen Sie hierzu ein Album in der Galerie-App durch Antippen.
2. Öffnen Sie das In-App-Menü (per Antippen der drei Punkte), und wählen Sie aus den nun erscheinenden Optionen den Menüpunkt **Diashow**.

Die Diashow beginnt sofort mit Ihren ausgewählten Bildern.

3. Zum Stoppen der Diashow tippen Sie einfach auf das Display. Führen Sie die Show über die Schaltfläche **Fortsetzen** fort.

Fotos bearbeiten

Galerie-App und Fotos-App sind so vielseitig, dass Sie sogar Ihre Fotos gleich im Betrachtungsmodus bearbeiten können. Und mithilfe zusätzlicher Apps können Sie Ihre Bilder sogar professionell beschneiden oder die Auflösung reduzieren, bevor Sie die Fotos per Mail oder als MMS verschicken bzw. bei Facebook veröffentlichen. Im Folgenden zeige ich Ihnen, wie Sie ein Bild beschneiden und mit einem Effekt versehen, und verwende dafür erneut die Galerie-App (in der Fotos-App funktioniert das analog).

1. Öffnen Sie das gewünschte Foto durch Antippen in der Galerie-App. Sollten die Bearbeitungsschaltflächen am unteren Bildrand nicht erscheinen, so tippen Sie das Bild einfach noch einmal in der Mitte an.

2. Wählen Sie am unteren Displayrand die Schaltfläche **Bearbeiten** ❶. Daraufhin erscheint das Bildbearbeitungsmenü am unteren Bildrand.

3. Wählen Sie aus dem Menü zunächst den Punkt **Umwandeln** ❷, und korrigieren Sie ggf. den Bildausschnitt. Bestätigen Sie die Änderungen durch Antippen des Häkchens ❸.

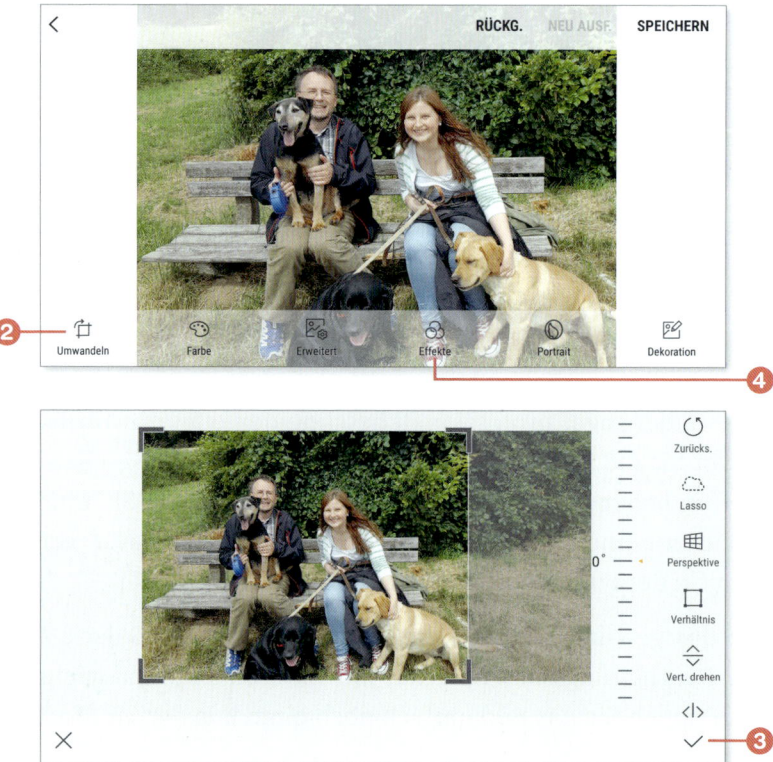

Bilder mit anderen teilen

4. Wechseln Sie nun zum Menüpunkt **Effekte** ❹, und experimentieren Sie mit den Effekten ❺, die Ihnen am unteren Bildrand angeboten werden. Jeder Effekt muss über **Anwenden** bestätigt werden.

5. Nach der Bearbeitung muss das fertige Bild noch mit allen Änderungen gespeichert werden. Das geschieht über die Schaltfläche **Speichern** ❻. Die bearbeitete Aufnahme erscheint dann als eigenständiges Bild in der Übersicht.

Sie können mit der integrierten Bildbearbeitung auch die Farben des Fotos anpassen oder das Bild drehen. Sehen Sie sich einfach einmal in der Werkzeugleiste am unteren Bildschirmrand um. Dort finden Sie viele weitere Optionen zur Bearbeitung Ihrer Bilder. Sollte Ihnen eine bestimmte Funktion fehlen, dann finden Sie im Google Play Store eine Unmenge an Bildbearbeitungs-Apps, von denen sicher eine Ihren Bedürfnissen entsprechen wird.

Sehr zu empfehlen ist z. B. die App *Image Shrink (Lite)*, die es gestattet, die hochaufgelösten Bilder Ihres S8 zu komprimieren, um beim Versenden via Internet Bandbreite zu sparen. Die App können Sie aus jeder App heraus über den Menüpunkt **Senden** aufrufen.

Image Shrink Lite

Bilder mit anderen teilen

Sie können Ihre Aufnahmen natürlich auch in einem sozialen Netzwerk wie Facebook veröffentlichen. Das geht kinderleicht, wenn Sie die App des entsprechenden Dienstes installiert haben.

1. Wählen Sie das zu publizierende Bild in der Galerie aus, und tippen

Sie es noch einmal an. Es erscheint die Schaltfläche **Teilen** bzw. **Senden** (❶ auf Seite 225) am unteren Displayrand.

2. Tippen Sie die **Senden**-Schaltfläche an, und wählen Sie diejenige App aus, über die Sie das Foto veröffentlichen möchten, z. B. Facebook ❷.

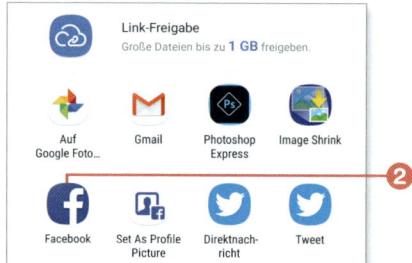

Im Weiteren folgen Sie einfach der Anleitung der ausgewählten App.

Neben der Veröffentlichung in sozialen Netzwerken bietet Ihnen das Galaxy S8 eine elegante Möglichkeit, mit einem Freund, der ebenfalls ein geeignetes Smartphone besitzt, Smartphone-Bilder auszutauschen: über die *NFC*-Funktionalität. NFC steht für *Near Field Communication*, zu Deutsch in etwa *Nahfeldkommunikation*. Das bedeutet, Sie können Daten zwischen Smartphones austauschen, die Rücken an Rücken aneinanderliegen, ohne dass Sie die Daten über das Internet schicken müssen. Voraussetzung ist, dass das Partner-Smartphone ebenfalls mit einem NFC-Chip ausgestattet ist. Gehen Sie dazu folgendermaßen vor:

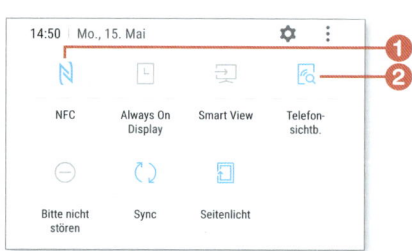

1. Aktivieren Sie bei Ihrem S8 zunächst die **NFC**-Funktion ❶. Außerdem empfiehlt es sich, die Schnellstartfläche **Telefonsichtbarkeit** ❷ zu aktivieren.

Stellen Sie sicher, dass Ihr Gegenüber ebenfalls NFC sowie ggf. die Telefonsichtbarkeit auf seinem Smartphone aktiviert hat.

2. Wählen Sie nun auf Ihrem S8 das Foto, das Sie per NFC verschicken möchten, in der Galerie-App aus.

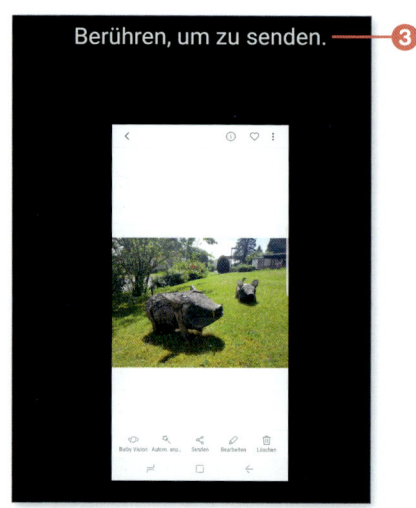

Bilder mit anderen teilen

3. Halten Sie beide Geräte Rücken an Rücken. Das Partnergerät darf sich für die Übertragung nicht im Standby-Modus befinden. Es erscheint eine Aufforderung, das entsprechende Bild noch einmal anzutippen ❸, um den Sendevorgang zu starten.

4. Trennen Sie die Geräte nach der Kontaktaufnahme wieder: Dadurch wird der Übertragungsvorgang angestoßen. In der Statusleiste erscheint ein entsprechendes Symbol, und Sie können den Fortschritt der Übertragung verfolgen.

5. Auch auf dem Partnergerät erkennen Sie im Statusbereich, dass die Übertragung in vollem Gange ist ❹.

Auf die gleiche Weise lassen sich übrigens zwischen NFC-ausgestatteten Geräten beliebige Dateien übertragen, sofern die Geräte miteinander harmonieren. Zur Übertragung eines Textdokuments beispielsweise muss dieses in einer entsprechenden App geöffnet werden. Anschließend halten Sie erneut die Rückseiten der beiden Geräte aneinander – äußerst praktisch!

Kapitel 10
Videos aufzeichnen und abspielen

Mit seinem hochauflösenden Display ist Ihr S8 wie geschaffen dafür, Videomaterial wiederzugeben. Dank der eingebauten Videofunktion in der *Kamera*-App können Sie aber auch selbst anspruchsvolle HD-, ja sogar Ultra-HD-Videos direkt mit dem Smartphone erstellen.

Ein Video aufnehmen und wiedergeben

Der Weg zum ersten eigenen Video führt über die Kamera-App des S8 und ist kinderleicht:

1. Starten Sie die Kamera-App, und lassen Sie Ihr Motiv wie im vorigen Kapitel erklärt automatisch fokussieren.

2. Tippen Sie zum Aufzeichnen des Videos auf die Schaltfläche mit dem kleinen roten Punkt ❶, und sofort wird Ihr Film aufgenommen.

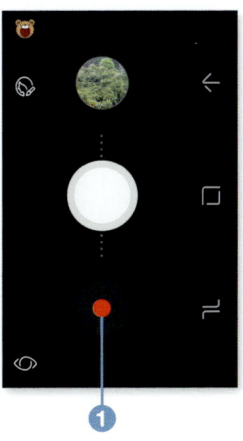

3. Sie sehen nun während der Aufnahme die folgenden Elemente im Display: die Aufnahmeanzeige (❷ auf Seite 229), die **Stopp**-Schaltfläche ❸ sowie die **Pause**-Schaltfläche ❹. Außerdem finden Sie noch eine Schaltfläche namens **Aufnahme** ❺. Damit können Sie während der laufenden Videoaufzeichnung ein Standbild schießen.

4. Beenden Sie die Aufnahme über die **Stopp**-Schaltfläche. Fertig! Schon haben Sie Ihr erstes Video gedreht!

5. Sie können nun Ihr Material durch Antippen der **Galerie**-Schaltfläche ❻ in der Kamera-App direkt begutachten. Dieses wird sofort in Form einer Endlosvorschau wiedergegeben.

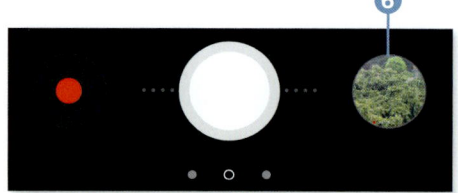

Alternativ begeben Sie sich über das App-Menü in die **Galerie** und wählen das Video durch Antippen aus. Videos erkennt man dort an einem kleinen Dreieckssymbol ❼ in der linken unteren Ecke des Vorschaubilds.

6. Um die Wiedergabe besser steuern zu können, tippen Sie im Vorschaubild auf die dreiecksförmige Schaltfläche. Daraufhin wechselt das System zur *Video-Player*-App. Hier finden Sie die typischen Wiedergabeschaltflächen, mit deren Hilfe Sie die Wiedergabe stoppen und wieder fortsetzen oder im Video vor- und zurückspulen. Hierzu »ziehen« Sie entweder an der Wiedergabeleiste, oder Sie halten die Vor- bzw. Zurück-Schaltfläche gedrückt.

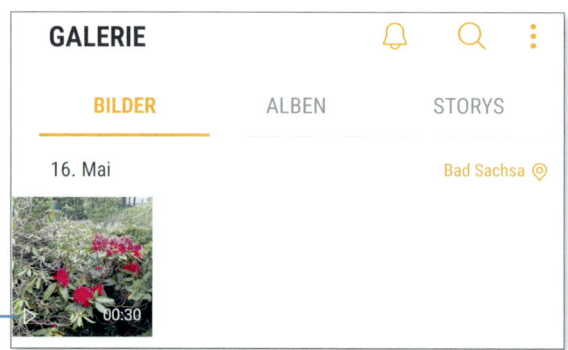

Ein Video aufnehmen und wiedergeben

> **TIPP**
>
> **Videos - im Breitbild- oder Hochkantformat?**
>
> Wie sollten Sie das Smartphone beim Filmen halten? Zur optimalen Ausnutzung des Displays ist das Querformat (englisch auch *Landscape Mode* genannt) besser als die berüchtigten »Hochkantvideos«, die man oft bei Einspielern von Amateurvideos in Nachrichtensendungen sieht. Diese werden von der Redaktion dann künstlich auf das Querformat gebracht, in dem diese verschwommene Ränder links und rechts ergänzt. Fakt ist, dass viele Smartphone-Nutzer aus Gründen der Ergonomie dazu neigen, Videos im später ungünstigen Hochkantformat zu drehen – das sollten Sie vermeiden, wenn Sie qualitativ bessere Videos erstellen möchten.

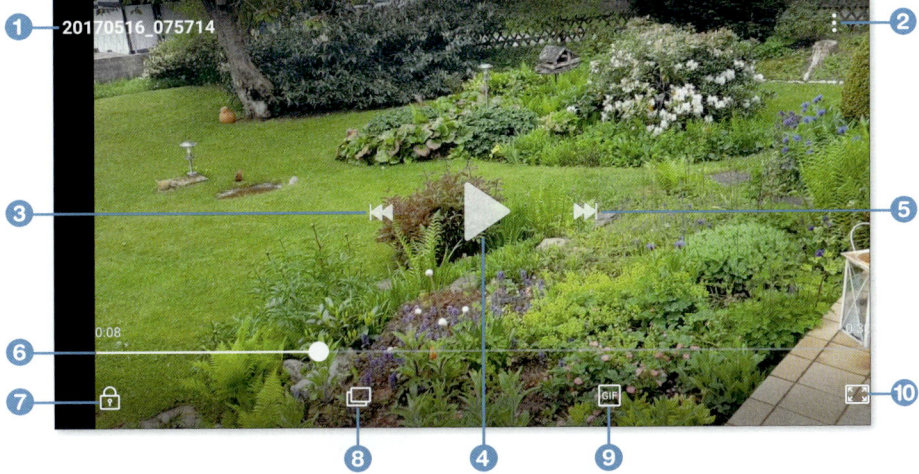

Folgende Elemente stehen Ihnen im Samsung-Video-Player zur Verfügung:

1. Name der aktuellen Datei
2. In-App-Menü des Players
3. Wechseln Sie zum vorherigen Video innerhalb der Galerie. Halten Sie die Schaltfläche zum Zurückspulen gedrückt.
4. Pausieren Sie die Wiedergabe, oder setzen Sie sie fort.
5. Wechseln Sie zum nächsten Video innerhalb der Galerie. Halten Sie die Schaltfläche zum Vorspulen gedrückt.

Kapitel 10 – Videos aufzeichnen und abspielen

❻ Wiedergabeleiste: Halten Sie einen Finger auf dem Punkt, der den aktuellen Abspielstatus markiert, gedrückt, und navigieren Sie damit an eine andere Stelle im Video. Um die Spulgeschwindigkeit zu ändern, bewegen Sie den gedrückten Finger nach oben.

❼ Schloss-Symbol zum Blockieren der Schaltflächen

❽ Öffnen Sie den Miniatur- bzw. Pop-up-Wiedergabemodus.

❾ Erstellen von sog. *Animated Gifs* aus einer Videosequenz: Das sind die bewegten Bildchen, die man mittlerweile häufig in den sozialen Netzwerken sieht.

❿ Schalten Sie in den Vollbildmodus, bzw. passen Sie die Bildgröße an.

Der Miniaturwiedergabemodus (❽ auf Seite 231) ist recht pfiffig: Sie können mithilfe dieser Funktion das Video weiter betrachten und trotzdem in einen anderen Bereich des Betriebssystems wechseln, z. B. kurz E-Mails abrufen. Dabei können Sie den Player an eine beliebige Stelle auf dem Display ziehen und die Größe des Videofensters mit zwei Fingern anpassen.

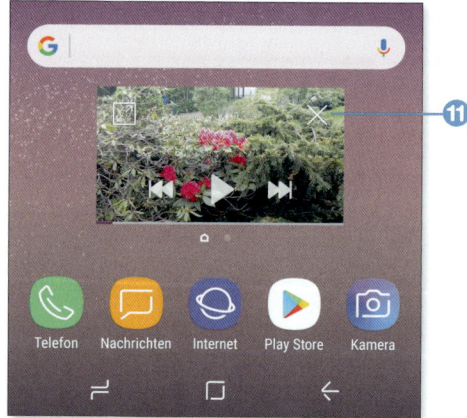

Sie beenden die Wiedergabe des Miniaturvideos durch Betätigen der **Schließen**-Schaltfläche ⓫. Alleiniges Antippen des Videos blendet die Navigationsschaltflächen ein bzw. aus.

Gefällt Ihnen ein Film nicht, so begeben Sie sich in die Galerie, wählen den Film einfach durch Antippen aus und löschen ihn per **Löschen**-Schaltfläche – diesen Punkt finden Sie auch im In-App-Menü des Video-Players ⓬.

Außerdem können Sie sich hier über den Menüpunkt **Details** ⓭ weitere Informationen zu dem ausgewählten Video anzeigen lassen sowie per Menüpunkt **Videooptimierung** ⓮ den Kontrast der Darstellung verbessern.

> **TIPP**
>
> **Gestensteuerung bei der Wiedergabe nutzen**
>
> Bei der Wiedergabe eines Videos lässt sich die Video-Player-App mit folgenden Fingergesten steuern:
>
> - Rechte Displayseite: Hoch-/Runterbewegung des aufgelegten Fingers ändert die Lautstärke.
> - Linke Displayseite: Hoch-/Runterbewegung des aufgelegten Fingers ändert die Helligkeit.
> - Zweimal auf das Display tippen: Video anhalten bzw. fortsetzen
> - Den Wiedergaberegler per Finger nach rechts bzw. links ziehen: das Video durchsuchen (*Scrubben*)
> - Den Wiedergaberegler nach oben ziehen: die Scrubbing-Rate (Geschwindigkeit, mit der der Film beim Scrollen durchlaufen wird) anpassen

Aufnahmen anpassen und nachbearbeiten

Möchten Sie Ihre Aufnahmen an den Verwendungszweck anpassen, so sollten Sie einmal einen Blick auf die Einstellungen der Kamera-App werfen. Prinzipiell können Sie die meisten Optionen und Filter, die Sie aus der Fotografie (siehe das vorherige Kapitel) kennen, auch beim Filmen anwenden. Es gibt aber auch einige videospezifische Optionen. Zum Beispiel können Sie die Auflösung der Clips ändern (❶ auf Seite 234) oder den Videostabilisator ein- und ausschalten ❷. Dieser ist beispielsweise für rasante Kamerafahrten recht nützlich, ich verwende ihn gern beim (Abfahrts-)Skilauf. Weiterhin ist der Verfolgungs-Autofokus ❸ recht nützlich: Damit ist sichergestellt, dass bewegte Objekte stets scharf gestellt werden.

Kapitel 10 – Videos aufzeichnen und abspielen

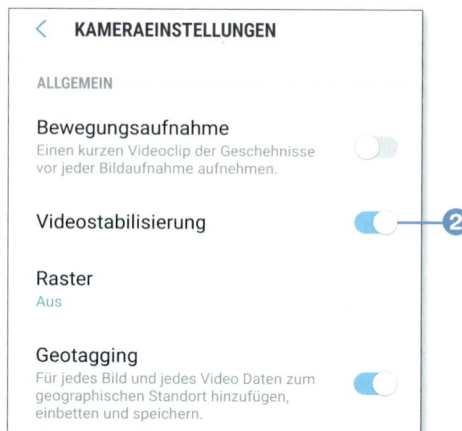

Äußerst interessant ist der Ultra-HD-Videomodus (**UHD**-Modus, oft auch 4k-Modus genannt), mit dem Sie die höchste Auflösung, die es derzeit im Smartphone-Bereich gibt, zur Videoaufzeichnung voreinstellen. Sie aktivieren ihn im Menü **Videogröße**. Dann allerdings stehen Ihnen einige Funktionen nicht mehr zur Verfügung, denn das Erstellen einer UHD-Aufnahme verlangt dem Prozessor des S8 einiges ab – eine Minute UHD-Video belegt je nach Aufnahmesituation knapp ein halbes Gigabyte Ihres kostbaren Smartphone-Speichers.

Wer Spaß daran hat, kann auch mal eine Zeitlupenaufnahme anfertigen, was insbesondere im Sportbereich von Vorteil ist. Wählen Sie dazu im Modus-Bereich **Zeitlupe**.

Videoschnitt auf dem S8

Einzelne Clips lassen sich auch direkt auf dem Smartphone schneiden bzw. trimmen. Gehen Sie dazu folgendermaßen vor:

1. Wählen Sie das zu bearbeitende Video in der Galerie-App aus, und tippen Sie es an. Sie sehen einige Schaltflächen am unteren Bildrand. Tippen Sie das Symbol **Bearbeiten** an.

2. Es erscheinen nun weitere Schaltflächen, die folgende Funktionen erschließen:

- **Zuschneiden**: Hier können Sie Ihr Video trimmen, also Anfang und Ende passend abschneiden.
- **Effekte**: Versehen Sie Ihr Bild mit interessanten Farbeffekten.
- **Audio**: Ergänzen Sie einen Soundtrack zu Ihrem Videoclip.
- **Movie Maker**: Hier haben Sie die Möglichkeit, den Video-Editor per Download aufzupeppen und um weitere Möglichkeiten (hinsichtlich Effekten oder auch Schnitt) zu ergänzen. Die entsprechende App nennt sich *Movie Maker* (siehe auch den Kasten »Samsungs erweiterter Video-Editor« auf Seite 237).

Für kleinere Arbeiten reicht der vorhandene Editor:

3. Tippen Sie die Schaltfläche **Zuschneiden** an, und verschieben Sie den Anfangs- ❶ und Endmarker ❷, um den Clip auf die gewünschte Länge zu trimmen. Die wegfallenden Bereiche am Anfang bzw. Ende erscheinen nun blass durchscheinend. Mit dem orangen Strich ❸ dazwischen navigieren Sie durch das Videomaterial.

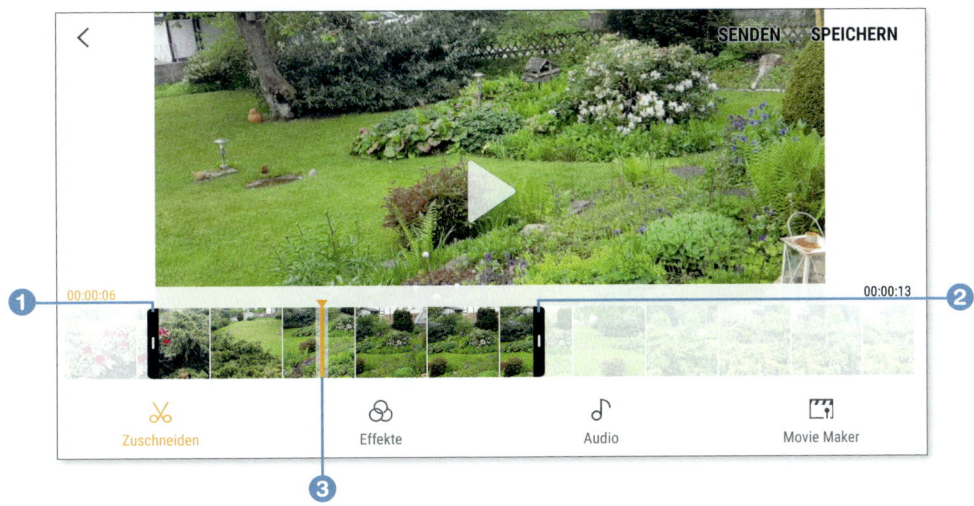

Kapitel 10 – Videos aufzeichnen und abspielen

4. Mithilfe der Schaltfläche **Effekte** können Sie Ihren Film mit ansprechenden Farbeffekten versehen – das kennen Sie schon aus dem Fotokapitel.

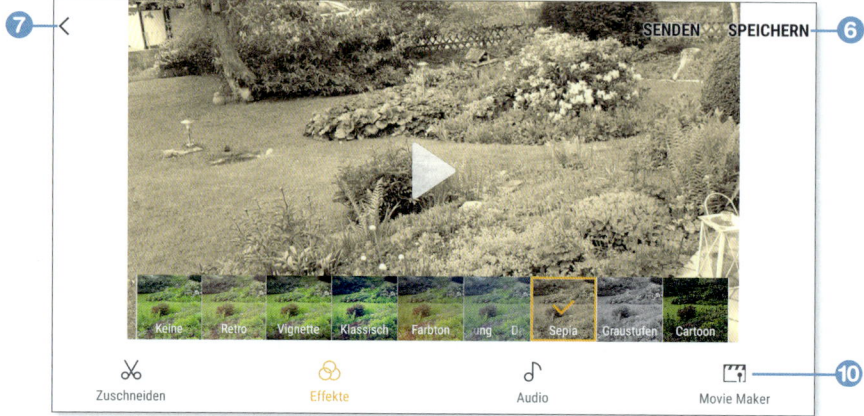

5. Fügen Sie schließlich noch per **Audio**-Schaltfläche ein passendes Stück für die Hintergrundmusik hinzu. Die entsprechende Ton-Datei muss dazu auf Ihrem S8 vorliegen. Über die beiden Schieberegler lässt sich die Lautstärke von Originalton ❹ und Hintergrundmusik ❺ einstellen.

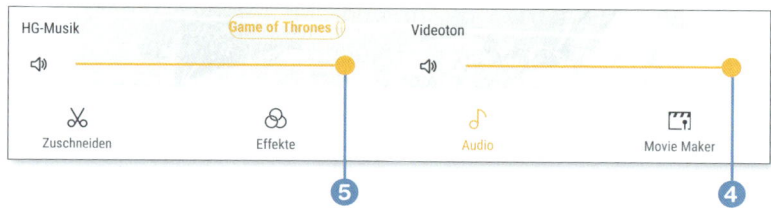

6. Schließen Sie die Bearbeitung über **Speichern** ❻ ab, oder verlassen Sie das Menü, ohne zu speichern, über den Pfeil ❼. Bevor Ihr geschnittenes Video gespeichert wird, müssen Sie diesem noch einen Namen ❽ geben und die Zielauflösung wählen ❾ – das Original bleibt dabei erhalten. Die Wahl der Zielauflösung ist recht praktisch, wenn Sie den Film z. B. zum Verschicken per Mail an einen Freund verkleinern möchten.

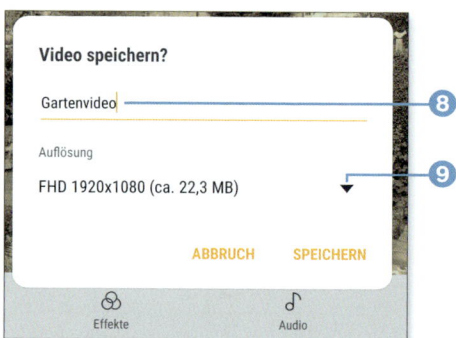

INFO

Samsungs erweiterter Video-Editor

Samsung bietet über die Schaltfläche **Movie Maker** (❿ auf Seite 236) einen Link in den *Galaxy Apps Store* (siehe den Abschnitt »Apps außerhalb von Google Play kaufen« ab Seite 194) und hier ein Erweiterungspaket für den integrierten Video-Editor an, der über eine Vielzahl Funktionen verfügt. Unter anderem können Sie hier Texte in Ihr Video einbauen.

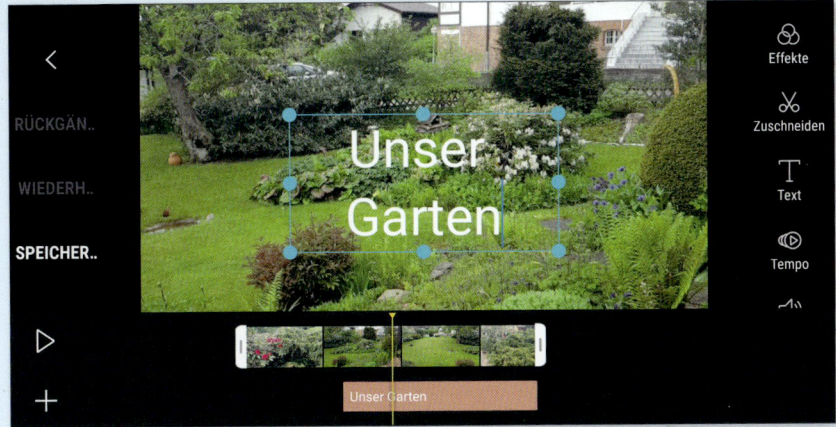

Im erweiterten Video-Editor können Sie auch Titel gestalten.

Videos am PC bearbeiten

Komplexere Videoarbeiten, wie z. B. echte Schnitte in beliebigen Bereichen innerhalb des Videos, können Sie mit dem beschriebenen einfachen Schnittwerkzeug leider nicht vornehmen. Ich empfehle Ihnen hierzu in jedem Fall den Einsatz professioneller Videoschnittsoftware auf dem PC oder Mac. Dazu sollten Sie natürlich zunächst das Videomaterial vom Smartphone auf den PC übertragen.

1. Installieren Sie zunächst Samsungs universelle Software *Smart Switch*. Diese finden Sie im Internet unter *http://www.samsung.com/de/support/smartswitch/* zum Download für Windows sowie für macOS.

Smart Switch befördert die neuesten Treiber auf Ihren PC, sodass Sie Ihr S8 unmittelbar nach der Installation im Explorer wiederfinden. (Wie die Installation auf dem Mac im Einzelnen funktioniert, lesen Sie im Kasten »Smart Switch auf dem Mac verwenden« auf Seite 267.)

2. Schließen Sie Ihr S8 per USB-Kabel an Ihren PC oder Mac an. Dieses sollte dann sowohl vom Smart-Switch-PC-Programm als auch vom Explorer erkannt werden.

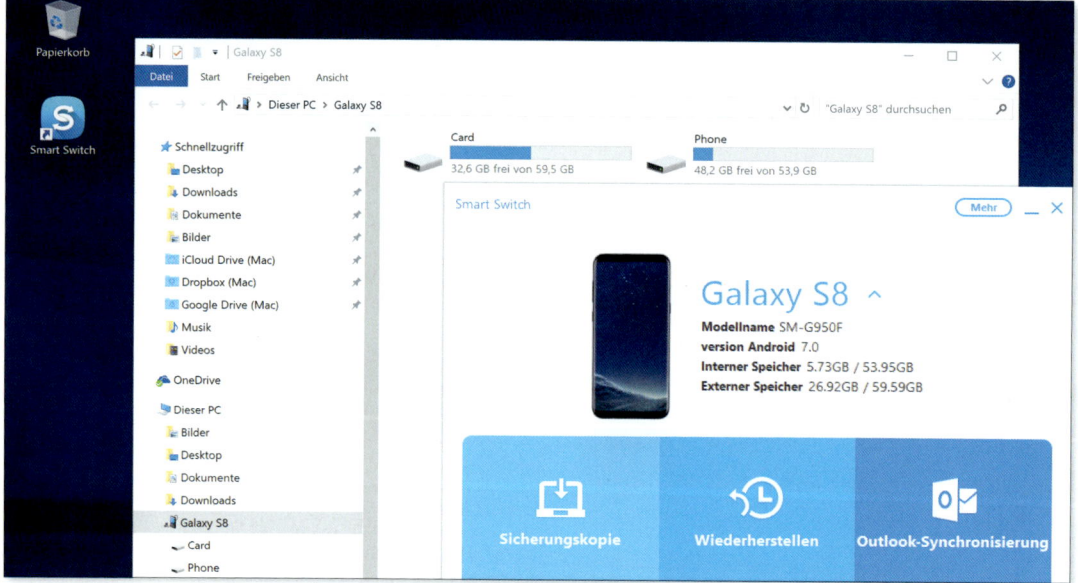

3. Suchen Sie per Explorer nach dem Verzeichnis *DCIM/Camera* auf Ihrem S8. Dieses gibt es zweimal: einmal im Gerätespeicher (**Phone**), zum anderen auf der optional eingebauten MicroSD-Karte (**Card**). Auf diese wird in der Regel Ihr Videomaterial von der Kamera-App abgelegt.

4. Kopieren Sie das gewünschte Video per Drag & Drop (»Ziehen und Fallenlassen«) auf den PC, markieren Sie also die Datei mit der linken Maustaste, ziehen Sie diese bei gedrückter Maustaste in den gewünschten Bereich, und lassen Sie dann die Maustaste los.

Videos teilen auf YouTube, Facebook und Co.

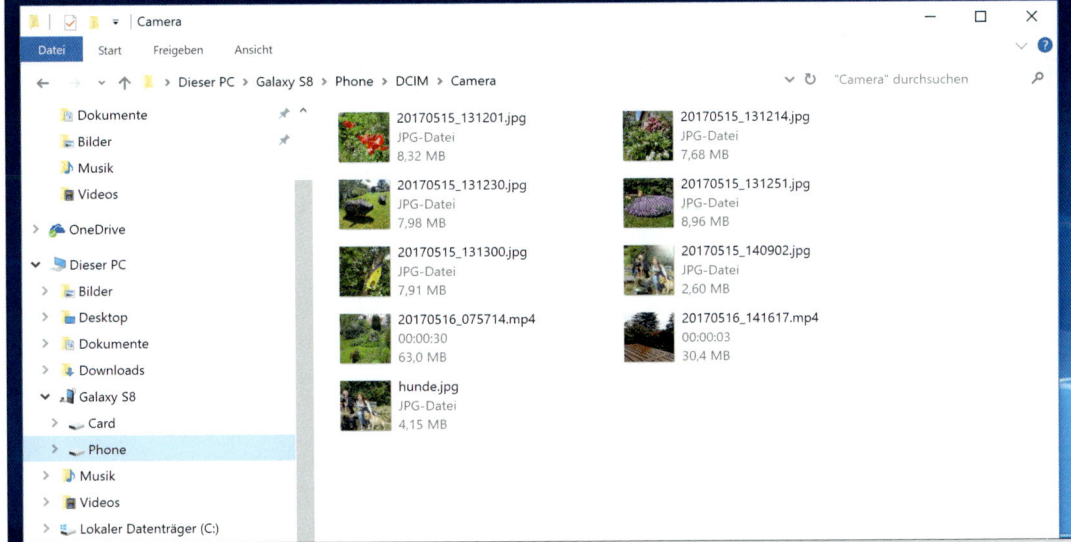

Nun können Sie das Video mit einer Videoschnittsoftware Ihrer Wahl auf Ihrem PC öffnen und bearbeiten.

Videos teilen auf YouTube, Facebook und Co.

Wenn Sie es ganz eilig haben, können Sie Ihre Videos auch direkt vom Smartphone in soziale Netzwerke hochladen oder bei YouTube veröffentlichen.

> **INFO**
>
> **YouTube-Upload ohne Passwort?**
>
> Sie wundern sich, dass Sie kein Passwort für das Hochladen Ihres Videos auf YouTube benötigen? Nun, YouTube gehört Google, und Ihr YouTube-Konto ist mit Ihrem Google-Konto verknüpft.

Gehen Sie dazu folgendermaßen vor:

1. Wählen Sie das (eventuell geschnittene) Video in der Galerie-App aus, und tippen Sie es an. Daraufhin sehen Sie die Schaltfläche für das Teilen des Videos (**Senden**).

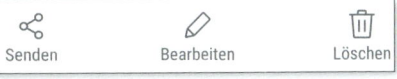

Kapitel 10 – Videos aufzeichnen und abspielen

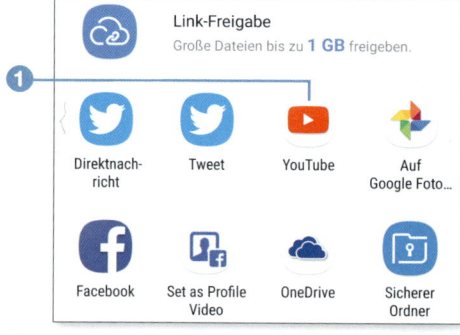

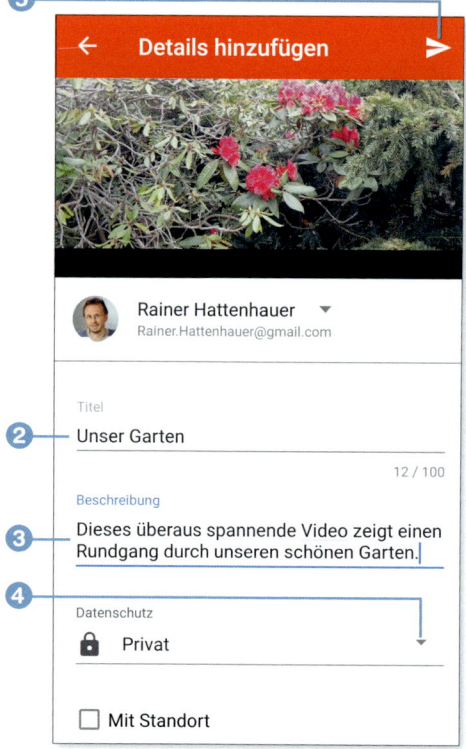

2. Es erscheinen alle Dienste bzw. Apps, an die Sie das Video weiterleiten können. Ich sende im Beispiel das Video an meinen YouTube-Account und wähle dazu die entsprechende Option ❶ aus. Sollte das YouTube-Icon nicht zu sehen sein, so wischen Sie so lange nach links, bis es auftaucht.

3. Es erscheint nun ggf. eine Warnung, dass das Hochladen eines Videos nach Möglichkeit nur über WLAN erfolgen sollte, da das Hochladen aus dem Mobilfunknetz je nach Anbindung wesentlich länger dauern würde und womöglich zusätzliche Kosten entstünden. Bestätigen Sie die Meldung, und stellen Sie sicher, dass Sie per WLAN ans Internet angebunden sind.

4. Geben Sie dem Video einen **Titel** ❷ und eine **Beschreibung** ❸, und passen Sie die Sichtbarkeit bzw. die Datenschutzeinstellungen ❹ an. Ich empfehle Ihnen, das Video zunächst nur zum privaten Gebrauch hochzuladen; sollten Sie mit dem Ergebnis zufrieden sein, können Sie den Status nach dem Hochladen noch auf **Öffentlich** setzen, sodass jeder Nutzer es bei YouTube sehen kann.

5. Schicken Sie das Video durch Betätigen der **Senden**-Schaltfläche ❺ an den YouTube-Server. Nach dem Hochladen wird das Video noch umgewandelt und steht Ihnen wenig später zur Verfügung, und Sie erhalten eine Benachrichtigung ❻ im Statusbereich Ihres S8.

Videos auf YouTube anschauen

Mit dem S8 können Sie nicht nur ganz bequem Ihre Videos auf YouTube veröffentlichen, sondern YouTube-Videos auch kinderleicht anschauen. Dafür ist die YouTube-App bereits vorab auf Ihrem Smartphone installiert, und Sie finden sie im App-Menü.

Nachdem Sie die App geöffnet haben, können Sie sich über die Stichwortsuche, die Sie über das Lupensymbol ❶ aufrufen, ein interessantes Video aussuchen.

Sobald Sie das Vorschaubild ❷ antippen, beginnt die Wiedergabe des Videos. Sie können je nach Ihrer Verbindungsart und Bandbreite die gewünschte Qualität über das Menü ❸ anpassen.

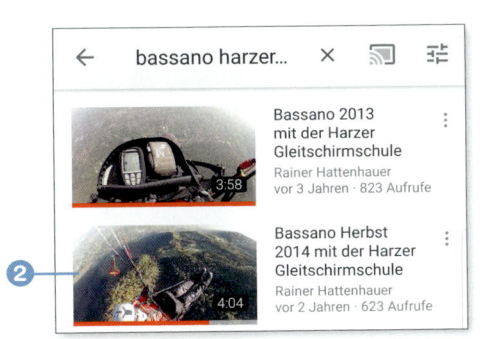

Indem Sie an der Wiedergabeleiste ❹ »ziehen«, können Sie ähnlich wie beim integrierten Video-Player im Video vor- oder zurückspulen. Über die Vergrößern-Schaltfläche ❺ gelangen Sie in den Vollbildmodus; das Gleiche erreichen Sie aber auch durch Kippen des Displays in das Querformat.

Ein Antippen des Pfeils ❻ am linken oberen Bildrand führt dazu, dass der laufende Film in Miniaturansicht wiedergegeben wird. Während dieser speziellen Form der Wiedergabe können Sie weiter in YouTube herumstöbern. Das Miniaturbild werden Sie wieder los, indem Sie es entweder antippen oder zur Seite aus dem Displaybereich herauswischen.

Filme im Play Store ausleihen oder kaufen

Nun kann man mit selbst gedrehten Videos sicher nur schwer eine langweilige Zugfahrt überbrücken. Abhilfe verschafft Ihnen da der Videobereich des Google Play Stores, den Sie direkt mit der App *Play Filme & Serien* (vormals: *Play Movies*, zu finden im Google-Ordner im App-Menü) erreichen. Hier können Sie eine schier unüberschaubare Anzahl an Filmen, darunter viele aktuelle Blockbuster aus Hollywood, aber auch interessante Serien kaufen oder auch ausleihen. Sehr praktisch ist das neue Feature, geliehene Filme mit Familienmitgliedern gemeinsam nutzen zu können.

1. Starten Sie die App Play Filme & Serien, und lassen Sie sich zunächst per Tutorial durch die App führen. In der Regel werden Ihnen schon auf der Startseite einige Filme vorgestellt. Möchten Sie künftig geliehene oder gekaufte Videos mit Familienmitgliedern teilen, so folgen Sie dem entsprechenden Assistenten auf der Startseite.

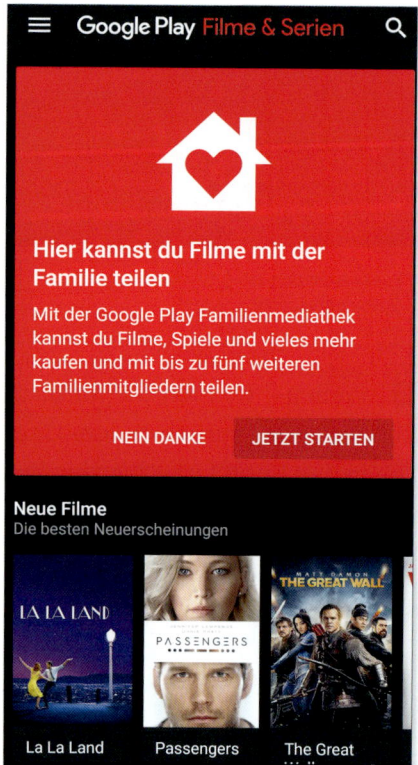

Filme im Play Store ausleihen oder kaufen

2. Schauen Sie sich nun durch horizontales und vertikales Scrollen in den verschiedenen Kategorien um. Natürlich können Sie durch Antippen des Lupensymbols ❶ auch gezielt nach Filmen suchen.

3. Wenn Sie einen interessanten Film entdeckt haben, tippen Sie ihn an, um mehr Informationen zu erhalten.

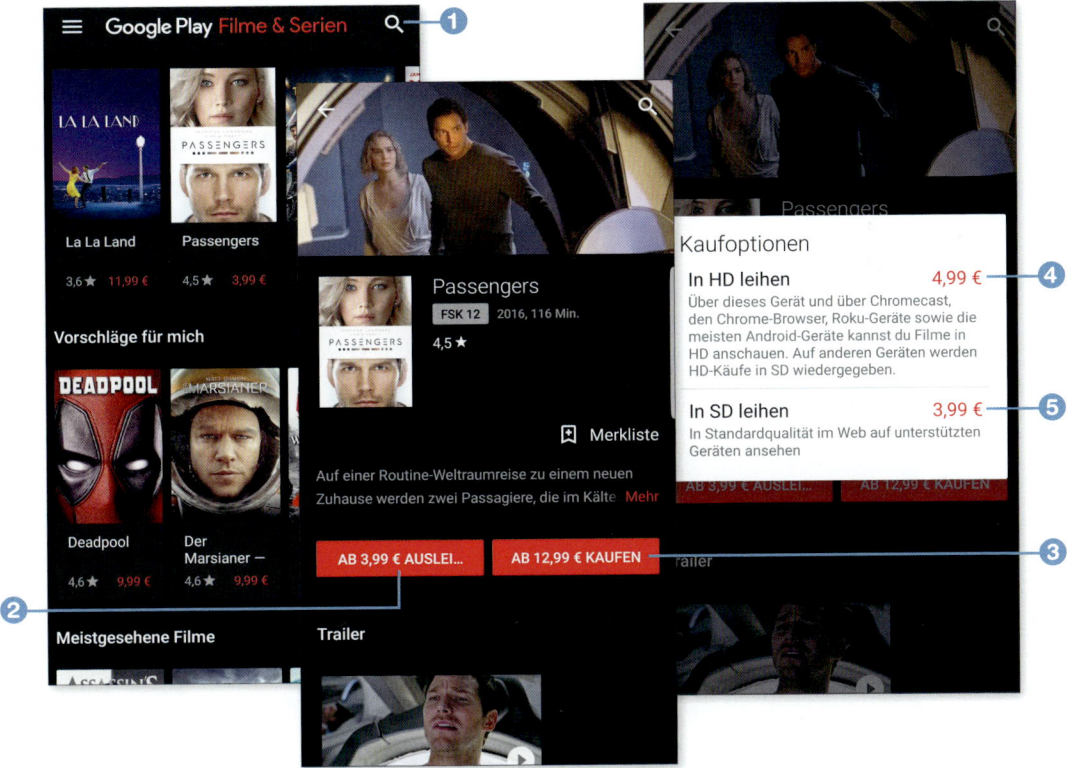

Sie haben nun die Wahl, den Film auszuleihen ❷ oder zu kaufen ❸. Im ersten Fall dürfen Sie den Film 48 Stunden ab der ersten Aktivierung auf jedem Gerät anschauen, das mit Ihrem Google-Konto verknüpft ist. Wenn Sie den Film gekauft haben, steht er Ihnen unbegrenzt zur Verfügung. Außerdem können Sie zwischen einer HD- ❹ und einer SD-Version ❺ wählen. Die HD-Version verfügt über eine höhere Auflösung und ist 1 € teurer als die SD-Version, außerdem ist ihr Dateiumfang größer. Das sollten Sie berücksichtigen, wenn Sie den Film auf Ihrem S8 permanent mit sich führen möchten und der Speicher knapp wird.

4. Haben Sie sich für eine Version entschieden, so tippen Sie die entsprechende Schaltfläche an. Bestätigen Sie den folgenden Dialog über die Schaltfläche **Ausleihen**. Gegebenenfalls müssen Sie in einem weiteren Dialog Ihr Google-Passwort eingeben bzw. sich per Fingerabdruck legitimieren. Das kennen Sie ja schon von den App-Käufen in Kapitel 8, »Apps installieren und verwalten«.

Nun können Sie sich den Film ansehen. Dieser landet in Ihrer Filmbibliothek, die Sie über den Menüpunkt **Meine Filme und Serien** ❻ per Seitenmenü erreichen. Sie haben hier die Möglichkeit, den Film per Streaming zu schauen oder ihn komplett herunterzuladen und offline anzusehen.

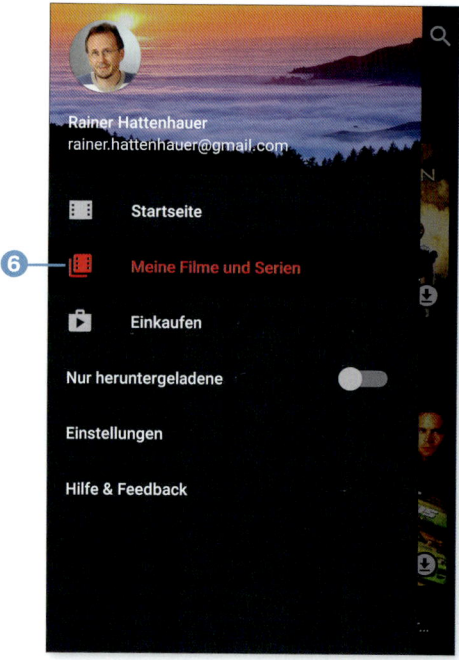
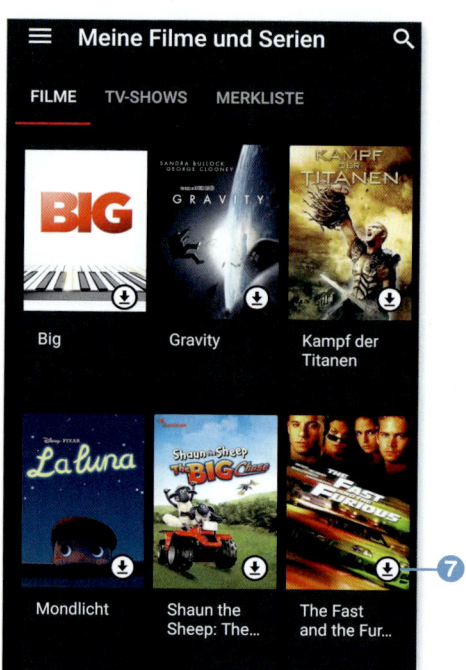

Möchten Sie sich einen Film anschauen, tippen Sie ihn zum Abspielen an. Das Downloadsymbol ❼ unterhalb des Filmetiketts ermöglicht den kompletten Download des Films auf Ihr Gerät, um ihn auch offline genießen zu können. Außerdem wird Ihnen bei Ihren Leihfilmen die verbleibende Ausleihzeit angezeigt.

Fernsehen auf dem S8

INFO

Streaming oder Download?

Sollte der Speicher Ihres S8 bereits knapp sein, so empfehle ich Ihnen, Filme per Streaming anzuschauen. Eine bestehende Internetverbindung ist dabei allerdings Voraussetzung. Im Idealfall sind Sie per WLAN ans Netz gebunden, die Verbindung per Mobilfunknetz macht wenig Sinn, da Sie auf diese Weise Ihr Highspeed-Datenkontingent rasch verbrauchen. Sie haben auch die Möglichkeit, den Film auf verschiedenen Geräten anzusehen, vorausgesetzt, diese sind mit dem gleichen Google-Konto verknüpft. Außerdem können Sie Filme, die Sie erworben haben, innerhalb der Familie teilen, sofern Sie eine entsprechende Freigabe eingerichtet haben. Sie sollten in jedem Fall beachten, dass Ihnen ein einmal begonnener Leihfilm nur 48 Stunden zur Verfügung steht, allerdings können Sie ihn innerhalb dieser Zeit beliebig oft anschauen.

Fernsehen auf dem S8

Sie haben richtig gelesen – benutzen Sie Ihr S8 doch einfach als mobiles Fernsehgerät. Möglich macht das u. a. eine Zusatz-App. Hier hat sich *Zattoo Live TV* bewährt.

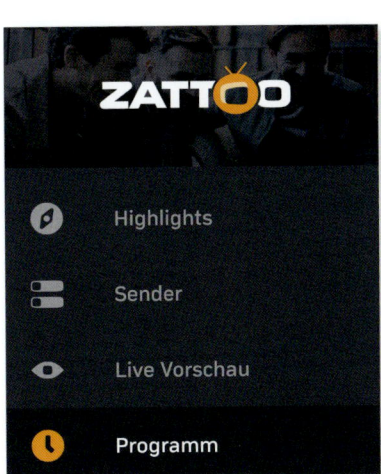

Zattoo Live TV

1. Installieren Sie die App aus dem Play Store.

2. Starten Sie die App. Beim ersten Start müssen Sie sich zunächst bei Zattoo registrieren. Alternativ können Sie sich auch mit Ihrem Facebook- oder Google+-Konto anmelden.

3. Rufen Sie das aktuelle Programm auf, indem Sie in der Seitenmenüleiste auf die Schaltfläche **Programm** tippen.

4. Wählen Sie eine aktuelle Sendung aus der Programmübersicht aus. Es erscheint eine kurze Zusammenfassung des Inhalts. Tippen Sie die Wiedergabeschaltfläche an, und nach einer kurzen Werbepause wird der Sender wiedergegeben. Beachten Sie, dass zur Wiedergabe einiger Privatsender sowie für HD-Kanäle ein kostenpflichtiges Abonnement abgeschlossen werden muss.

Alternativ zum Livefernsehen mit Zattoo haben Sie auch die Möglichkeit, verpasste Fernsehsendungen im Nachhinein auf Ihrem Smartphone anzuschauen. Mittlerweile stellen alle großen Fernsehsender bereits ausgestrahlte Beiträge für mindestens sieben Tage ins Netz. Diese Inhalte können Sie dann über die Mediathek-App des speziellen Senders noch Tage nach der Ausstrahlung auch auf Ihrem Smartphone abrufen. Die folgende Tabelle zeigt Ihnen einige wichtige Mediathek-Apps im Überblick.

Sender	Name der App
ARD	ARD Mediathek
ZDF	ZDF App
3sat	3sat Mediathek
ARTE	ARTE
SRF	SRF
ORF	ORF TVthek

Eine Auswahl von Mediathek-Apps. Natürlich gibt es auch bei den nicht-öffentlichen Fernsehsendern entsprechende Angebote. Suchen Sie am besten auf den Webseiten der Sender oder im Play Store danach.

> **TIPP**
>
> **Mediathek- und YouTube-Inhalte herunterladen**
>
> Möchten Sie Mediathek- oder YouTube-Videos zur Offlinebetrachtung auf Ihr Smartphone befördern, so bieten sich folgende Programme für den PC bzw. Mac an:
>
> - *MediathekView*: Ermöglicht den Download von Inhalten der öffentlich-rechtlichen Sender. Link: *https://mediathekview.de*
> - *ClipGrab*: Programm zum Download von YouTube- und Vimeo-Clips. Link: *https://clipgrab.de*

Kapitel 11
Karten und Navigation

Ihr Galaxy S8 besitzt einen eingebauten GPS-Chip, der Ihnen fantastische Möglichkeiten bietet: Mithilfe der App *Google Maps* zeigt Ihnen das Smartphone den Weg zur nächsten Pizzeria oder Tankstelle, und mit der *Street View*-App erkunden Sie wildfremde Städte, als wären Sie dort vor Ort.

GPS einrichten

Der Einstieg in die Navigation mit dem S8 ist kinderleicht.

1. Ziehen Sie die Statusleiste im Display herunter, und aktivieren Sie (falls noch nicht geschehen) durch Antippen die GPS-Option ❶.

2. Stellen Sie außerdem sicher, dass Sie entweder über das Mobilfunknetz oder per **WLAN** ❷ mit dem Internet verbunden sind. Dadurch werden sog. *Assisted-GPS-Daten* aus dem Internet heruntergeladen, die die Lokalisierung Ihres Standorts beschleunigen und eine genauere Navigation ermöglichen.

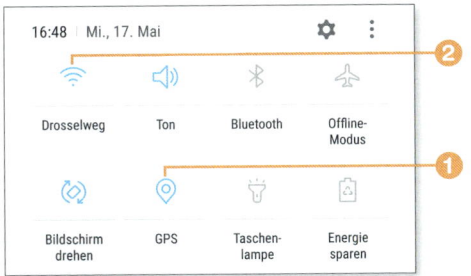

3. Haben Sie diese Einstellungen vorgenommen, starten Sie die App Google Maps durch Antippen des Icons im App-Menü. Es erscheint anschließend die Karte. Einige Informationsfelder stellen Ihnen zunächst die Funktionen von Google Maps kurz vor.

Kapitel 11 – Karten und Navigation

In Ihrer Statusleiste sehen Sie oben rechts ein kleines blinkendes GPS-Icon. Wenn dieses zu blinken aufhört, hat Ihr Smartphone Ihre Position per GPS bestimmt. Auf der Karte gibt ein blauer Sektor bzw. Kreis ❸ die Genauigkeit der Lokalisierung an und zeigt Ihre aktuelle Blickrichtung. Je größer der blaue Bereich dargestellt ist, desto ungenauer ist auch die Positionsbestimmung.

4. Zentrieren Sie die Karte auf Ihre Position durch Antippen des Lokalisierungssymbols ❹.

5. Auf Wunsch können Sie sich auch eine Satellitenansicht Ihres aktuellen Orts anzeigen lassen. Öffnen Sie dazu das Menü der Google-Maps-App durch Antippen der Menü-Schaltfläche in der linken oberen Ecke des Displays ❺, und wählen Sie dort den Menüpunkt **Satellit** ❻. Daraufhin erscheint das Satellitenbild mit Ihrem aktuellen Standort. Möchten Sie die Satellitenansicht wieder deaktivieren, so tippen Sie erneut auf das Wort **Satellit**.

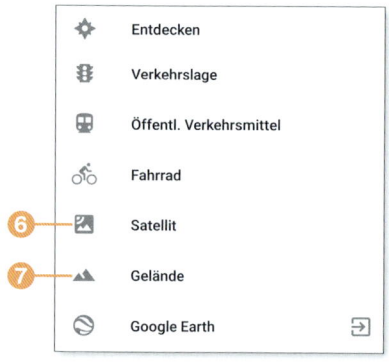

GPS einrichten

6. Wanderer und Mountainbiker schätzen die Geländeansicht, die Sie über den Punkt **Gelände** ❼ aktivieren bzw. wieder deaktivieren können.

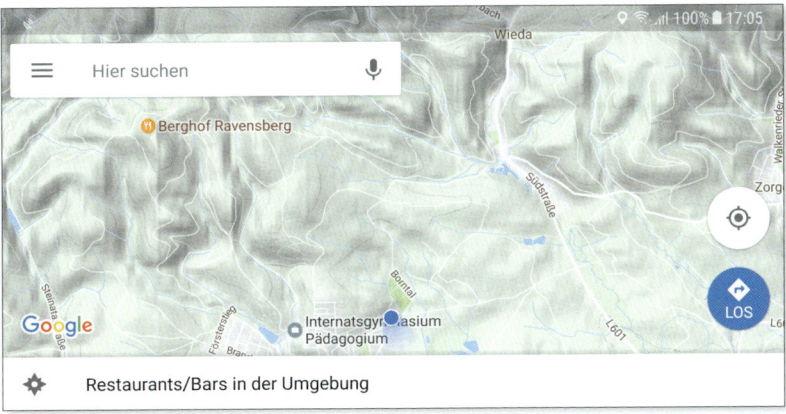

7. Testen Sie die Funktion des GPS folgendermaßen: Gehen Sie ein paar Schritte eine Straße entlang, und beobachten Sie dabei die Veränderung Ihres Standorts in Google Maps. Sie werden überrascht sein, wie präzise Ihre Position wiedergegeben wird. Der schwachblaue Sektor, der um den dunkelblauen Punkt Ihrer Position erscheint, gibt dabei Ihre momentane Bewegungs- bzw. Blickrichtung an.

> **TIPP**
>
> **Mehr Information mit GPS Status**
>
> Wenn Sie sich näher mit GPS und seiner Funktionsweise auseinandersetzen möchten, empfehle ich Ihnen die App *GPS Status und Toolbox* aus dem Play Store. Nach dem Start der App wird Ihnen angezeigt, wie viele und welche Satelliten der GPS-Chip erfasst hat. Außerdem können Sie mithilfe der App die A-GPS-Daten manuell herunterladen und auch zurücksetzen, was manchmal zur Reparatur des GPS-Empfangs notwendig ist. Einen entsprechenden Punkt finden Sie im Menü der App, welches durch Antippen der zentralen Bildfläche erscheint.

GPS Status und Toolbox

249

Kapitel 11 – Karten und Navigation

Google Maps kennenlernen

Ich werde Ihnen im Folgenden die zentrale Navigations-App Google Maps einmal etwas genauer vorstellen und Ihnen die verschiedenen Elemente und Schaltflächen auf dem Display erläutern. Aktivieren Sie dazu die Ortung per GPS wie im letzten Abschnitt beschrieben. Starten Sie anschließend erneut Google Maps. Es präsentiert sich das folgende Bild mit den bereits bekannten Elementen:

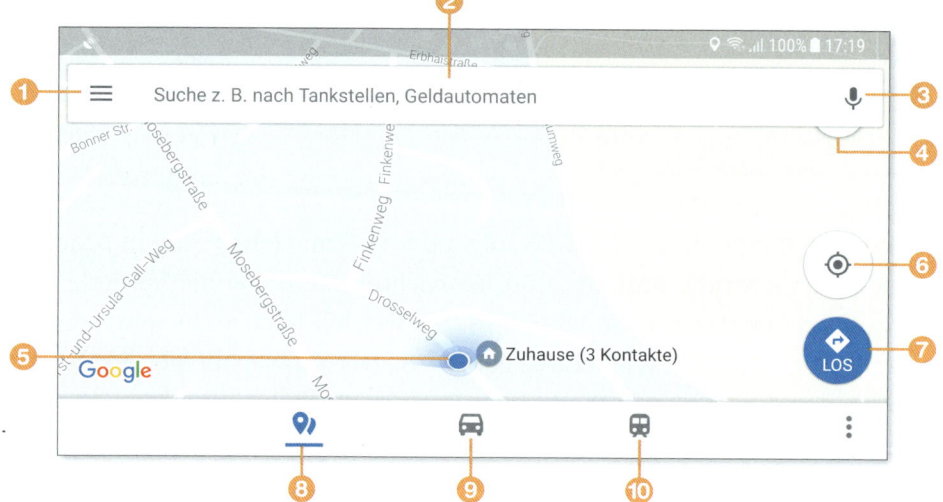

❶ Über die drei Striche gelangen Sie ins Hauptmenü der App. Hier können Sie die Kartenansicht verändern oder zu den Einstellungen wechseln.

❷ In das Suchfeld können Sie Orte, Adressen oder Sehenswürdigkeiten eingeben und danach suchen lassen.

❸ Mit dieser Schaltfläche lassen sich Suchanfragen per Sprache eingeben.

❹ Die Kompassnadel rechts oben (hier im Querformat von der Suchleiste verdeckt) zeigt Ihnen die Orientierung der Karte an.

❺ Der blaue Punkt zeigt Ihnen Ihre eigene Position an (ein schwachblauer Sektor gibt die Genauigkeit der Lokalisierung wieder). Wenn Sie den blauen Punkt antippen, öffnet sich ein Kontextmenü.

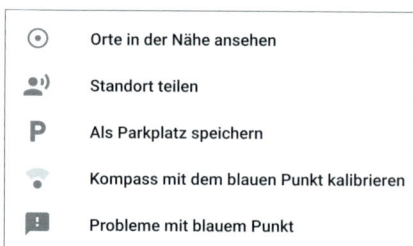

Google Maps kennenlernen

Hier erfahren Sie u. a., welche interessanten Orte sich in Ihrer Nähe befinden, oder Sie können damit Ihren Standort (per Mail, WhatsApp etc.) teilen.

❻ Zentrieren Sie mit dieser Schaltfläche die Karte an Ihrer eigenen Position, oder ändern Sie den Darstellungsmodus.

❼ Über diesen Link gelangen Sie zum integrierten Routenplaner.

❽ Durch Antippen dieser Schaltfläche werden interessante Orte in Ihrer Nähe angezeigt. Voreingestellt sind Restaurants und Bars.

❾ Hier gelangen Sie zu Informationen bezüglich der aktuellen Verkehrssituation.

❿ Über diese Schaltfläche finden Sie Informationen zum in der Nähe befindlichen Nahverkehr, also beispielsweise zu Bus- und Bahnlinien.

Sie können den Kartenausschnitt mit Ihren Fingern bei Berührung des Displays anpassen. Die wichtigsten Gesten erläutere ich Ihnen hier:

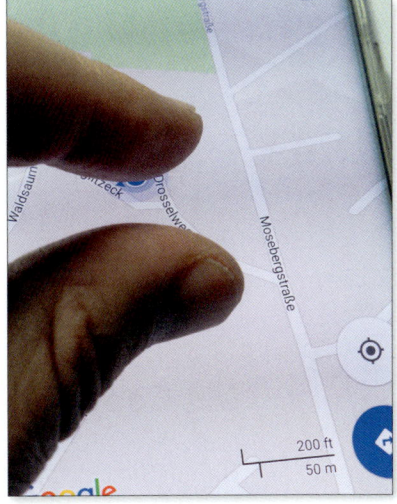

- Legen Sie einen Finger auf das Display und bewegen ihn, verschieben Sie so den aktuellen Kartenausschnitt. Das eignet sich besonders, wenn Sie etwas in der näheren Umgebung eines Orts suchen.

- Sie können den Kartenausschnitt vergrößern und eine detailreichere Karte ansehen, indem Sie mit zwei gespreizten Fingern das Display berühren und die Finger auseinanderziehen (*Pinch to Zoom*-Geste). Wenn Sie hingegen den Kartenausschnitt mit zwei gespreizten Fingern zusammenziehen, verkleinert sich die Karte, Sie sehen also weniger Details.

- Wenn Sie zwei Finger parallel auf das Display legen und nach oben oder unten fahren, kippen Sie die Displaydarstellung. Sie erreichen diese gekippte Darstellung auch durch Antippen des Lokalisierungssymbols in der rechten unteren Displayecke: Dadurch wird die Karte entweder in der sog. Draufsicht (❶ auf Seite 252) oder perspektivisch dargestellt.

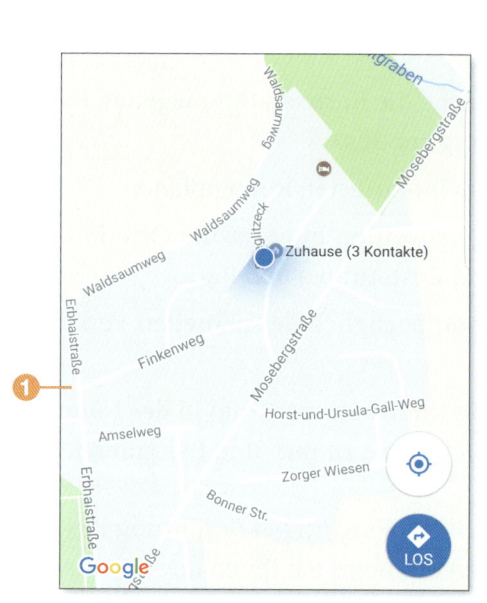 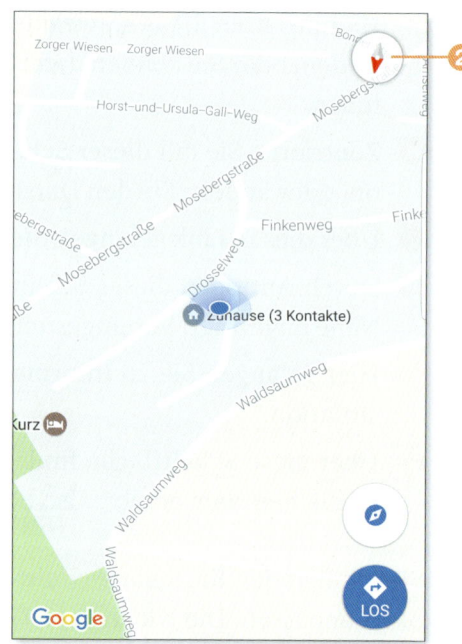

- Durch das Drehen zweier gespreizter Finger auf dem Display können Sie den Kartenausschnitt drehen. In beiden Positionen erleichtert eine Kompassnadel ❷ die Orientierung. Wenn Sie diese antippen, wird die Karte automatisch genordet.

Mithilfe dieser Gesten können Sie sich jederzeit die Kartenausschnitte ganz nach Ihren Bedürfnissen anzeigen lassen. Das ist doch praktisch!

Mit Google Maps unterwegs

Haben Sie bei Ihrem Mobilfunkvertrag ein begrenztes Datenvolumen, dann erreichen Sie bei häufiger Verwendung von Google Maps über das Mobilfunknetz womöglich schnell Ihr Datenlimit. Die zur Positionsbestimmung verwendeten Karten werden bei Ihren Anfragen stets aktuell aus dem Internet geladen. Aber auch dafür bietet Ihnen die App eine Lösung: Sie können die benötigten Kartenausschnitte bereits zu Hause bei bestehender WLAN-

Verbindung herunterladen und speichern. Unterwegs nutzen Sie dann die zuvor gespeicherten Karten und benötigen keine Internetanbindung.

1. Tippen Sie im Hauptmenü auf den Menüpunkt **Offlinekarten** ❶. Wählen Sie im folgenden Dialog den Punkt **Bereich auswählen** ❷. Über das Zahnradsymbol ❸ erhalten Sie Zugang zum Konfigurationsbereich der Offlinekarten. Dort können Sie u. a. deren automatische Aktualisierung aktivieren.

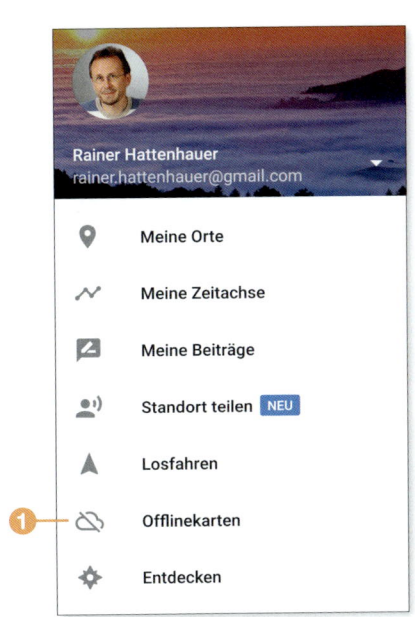
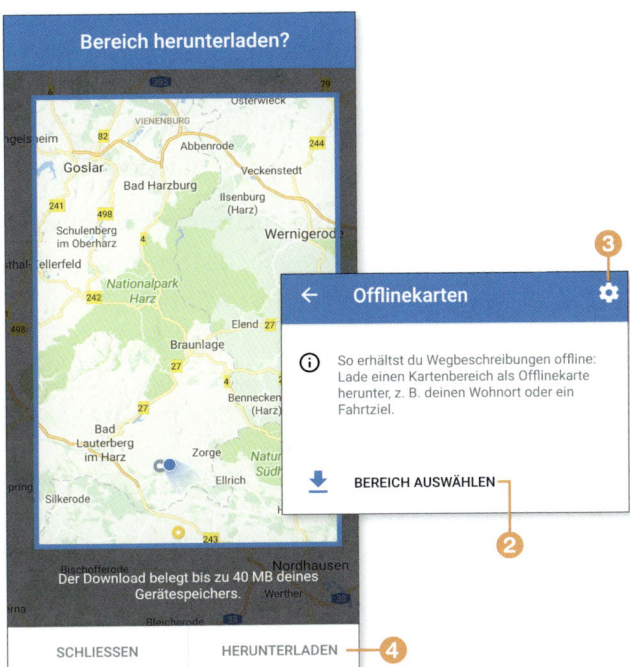

2. Passen Sie im nächsten Dialog die Größe des Kartenausschnitts per Fingergesten an, und speichern Sie die Karte schließlich durch Betätigen der Schaltfläche **Herunterladen** ❹ ab.

Dadurch laden Sie sich den gewünschten Kartenausschnitt in den Offlinespeicher der App. Um einen Überblick über die bereits heruntergeladenen Karten zu erhalten, zoomen Sie im Offline-Modus am besten ein wenig aus der Darstellung heraus. Wenn Sie möchten, können Sie dem Kartenausschnitt auch einen eigenen Namen geben. Dazu tippen Sie diesen in der

Übersicht über die Offlinekarten an, wählen anschließend das Stiftsymbol ❺ und benennen den Ausschnitt schließlich um.

Sie sehen, es gibt viele nützliche Funktionen innerhalb der App, mit deren Hilfe Sie getrost Ihre alten Straßenkarten zu Hause lassen können. Aber das waren längst noch nicht alle interessanten Funktionen für unterwegs, die Google Maps für Sie bereithält. Schauen wir uns die App doch noch einmal genauer an.

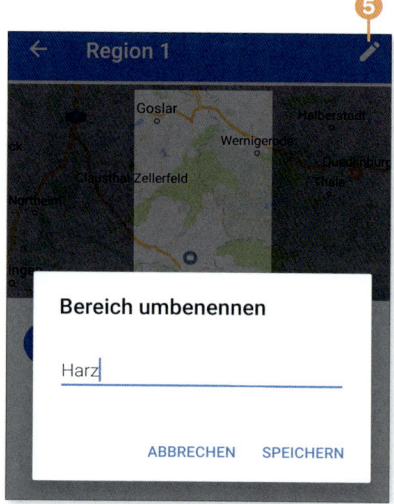

Suchen Sie nun nach einer beliebigen Adresse, indem Sie sie in das Suchfeld der App ❶ eingeben. Der Suchbegriff bzw. die Adresse kann dabei auch unscharf formuliert werden.

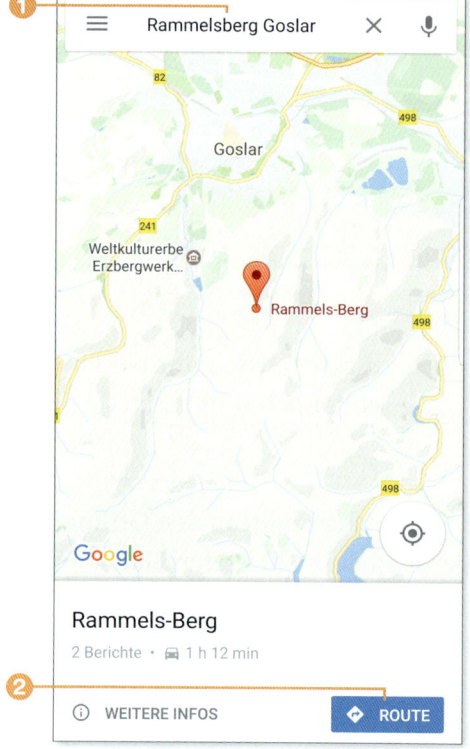
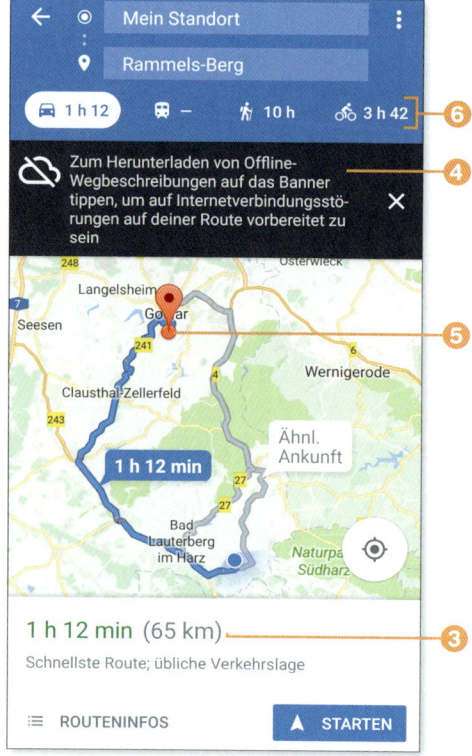

Mit Google Maps unterwegs

Wird Ihnen Ihr Ziel angezeigt, können Sie auf Wunsch durch Antippen von **Route** ❷ die Wegbeschreibung zu der gesuchten Adresse aufrufen. Im Beispiel wird Ihnen die Fahrtstrecke für das Auto inklusive der Streckenlänge und voraussichtlichen Fahrzeit ❸ angezeigt. Als Startpunkt für die Messung wird standardmäßig immer Ihr aktueller Standort verwendet. Für die spätere Navigation können Sie durch Antippen des schwarzen Banners ❹ Offline-Wegbeschreibungen herunterladen. Das ist recht nützlich, falls Sie später durch Gebiete ohne Onlineverbindung fahren oder auch ganz einfach Datenvolumen bei der Navigation sparen möchten.

Wenn Sie auf das rote Pinnnadelsymbol ❺ tippen, können Sie den gesuchten Ort zu Ihren Favoriten hinzufügen, indem Sie auf die nun erscheinende Schaltfläche **Speichern** tippen. Auch das **Teilen** der Adresse ist möglich.

Die Routenführung lässt sich jederzeit an Ihre Fortbewegungsart anpassen. Tippen Sie dazu einfach das entsprechende Symbol (für Autofahrer, öffentliche Verkehrsmittel, Fußgänger oder Radfahrer) am oberen Bildrand ❻ an, nachdem Sie die Routendetails aufgerufen haben.

Auch Sehenswürdigkeiten in der Nähe Ihres derzeitigen Standorts werden intelligent gefunden. Dazu können Sie auch ein einfaches Schlagwort wie beispielsweise »Museum« oder »Kloster« in das Suchfeld eintragen.

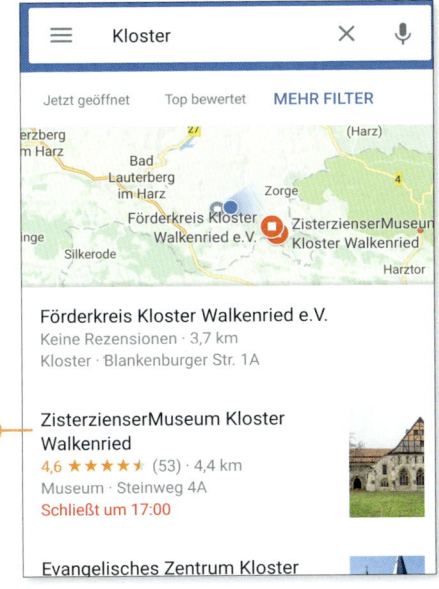

Kapitel 11 – Karten und Navigation

Tippen Sie die Schaltfläche mit dem Namen der in der Nähe befindlichen Sehenswürdigkeit (7 auf Seite 255) an, erhalten Sie weiterführende Informationen wie die genaue Adresse, Telefonnummer und Öffnungszeiten. In der Übersicht werden Ihnen weitere Vorschläge in der näheren Umgebung angezeigt. So finden Sie beim nächsten Ausflug schnell alle Sehenswürdigkeiten. Und wenn Sie schließlich noch wissen möchten, welche Restaurants Ihnen in der Nähe zur Verfügung stehen, dann wählen Sie einfach den Punkt **Entdecken** aus dem Seitenmenü der App.

Wie wäre es, wenn Sie sich schon vorab die nähere Umgebung einer Adresse anschauen könnten, z. B. wenn Sie eine Rast in einer Unterkunft planen, aber die Gegend bisher nicht kennen? Das ist problemlos mit Googles Street-View-App möglich. Darin finden Sie nicht nur von Google aufgezeichnete Landschaften und Stadtzentren, sondern auch eine unglaubliche Anzahl von 360-Grad-Panoramen, die von Anwendern in Googles Street-View-System hochgeladen wurden.

Google Street View

1. Installieren Sie Street View mithilfe des QR-Codes, und starten Sie die App. Ein Assistent erklärt Ihnen zunächst die wichtigsten Funktionen.

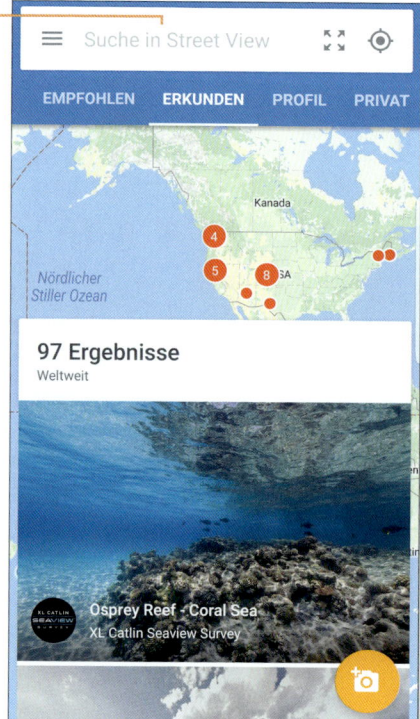
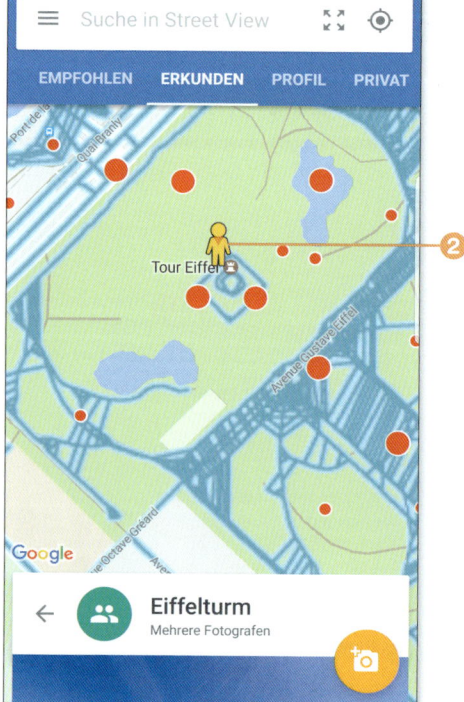

Mit Google Maps unterwegs

2. Geben Sie eine Adresse, den Namen einer Sehenswürdigkeit oder eine Unterkunftsbezeichnung in das Suchfeld ❶ ein. Ich suche hier im Beispiel nach dem Begriff »Eiffelturm«.

3. In der Übersicht erscheinen nun blau markierte Straßen und Wege sowie rote Punkte. Die Straßen wurden von Googles Street-View-Mobil erfasst, die roten Punkte sind 360-Grad-Panoramen von Nutzern. In der Mitte sehen Sie ein stilisiertes Männchen – den sog. *Pegman* ❷. Tippen Sie auf eine blau markierte Stelle in der Karte oder auch auf einen der roten Punkte, wird der Pegman an diese Stelle gesetzt und zeigt ein Vorschaubild. Tippen Sie dieses an, und Ihre virtuelle Rundreise kann beginnen.

4. Im Street-View-Modus können Sie sich im Bild durch Antippen der weißen Pfeile ❸ »umsehen« und per Fingerspreizen den Ausschnitt vergrößern oder verkleinern. Bei 360-Grad-Bildern bewegen Sie sich per Fingerwischbewegung durch die Szenerie.

Kapitel 11 – Karten und Navigation

Sollten Sie im Besitz einer Virtual-Reality-Brille (siehe den Abschnitt »Das S8 als Einstieg in die virtuelle Realität« ab Seite 351) oder des Google-Cardboard-Gestells sein (das ist eine spezielle Halterung aus Karton, die mithilfe von Linsen und Magneten aus zwei Einzelbildern ein 3D-Bild erzeugt und mit einem Magnetsensor interagiert, über den auch Ihr S8 verfügt), dann können Sie durch Antippen des Cardboard-Symbols (❹ auf Seite 257) ein Doppelbild auf Ihrem S8-Bildschirm erzeugen. Dieses wird dann von der Brille bzw. im Gestell so umgesetzt, als würden Sie sich leibhaftig vor Ort befinden. Wenn Sie den Kopf bewegen, dann bewegt sich das Bild simultan mit Ihnen – und das nennt man virtuelle Realität.

Ein Street-View-Bild in Google-Cardboard-Darstellung

Zu guter Letzt haben Sie die Möglichkeit, aus Google Maps heraus die *Google Earth*-App aufzurufen. Begeben Sie sich dazu in das Menü der Maps-App, und rufen Sie von dort aus den Link zur Google-Earth-App ❶ auf. Sollten Sie Google Earth noch nicht installiert haben, so werden Sie direkt in den Play Store weitergeleitet, um dies nachzuholen.

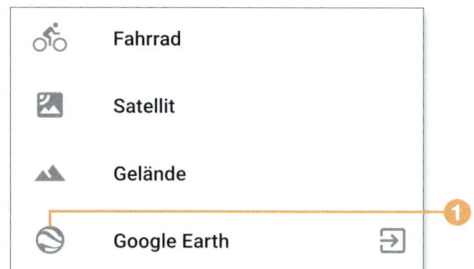

Mit Google Maps unterwegs

Innerhalb der Earth-App können Sie wiederum Suchanfragen eingeben, so wie Sie es bereits von Google Maps gewohnt sind. Auch umgangssprachlich formulierte Fragen wie »Hauptstadt von Frankreich« funktionieren. Sie erhalten nach Eingabe eines Suchbegriffs eine 3D-Satellitenansicht Ihrer Suchanfrage und können sich das Geländeprofil der Umgebung anschauen.

Auch die Steuerung per Fingergesten funktioniert ganz ähnlich wie die Steuerung in Google Maps. Und durch Antippen des kleinen Männchens ❷ (von Google, wie gesagt, Pegman genannt) und anschließendes Antippen eines blau schraffierten Bereichs landen Sie im bekannten Street-View-Modus – so können Sie sich von zu Hause aus bequem auf Weltreise begeben.

 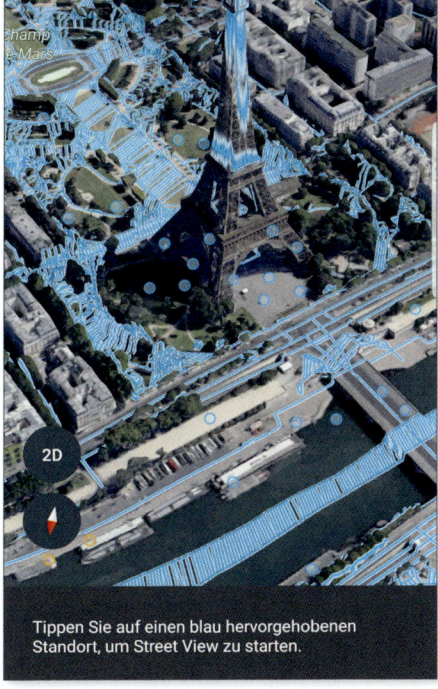

Mit Google Earth die Welt erkunden

Kapitel 11 – Karten und Navigation

Navigation – der Routenplaner

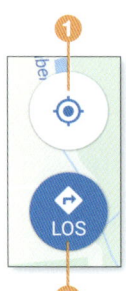

Kommen wir zu einer kleinen Navigationsaufgabe. Sie möchten eine Route zwischen zwei Orten planen. Dies können Sie direkt aus Google Maps heraus tun.

1. Starten Sie Google Maps, und tippen Sie auf das Lokalisierungssymbol ❶. Tippen Sie anschließend auf das Navigationssymbol **Los** ❷.

2. Geben Sie Start und Ziel Ihrer Route in die entsprechenden Felder ein. Als Startort wird zunächst automatisch der aktuelle Standort verwendet, Sie können hier aber auch andere Startorte vorgeben, indem Sie das Feld antippen und eine andere Adresse eingeben. Eine direkte Navigation ist allerdings nur vom aktuellen Standort aus möglich.

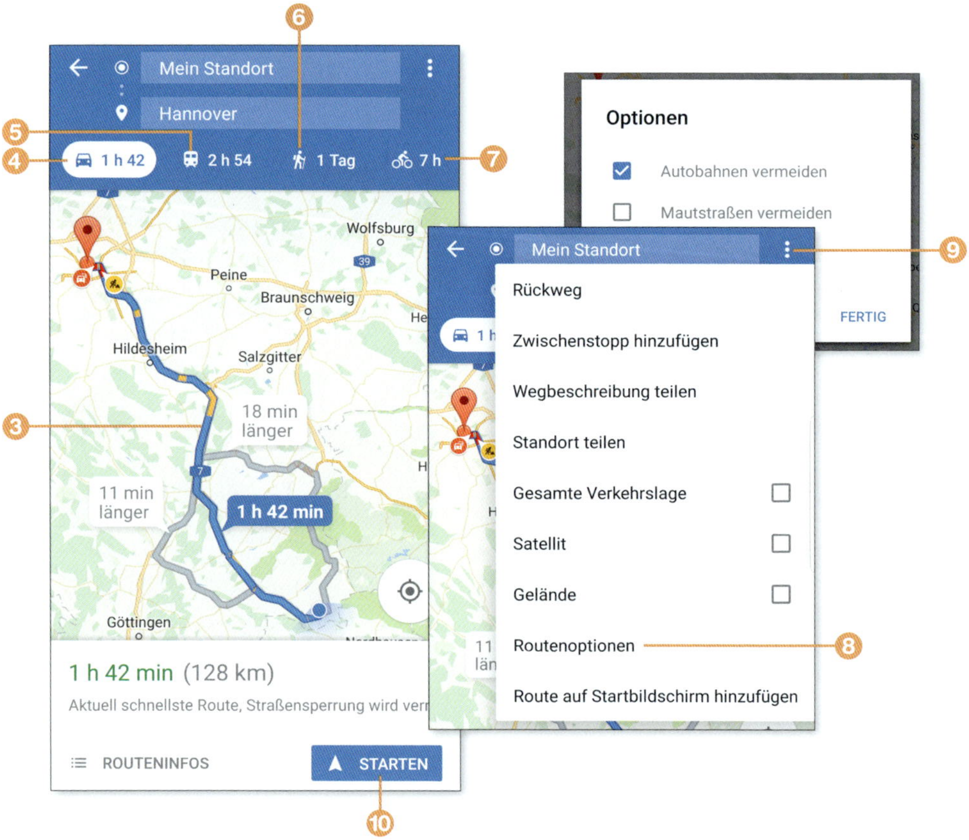

Navigation – der Routenplaner

3. Nachdem Sie den Anfangs- und Endpunkt der Route eingegeben haben, wird diese sofort berechnet und blau ❸ dargestellt. Gegebenenfalls werden auch Alternativrouten (grau) angezeigt. Möchten Sie anstelle der Hauptroute eine Alternativroute nutzen, so tippen Sie diese einfach an. Unter den jeweiligen Routenvorschlägen werden Ihnen außerdem die ungefähre Dauer und die Streckenlänge angezeigt.

4. Sie können über die Wahlfelder am oberen Rand des Displays bestimmen, ob die Routenführung für Autofahrer ❹ oder öffentliche Verkehrsmittel ❺, Fußgänger ❻ oder Radfahrer ❼ berechnet werden soll. Über die **Routenoptionen** ❽ (zu erreichen über das In-App-Menü ❾) können Sie die Streckenführung genauer einstellen – bestimmen Sie z. B. beim Erstellen einer Autofahrtstrecke, ob Autobahnen oder mautpflichtige Straßen vermieden werden sollen.

5. Starten Sie die Routenführung durch Antippen von **Starten** ❿. Beim ersten Start erhalten Sie eine Warnung, dass Sie trotz Navigation stets auf den Straßenverkehr zu achten haben. Sie werden nach deren Bestätigung sowohl optisch als auch verbal über Ihre Route geführt.

Möchten Sie sich die nächsten Zwischenziele anzeigen lassen, dann tippen Sie zunächst auf die Titelzeile und anschließend auf den kleinen Pfeil am rechten oberen Displayrand (⓫ auf Seite 261).

Nun können Sie sich von einem Abbiegepunkt zum nächsten durch die Route bewegen, indem Sie erneut das kleine Pfeilsymbol antippen. Durch Antippen der Schaltfläche **Zentrieren** ⓬ gelangen Sie wieder in den Navigationsmodus.

Außerdem gelangen Sie durch Antippen der weißen Leiste am unteren Displayrand ⓭, welche die Zeit und Entfernung zum Ziel angibt, in ein erweitertes Menü. Darin finden Sie u. a. die Schaltfläche **Wegbeschreibung** ⓮, mit der Sie in den Roadbook- bzw. Listenmodus wechseln. Hier sehen Sie den gesamten Streckenverlauf als Liste mit allen Abbiegehinweisen. Wenn Sie einen dieser Punkte antippen, wird dieser erneut in Form einer kleinen Karte dargestellt.

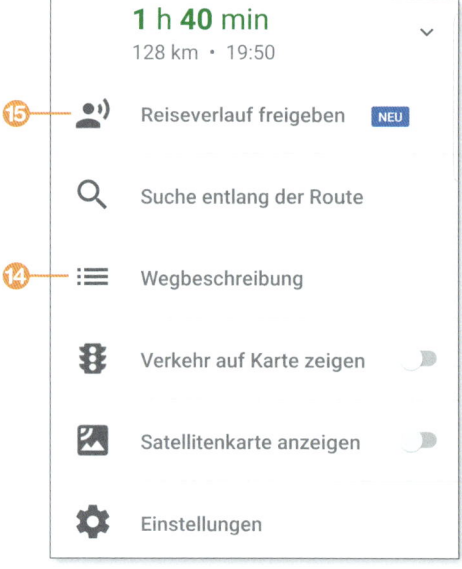
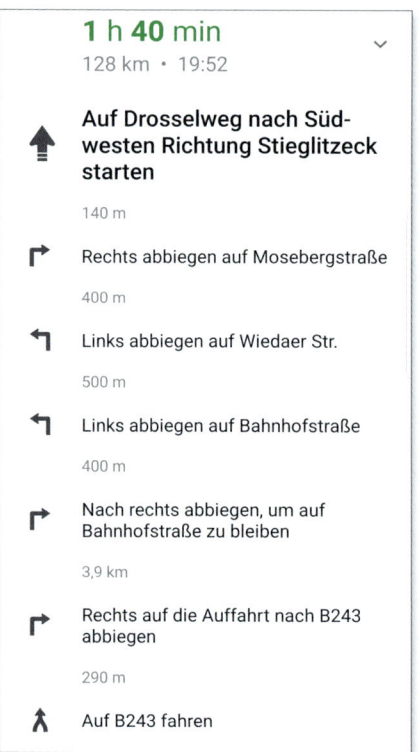

Navigation – der Routenplaner

Wählen Sie im Menü **Reiseverlauf freigeben** ⑮, können Sie Freunden oder Bekannten Ihre Route übermitteln.

Sollten Sie oft mit dem Auto unterwegs sein, dann interessiert Sie sicher auch die Verkehrslage. Google Maps bietet die Möglichkeit, während der Navigation die Verkehrssituation in die aktuelle Karte einzublenden und bei Bedarf nach Umleitungen zu suchen.

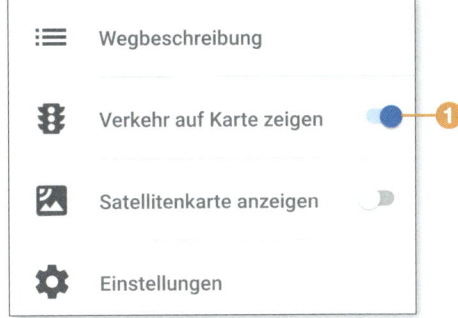

Aktivieren Sie im Navigationsmodus im In-App-Menü (das sind die drei Punkte) die Option **Verkehr auf Karte zeigen** ❶, wird sofort die aktuelle Verkehrslage in Form von grünen (flüssiger Verkehr), gelben (zäh fließender Verkehr) und roten Linien (Stau) angezeigt. Zusätzlich erhalten Sie einen Überblick über bestehende Straßensperrungen, Unfälle, Baustellen oder Verkehrsbehinderungen.

Durch Antippen der entsprechenden Symbole ❷ erhalten Sie nähere Informationen über die jeweilige Störung.

> **TIPP**
>
> **Direkte Navigation zu einem Kontakt aus Ihrem Adressbuch**
>
> Haben Sie die Adressdaten zu einem Kontakt in der *Kontakte*-App hinterlegt, dann können Sie auf einfachste Weise die Route planen: Starten Sie die Kontakte-App, und rufen Sie den gewünschten Kontakt auf. Wurde eine Adresse für den Kontakt hinterlegt, dann tippen Sie einfach auf das GPS- bzw. Lokalisierungssymbol ❸ neben der Adresse. Dadurch wird die Adresse in Google Maps aufgerufen, und Sie können die Navigation wie oben beschrieben starten.
>
>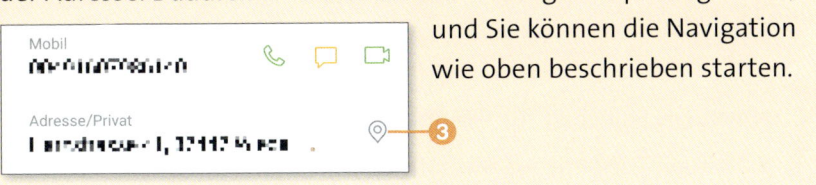

Kapitel 11 – Karten und Navigation

Mittlerweile lassen sich bei Google Maps auch per In-App-Menü Zwischenstopps der Route hinzufügen, sodass der Routenverlauf den eigenen Plänen angepasst werden kann. Durch Antippen der jeweiligen Schaltflächen können die einzelnen Zwischenstopps in beliebiger Reihenfolge angeordnet werden.

Google Maps hat allerdings einen Nachteil: Wenn Sie den Datenverkehr begrenzen wollen, dann müssen Sie jedes Mal vor dem Erstellen einer Route die entsprechenden Offlinekarten auf Ihr Smartphone laden – eine mühsame und zeitraubende Angelegenheit. Abhilfe schafft hier die Verwendung einer professionellen Onboard-Routing-App, die bereits mit vorinstallierten Karten daherkommt. Der Marktführer ist hier *NAVIGON*. Die App hat allerdings auch ihren Preis: Circa 60 € müssen Sie für die Europaversion bezahlen. Die App lässt sich über In-App-Module beliebig aufpeppen; so erhalten Sie per Live-Traffic-Modul einen Überblick über aktuelle Verkehrsbehinderungen in Echtzeit.

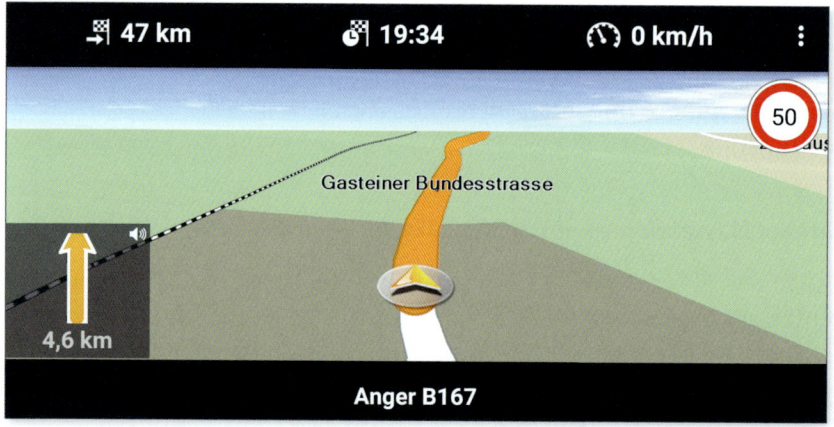

NAVIGON ist eine professionelle Navigations-App, die keine Wünsche offenlässt.

> **TIPP**
>
> **NAVIGON Select ist für T-Mobile-Kunden kostenlos**
>
> Sie haben T-Mobile als Mobilfunkanbieter? Dann dürfen Sie das NAVIGON-Select-Paket zwei Jahre kostenlos nutzen!

Kapitel 12
Musik auf dem S8

Eine gute Nachricht: Sie müssen auf Ihrem Galaxy S8 nicht auf Ihre mühsam zusammengetragene digitale Musiksammlung verzichten. Das Android-System ist für die Wiedergabe diverser Tonformate bestens aufgestellt und besitzt mit der App *Play Musik* sogar eine ideale Möglichkeit, Ihre Lieblingssongs in der Google-Cloud zu sichern. Auch für das zeitgemäße *Streamen* der gigantischen Musikkataloge von Spotify und Co. ist das S8 bestens gerüstet.

Musik einfach auf das S8 übertragen

Wenn Sie ohne große Umstände sofort loslegen und eigene Musik auf Ihrem Smartphone hören möchten, übertragen Sie einzelne Stücke oder Alben am einfachsten per USB-Anschluss vom PC auf Ihr S8.

> **INFO**
>
> **Nutzen Sie eine externe Speicherkarte für Musik**
>
> Um den internen Speicher zu entlasten, empfehle ich Ihnen, Ihr S8 mit einer zusätzlichen externen MicroSD-Karte zu erweitern und Ihre komplette Musiksammlung darauf zu kopieren. Bei einer (maximalen) Kartenspeichergröße von 200 GB sollte das kein Problem sein. Siehe auch den Abschnitt »Das S8 zum ersten Mal starten« ab Seite 16.

Kapitel 12 – Musik auf dem S8

1. Installieren Sie Samsungs Universalsoftware *Smart Switch*. Diese finden Sie unter *http://www.samsung.com/de/support/smartswitch*. In Verbindung mit Smart Switch werden auch gleichzeitig geeignete Treiber für Ihr S8 installiert.

2. Schließen Sie Ihr S8 per USB-Kabel an Ihren PC an, und starten Sie Smart Switch. Das Gerät wird als Mediengerät oder Massenspeicher ähnlich wie ein USB-Stick erkannt.

3. Nach kurzer Zeit wird Ihr Gerät sowohl von Smart Switch als auch vom Windows-Dateimanager (*Explorer*) erkannt.

   Hier können Sie nun bequem sowohl auf den internen Speicher Ihres S8 als auch auf die eingelegte Speicherkarte zugreifen und Dateien austauschen.

4. Im Explorer erkennen Sie Ihr Telefon am Eintrag **Galaxy S8** ❶. Klicken Sie diesen Eintrag an. Sie erhalten nun Zugriff auf die Bereiche **Card** ❷ und **Phone** ❸. Dabei führt **Phone** zum internen Speicher Ihres S8, **Card** zum per SD-Karte erweiterten Speicherbereich.

5. Im Bereich **Phone** auf dem internen Speicher gibt es bereits einen Ordner namens *Music*. Hier werden alle lokalen Musikstücke verwaltet. Möchten Sie, wie von mir empfohlen, die Musik auf die Erweiterungskarte kopieren, so empfiehlt es sich, auf dieser einen entsprechenden Ordner anzulegen. Dazu wechseln Sie per Explorer in den Bereich **Card** und erstellen dort einen Ordner »Music«.

Musik einfach auf das S8 übertragen

> **INFO**
>
> **Smart Switch auf dem Mac verwenden**
>
> Sind Sie Mac-Besitzer? Dann finden Sie eine für den Mac angepasste Version ebenfalls unter *http://www.samsung.com/de/support/smartswitch* zum Download. Die Mac-Version besitzt annähernd die gleichen Funktionen wie die Windows-Version. Der einzige größere Unterschied besteht hier darin, dass Ihr S8 nicht im *Finder* (der Mac-Alternative zum Explorer unter Windows) auftaucht. Sie müssen zum Zugriff auf den internen Speicher Ihres S8 zuerst auf das Pfeilsymbol neben dem Gerätenamen ❹ und anschließend auf den kleinen blauen Ordner ❺ tippen. Der Bereich **Phone** bietet auch hier wieder den Zugang zum internen Gerätespeicher, über **Card** gelangen Sie zur Speichererweiterungskarte.
>
>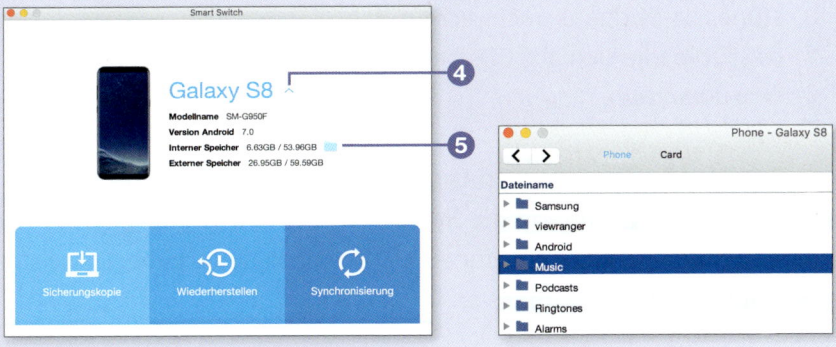

6. Suchen Sie nun mithilfe des Explorers ein Stück oder ein ganzes Album auf Ihrem PC aus, das Sie auf Ihrem S8 hören möchten. Wissen Sie nicht, wo sich die Musik auf Ihrem PC befindet, schauen Sie einmal im Verzeichnis *Musik* unter *Dieser PC* nach, ob Sie dort fündig werden.

7. Haben Sie *iTunes* installiert, so wird Ihre komplette Musiksammlung dort im iTunes-Unterordner abgelegt. Begeben Sie sich hier in den Pfad *Musik/iTunes/iTunes Media/Music*.

8. Ziehen Sie die gewünschten Stücke bzw. das Album per Drag & Drop oder Copy & Paste (siehe Glossar) in das Verzeichnis *Music* auf Ihrem S8-Smartphone. Der Musik-App auf Ihrem S8 ist es egal, ob die Stücke ungeordnet oder in Ordnern zusammengefasst auf dem Speicher lan-

den. Es ist aber sinnvoll, die auf dem PC vorgegebene Ordnerstruktur beizubehalten. Die Musikdateien sollten dabei im MP3-, MP4- oder M4A-Format vorliegen.

iSyncr für iTunes

> **TIPP**
>
> **Die Musikbibliothek per iTunes und iSyncr synchronisieren**
>
> Es ist relativ mühsam, die eigene Musikbibliothek auf dem S8 per Copy & Paste aktuell zu halten. Ich empfehle Ihnen hier die kostenpflichtige App *iSyncr* (3,99 € für die Pro-Version im Google Play Store), die sowohl mit dem PC als auch mit dem Mac synchronisiert. Im Play Store finden Sie iSyncr zum Download. Notwendige Voraussetzung für den Abgleich mit iSyncr ist, dass Sie Ihre Musik über Apples Universalsoftware iTunes verwalten, mehr Informationen dazu finden Sie hier: *https://www.apple.com/de/itunes/download*. iTunes ist übrigens auch recht nützlich, wenn es darum geht, Musikstücke, die sich auf CDs befinden, auf dem PC in Audiodateien umzuwandeln.

Fertig! Sie haben Ihr S8 nun fürs Erste mit etwas Futter für die Ohren ausgestattet. Um zu testen, ob die Stücke bzw. Alben wiedergegeben werden können, benötigen Sie noch eine App zur Musikwiedergabe. Diese stelle ich Ihnen im nächsten Abschnitt vor.

Musik abspielen

Vorinstalliert ist auf Ihrem S8 lediglich Googles Universal-App *Play Musik*, welche Sie im App-Menü finden. Diese werden wir uns später noch etwas genauer anschauen. Samsung selbst bietet für die Musikwiedergabe die App *Music* (*Musik*) für Android an. Diese wurde in der aktuell vorliegenden Version deutlich gegenüber früheren Versionen verbessert. Die Samsung-eigene App ist zwar noch nicht auf Ihrem Gerät vorinstalliert, Sie können sie aber im Galaxy Store kostenlos für Ihr S8 herunterladen. Gehen Sie zur Installation folgendermaßen vor:

1. Starten Sie die App *Galaxy Apps* aus dem Samsung-Ordner im App-Menü.

Musik abspielen

2. Geben Sie in das Suchfeld »Samsung Music« ❶ ein. (Obwohl die App auf Deutsch »Musik« heißt, führt eine Suche mit dem deutschen Begriff ins Leere.)

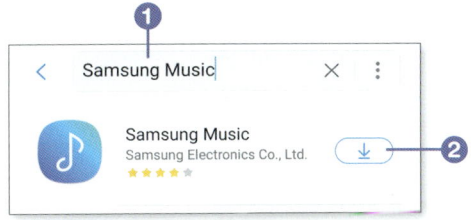

3. Installieren Sie die App durch Antippen des Downloadpfeils ❷.

4. Starten Sie die App Samsung Music aus dem App-Menü. Sie heißt dort *Musik*. Bestätigen Sie beim ersten Start die von der App eingeforderten Rechte. Sie haben zusätzlich die Möglichkeit, ein Musik-Paneel zu aktivieren, welches in der Edge-Funktionsleiste Ihres S8 erscheint (siehe dazu auch den Abschnitt »Kontakte auf der Kante« ab Seite 79).

5. Die App durchsucht nun sowohl den internen Speicher Ihres S8 als auch die eventuell eingesetzte SD-Karte. Es dauert beim ersten Start eine Weile, bis alle Stücke, die Sie bereits auf Ihr S8 übertragen haben (siehe den vorigen Abschnitt), erfasst wurden.

Die Musik-App ist in folgende Bereiche unterteilt:

- **Favoriten (Herzsymbol)**: Hier erscheinen Ihre Lieblingsstücke bzw. Alben, die Sie während der Wiedergabe durch Antippen des Herzsymbols favorisiert haben.

- **Wiedergabelisten**: Hier können Sie Wiedergabelisten selbst erstellen oder iTunes-Wiedergabelisten abspielen, die per iSyncr (siehe den Kasten »Die Musikbibliothek per iTunes und iSyncr synchronisieren« auf Seite 268) abgeglichen wurden.

- **Titel**: Enthält alle einzelnen Titel, die auf Ihrem S8 gespeichert sind.

- **Alben**: Hier finden Sie sämtliche gespeicherten Alben.

- **Interpreten**: Ordnet Ihre Musik nach Interpreten.

- **Ordner**: Zeigt die Ordner, welche Ihre Musik enthalten, als Datenstrukturelement an.

Kapitel 12 – Musik auf dem S8

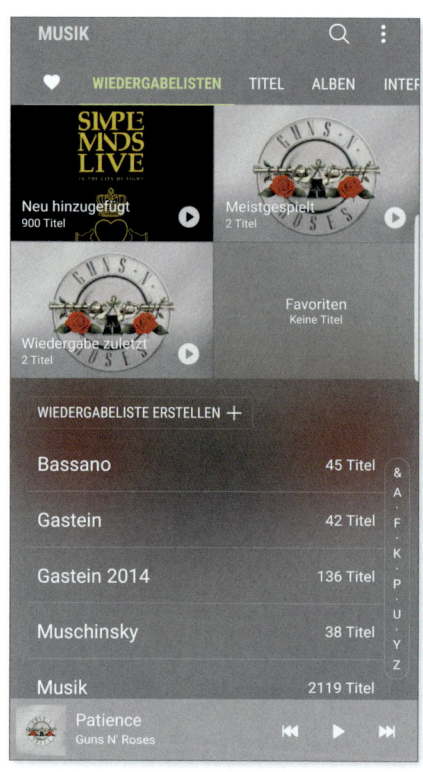 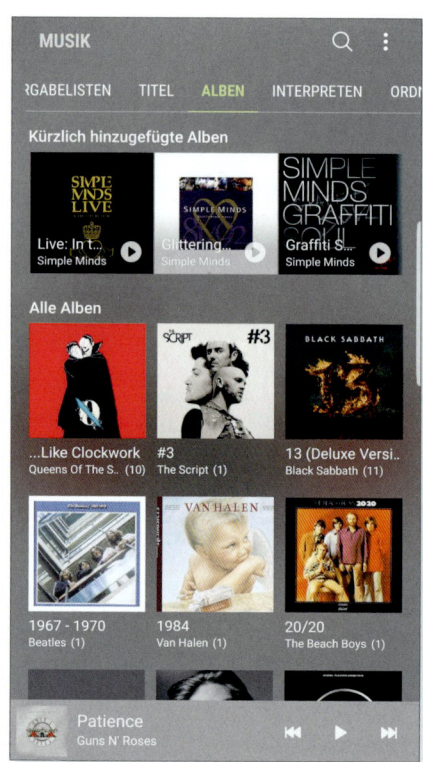

Zur Wiedergabe und Steuerung eines Musikstücks gehen Sie wie folgt vor:

1. Suchen Sie sich ein Stück aus Ihrer Sammlung. Sie öffnen ein Album durch Antippen im Bereich **Alben**, ein einzelnes Stück wird ebenfalls durch Antippen wiedergegeben.

2. Sie können nun den Player über die Home-Taste verlassen, die Musik wird im Hintergrund wiedergegeben. Möchten Sie die Wiedergabe außerhalb der Player-Umgebung stoppen, so wischen Sie die Statusleiste herunter und stoppen die Wiedergabe über die Pause-Schaltfläche ❶.

Hier finden Sie außerdem die Bedienelemente **Vorheriges Lied** ❷ und **Nächstes Lied** ❸ sowie die Schaltfläche zum kompletten Schließen der App ❹.

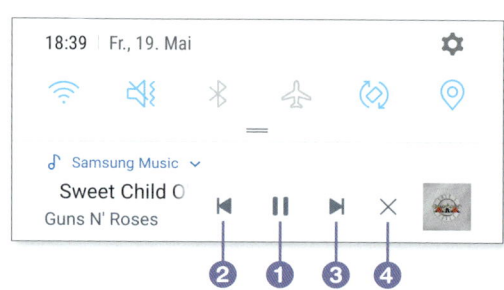

Musik abspielen

3. Durch Wischen an der Paneele-Schaltfläche ❺ gelangen Sie aus sämtlichen Bildschirmen zur Steuerung der Musik-App, sofern Sie das entsprechende Paneel in Schritt 4 auf Seite 269 aktiviert haben.

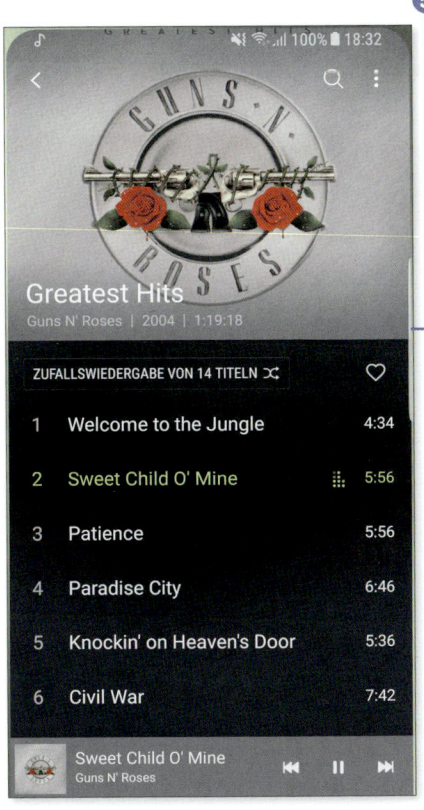
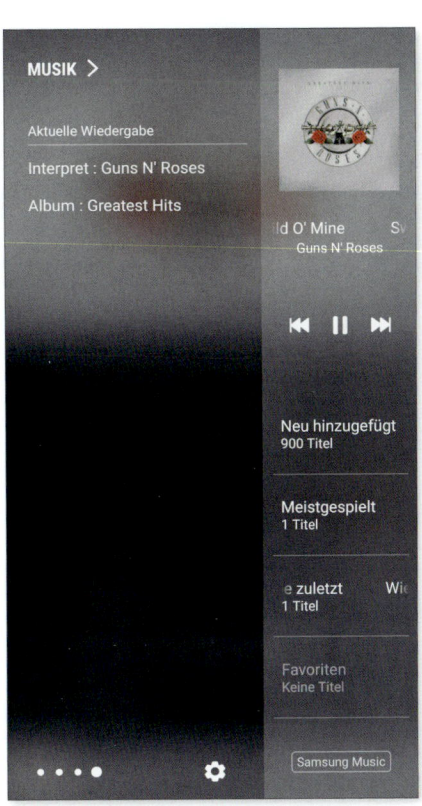

Alternativ können Sie sich auch einmal die App von Google, *Play Musik*, anschauen. Diese verfügt über eine perfekte Cloud-Anbindung, d. h., Sie haben damit die Möglichkeit, Ihre private Musik auf Googles Servern zu speichern. Diese steht Ihnen dann weltweit zum Streamen per Onlineverbindung zur Verfügung, ohne dass Sie diese auf Ihrem lokalen Gerät speichern müssen.

1. Starten Sie die Play-Musik-App aus dem App-Menü. In einem kleinen Einführungsdialog wird Ihnen angeboten, das Google-Musik-Abo zu nutzen. Dies können Sie später immer noch nachholen, wählen Sie stattdessen den Punkt **Nein danke** (❶ auf Seite 272).

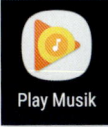

Kapitel 12 – Musik auf dem S8

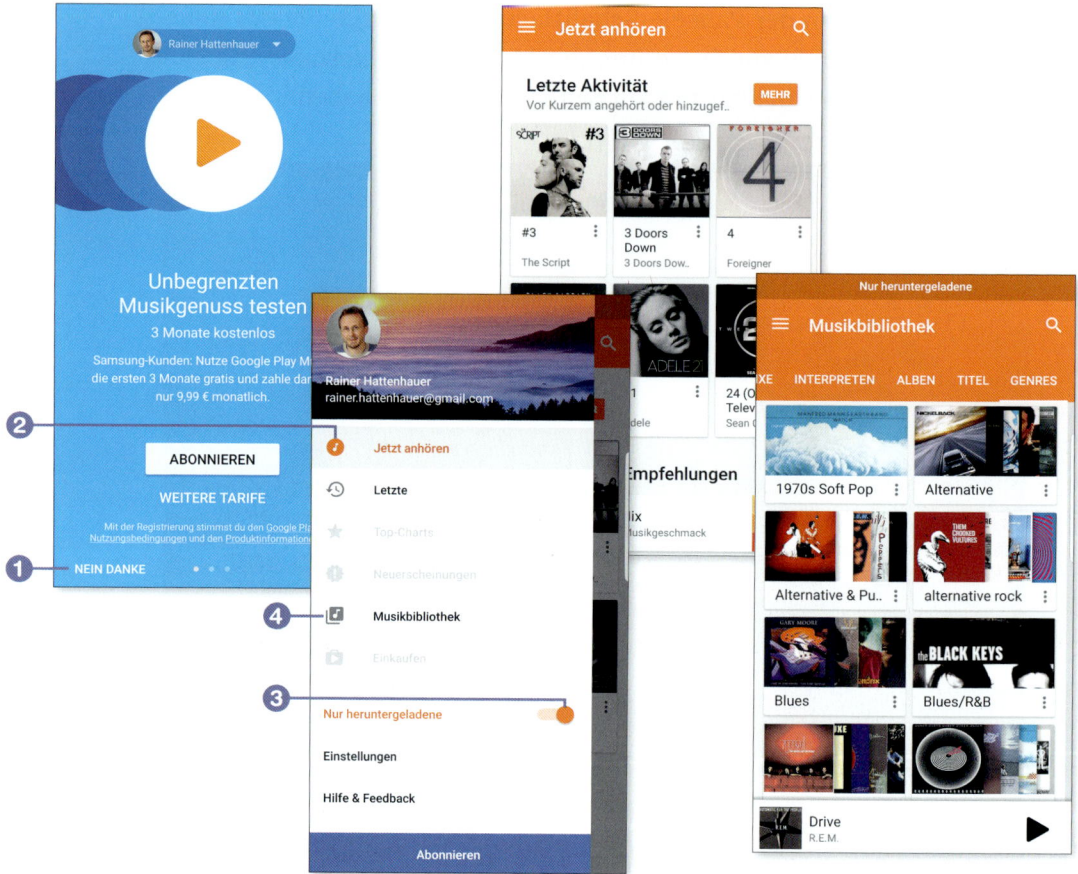

2. Wählen Sie im Seitenmenü der App den Bereich **Jetzt anhören** ❷. Möchten Sie nur die auf Ihrem Smartphone gespeicherten Stücke wiedergeben, dann achten Sie darauf, dass der Schalter **Nur heruntergeladene** ❸ aktiviert ist. Dadurch erscheinen nur Stücke in der Übersicht, die sich lokal auf Ihrem Gerät befinden.

3. Wechseln Sie über das Hauptmenü in den Bereich **Musikbibliothek** ❹, und suchen Sie sich dort ein Stück zur Wiedergabe aus. Das kennen Sie bereits von Samsungs Musik-App. Tippen Sie das Stück an, und es wird wiedergegeben.

> **TIPP**
>
> **Musikwiedergabe per Headset oder Bluetooth-Boxen**
>
> Natürlich können Sie die Musik auch über das beiliegende Headset Ihres S8 hören. Audiophile Menschen geben ihre Lieblingsmusik via Bluetooth an externe hochwertige Boxen weiter. Dadurch verwandelt sich Ihr S8 in eine perfekte Hi-Fi-Anlage.

Musik in der Cloud speichern

Die beschriebene Vorgehensweise, Musik lokal auf dem heimischen PC oder dem Smartphone zu speichern, mutet heutzutage schon ein wenig altmodisch an. Der moderne Datennomade gleicht seine Musiksammlung mit der *Cloud* ab. Die Cloud ist dabei eigentlich nichts anderes als eine große Festplatte im Internet. Mithilfe einer App werden sämtliche Musikstücke Ihrer Musiksammlung auf einen Server hochgeladen oder mit bestehenden Stücken abgeglichen. Der Clou dabei: Selbst wenn es sich bei Teilen Ihrer Musik um qualitativ schlechte Internetradio-Mitschnitte oder Ähnliches handelt, wird stets versucht, das Originalstück zu finden und mit Ihrem Konto zu verknüpfen. Die Wiedergabe der Stücke erfolgt per sog. *Streaming* (siehe Glossar), was eine aktive Onlineverbindung voraussetzt, oder durch Speichern auf dem Gerät für eine Offlinewiedergabe.

Am einfachsten laden Sie Ihre Musik mit Googles Chrome-Browser in die Google-Cloud. Diese können Sie dann auf Ihrem S8 mit der im vorigen Abschnitt vorgestellten Play-Musik-App überall dort nutzen bzw. herunterladen, wo Sie mit dem Internet verbunden sind. Gehen Sie zum Abgleich Ihrer Musiksammlung mit der Google-Cloud und Chrome folgendermaßen vor:

1. Starten Sie den Browser Chrome auf Ihrem PC, und rufen Sie über die Adresszeile die Seite *music.google.com* auf. Loggen Sie sich dort mit Ihren Google-Account-Daten ein.

2. Klicken Sie im Menü auf der linken Seite auf **Musik hochladen** (❶ auf Seite 274).

Kapitel 12 – Musik auf dem S8

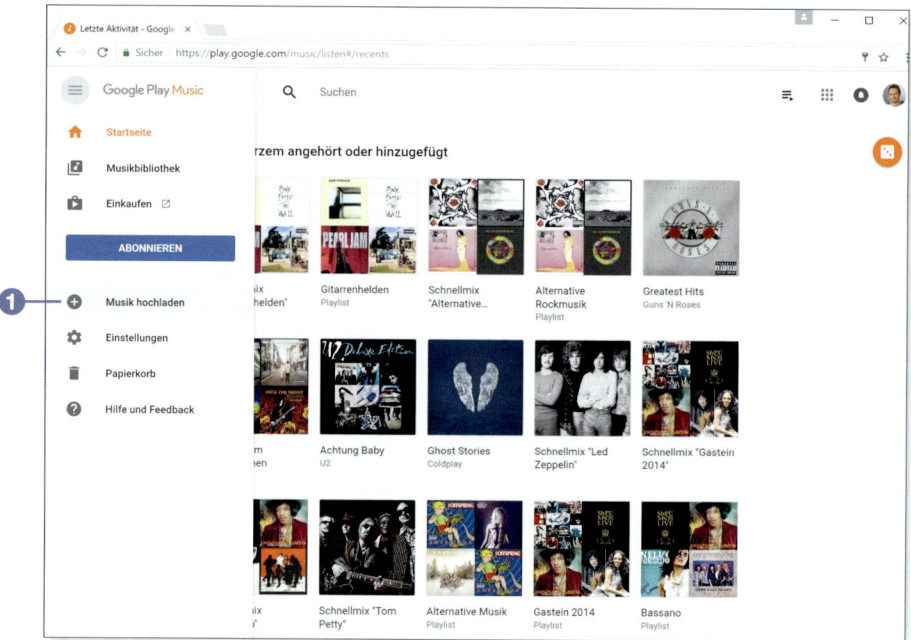

3. Ziehen Sie ein oder mehrere Alben bzw. Musikstücke aus dem Dateimanager Ihres PCs in das Browserfenster.

Je nach System und Browser wird Ihnen nun beim ersten Aufruf der Funktion angeboten, entweder den *Google Music Manager* zu installieren oder (im Fall von Chrome) das Play-Musik-Plug-in.

4. Installieren Sie das Plug-in für den Chrome-Browser. Dies geschieht über **App hinzufügen** ❷.

5. Nach der Installation des Plug-ins müssen Sie sich ggf. noch einmal neu anmelden und können dann diejenigen Musikdateien, die Sie hochladen möchten, per Drag & Drop ins Browserfenster schieben. Diese landen dann in der

274

Musik in der Cloud speichern

Google-Cloud und stehen Ihnen nun auf Ihrem S8 an jedem Ort der Welt zur Verfügung – vorausgesetzt, Sie sind an das Internet angebunden.

> **INFO**
>
> **Automatischer Abgleich mit einem Ordner**
>
> Wenn Sie einen Ordner (z. B. *Music*) aus dem Explorer in das Fenster Ihres Browsers ziehen, dann versucht das Play-Musik-Plug-in von Chrome, diesen Ordner mit Ihrer Google-Musik-Cloud stets synchron zu halten.

6. Begeben Sie sich nun auf Ihrem S8 in die Google-Play-Musik-App. Sämtliche Stücke, die Sie in der Cloud abgelegt haben, erscheinen nun in der Übersicht. Achten Sie darauf, dass Sie zur Wiedergabe per Streaming in den Online-Modus wechseln. Das geschieht über die Deaktivierung des Schalters **Nur heruntergeladene** ❸ im Seitenmenü der App.

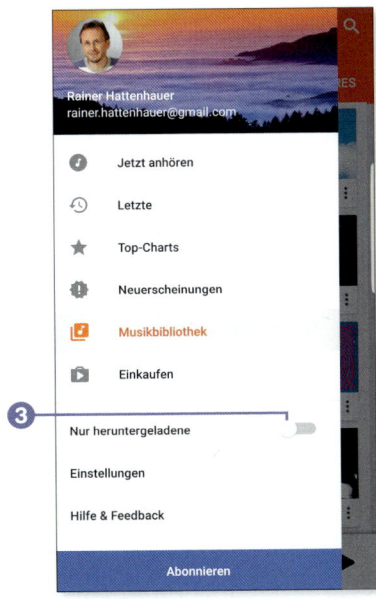 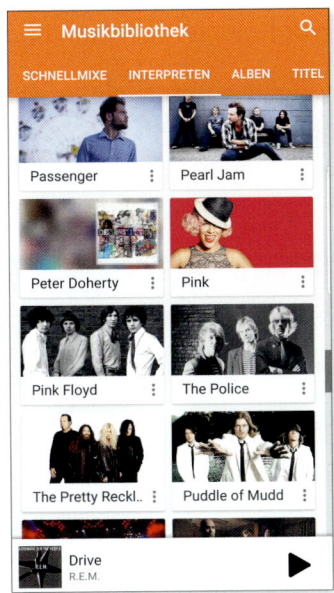 

Der Zugriff auf den prall gefüllten Musikkatalog erfolgt per Cloud. Die Play-Musik-App versorgt Sie darüber hinaus mit Informationen zu Ihrer Lieblingsband.

Kapitel 12 – Musik auf dem S8

Sie können jederzeit über das Einstellungsmenü zwischen dem kompletten Musikkatalog aus der Cloud und den lokal vorgehaltenen Titeln wechseln. Letzteres bietet sich an, wenn Sie auf Reisen sind.

Alben zum Offlinehören herunterladen

Sollten Sie unterwegs Musik in Gebieten hören wollen, die über eine unzureichende Internetverbindung verfügen, so empfiehlt es sich, diese bereits im Vorfeld auf Ihr S8 aus der Cloud herunterzuladen.

1. Stellen Sie per WLAN zu Hause eine Verbindung zum Internet her, und tippen Sie das gewünschte Album an.

2. Neben dem Album finden Sie eine **Download**-Schaltfläche ❶. Tippen Sie diese an, um das Album auf Ihr Smartphone zu befördern. Das Ganze funktioniert übrigens auch mit kompletten Playlisten.

3. Möchten Sie die heruntergeladene Musik aus Platzgründen wieder entfernen, so tippen Sie einfach auf das Häkchen ❷ hinter dem Album und bestätigen die erscheinende Nachfrage ❸. Dadurch wird das heruntergeladene Album wieder aus dem Speicher Ihres Smartphones entfernt.

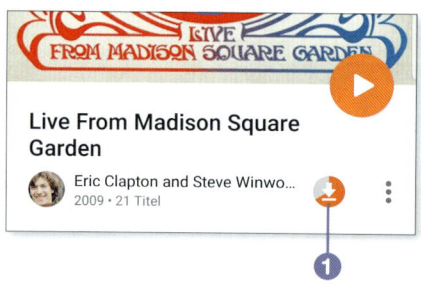 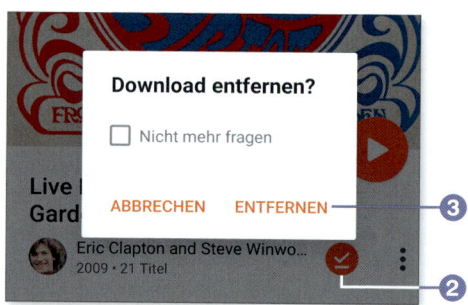

4. Wenn Sie sich einen Überblick über alle heruntergeladenen Alben oder Playlisten verschaffen möchten, dann begeben Sie sich über das Hauptmenü in die Einstellungen der App und wählen dort den Menüpunkt **Downloads verwalten** ❹. Außerdem lässt sich an dieser Stelle auch der Speicherort für Offlinemusik festlegen. Dies ist standardmäßig der interne Speicher Ihres S8, durch Antippen des Menüpunkts **Speicherort** ❺

können Sie aber auch die optionale externe SD-Karte auswählen. Zudem ist es hier möglich, über die Schaltfläche **Downloadqualität** ❻ die Qualität der heruntergeladenen Stücke einzustellen.

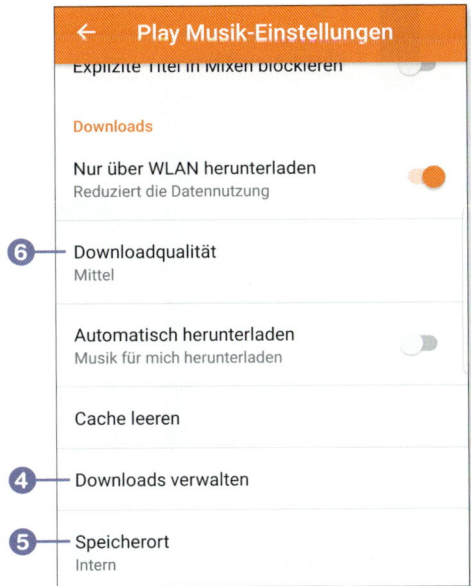
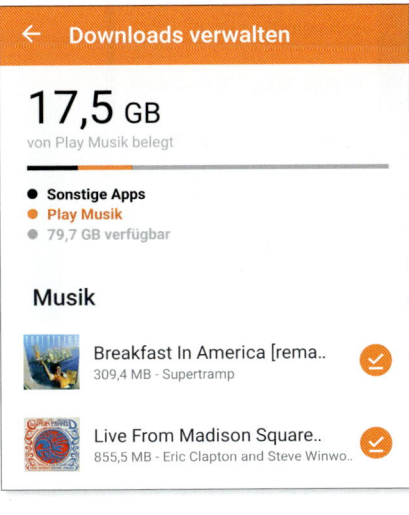

Musik zusammenstellen – Playlists und Schnellmixe

Hören Sie sich unterwegs noch komplette Alben am Stück an, oder legen Sie sich auch Wiedergabelisten mit gemischten Stücken an? Das geht selbstverständlich auch mit dem S8, sowohl mit der Samsung-App Musik als auch mit Google Play Musik. Aufgrund der Cloud-Anbindung verwende ich zur Demonstration nachfolgend Google Play Musik:

1. Starten Sie Play Musik, begeben Sie sich in den Bereich **Musikbibliothek**, und suchen Sie sich den ersten Titel für Ihre neue Playlist aus.

2. Wählen Sie über die In-App-Menü-Schaltfläche (das sind die drei Punkte) den Menüpunkt **Zur Playlist hinzufügen** (❶ auf Seite 278) aus. Sie können nun eine bestehende Playlist verwenden oder über den Menüpunkt **Neue Playlist** ❷ eine neue erstellen und nach Wunsch benennen.

Kapitel 12 – Musik auf dem S8

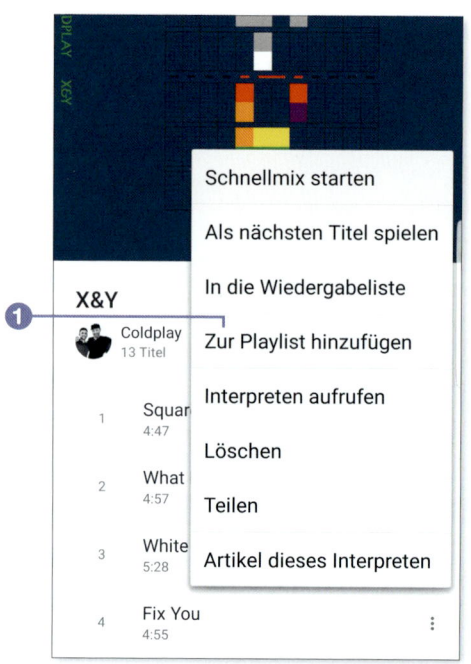
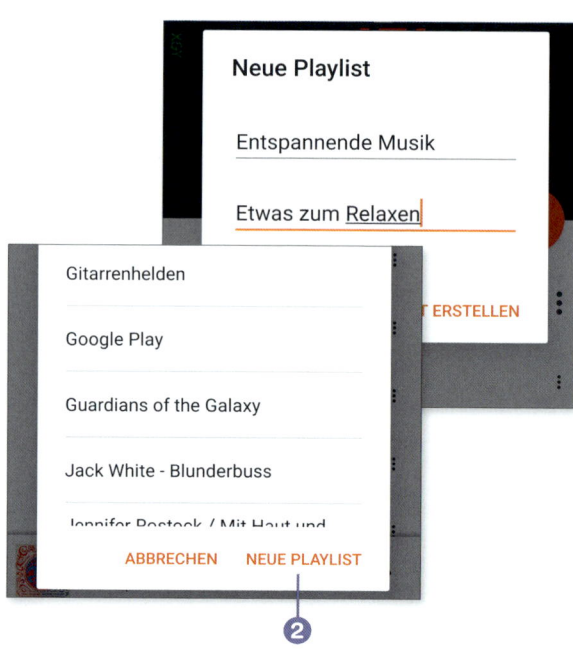

3. Fahren Sie auf diese Weise fort, bis Sie genügend Stücke Ihrer Playlist hinzugefügt haben.

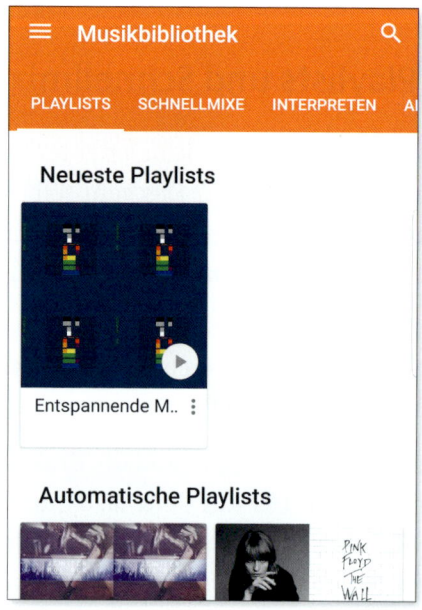
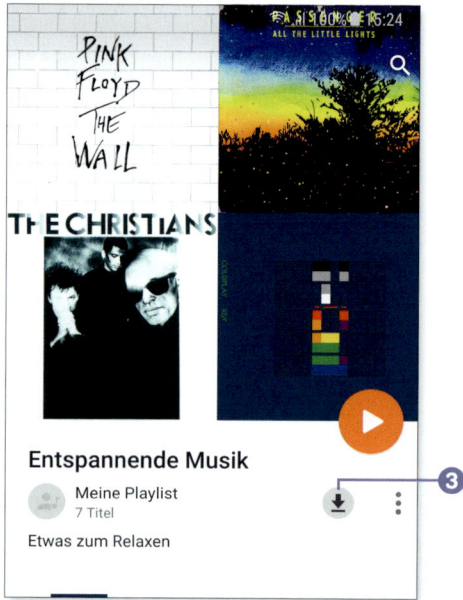

Musik zusammenstellen – Playlists und Schnellmixe

4. Zur Wiedergabe der Liste begeben Sie sich im Hauptmenü der App in den Bereich **Playlists** und wählen die entsprechende Liste zur Wiedergabe durch Antippen aus. Tippen Sie anschließend noch einmal auf das erste Stück der Liste, und genießen Sie Ihre neue Kollektion.

5. Wenn Sie mögen, können Sie auch sämtliche Stücke der Liste für die Offlinewiedergabe herunterladen. Haben Sie eine WLAN-Verbindung? Dann tippen Sie das Downloadsymbol ❸ an. Ein oranges Tortensymbol zeigt Ihnen den Downloadfortschritt an.

6. Sollte Ihnen die Reihenfolge der Titel im Nachhinein nicht zusagen, so können Sie sie durch Antippen und Gedrückthalten verschieben bzw. umsortieren. Dazu tippen Sie auf das Symbol am linken Bildrand ❹.

7. Möchten Sie die Titelabspielreihenfolge zufällig gestalten, so verwenden Sie aus dem In-App-Menü der Playlist den Punkt **Zufallsmix** ❺.

Das Hinzufügen von weiteren Titeln zu einer Playlist ist Ihnen zu mühsam? Dann lassen Sie doch die App Ihre Arbeit machen! Die Lösung ist die Erstellung von einem sog. *Schnellmix* bzw. virtuellen Radiosender.

8. Wählen Sie aus dem In-App-Menü der Playlist den Punkt **Schnellmix starten** ❻ aus. Daraufhin wird ein Mix von weiteren passenden Stücken gestartet, die sich entweder lokal auf Ihrem Smartphone oder aber (eine Onlineverbindung vorausgesetzt) in der Google-Cloud befinden.

Im Hauptbereich der Play-Musik-App finden Sie im Übrigen auch einen Punkt **Schnellmixe** (❼ auf Seite 280) bzw. **Radio** bei Google-Play-Music-Abonnenten: Hier werden virtuelle Radiosender gelistet, die auf Basis Ihrer bisherigen Hörgewohnheiten bestückt wurden.

Kapitel 12 – Musik auf dem S8

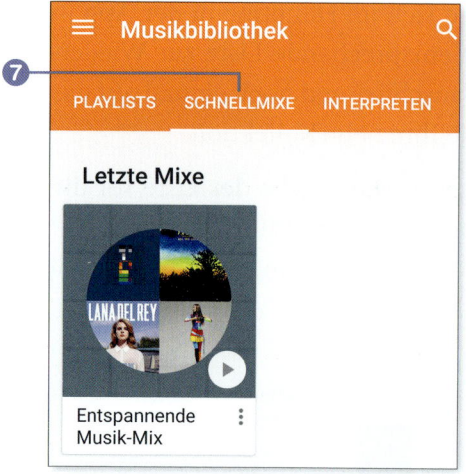

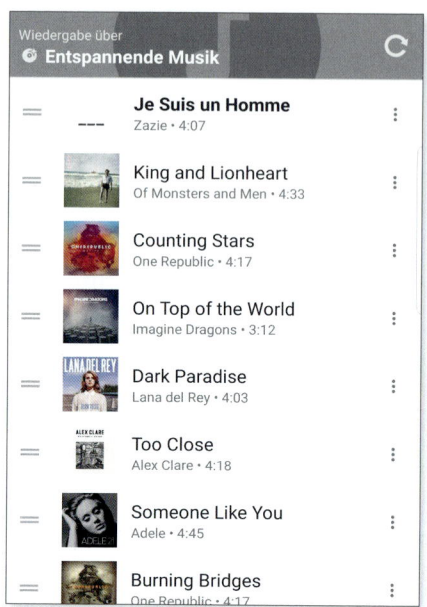

Über den Menüpunkt »Schnellmixe« gelangen Sie zu automatisch erstellten Playlists.

Streaming – Musikdienste nutzen

Glaubt man den Statistiken, so gehen immer mehr Smartphone- und PC-Nutzer davon ab, Musik in Form von Dateien zu besitzen. Vielmehr ist ein Trend hin zu Streaming-Anbietern wie *Spotify*, *Apple Music* und *Google Play Music* (als Streaming-Abo) zu verzeichnen. Dadurch steht Ihnen quasi die gesamte Musiksammlung des Planeten zur Verfügung. Spotify spricht von etwa 30 Millionen Songs, die per Stream verfügbar sind. Die Preise für derartige Abos bewegen sich meist um 10 € pro Monat. Sie sind in der Regel auch jederzeit zum Monatsende kündbar. Der Marktführer mit aktuell ca. 50 Millionen Abonnenten ist Spotify. Daher soll im Folgenden gezeigt werden, wie Sie vorgehen, wenn Sie diesen Musikdienst auf Ihrem S8 nutzen möchten.

Spotify

1. Installieren Sie die App Spotify aus dem Play Store mit dem nebenstehenden QR-Code.

Streaming – Musikdienste nutzen

2. Erstellen Sie ein neues Konto bei Spotify, oder melden Sie sich mit Ihrem Facebook-Konto an. Sie haben dabei Gelegenheit, ein Abo für den Dienst abzuschließen.

Sie können Spotify auch ohne Abo benutzen. In diesem Fall werden Ihnen von Zeit zu Zeit Werbespots zugespielt. Ohne Abo haben Sie außerdem nicht die Möglichkeit, Musik zum Offlinehören auf Ihr Smartphone zu laden.

3. Stöbern Sie durch den riesigen Musikkatalog von Spotify, und lassen Sie sich von neuen Trends inspirieren.

Die Spotify-App ist in folgende Hauptbereiche aufgeteilt:

- **Start**: Hier finden Sie nach einiger Zeit Musikvorschläge wieder, die auf Ihrem bisherigen Hörverhalten basieren.
- **Browse**: Stöbern Sie durch die aktuellen Charts oder hören Sie Musik, die nach Genres oder Stimmungen geordnet ist.
- **Suche**: Suchen Sie nach bestimmten Titeln, Künstlern oder Alben.
- **Radio**: Spielen Sie Radiosender ab, die auf bestimmten Genres (Rock, Pop, Klassik, 80er …) basieren.
- **Bibliothek**: Hier finden Sie Ihre bisher gespielten Titel, aber auch favorisierte Playlisten anderer Nutzer wieder.

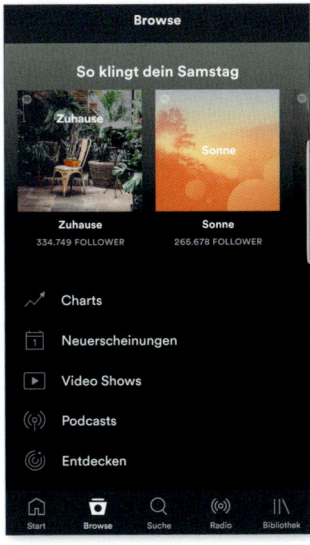
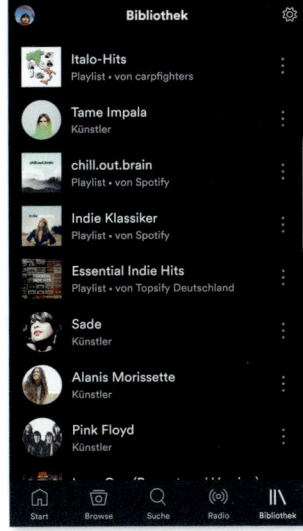

Kapitel 12 – Musik auf dem S8

Das gesamte Konzept von Spotify basiert auf den veränderten Hörgewohnheiten der Internetgeneration: Es werden im Vergleich zu früheren Zeiten kaum noch komplette Alben eines Künstlers durchgehört, sondern vielmehr Playlisten nach persönlichen Vorlieben erstellt und diese dann auch über die sozialen Medien (Facebook etc.) geteilt.

»Soziale« Playlisten und Genre-Radiosender sind ein typisches Merkmal von Spotify.

Welche Musik wird gerade gespielt?

Shazam

Stellen Sie sich vor, Sie hören einen Titel im Radio, der Ihnen gefällt. Wenn Sie doch nur wüssten, wie der Künstler heißt! Dann sollten Sie unbedingt einmal die App *Shazam* ausprobieren.

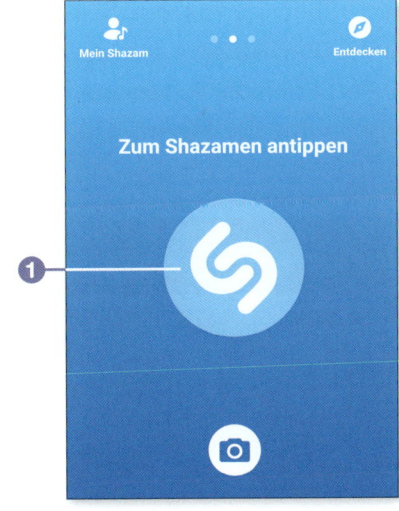  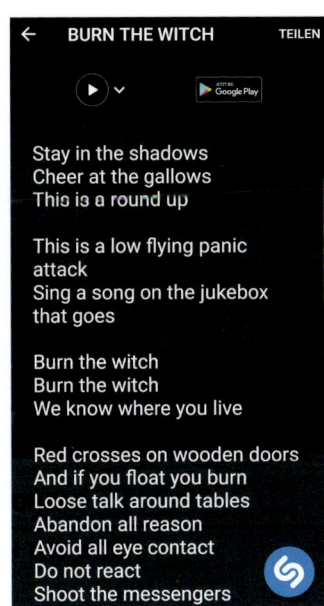

Starten Sie die App. Sollte nun ein interessantes Stück im Radio kommen, so tippen Sie die große Schaltfläche ❶ auf dem Display an. Nach kurzer Zeit – Onlineverbindung vorausgesetzt – erscheinen Titel und Interpret auf dem Display. Sie haben darüber hinaus die Möglichkeit, sich per Antippen der Schaltfläche **Liedtexte ▸ Mehr anzeigen** (erscheint, wenn man auf dem Display nach unten wischt) den Text des Liedes anzeigen zu lassen.

Radio hören

Nahezu jeder bekannte Radiosender im deutschsprachigen Raum, aber auch weltweit lässt sich mittlerweile per Smartphone über eine Internetverbindung hören – mit der passenden App. Besonders bewährt hat sich hier *TuneIn Radio*.

1. Installieren Sie die TuneIn-Radio-App, und starten Sie sie. Beim ersten Start werden Sie gefragt, ob Sie den TuneIn-Premium-Dienst (das ist Radiogenuss ohne Werbeeinblendung) testen möchten. Dies können Sie später aber immer noch nachholen, wenn Sie TuneIn Radio erst einmal kennengelernt haben.

TuneIn Radio

Kapitel 12 – Musik auf dem S8

2. Verschaffen Sie sich zunächst einen Überblick über die lokalen Sender, indem Sie im Seitenmenü den Menüpunkt **Durchstöbern** und anschließend **Lokales Radio** ❶ auswählen. Tippen Sie einen Sender und anschließend die Play-Schaltfläche an. Dadurch wird der Stream wiedergegeben.

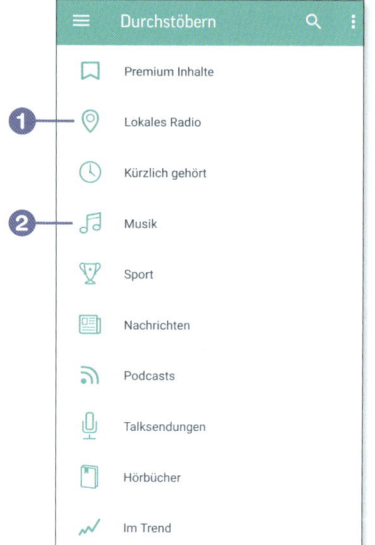
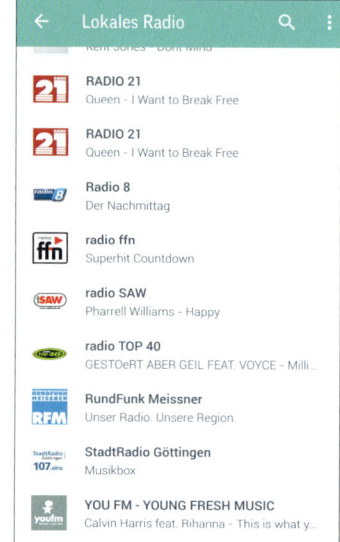

3. Sie können aber auch Musik nach Zeitraum oder Genre auswählen. Dazu wählen Sie im Menü den Punkt **Musik** ❷ und tippen nun eine Musikrichtung oder einen Bereich an, der Sie persönlich interessiert, z. B. Musik der **80er** ❸.

4. Wählen Sie aus der erscheinenden Liste einen Sender aus. Dort ist auch ersichtlich, welches Musikstück aktuell auf dem Sender gespielt wird. Nach kurzer Zeit beginnt die Wiedergabe. Diese können Sie jederzeit durch Betätigen des Stopp-Knopfes unterbrechen.

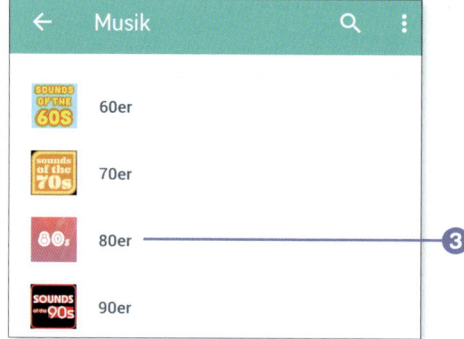

Kapitel 13
Gesundheit und Fitness

Das persönliche Gesundheits- und Fitnessstudio nebst Coach stets bei sich tragen: Auch das ist mit Ihrem S8 möglich. Messen Sie Ihren Puls, überwachen Sie Ihren Schlaf, oder registrieren Sie per Schrittzähler Ihr tägliches Bewegungspensum – pfiffige Apps sorgen obendrein dafür, dass Sie Ihr Trainingsziel stets vor Augen haben.

Den Puls messen mit Samsung Health

Hat Ihr Chef Sie heute schon wieder geärgert? Grund genug, einmal den Puls zu messen. Das geht mit Ihrem S8 spielend leicht und erfordert zunächst einmal die Einrichtung der *Samsung Health*-App.

> **INFO**
>
> **Biometrische Daten – sensibel und begehrt**
>
> Seien Sie auf der Hut, wem Sie Ihre biometrischen Daten überlassen. Dazu gehört u. a. der aufgezeichnete Puls, aber auch Ihr Fingerabdruck sowie Ihre Iris, die Sie per Scanner registrieren. Man kann nie wissen, ob das Abspeichern Ihrer Fitness- und Gesundheitsdaten in Samsungs Cloud wirklich hundertprozentig sicher und nicht zugänglich für Dritte ist. Sie fragen sich, wer davon Nutzen haben könnte? Stellen Sie sich vor, Sie möchten eine Lebensversicherung abschließen, und der Sachbearbeiter teilt Ihnen mit, dass dies nicht möglich sei; Ihr Puls habe in den letzten Wochen einige Anomalien gezeigt ...

Kapitel 13 – Gesundheit und Fitness

1. Starten Sie die App Samsung Health aus dem Samsung-Ordner im App-Menü. Beim ersten Start müssen Sie ausdrücklich zustimmen ❶, dass Ihr Smartphone die sensiblen Daten (Puls, Schrittfrequenz, eventuell auch Ihr Bewegungsprofil) aufzeichnen darf. Zusätzlich fordert die App den Zugriff auf Ihre Kontakte.

2. Sollten Sie Ihr S8 noch nicht mit einem Samsung-Konto verknüpft haben, dann können Sie das im nächsten Schritt nachholen. Die Verbindung mit einem Samsung-Konto ist zwingend erforderlich, wenn Sie Ihre persönlichen Trainingserfolge regelmäßig aufzeichnen und sichern möchten. Wählen Sie in diesem Fall die Schaltfläche **Anmelden** ❷, und melden Sie sich entweder mit Ihren Samsung-Zugangsdaten an, oder erstellen Sie ein neues Konto.

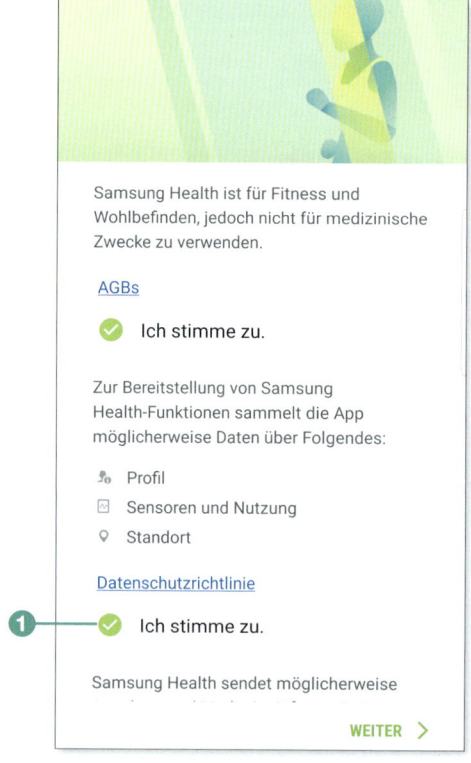

Den Puls messen mit Samsung Health

3. Sollten Sie die App das erste Mal mit Ihrem Samsung-Konto verknüpfen, erscheint ein Dialog, der Sie zur Eingabe Ihrer persönlichen Daten (Größe, Gewicht) auffordert. Falls Sie Samsung Health bereits auf einem anderen Gerät genutzt haben, werden nun die bislang hinterlegten Fitnessdaten importiert, was Sie an einer entsprechenden Meldung ❸ im unteren Displaybereich erkennen. Ihre persönlichen Daten können Sie jederzeit durch Antippen des Profilsymbols im rechten oberen Displaybereich ❹ aufrufen und anpassen.

4. Geben Sie auch Ihren angestrebten **Aktivitätslevel** ❺ an. Hier sollten Sie sich nach Möglichkeit realistisch einschätzen.

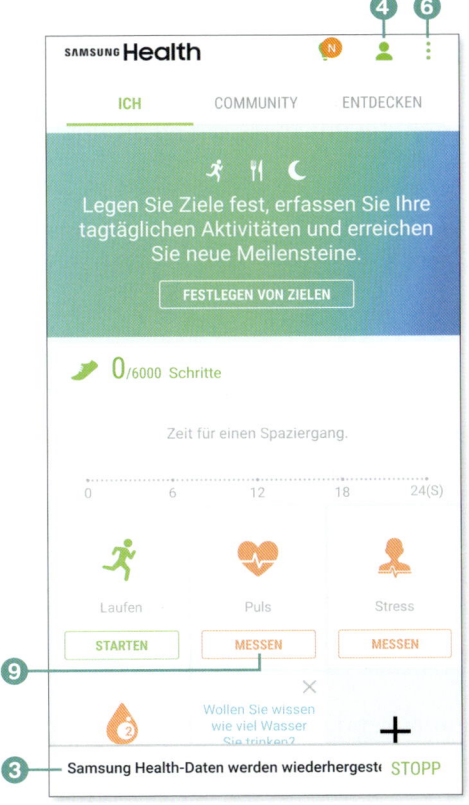
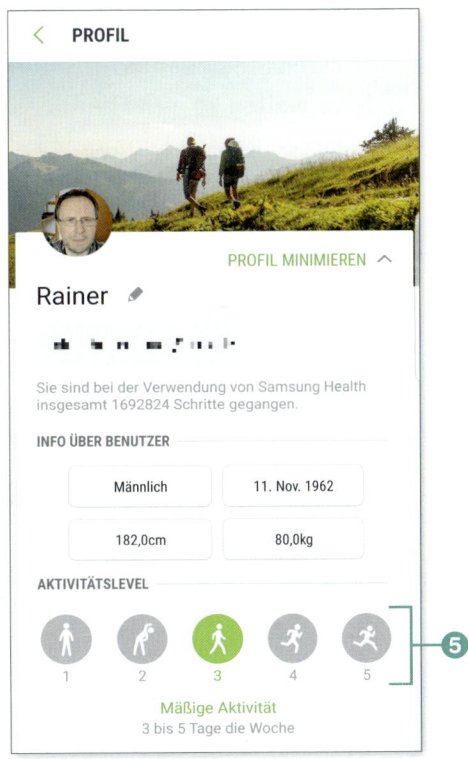

5. Begeben Sie sich nach der Änderung bzw. Anpassung Ihres Profils über die Zurück-Taste wieder zum Hauptmenü der App. Sie werden vom Heimbildschirm von Samsung Health begrüßt.

287

Kapitel 13 – Gesundheit und Fitness

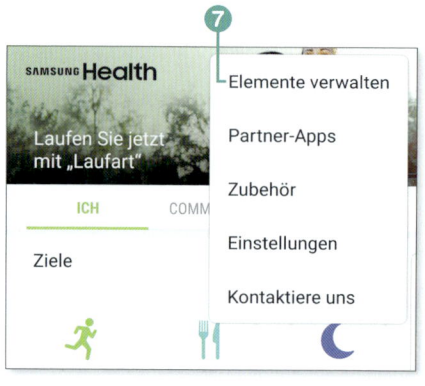
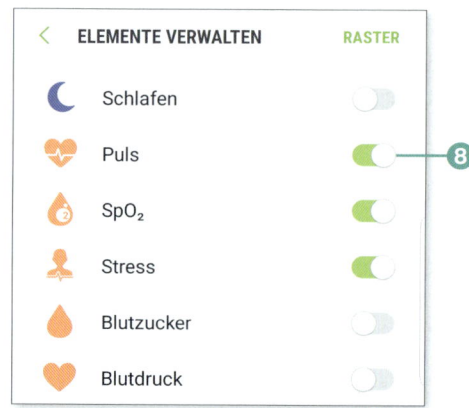

6. In der Standardkonfiguration der App finden Sie das Modul zur Pulsmessung direkt auf dem Startbildschirm. Sollte das nicht der Fall sein, so rufen Sie über das In-App-Menü (6 auf Seite 287) den Punkt **Elemente verwalten** 7 auf. Hier lässt sich nun die Pulsmessung leicht über den entsprechenden Schalter 8 aktivieren.

7. Tippen Sie nun auf der Startseite der Samsung-Health-App auf der Karte **Puls** auf die Schaltfläche **Messen** (9 auf Seite 287). Bestätigen Sie die Nachfrage des Systems, dass dieses auf Ihre Sensor- bzw. Vitaldaten zugreifen darf.

8. Legen Sie Ihren Zeigefinger flächendeckend auf den Pulssensor 10 bzw. die Blitz-LED auf der Rückseite des S8 neben der Kamera, und halten Sie Ihren Finger und das Smartphone ruhig. Kurze Zeit später wird Ihnen Ihr aktueller Puls angezeigt 11. Das Kürzel **bpm** steht dabei für **beats per minute** (»Schläge pro Minute«). Sie können das Ergebnis auf Wunsch auch speichern. Tippen Sie zu diesem Zweck die entsprechende Schaltfläche 12 an.

Den Puls messen mit Samsung Health

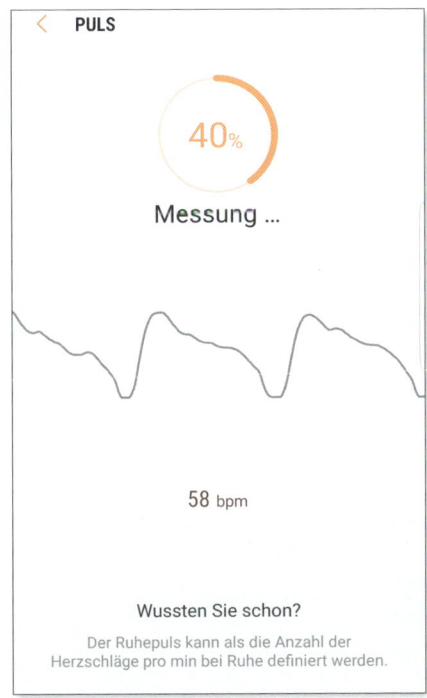
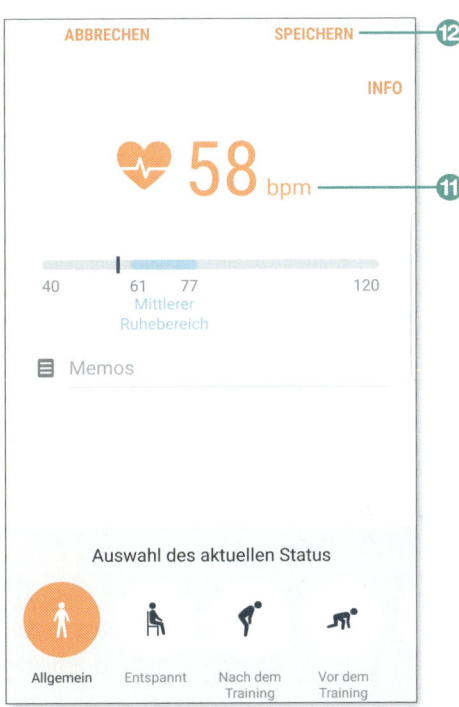

Die Pulsmessung auf Ihrem Smartphone basiert auf dem Prinzip der Durchleuchtung Ihrer Blutzufuhr: Eine Leuchtdiode emittiert Licht, das auf den Finger trifft und von diesem reflektiert wird. Der aufgrund des Pulsschlags wechselnde Blutfluss ändert in rhythmischen Abständen das Reflexionsverhalten, dafür sind im Wesentlichen die roten Blutkörperchen verantwortlich. Die gemessene Periode entspricht somit Ihrer Herzfrequenz. Außerdem erlaubt das Reflexionsverhalten einen Rückschluss auf die Konzentration der roten Blutkörperchen, welche wiederum direkt mit dem Sauerstoffgehalt im Blut verknüpft ist.

Freilich folgen derartige Pulsmessungen nicht dem Standard, den Sie aus der Arztpraxis gewohnt sind; sie können aber als Anhaltspunkt dienen.

9. Die Messung Ihres Pulses lässt sich beliebig oft wiederholen. Dazu tippen Sie einfach erneut auf die Schaltfläche **Messen** (siehe ❾ auf Seite 287). Auf diese Weise lässt sich eine fortlaufende Statistik Ihrer Herzfrequenz erstellen. Diese können Sie dann später durch Antippen des Reiters **Trends** einsehen.

Kapitel 13 – Gesundheit und Fitness

Runtastic pro

> **TIPP**
>
> **Den Puls kontinuierlich verfolgen**
>
> Die beschriebene Methode zur Pulsmessung mit dem S8 ist für Sportler nur bedingt geeignet, da sie dazu den Finger ruhig auf dem Sensor halten müssten. Sportlich Aktive wünschen sich hingegen eine permanente Überwachung ihrer Herzfrequenz während des Sports, um Leistungsspitzen zu vermeiden und den Puls im trainingseffektiven Bereich zu halten. Hier bieten sich spezielle Fitnessarmbänder oder Brustgurte an.
>
>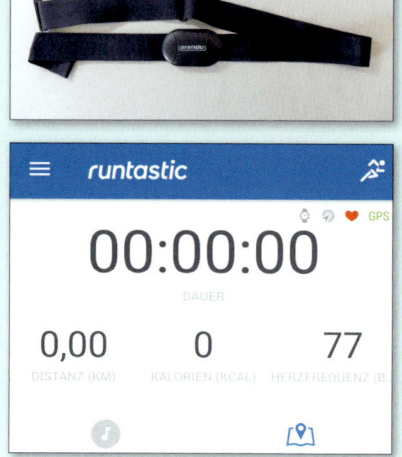
>
> *Jogger schätzen die Runtastic-App in Kombination mit einem Brustgurt zur kontinuierlichen Pulsmessung.*

Den Schrittzähler nutzen

Der Weg zur persönlichen Fitness beginnt mit dem ersten Schritt: Nachdem Sie die Samsung-Health-App, wie im vergangenen Abschnitt beschrieben, eingerichtet haben, können Sie Ihr tägliches Bewegungspensum mithilfe des integrierten Schrittzählers kontrollieren und sich selbst auch Ziele für die tägliche Bewegung stecken.

1. Im Hauptbereich der App finden Sie schon einige Favoriten auf dem Display, darunter auch den Schrittzähler. Falls nicht, dann befördern Sie ihn, wie ab Schritt 6 in der obigen Anleitung auf Seite 288 beschrieben, auf den Hauptbildschirm. Legen Sie einfach los, und bewegen Sie sich mit Ihrem S8. Achten Sie dabei darauf, wie präzise Samsung Health jeden Ihrer Schritte registriert.

Den Schrittzähler nutzen

2. Die App registriert von nun an automatisch Ihre am Tag absolvierten Schritte ❶. Wenn Sie das Läufersymbol ❷ im Bereich **Ziele** antippen, dann gelangen Sie zu einer ausführlichen Auswertung Ihrer Aktivitäten. Hier finden Sie u. a. die zurückgelegte Strecke sowie den Kalorienverbrauch ❸ im Verlauf der Aktivität. Letzterer basiert auf der Angabe Ihres Körpergewichts während der Einrichtungsprozedur (siehe den Kapitelanfang).

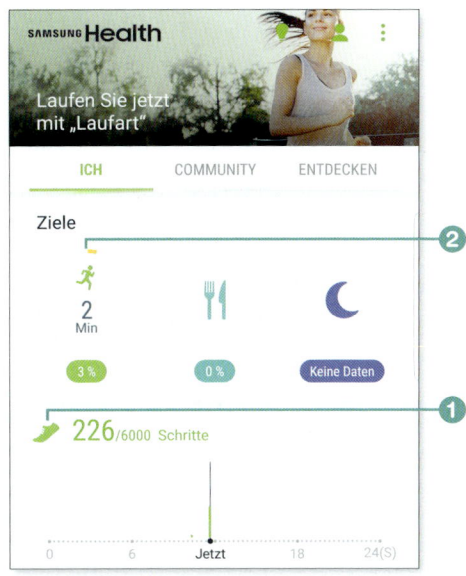

Der Schrittzähler nutzt den integrierten Beschleunigungssensor Ihres S8 und funktioniert erstaunlich gut: Jeder Schritt erzeugt eine Auf- und Ab-Bewegung, die vom Sensor als Beschleunigung registriert wird. Natürlich können Sie auch mogeln, indem Sie Ihr S8 per Hand ruckartig hoch- und runterbewegen. Aber wir wollen ja immer schön ehrlich sein – schließlich geht es um die Gesundheit!

3. Sollte die Streckenangabe in der Einheit **mi** (Meilen) vorliegen, so können Sie das jederzeit über das Hauptmenü der App ändern. Begeben Sie sich dazu in den Startbereich, und wählen Sie im In-App-Menü den Punkt **Einstellungen**. Hier lässt sich dann über den Menüpunkt **Einheiten** das geeignete metrische System auswählen. In den Einstellungen können Sie zudem etwa den Schalter bei **Schritte im Benachrichtigungsfeld anzeigen** aktivieren, wenn Sie diese Anzeige wünschen.

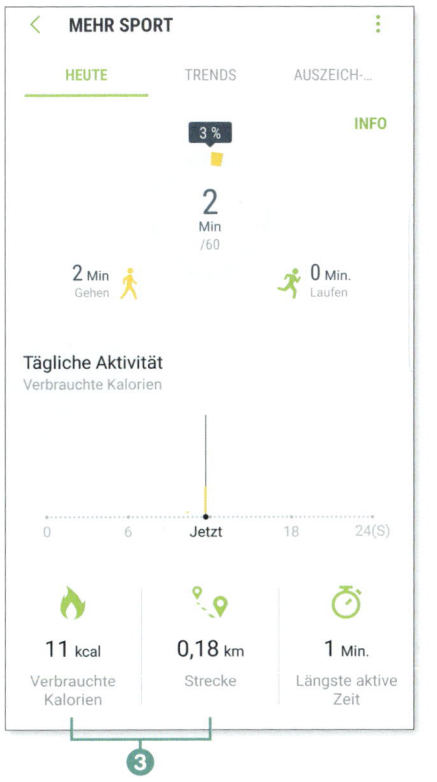

Samsung Health – Rundgang durch die App

Sehen wir uns nun noch einmal Samsungs Gesundheits- und Fitness-App Samsung Health etwas genauer an. Die meisten Funktionen müssen zunächst im In-App-Menü freigeschaltet werden, damit diese auf dem Begrüßungsbildschirm auftauchen und genutzt werden können.

1. Begeben Sie sich dazu in das In-App-Menü. Tippen Sie hier auf den Menüpunkt **Elemente verwalten**.

2. Im oberen Teil des Bildschirms finden Sie zunächst den Bereich **Ziele** ❶. Dieser ist unterteilt in die Teilbereiche **Mehr Sport**, **Gesünderes Essen** und **Besser ausgeruht**. Tippen Sie einen der Bereiche an, und legen Sie für sich ein realistisches Ziel fest. Im Beispiel wird etwa die Schlafenszeit im Bereich **Besser ausgeruht** für die Protokollierung angepasst. Das Smartphone registriert durch seine Lagesensoren, wann es bzw. Sie Ruhephasen einlegen.

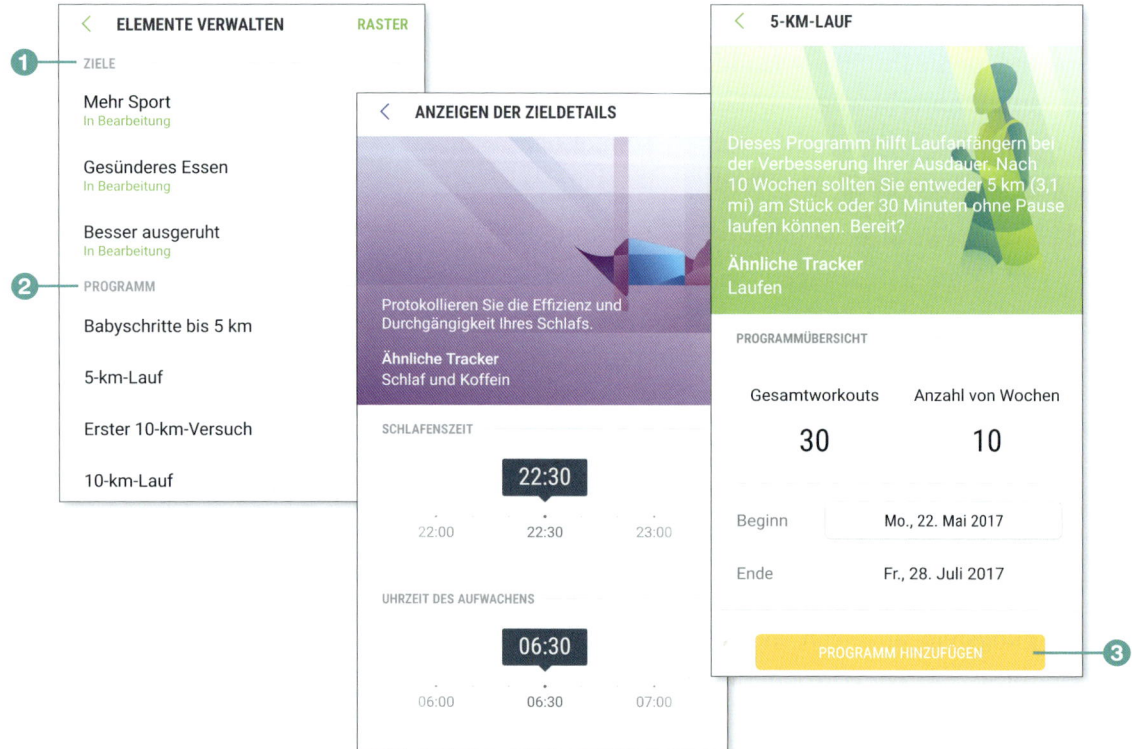

3. Im Bereich **Programm** ❷ können Sie sich Bewegungsziele setzen. Dadurch ist es beispielsweise möglich, auf einen Lauf über eine Distanz von 5 km oder 10 km hinzuarbeiten. Wählen Sie dazu den entsprechenden Punkt aus, und tippen Sie anschließend auf die Schaltfläche **Programm hinzufügen** ❸.

4. Im unteren Bildschirmbereich der Elemente haben Sie Zugriff auf die folgenden Überwachungsfunktionen (auch *Tracker* genannt):

   - **Schritte:** Der Schrittzähler lässt sich als einziger Tracker nicht deaktivieren.

   - **Essen, Wasser, Koffein:** Wenn Sie genug Leidensfähigkeit besitzen, dann können Sie hier Ihre tägliche Nahrungs- bzw. Flüssigkeitsaufnahme protokollieren.

   - **Gewicht:** Hier können Sie jeden Morgen Ihr Gewicht aktualisieren und somit per Grafik im Auge behalten. Voraussetzung dafür ist allerdings eine Gewichtsmessung mit einer externen Personenwaage – das kann Ihr S8 leider (noch) nicht.

   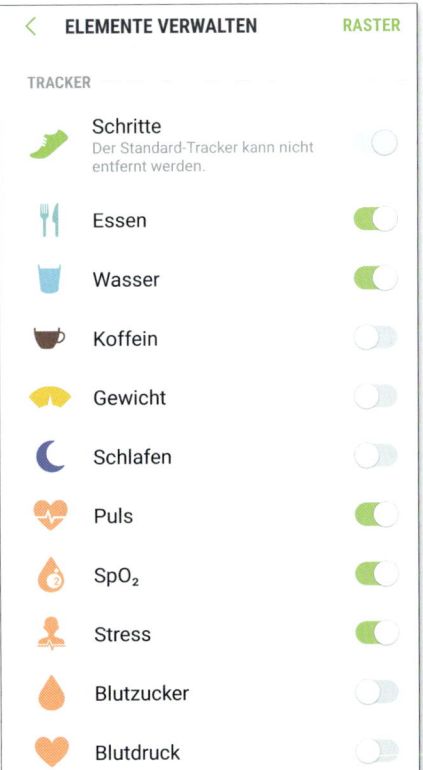

   - **Schlafen:** Auch für die Registrierung Ihrer Schlafphasen benötigen Sie das bereits erwähnte externe Zubehör (z. B. ein Fitnessarmband). Versprechen Sie sich aber hier nicht zu viel: Derartige Geräte registrieren nur, ob Sie sich während des vermeintlichen Schlafs bewegt haben – Alpha- bzw. Beta-Schlafphasen können so nicht erfasst werden, dazu müssten sie in der Lage sein, Ihre Hirnströme zu messen.

   - **Puls:** Hier haben Sie Zugang zum integrierten Pulsmesser, der oben bereits vorgestellt wurde.

- **SpO$_2$**: Ermöglicht die Messung des Sauerstoffgehalts in Ihrem Blut in Verbindung mit dem integrierten Pulsmesser.
- **Stress**: Testet gewissermaßen Ihren Stresslevel (ebenfalls über den Pulsmesssensor).
- **Blutzucker** und **Blutdruck**: Hier lassen sich Daten von externen Messgeräten importieren und verfolgen.

Nach der Aktivierung tauchen dann die Module auf der Startseite der App auf und können von dort jederzeit aufgerufen werden. Sie können die Module auch nach Belieben umordnen, indem Sie einen Finger auf dem zu verschiebenden Modul ❹ gedrückt halten und dieses an die gewünschte Position verschieben.

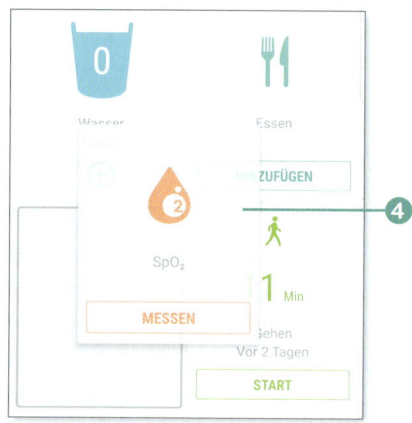

Weiter unten im Bereich **Elemente verwalten** lassen sich schließlich Tracker für bestimmte Sport- bzw. Bewegungsarten aktivieren.

Im Folgenden stelle ich Ihnen beispielhaft einige der oben beschriebenen Tracker-Anwendungen in Aktion vor:

Beginnen wir mit der Überwachung Ihrer Nahrungsmittelzufuhr. Samsung Health bietet Ihnen ein ausgefeiltes Nahrungsprotokoll an.

1. Aktivieren Sie (falls noch nicht geschehen) das Modul **Essen** im In-App-Menü, und tippen Sie anschließend auf dem Startbildschirm auf der gleichnamigen Karte auf die Schaltfläche **Hinzufügen** ❶.

Samsung Health – Rundgang durch die App

2. Wählen Sie in der Übersicht zunächst die aktuelle Mahlzeit, z. B. **Mittagessen**, aus, und suchen Sie über die Suchmaske nach den Lebensmitteln, die Sie zu sich nehmen wollen oder zu sich genommen haben. Dazu müssen Sie online sein.

3. Tippen Sie die entsprechenden Elemente an ❷, und bestätigen Sie die Auswahl jeweils mit **Weiter** ❸. Über die Schaltflächen **+/–** ❹ lässt sich die Menge der einzelnen Nahrungsmittelposten ändern.

4. Nun können Sie noch angeben, wann Sie die Mahlzeit zu sich genommen haben ❺. Beenden Sie den Dialog schließlich mit der Schaltfläche **Fertig** ❻.

Die App errechnet die zugeführten Kalorien anhand der Nahrungsmittelbezeichnung und -menge, und diese werden dann mit den verbrauchten Kalorien, die per Schrittzähler oder Trainingsmenü erfasst wurden, verrechnet. So behalten Sie Ihre Figur im Auge.

Sie möchten Ihren aktuellen Stresslevel ausloten? Nichts einfacher als das:

1. Aktivieren Sie das Modul **Stress**, und tippen Sie auf die Schaltfläche **Messen** ❶.

2. Halten Sie einen Finger auf den Sensor auf der Rückseite des Geräts. Nach kurzer Zeit wird Ihnen Ihr aktueller Stresslevel angezeigt. Sie können der Messung noch ein Symbol für Ihre aktuelle Gefühlslage ❷ sowie ein kurzes Memo ❸ hinzufügen und die Messung speichern ❹.

Gleichzeitig werden mit dem Stresslevel übrigens auch Puls und Sauerstoffkonzentration im Blut gemessen ❺.

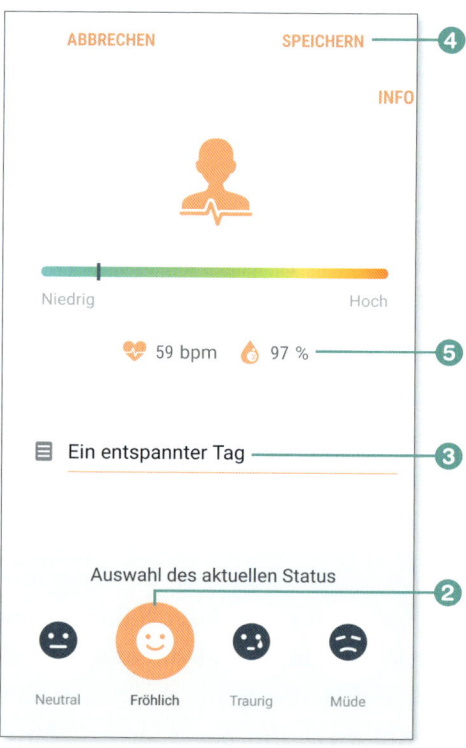

Aktueller Stresslevel in einer neunten Klasse mit pubertierenden Jugendlichen; im Lehrerzimmer schnellt die Anzeige in den roten Bereich – sollte mir das zu denken geben?

Kapitel 14
Sicherheit, Backup und Synchronisation

Je weiter ein Betriebssystem verbreitet ist, umso stärker gerät es auch in das Visier von Kriminellen. Android ist infolge seiner großen Popularität auf Mobilgeräten zum Hauptziel der Hacker geworden. Dieses Kapitel zeigt Ihnen, wie Sie sich schützen und was Sie tun können, wenn Sie doch einmal Viren auf Ihrem System haben: es neu installieren und ein sauberes *Backup* (eine Sicherung) Ihrer Daten zurückspielen.

> **INFO**
>
> **Viren und Trojaner**
> Während ein *Virus* das Betriebssystem eines Computers oder Smartphones lahmlegen oder dessen Softwarestruktur nachhaltig schädigen kann, sind *Trojaner* darauf aus, sich unbemerkt auf dem System einzunisten und Ihre persönlichen Informationen abzufangen, um diese nach außen zu tragen. Die Begriffe Viren und Trojaner fasst man unter der Bezeichnung *Malware*, zu Deutsch Schadprogramme, zusammen.

Vor Viren und Trojanern schützen

Der beste Schutz vor Viren und Trojanern auf Ihrem Android-Smartphone ist Vorbeugung. Hat sich ein digitaler Schädling auf Ihrem Gerät eingenistet, so kann dieser u. a. unbemerkt kostenpflichtige SMS verschicken. Lassen Sie daher zunächst bei Ihrem Mobilfunkprovider alle kostenpflichtigen

Kapitel 14 – Sicherheit, Backup und Synchronisation

SMS-Vorwahlnummern sperren. Informationen dazu erhalten Sie auf der Website oder über den Kundenservice Ihres Providers.

Damit die digitalen Unholde gar nicht erst auf Ihr Gerät gelangen, ist es außerdem wichtig, dass Sie Apps für Ihr Smartphone nur aus dem *Google Play Store* laden und App-Installationen auch nur über den Store zulassen. Sie sollten dies standardmäßig auf Ihrem Smartphone einrichten.

1. Begeben Sie sich dazu in die Einstellungen. Wählen Sie hier den Menüpunkt **Gerätesicherheit** ❶. Hier darf die Option **Unbekannte Quellen** ❷ nicht aktiviert sein.

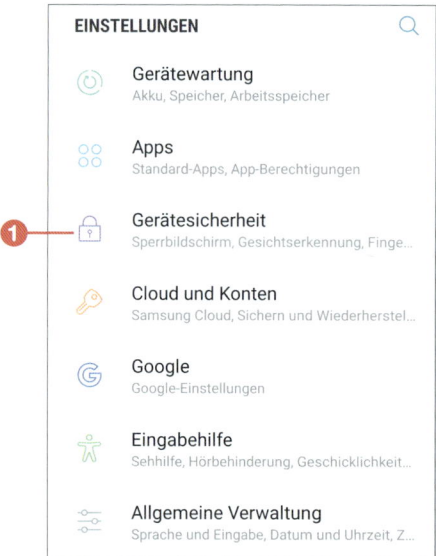 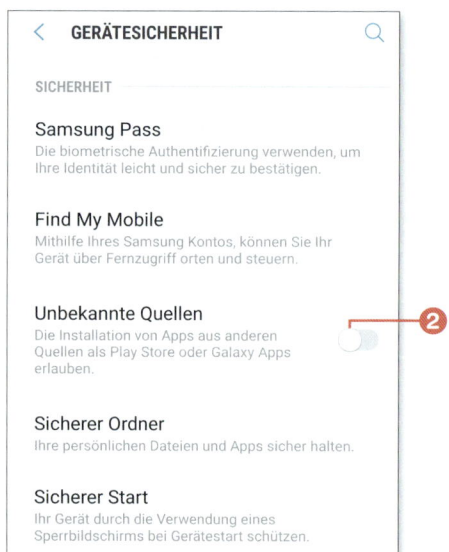

Damit hätten Sie schon einen großen Schritt in Richtung Absicherung Ihres S8 vollzogen, denn Google überwacht die Inhalte des Play Stores sehr streng. Wer noch mehr tun möchte, kann zusätzlich eine Antivirenlösung installieren:

2. Begeben Sie sich also bei Bedarf in den Google Play Store, und installieren Sie ein Antivirenprogramm Ihrer Wahl.

Samsung hat in das S8 einen Verweis zur Sicherheits-App von McAfee eingebaut. Sie finden diesen in den Einstellungen über den Menüpunkt **Gerätewartung** ▸ **Gerätesicherheit** ▸ **Antimalware**.

Vor Viren und Trojanern schützen

> **INFO**
>
> **Wie viel Sicherheit darf es sein?**
>
> Die Installation eines Virenscanners auf dem Galaxy S8 halten viele Android-Experten für überflüssig, weil bei der aktuellen Android-Version der *SELinux-Kernel* (Security-Enhanced Linux) verwendet wird. Darüber hinaus achtet Google streng darauf, dass sich im Play Store keine verseuchten Apps einnisten. Wenn Sie also Ihre Apps nur aus dem Play Store beziehen, dann dürfte Ihnen normalerweise kein Ungemach drohen. Ein Virenscanner ist außerdem nicht in der Lage, brandaktuelle Viren oder Trojaner, die noch nicht per Signaturdatenbank erfasst wurden, zu erkennen.

Besondere Aufmerksamkeit sollten Sie der Frage widmen, ob sich in Ihrem System nicht unbemerkt Apps eingenistet haben, welche Administratorenrechte beanspruchen:

1. Begeben Sie sich in den Einstellungen in den Bereich **Gerätesicherheit ▶ Andere Sicherheitseinstellungen**. Wählen Sie den Menüpunkt **Geräteadministratoren**. Kontrollieren Sie, ob hier unerwünschte Apps, die Sie nicht installiert haben, aufgelistet sind. Die Apps in dieser Liste verfügen (falls per Häkchen aktiviert) über maximale Rechte. Wäre Schadsoftware hier gelistet, könnte sie auch viel Schaden anrichten.

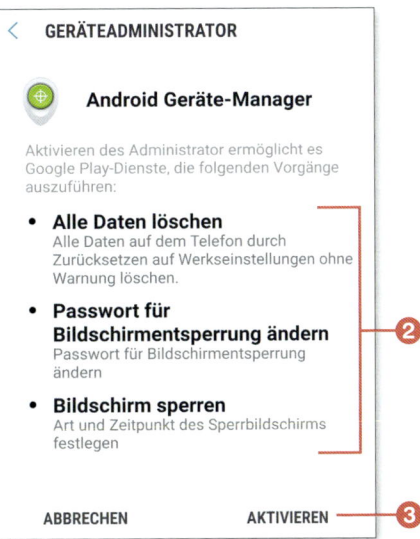

Kapitel 14 – Sicherheit, Backup und Synchronisation

2. Tippen Sie auf eine App im Bereich der **Geräteadministratoren** (❶ auf Seite 299), dann erhalten Sie eine Übersicht über die Rechte der entsprechenden App ❷. Möchten Sie diese Rechte zulassen, tippen Sie zunächst auf den entsprechenden Eintrag und anschließend auf die Schaltfläche **Aktivieren** ❸. Daraufhin erscheint ein entsprechendes Symbol hinter der App.

Im Beispiel auf Seite 299 erhält der *Android Geräte-Manager* spezielle Berechtigungen. Der Android Geräte-Manager kann z. B. bei Eingang eines Fernsteuerungsbefehls sämtliche Daten auf dem Smartphone löschen, falls Ihr Telefon gestohlen wurde.

Den Sperrbildschirm einrichten

Zur zusätzlichen Sicherung Ihres Geräts sollten Sie unbedingt eine Displaysperre einrichten. Dadurch können ein Dieb oder andere Unbefugte Ihr Smartphone nicht auf die Schnelle nach Ihren persönlichen Daten durchsuchen. Im ersten Kapitel haben Sie während der Einrichtung Ihres S8 bereits gelernt, wie man den persönlichen Fingerabdruck oder den Iris-Scanner für die Zugangskontrolle registriert. Ihr Smartphone gestattet aber auch weitere Sperrmechanismen. Ein guter Kompromiss zwischen Sicherheit und Bequemlichkeit ist die Einrichtung einer PIN (*Persönliche Identifikationsnummer*):

1. Begeben Sie sich in den Einstellungen in den Bereich **Gerätesicherheit**, und tippen Sie dort den Eintrag **Sperrbildschirmtyp** an.

   Daraufhin erscheint ein Menü mit verschiedenen Optionen zur Sicherung des Bildschirms. Unter diesen Optionen wird Ihnen außerdem der Sicherheitsgrad der entsprechenden Option angezeigt.

2. Wir entscheiden uns hier also für die Option **PIN** ❶.

3. Geben Sie eine selbst gewählte PIN über die Zifferntastatur ein ❷, und bestätigen Sie diese. Anschließend haben Sie noch die Möglichkeit, festzulegen, welche Systemmeldungen auf dem Sperrbildschirm erscheinen sollen. Bestätigen Sie Ihre Einstellungen mit **OK** ❸.

Den Sperrbildschirm einrichten

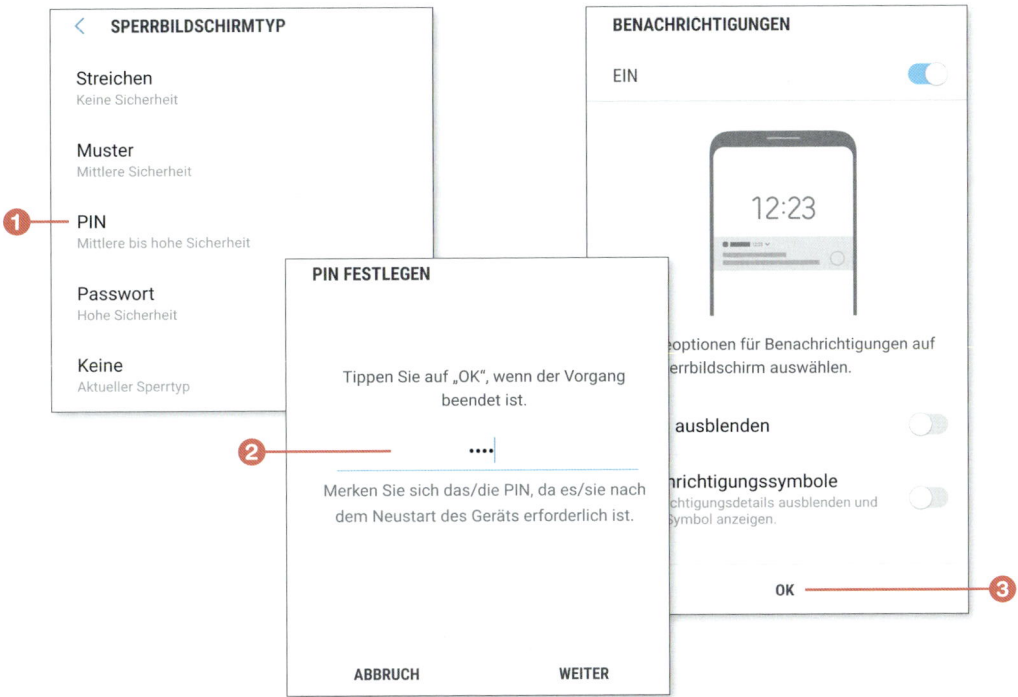

4. Nach Ablauf der *Display-on-Zeit* – also der Zeit, bis das Telefon in den Standby-Modus wechselt – schaltet sich das Display aus. Zum Aufwecken aus dem Standby-Modus müssen Sie nun zunächst das Schlosssymbol am unteren Bildschirmrand hochziehen, anschließend Ihre PIN eingeben und danach die Schaltfläche **OK** ❹ betätigen.

Sollte Ihnen die Zeit bis zum Wechsel in den Standby-Modus zu kurz erscheinen, können Sie sie jederzeit in den Einstellungen im Bereich **Anzeige ▸ Bildschirm-Timeout** ändern.

INFO

Weitere Methoden zur Sicherung des Bildschirms

Außer mit einer PIN können Sie Ihr S8 auch über andere Methoden sichern:

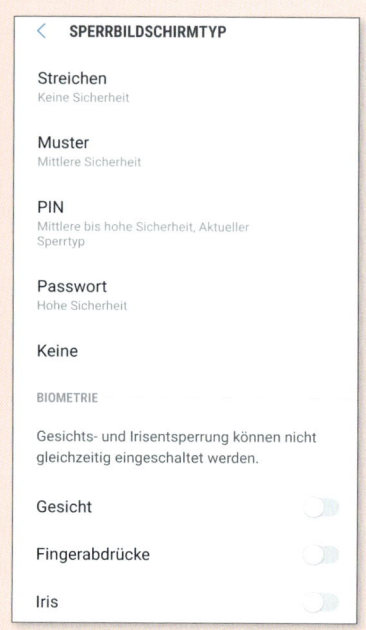

Bei der Option **Streichen** müssen Sie zur Aktivierung Ihres Smartphones lediglich mit einem Finger einmalig über das Display streichen. Das stellt natürlich kein großes Hindernis für einen unbefugten Zugriff dar.

Mittlere Sicherheit bietet Ihnen die Option **Muster**. In diesem Modus müssen Sie mit Ihrem Finger ein Entsperrmuster auf das Display »zeichnen«. Pfiffige Zeitgenossen können dieses anhand der Wischspuren Ihrer Finger auf dem Bildschirm schnell entschlüsseln.

Den höchsten Sicherheitsgrad bietet Ihnen die Option **Passwort**. Hier geben Sie entweder ein Wort oder eine Buchstaben-Zeichen-Kombination ein. Das ist für den alltäglichen Gebrauch allerdings nicht sehr praktisch.

Im Bereich **Biometrie** werden Ihnen die Entsperrmethoden **Gesicht**, **Fingerabdrücke** und **Iris** angeboten. Was zunächst einmal nach Hochsicherheitsmerkmalen klingt, weist in der Realität auch gewisse Schwächen auf. Die Entsperrung per Gesichtsmerkmal erfolgt über die Frontkamera. Diese lässt sich leicht mit einem Foto des entsprechenden Gesichts überlisten. Auch die Entsperrung per Iris-Scan ist mittlerweile schon mit geschickt präparierten Kontaktlinsen ausgehebelt worden. Und der Fingerabdruck? Kann problemlos auch per Folie gefälscht werden. Bedenken Sie also, dass die biometrischen Methoden zwar äußerst bequem sind, aber auch ihre Schwächen haben.

Die PIN der SIM-Karte ändern

Direkt nach dem Einschalten werden Sie nach der PIN der eingelegten SIM-Karte gefragt. Sie können diese jederzeit ändern.

1. Stellen Sie zunächst sicher, dass Sie sich nicht im Flugzeugmodus befinden und dass Ihre SIM-Karte eingelegt ist.

2. Rufen Sie nun die Einstellungen auf, und begeben Sie sich dort in den Bereich **Gerätesicherheit** ▸ **Andere Sicherheitseinstellungen** ▸ **SIM-Sperre einrichten** ❶.

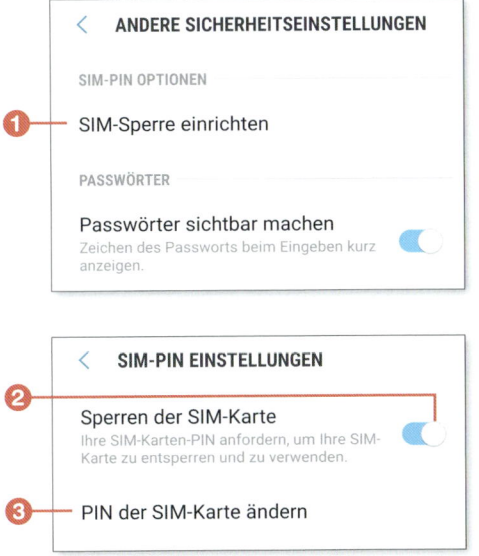
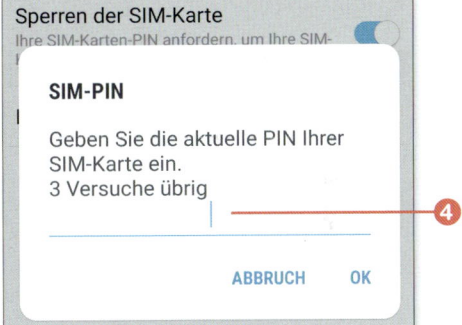

3. Im folgenden Untermenü sollten Sie den Schalter **Sperren der SIM-Karte** ❷ aktivieren. Möchten Sie die SIM-PIN ändern, so begeben Sie sich in das entsprechende Untermenü ❸.

4. Nun müssen Sie zunächst die alte PIN eingeben ❹. Danach geben Sie Ihre neue PIN ein, die Sie im Anschluss noch einmal bestätigen.

Es bleibt Ihnen natürlich freigestellt, auf die Eingabe der SIM-PIN ganz zu verzichten. Allerdings bietet Ihnen diese Option im Fall des Verlusts Ihres Geräts zusätzliche Sicherheit.

Das Smartphone und die SD-Karte verschlüsseln

Auch wenn die oben beschriebenen Maßnahmen zum Teil ein großes Maß an Sicherheit bieten, sind Sie nicht davor geschützt, dass ein findiger Hacker Ihren Gerätespeicher nebst persönlichen Daten ausliest, sollte er in den Besitz Ihres Telefons gelangen. Um auch diesen Weg zu erschweren, verfügt Ihr Galaxy S8 über die Möglichkeit, einen sicheren (d. h. verschlüsselten) Ordner einzurichten und dort kritische Daten abzulegen. Diesen haben Sie bereits im Kasten »Die Privatsphäre wahren« auf Seite 220 als Möglichkeit kennengelernt, dort private Bilder abzulegen. Aber auch andere wichtige Dokumente können darin gespeichert werden.

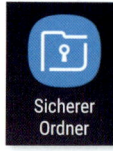

1. Begeben Sie sich in den Einstellungen in den Bereich **Gerätesicherheit ▸ Sicherer Ordner**. Ein Assistent erläutert Ihnen zunächst die Vorteile der App *Sicherer Ordner*. Beginnen Sie die Einrichtung über **Start**.

2. Verknüpfen Sie den sicheren Ordner mit Ihrem Samsung-Konto. Tippen Sie zur Anbindung auf die Schaltfläche **Bestätigen**.

3. Wählen Sie einen Sperrtyp für den sicheren Ordner aus. Ich bevorzuge an dieser Stelle das Entsperren über PIN. Es stehen aber auch die biometrischen Methoden (Fingerabdrücke bzw. Iris) zur Verfügung.

4. Nun erstellt das System den sicheren bzw. verschlüsselten Ordner, was eine Weile in Anspruch nehmen kann. Danach zeigt sich das Menü für den sicheren Ordner.

Das Smartphone und die SD-Karte verschlüsseln

5. Um nun Dateien dem sicheren Ordner hinzuzufügen, tippen Sie auf den Menüpunkt **Dateien hinzufügen** ❶. Im sich öffnenden Dialog können Sie Bilder, Videos, Audiodateien oder Dokumente durch Antippen der entsprechenden Schaltflächen auf dem Gerät suchen. Bei Antippen von **Bilder** ❷ landen Sie z. B. in der Galerie-App, können hier wichtige Bilder antippen und anschließend über die Schaltfläche **Fertig** ❸ in den gesicherten Ordner befördern.

6. Bestätigen Sie die Nachfrage, ob die Elemente entweder kopiert ❹ oder verschoben ❺ werden sollen. Prinzipiell ist es hier sinnvoller, die Objekte in den sicheren Ordner zu verschieben ❺, da sie sonst auf dem regulären System noch sichtbar bleiben.

Die verschobenen Objekte finden Sie dann im entsprechenden Bereich des sicheren Ordners wieder, also z. B. Ihre Bilder in der verschlüsselten Galerie-App.

Auch die optionale externe SD-Karte kann mithilfe Ihres S8 verschlüsselt werden. So kann ein Dieb nichts mit den Fotos und der Musik anfangen, die Sie darauf gespeichert haben:

1. Begeben Sie sich in den Einstellungen in den Bereich **Gerätesicherheit**, und wählen Sie hier den Punkt **SD-Karte verschlüsseln** (❻ auf Seite 306).

Kapitel 14 – Sicherheit, Backup und Synchronisation

2. Wählen Sie zum Verschlüsseln der SD-Karte im folgenden Fenster erneut **SD-Karte verschlüsseln**. Nach der erfolgreichen Verschlüsselung erscheint eine entsprechende Meldung ❼ im Statusbereich.

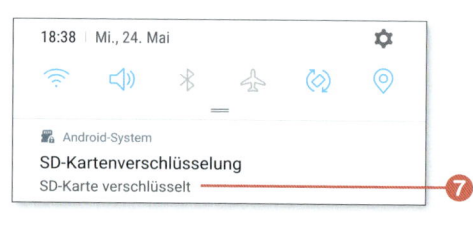

> **INFO**
>
> **Verschlüsselung rückgängig machen**
>
> Mittlerweile kann man eine verschlüsselte SD-Karte auch wieder entschlüsseln. Tippen Sie dazu im Menü **Gerätesicherheit** auf **SD-Karte entschlüsseln**. Das Ganze funktioniert allerdings nur, wenn Sie die Karte wieder in dasselbe Gerät einsetzen, mit welchem Sie diese verschlüsselt haben.

Eine Datensicherung erstellen

Damit Sie bei Ausfall der Hardware noch eine Sicherung aller Daten, die auf Ihrem Smartphone gespeichert sind, haben, empfehle ich Ihnen eine externe Sicherung Ihrer gesamten Daten per USB-Kabel auf einem PC. Dieses Kabel liegt Ihrem Gerät in Form des Ladeadapterkabels bei. In diesem Abschnitt stelle ich Ihnen eine spezielle Samsung-Software vor, die dafür sorgt, dass Sie eine grundlegende Sicherung Ihres Smartphones auf einem PC anfertigen können: *Smart Switch*.

1. Laden Sie sich zunächst von der Samsung-Webseite *http://www.samsung.com/de/support/smartswitch* die aktuelle Version von Smart Switch herunter. Zum Zeitpunkt der Drucklegung des Buches war Smart Switch 4.1 aktuell. Die Software ist sowohl für den PC als auch für den Mac erhältlich. Ich beziehe mich nachfolgend auf die PC-Version.

Eine Datensicherung erstellen

2. Installieren Sie die Software, und schließen Sie nach der Installation Ihr S8 per USB-Kabel am PC bzw. Mac an. Unter Windows werden eventuell einige Systemtreiber aktualisiert. Achten Sie darauf, dass sich Ihr Smartphone nicht im Sperrmodus befindet, denn sonst wird das Gerät von Smart Switch nicht erkannt.

3. Starten Sie die Smart-Switch-Software. Unter Umständen wird Ihnen ein Softwareupdate angeboten. Führen Sie dieses durch.

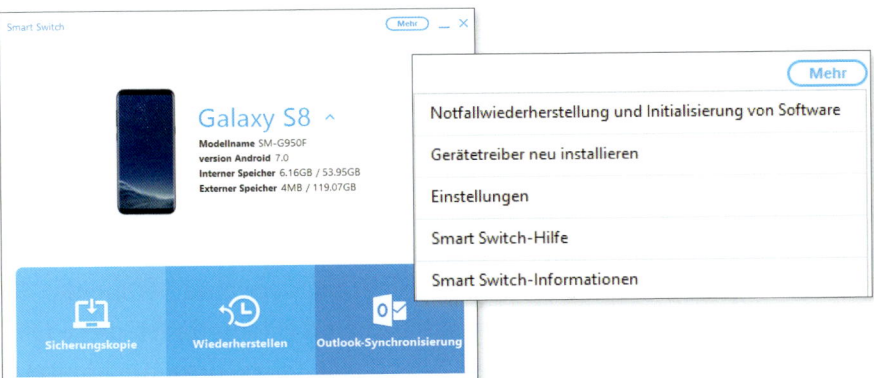

4. Möglicherweise wird Ihnen auch die Aktualisierung der Firmware Ihres Geräts angeboten. Dies können Sie später immer noch nachholen; an dieser Stelle schauen wir uns zunächst einmal die Oberfläche der Software ein wenig genauer an. Sie finden folgende Hauptbereiche:

- **Sicherungskopie**: Hier starten Sie die Sicherung Ihres S8.
- **Wiederherstellen**: Stellen Sie Ihr S8 aus einem zuvor angefertigten Backup wieder her.
- **Outlook-Synchronisierung**: Gleichen Sie Ihr S8 mit Microsoft Outlook ab. (Dieser Punkt fehlt bei der Mac-Variante von Smart Switch.)
- **Mehr**: Hier können Sie weitere Einstellungen zur Sicherung vornehmen oder auch die Gerätetreiber neu installieren lassen, falls es Probleme mit der Verbindung Ihres Smartphones zum PC gibt.

Lassen Sie uns zunächst eine Sicherung Ihres Smartphones erstellen:

1. Kontrollieren Sie zunächst über die Einstellungen den Pfad, unter welchem die Sicherung erstellt wird, damit Sie die Daten später wieder-

finden. Das Programm verwendet hier standardmäßig den Pfad *C:\ Users\<Benutzername>\Dokumente\Samsung\SmartSwitch*. Sie können aber an dieser Stelle auch ein anderes Sicherungsverzeichnis ❶, z. B. auf einer externen Festplatte, definieren.

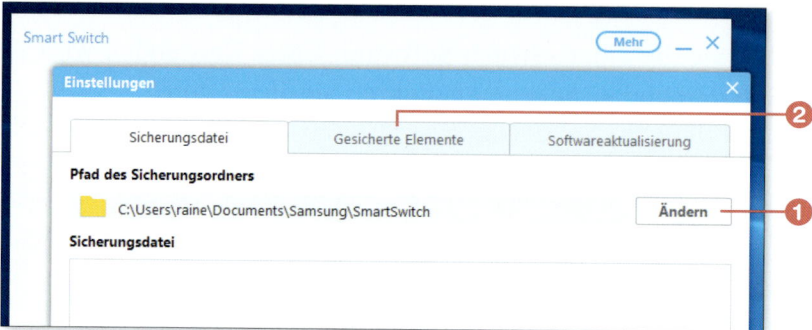

2. Wechseln Sie nun zum Reiter **Gesicherte Elemente** ❷, und legen Sie fest, was genau gesichert werden soll. Ich verzichte bei meiner Sicherung beispielsweise auf Videos, Musik und Bilder, da ich diese Objekte in der Regel schon manuell gesichert habe (siehe dazu die Kapitel 9, 10 und 12 zu Fotos, Videos und Musik). Die entsprechenden Optionen gibt es sowohl für den internen Gerätespeicher als auch für die externe SD-Speicherkarte.

3. Wechseln Sie nach Auswahl der zu sichernden Elemente nun per **OK** wieder in den Hauptbereich, und starten Sie die Sicherung Ihrer Daten durch Anklicken des Felds **Sicherungskopie**. Im folgenden Dialog werden Sie noch einmal gefragt, ob Sie die Elemente auf Ihrer externen SD-Speicherkarte mitsichern möchten. Fahren Sie hier fort durch Betätigen der Schaltfläche **Sicherungskopie** ❸.

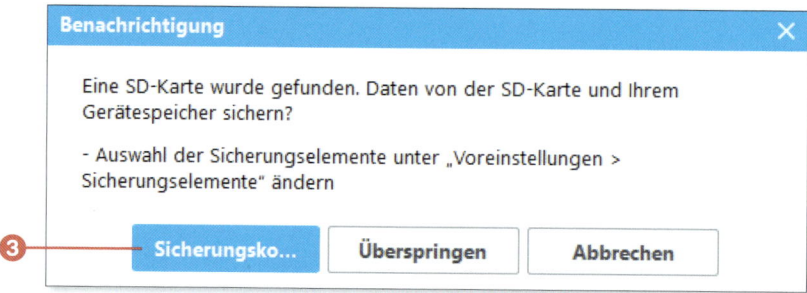

Eine Datensicherung erstellen

4. Nun werden Sie aufgefordert, auf dem S8 die Berechtigungen für den Sicherungsvorgang zu erteilen. Kommen Sie dieser Bitte durch Anklicken von **Zulassen** nach.

5. Im abschließenden Bildschirm erhalten Sie noch einmal eine Übersicht, welche Elemente gesichert wurden. Bestätigen Sie die Meldung mit **OK**.

Sollten Sie nun einmal Daten verlieren oder müssen Sie Ihr S8 z. B. infolge eines Viren- oder Trojanerbefalls auf die Werkseinstellungen zurücksetzen, so können Sie stets auf eine Datensicherung zurückgreifen. Diese befindet sich standardmäßig in Ihrem Heimverzeichnis unter dem oben beschriebenen Pfad auf dem PC. Sie können die gespeicherten Daten nun auch an einem weiteren Ort sichern, z. B. auf einer externen Festplatte.

Das Zurückspielen der Datensicherung auf Ihr Smartphone ist einfach:

1. Schließen Sie zunächst Ihr S8 per USB-Kabel an den PC an, und starten Sie Smart Switch.

2. Kontrollieren Sie in den Smart-Switch-Einstellungen noch einmal den Pfad zu Ihrem Sicherungsverzeichnis auf dem PC.

3. Begeben Sie sich nun zum Punkt **Wiederherstellen** ❶.

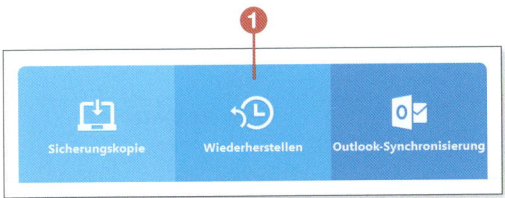

4. Im nächsten Dialog wird Ihnen zunächst das Datum der Sicherung gezeigt. Sie haben an dieser Stelle auch noch die Möglichkeit, über den Link **Eine andere Sicherung auswählen** ❷ gezielt ältere Backups zu verwenden. Das ist dann interessant, wenn beispielsweise ein aktuelles Backup schon durch einen Virus verseucht wurde.

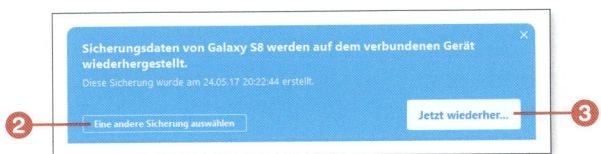

Kapitel 14 – Sicherheit, Backup und Synchronisation

5. Starten Sie das Zurückspielen Ihrer gesicherten Daten (Backup) auf Ihr Smartphone über die Schaltfläche **Jetzt wiederherstellen** (❸ auf Seite 309). Der Zugriff des Backup-Programms auf Ihrem S8 ist dort erneut zu bestätigen. Die Daten werden schließlich auf Ihr S8 zurückgespielt. Anschließend wird das Gerät eventuell neu gestartet, und alle Anwendungen und Einstellungen befinden sich wieder dort, wo sie hingehören.

Daten von einem Smartphone auf ein anderes übertragen

Samsung bietet auch eine Smart-Switch-App für beliebige Android-Smartphones an. Damit ist es recht einfach möglich, Ihre persönlichen Daten von einem Altgerät auf Ihr neues S8 zu übertragen. Im Folgenden zeige ich den Abgleich eines Galaxy S7 edge mit einem S8. Prinzipiell lässt sich die Anleitung aber auch auf andere Smartphone-Kombinationen übertragen, sogar die Übertragung von Inhalten eines iPhones ist damit möglich (siehe den Kasten »Inhalte vom iPhone übertragen« auf Seite 311). Gehen Sie folgendermaßen vor, um zwei Geräte abzugleichen:

Smart Switch

1. Installieren Sie zunächst die Smart-Switch-App mit dem nebenstehenden QR-Code auf Ihrem Altgerät, und starten Sie diese.

   In Ihrem S8 ist Smart Switch bereits fest eingebaut, Sie finden es in den Einstellungen im Bereich **Cloud und Konten**.

2. Verbinden Sie die beiden abzugleichenden Geräte mit einem USB-Kabel. Einen entsprechenden Adapter finden Sie im Zubehör Ihres S8. (Wenn Sie kein USB-Kabel bzw. keinen Adapter zur Hand haben, lässt sich ein Abgleich auch drahtlos per WLAN durchführen.)

Daten von einem Smartphone auf ein anderes übertragen

3. Starten Sie Smart Switch auf dem alten und dem neuen Gerät. Wählen Sie aus, ob der Abgleich via **USB-Kabel** ❶ oder per WLAN, also **Drahtlos** ❷, erfolgen soll.

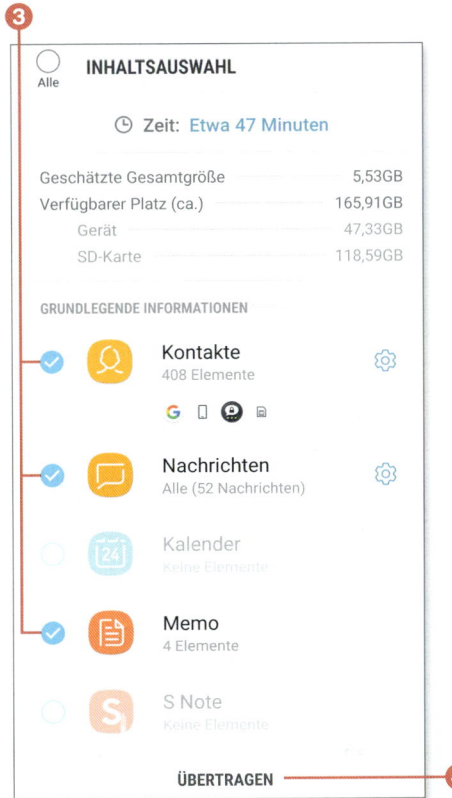

4. Wählen Sie nun die zu übertragenden Inhalte ❸ aus. Tippen Sie anschließend auf die Schaltfläche **Übertragen** ❹.

> **TIPP**
>
> **Inhalte vom iPhone übertragen**
>
> Beachten Sie: Für das iPhone gibt es direkt keine spezielle iOS-App, um die Inhalte wie beschrieben zu übertragen. Für dessen Migration verwenden Sie auf Ihrem S8 Smart Switch, wählen **Drahtlose Übertragung** und **iOS** aus dem erscheinenden Menü. Im nächsten Schritt melden Sie sich mit Ihrer Apple-ID bzw. Ihrem iCloud-Konto an, und die Inhalte (z. B. Kontakte) werden auf Ihr S8 übertragen.

Synchronisation mit Microsoft Outlook

Viele Anwender nutzen auf dem heimischen PC Microsoft Office und damit in der Regel auch Microsofts universelles Kalender-, Planungs- und Kontaktverwaltungswerkzeug *Outlook*, welches fester Bestandteil des Office-365-Abonnements ist. Da wäre es doch ideal, wenn sich das Ganze auch mobil verwenden ließe.

Smart Switch sorgt dafür, dass Sie Ihre Kontakte und Kalender zwischen dem S8 und dem PC mit Outlook abgleichen können. Gehen Sie dazu folgendermaßen vor:

1. Starten Sie Smart Switch auf dem PC, und wählen Sie den Menüpunkt **Outlook-Synchronisierung**.

2. Wählen Sie im nächsten Schritt über die Schaltfläche **Einstellungen für das Synchronisieren von Outlook** ❶ diejenigen Elemente aus, die Sie zwischen PC und Ihrem S8 abgleichen möchten.

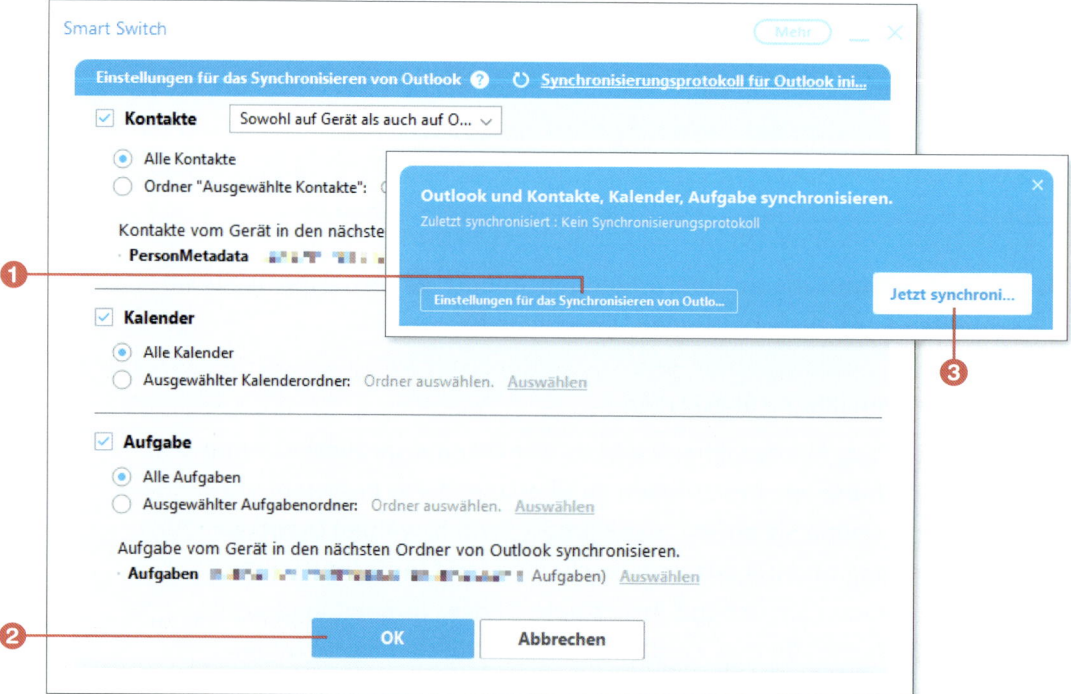

3. Bestätigen Sie die Auswahl mit **OK** ❷, und werfen Sie den Synchronisationsprozess über **Jetzt synchronisieren** ❸ an.

Wenn Sie vorhaben, permanent mit Outlook zu arbeiten, dann empfiehlt es sich, parallel zum Outlook-Programm auf Ihrem PC die Outlook-App von Microsoft aus dem Google Play Store zu installieren. Verknüpfen Sie diese mit Ihrem Microsoft-Konto, und in Zukunft werden sämtliche Einträge (Kontakte, Kalender, Aufgaben) zwischen Smartphone und PC synchron gehalten.

Microsoft Outlook

> **TIPP**
>
> **Synchronisation von Outlook und Gmail-Kontakten**
>
> Bei meinen Tests in Bezug auf den Abgleich von Outlook und Google-Konto habe ich festgestellt, dass die Synchronisation nicht immer rund läuft. Abhilfe bringt das Werkzeug *Outlook4Gmail*.
>
> Eine Version zum kostenlosen Abgleich der beiden Kontaktverzeichnisse finden Sie hier: *http://scand.com/products/outlook4gmail/*. Wenn Sie darüber hinaus auch die Kalender von Outlook und Google abgleichen möchten, dann müssen Sie eine kostenpflichtige Version für 19,99 US$ erwerben. Das Programm bindet sich als sog. Plug-in in Outlook ein und ist relativ selbsterklärend.

Onlinespeicher nutzen

In den letzten Jahren sind Onlinespeicherdienste zusehends beliebter geworden, da Sie so die Möglichkeit haben, Ihre Daten von unterwegs zu erreichen, und nicht darauf bauen müssen, dass Ihr gewähltes Speichermedium (CD-ROM, DVD etc.) in ein paar Jahren noch lesbar ist. In Ihrem Google-Konto stehen Ihnen nach der Anmeldung 15 GB Speicherplatz auf *Google Drive*, dem Internetspeicherdienst von Google, zur Verfügung.

Im Folgenden wollen wir uns diesen universellen Onlinespeicher einmal zu Datensicherungszwecken genauer anschauen.

Kapitel 14 – Sicherheit, Backup und Synchronisation

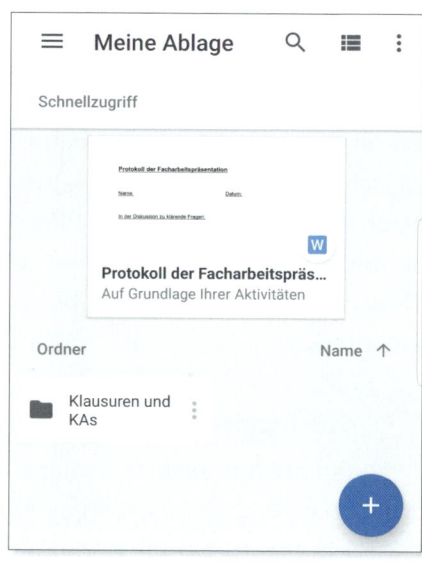

1. Starten Sie die Google-Drive-App aus dem Google-Ordner im App-Menü. Beim ersten Programmstart zeigt Ihnen eine kleine Einführungstour zunächst die Möglichkeiten der App.

2. Schließlich gelangen Sie in Ihr Google-Drive-Verzeichnis, genauer, in den Bereich **Meine Ablage**. Hier können Sie über die **+**-Schaltfläche sowohl eigene Ordner hinzufügen als auch neue Office-Dokumente oder Scans erzeugen.

ES Datei Explorer

Die Google-Drive-Oberfläche steht zunächst in keiner direkten Verbindung zu Ihrem Smartphone-Speicher. Zur Verknüpfung bietet sich ein Dateimanager an, der Google Drive in das bestehende Dateisystem einbindet. Das leistet z. B. der *ES Datei Explorer*.

Um eine Datei oder ein Verzeichnis vom Smartphone auf Google Drive hochzuladen und somit zu sichern, gehen Sie folgendermaßen vor:

Onlinespeicher nutzen

1. Starten Sie den ES Datei Explorer, öffnen Sie das Seitenmenü, und tippen Sie im Bereich **Netzwerk** auf den Eintrag **Cloud** ❶.

2. Erstellen Sie anschließend über die **+**-Schaltfläche ❷ einen neuen Cloud-Zugang.

3. Wählen Sie als Speicherort **Gdrive** ❸ aus, und melden Sie sich im nächsten Fenster mit Ihren Google-Kontodaten an. Bestätigen Sie die vom ES Datei Explorer angeforderten Berechtigungen.

   Natürlich können Sie an dieser Stelle auch andere Cloud-Speicherdienste, wie z. B. **DropBox** ❹ oder Microsofts **OneDrive** ❺, nutzen.

4. Wechseln Sie durch Antippen des Google-Drive-Symbols in der Cloud-Übersicht ❻ in den Cloud-Speicher.

315

Kapitel 14 – Sicherheit, Backup und Synchronisation

5. Nun ist es möglich, zwischen Ihrem lokalen Speicher und dem Cloud-Speicher Dateien hin und her zu kopieren. Wechseln Sie dazu per ES Datei Explorer in ein lokales Verzeichnis, und kopieren Sie eine Datei oder ein Verzeichnis, indem Sie dieses durch längeres Antippen markieren und anschließend die Schaltfläche **Kopieren** (❼ auf Seite 315) auswählen. Sie können auch mehrere Dateien bzw. Verzeichnisse auswählen.

6. Wechseln Sie anschließend durch Antippen des entsprechenden Symbols in Ihr Google-Drive-Verzeichnis, und fügen Sie dort die kopierte Datei bzw. das kopierte Verzeichnis durch Antippen der **Einfügen**-Schaltfläche ❽ ein.

Das Galaxy S8 wiederfinden oder sperren

Für den Fall, dass Sie Ihr S8 verlegt haben oder es Ihnen gar gestohlen wurde, bietet Ihnen Ihr Smartphone einen Lokalisierungsdienst. Diesen müssen Sie allerdings zunächst aktiviert haben, damit Ihr Gerät auffindbar ist. Sowohl Google als auch Samsung, darüber hinaus auch einige Antiviren-Apps, bieten eine derartige Option an. Ich werde Ihnen nachfolgend die integrierte Option *Find My Mobile* von Samsung etwas genauer vorstellen. Diese erfordert ein eingerichtetes Samsung-Konto, das Sie im Normalfall bei der Ersteinrichtung Ihres Smartphones bereits erstellt haben. Sie können ein solches Konto aber auch jederzeit auf *www.samsung.com* nachträglich einrichten.

1. Begeben Sie sich in den Einstellungen in den Bereich **Gerätesicherheit ▸ Find My Mobile**. Loggen Sie sich hier mit Ihren Samsung-Kontodaten ein.

2. Kontrollieren Sie, ob der Fernzugriff auf Ihr S8 aktiviert wurde. Ist das nicht der Fall, dann können Sie das hier durch Antippen des Schalters **Fernzugriff** ❶ nachholen. Aktivieren Sie auch den **Google-Standortdienst** ❷. Dadurch erfolgt die Positionsbestimmung in

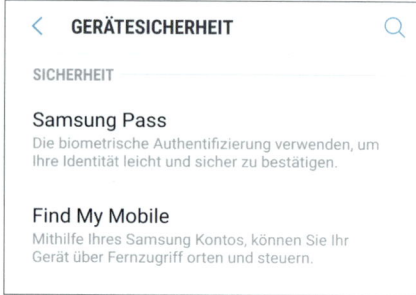

Das Galaxy S8 wiederfinden oder sperren

Kombination von Mobilfunknetz und GPS mit hoher Genauigkeit.

3. Nun testen wir, ob das Gerät geortet werden kann. Begeben Sie sich dazu per PC-Browser auf die Seite *http://findmymobile.samsung.com*, und loggen Sie sich dort mit Ihren Samsung-Kontodaten ein. Schauen Sie zunächst nach, ob Ihr Gerät im Menü oben links auftaucht ❸. Das dort ausgewählte Gerät wird nun automatisch geortet. Kurze Zeit später sollten Sie die Position Ihres S8 auf der Karte sehen ❹. Im Statusbereich Ihres Geräts erscheint eine entsprechende Meldung ❺.

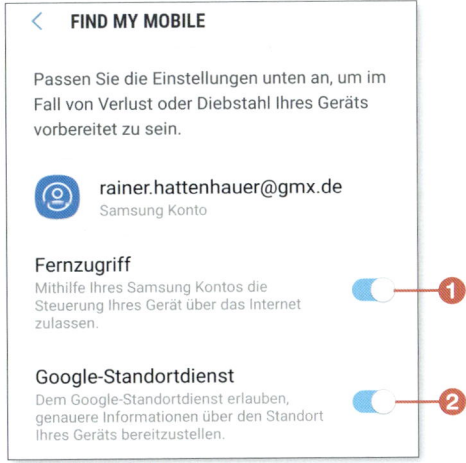

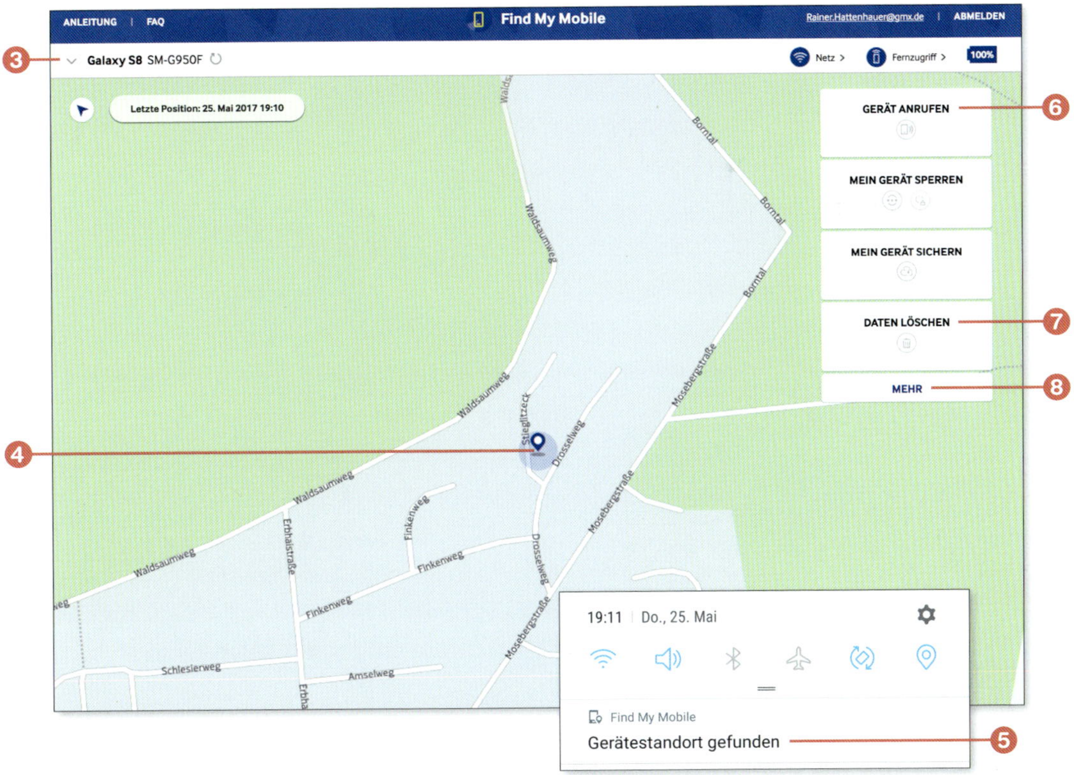

4. Anschließend können Sie weitere Funktionen testen, die Ihnen auf der Seite **Find My Mobile** zur Verfügung stehen, z. B. das **Gerät anrufen** (❻ auf Seite 317) und klingeln lassen. Außerdem können Sie per Fernsteuerung sämtliche Daten auf Ihrem Gerät löschen lassen ❼. Dadurch hat ein potenzieller Dieb nicht wirklich Freude an seiner Beute.

5. Hinter dem Menüpunkt **Mehr** ❽ verbergen sich weitere interessante Optionen. Die wichtigste ist hier wohl die Möglichkeit, Ihr Gerät aus der Ferne über Ihr Samsung-Konto entsperren zu können, falls Ihre Entsperrmethode versagen sollte, z. B. weil Sie Ihre PIN bzw. Ihr Passwort vergessen haben. Tippen Sie dazu auf **Mein Gerät entsperren**.

Kapitel 15
Die Akkulaufzeit verlängern und den Speicher vergrößern

Eine große Enttäuschung, die ich beim Umstieg vom klassischen Handy auf mein erstes Smartphone – das Samsung Galaxy S 1 – erlebte, war die geringe Akkulaufzeit. Hielt mein gutes altes Nokia-Handy bei regelmäßiger Nutzung knapp eine halbe Woche durch, so war beim Galaxy S1 nach noch nicht einmal einem Tag Feierabend.

Die gefühlt schlechte Akkuleistung moderner Smartphones hat einen guten Grund: Im Prinzip ist ein Smartphone nichts anderes als ein mobiler Multimediacomputer, dessen erstaunlich leistungsfähiger Prozessor sowie das hochauflösende Display ihren Tribut fordern. Dennoch können Sie viel dazu beitragen, dass dem Smartphone nicht schon binnen weniger Stunden der Saft ausgeht. Dieses Kapitel soll Ihnen dabei helfen. Außerdem bekommen Sie einige Tipps, wie Sie den Hauptspeicher Ihres S8 problemlos mithilfe von SD-Karten oder anderen externen Speichermedien erweitern können.

> **INFO**
>
> **Das Galaxy S8 – die Laufzeit im Vergleich zu den Vorgängern**
>
> Das Galaxy S8 hat gegenüber dem S7 die Akkukapazität von 3000 mAh beibehalten. Der Akku des S8+ (3500 mAh) ist im Vergleich zum S7 edge (3600 mAh) etwas geschrumpft. Dennoch gibt Samsung für die neue Generation nahezu identische Laufzeiten an, obwohl in den neuen Geräten ein wesentlich besseres und damit energiehungriges Display verbaut wurde. Die Tabelle auf der folgenden Seite zeigt die von Samsung angegebene Akkulaufzeit der beiden Galaxy-Generationen im Vergleich.

Kapitel 15 – Die Akkulaufzeit verlängern

	Galaxy S7	Galaxy S8	Galaxy S7 edge	Galaxy S8+
Display	5,1 Zoll	5,8 Zoll	5,5 Zoll	6,2 Zoll
Akku	3000 mAh, 11,55 Wh	3000 mAh, 11,55 Wh	3600 mAh, 13,86 Wh	3500 mAh, 13,48 Wh
Musikwiedergabe ohne AOD	62 Stunden	67 Stunden	74 Stunden	78 Stunden
Musikwiedergabe mit AOD	45 Stunden	44 Stunden	55 Stunden	50 Stunden
Internet (Wi-Fi)	15 Stunden	14 Stunden	16 Stunden	15 Stunden
Internet (LTE)	13 Stunden	12 Stunden	15 Stunden	15 Stunden
Internet (3G)	11 Stunden	11 Stunden	12 Stunden	13 Stunden
Videowiedergabe	15 Stunden	16 Stunden	18 Stunden	18 Stunden
Gesprächszeit (3G)	22 Stunden	20 Stunden	27 Stunden	24 Stunden

Vergleich der Laufzeiten der Smartphone-Serien Galaxy S7 und S8. AOD bedeutet »Always On Display (aktiviert)«. Quelle: Samsung

Die großen Stromfresser

Das Ranking der Kandidaten mit großem Stromverbrauch auf einem Smartphone sieht wie folgt aus:

- Platz 1 nimmt unangefochten das *Display* ein. Hier gilt: Je höher seine Auflösung, desto mehr Energie wird für die Darstellung benötigt. Wundern Sie sich also nicht, wenn die aktuellen Geräte die gleiche oder sogar eine schlechtere Laufzeit als die Vorgängermodelle besitzen – dies ist einer Vergrößerung des Displays geschuldet.

Die großen Stromfresser

- In diesem Zusammenhang ist es gerade bei der neuen Galaxy-Serie extrem kontraproduktiv, das *Always On Display* (AOD) zu nutzen. Auch wenn dies ein nettes Gimmick ist, geht durch seine Verwendung die Akkulaufzeit spürbar in den Keller. Das war bei der Vorgängerserie, dem Galaxy S7 (edge), noch nicht in dem Maße der Fall (siehe dazu die Tabelle auf Seite 320).

- Die Netzturbos *UMTS* und *LTE* nehmen ebenfalls viel Energie weg, falls Sie diese Netzstandards permanent nutzen. Bei Ihrem S8 ist ab Werk die Option aktiviert, je nach Empfangslage zwischen dem UMTS-(3G-) oder LTE-(4G-) und dem gewöhnlichen GSM-(2G-)Netz hin und her zu schalten, was beträchtlich am Akku saugt.

- Der aktivierte *WLAN*-Empfang beansprucht in gleicher Weise die Energiequelle, allerdings bei Weitem nicht so stark wie der UMTS-Empfang. Das heißt, wann immer es möglich ist, sollten Sie Ihre Daten per WLAN statt per UMTS übertragen.

- Generell bedeutet eine permanente *Synchronisation* von Apps, die per Mobilfunknetz oder WLAN auf Serverdaten zugreifen, ebenfalls eine deutliche Belastung des Energiespeichers.

- Ebenso stellt die permanente Kopplung mit zusätzlichen Geräten per *Bluetooth*-Kurzstreckenfunk, etwa der Freisprechanlage im Auto, eine Energiesenke dar. Allerdings hält sich der Energieverbrauch infolge der Verwendung des *Bluetooth 5.0 Low Energy Profile*, das z. B. zur Kopplung von Smartwatches eingesetzt wird, mittlerweile sehr in Grenzen, sodass Sie den Bluetooth-Chip Ihres S8, ohne ein schlechtes Gewissen haben zu müssen, permanent aktiviert lassen können.

- Nicht ganz so dramatisch ist auch der Mehrverbrauch, der durch den aktivierten *GPS*-Empfang hervorgerufen wird.

- Last, but not least: Die mittlere *Prozessorlast* ist entscheidend dafür, ob Ihr Akku den Tag übersteht oder schon nach wenigen Stunden in die Knie geht. Das merken Sie daran, dass Sie zusehen können, wie die Akkuladung schwindet, wenn Sie sich mit einem grafikaufwendigen 3D-Spiel die Zeit vertreiben.

Kapitel 15 – Die Akkulaufzeit verlängern

Erste Schritte zum Stromsparen

Wie bereits erwähnt, trägt das Display am meisten zum Energieverbrauch bei. Die beiden goldenen Regeln lauten hier:

- Reduzieren Sie die Display-Standby-Zeit auf ein einigermaßen erträgliches Minimum.
- Regulieren Sie die Displayhelligkeit so, dass Sie bei den in der Regel gegebenen Lichtverhältnissen die Informationen gerade noch gut erkennen können.
- Verzichten Sie auf die Aktivierung von Always On Display.
- Nutzen Sie eine mittlere Auflösung zur Darstellung von Displayinhalten.

Das persönliche Empfinden der Helligkeit des Displays ist natürlich recht subjektiv. Zu den entsprechenden Einstellmöglichkeiten gelangen Sie über die Einstellungen im Bereich **Anzeige ▶ Helligkeit** oder schneller über die entsprechende Fingergeste:

1. Ziehen Sie die Statusleiste mit zwei parallel auf das Display gelegten Fingern herunter. Passen Sie per Schieberegler die **Helligkeit** ❶ Ihren Vorstellungen entsprechend an. Zu den erweiterten Optionen gelangen Sie durch Antippen der pfeilförmigen Schaltfläche ❷.

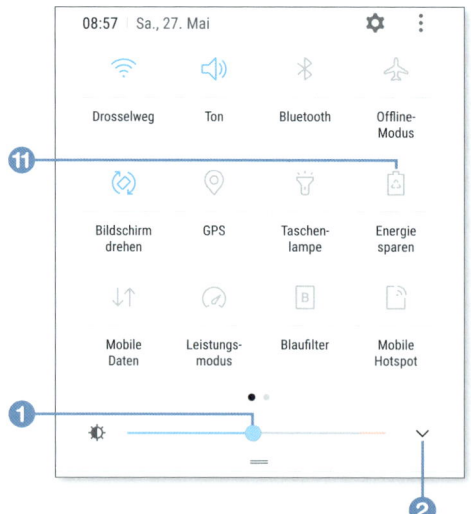
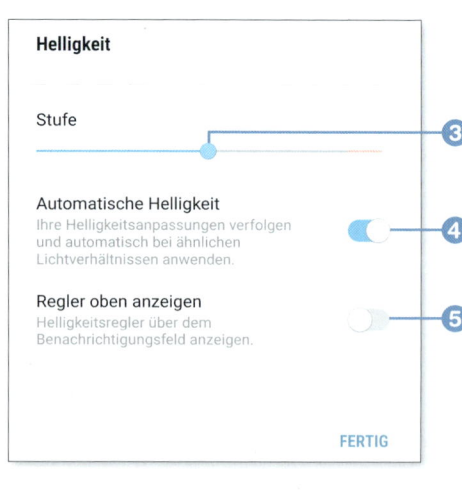

Erste Schritte zum Stromsparen

2. In den erweiterten Optionen ist in der Regel der automatische Modus voreingestellt. Dieser passt insbesondere beim S8 recht gut – gerade im Freien lässt sich das neue Display jetzt sehr gut ablesen. Über den Regler ❸ steuern Sie auch im automatischen Modus die gefühlte Helligkeit. Um die Helligkeit auf einen festen Wert einzustellen, müssen Sie den Automatikmodus durch Antippen des Schalters ❹ deaktivieren. Per Regler können Sie nun eine feste Helligkeit einstellen.

3. Möchten Sie den Helligkeitsregler für einen schnelleren Zugriff stets im oberen Bereich der Statusleiste unter den Schnellschaltflächen haben, so aktivieren Sie einfach den Schalter **Regler oben anzeigen** ❺.

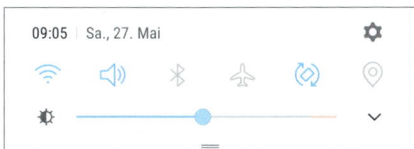

4. Die Standby-Zeit passen Sie in den Einstellungen im Bereich **Anzeige ▸ Bildschirm-Timeout** an. 30 Sekunden ❻ genügen hier vollauf.

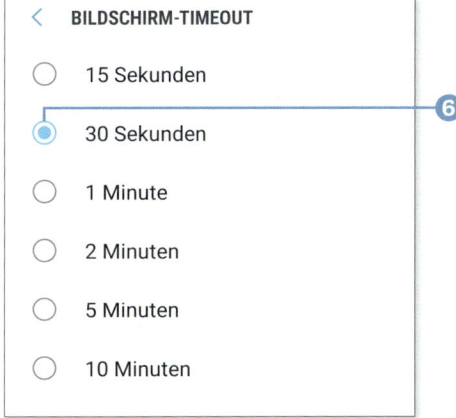

5. Eine Unsitte bezogen auf den Energieverbrauch sind die zwar hübsch anzusehenden, aber prozessorhungrigen Live-Hintergründe, die Sie in den Einstellungen im Bereich **Hintergründe und Themes** auswählen können. Wählen Sie hier in jedem Fall ein statisches (unbewegliches) Hintergrundbild. Ebenso verzichtbar ist die Option **Bewegungseffekt**,

die Sie bei der Einrichtung des Hintergrundbilds durch Antippen des Häkchens ❼ ebenfalls deaktivieren können.

6. Wie bereits in der Einleitung erwähnt, sollte das **Always On Display** ❽ beim Galaxy S8 deaktiviert werden. Sie finden die entsprechende Schnellschaltfläche durch Herunterziehen der Statusleiste mit zwei Fingern. Sollte die Schaltfläche nicht sichtbar sein, so wischen Sie einfach noch einmal nach links bzw. rechts.

7. Der nächste Kandidat zum Energiesparen ist der Mobilfunknetzmodus. Solange Sie nicht im Internet auf grafisch aufwendigen Seiten surfen oder größere Dateien herunterladen wollen, genügt der einfache GSM-(2G-)Modus. Dieser ist im Übrigen auch wesentlich stabiler gegenüber Verbindungsschwankungen, die bei Überlandfahrten stets auftreten. Begeben Sie sich in den Einstellungen in den Bereich **Verbindungen ▸ Mobile Netzwerke**.

8. Im Untermenü **Netzmodus** ❾ wählen Sie nun den Menüpunkt **Nur 2G** ❿.

Sollten Sie wieder eine schnelle Datenverbindung benötigen, so ändern Sie die Einstellung entsprechend.

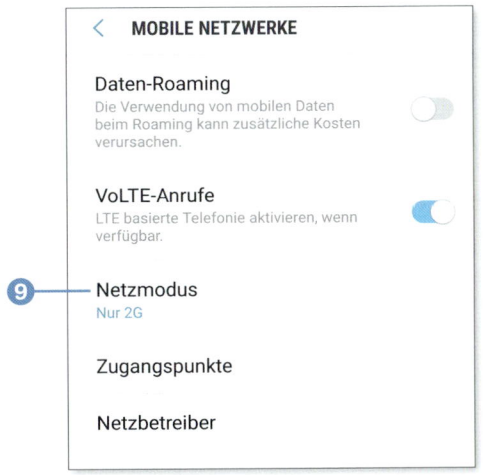

9. WLAN, Bluetooth und GPS sollten Sie, falls Sie sie nicht benötigen, generell deaktivieren. Das geschieht am schnellsten über die Steuerschaltflächen, die Sie durch Herunterziehen der Statusleiste mit zwei Fingern erreichen. Das Galaxy S8 verfügt über eine Schaltfläche **Energie sparen** (siehe ⑪ auf Seite 322), die Sie bei Bedarf ebenfalls antippen sollten. Daraufhin erscheint ein Menü zur Anpassung des Energiesparmodus. Über den Link **Anpassen** gelangen Sie in einen Bereich, in dem Sie weitere Spareinstellungen vornehmen können. Hier lässt sich insbesondere die Bildschirmauflösung auf einen mittleren Wert setzen.

10. Wenn Sie nicht mit dem Internet verbunden sind, dann sollten Sie ebenfalls die Synchronisation über die Schnellschaltfläche **Sync** (siehe ⑫ auf Seite 324) deaktivieren. Jeder Synchronisationsversuch fährt den Prozessor unnötig an und kostet Energie.

Über das Menü der Schnellschaltflächen (die drei übereinander angeordneten Punkte) können Sie übrigens auch alle energierelevanten Schnellschaltflächen auf die erste Zeile legen, sodass Sie diese im Bedarfsfall schneller erreichen.

Kapitel 15 – Die Akkulaufzeit verlängern

11. Viele Anwender beschweren sich darüber, dass ihr Gerät über Nacht viel Energie verliert. Die Lösung für das Problem: Aktivieren Sie über Nacht einfach den Flug- bzw. **Offline-Modus** ⑬, der sämtliche Netzwerk-Verbraucher abschaltet. Natürlich dürfen Sie nicht vergessen, diesen Modus am nächsten Morgen wieder zu deaktivieren.

Anpassung des maximalen Energiesparmodus

Ein pfiffiges Feature, das im Extremfall sogar Leben retten kann, ist der *maximale Energiesparmodus* Ihres S8 – beim Vorgänger S7 wurde dieser noch *Ultra-Energiesparmodus* genannt. Dadurch reduzieren Sie den Stromverbrauch des Smartphones auf ein absolutes Minimum.

Das passende Szenario wäre in meinem Fall eine Notlandung per Gleitschirm in unwegsamem alpinem Gelände – da ist man froh, wenn man die Akkulaufzeit des Smartphones so lang wie möglich strecken kann, um Rettungskräfte herbeizurufen.

Und so aktivieren Sie den maximalen Energiesparmodus:

1. Begeben Sie sich in den Einstellungen in den Bereich **Gerätewartung ▶ Akku**, und tippen Sie hier auf die Schaltfläche **Akku** ❶.

2. Wählen Sie im folgenden Menü den maximalen Sparmodus durch Antippen der Schaltfläche **Max.** ❷. Unter den einzelnen Sparmodi wird eine ungefähre Zeit angegeben, welche Restlaufzeit Ihres Smartphones durch deren Anwendung zu erwarten ist.

3. Tippen Sie im folgenden Bildschirm schließlich auf **Anwenden**. Daraufhin wird Ihr Smartphone in den maximalen Energiesparmodus versetzt.

4. Im aktivierten maximalen Energiesparmodus sehen Sie, wie lange der Akku aller Voraussicht nach noch halten wird ❸. Diese Angabe zur geschätzten Restlaufzeit ist aber, wie bereits erwähnt, mit Vorsicht zu genießen. In diesem Modus verfügen Sie nun über eine stark reduzierte dunkle Oberfläche mit rudimentären Funktionen, die den Akku Ihres Smartphones nur wenig belastet.

5. Möchten Sie den maximalen Energiesparmodus wieder verlassen, dann begeben Sie sich erneut in den Einstellungen in den Bereich **Gerätewartung ▶ Akku** und tippen dort auf die Schaltfläche **Aus**.

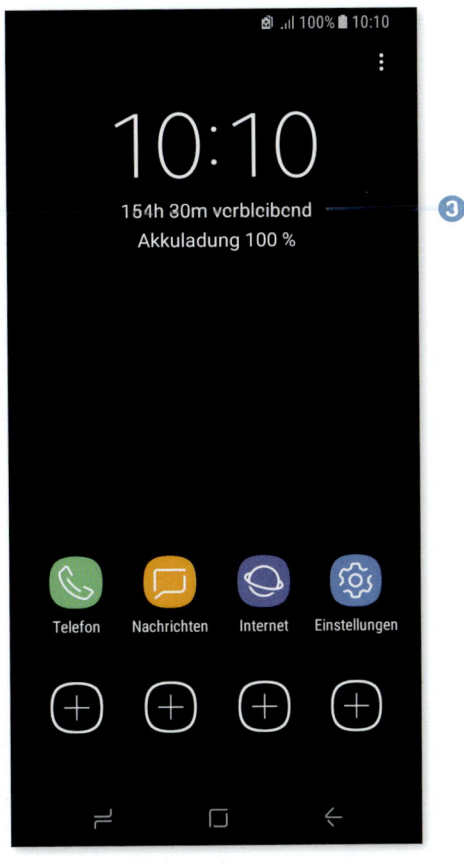

Apps ermitteln, die zu viel Energie verbrauchen

Wie bereits erwähnt, besitzt neben dem Display der Prozessor Ihres Smartphones den größten Energiehunger, wenn er denn auf Volllast gefahren wird. So ist es interessant zu erfahren, welche der installierten Apps am meisten Prozessorleistung beanspruchen. Das müssen nicht nur die von Ihnen selbst gestarteten Apps sein, auch einige Dienste im Hintergrund können sich als Stromfresser entpuppen. Zur Inspektion verwenden wir

Kapitel 15 – Die Akkulaufzeit verlängern

Samsungs Tool zur Systemkontrolle, den Manager zur Gerätewartung. Diesen haben Sie bereits im letzten Abschnitt kennengelernt.

1. Begeben Sie sich in den Einstellungen in den Bereich **Gerätewartung**. Der Gerätemanager scannt daraufhin sofort Ihr Gerät und gibt einen Statusüberblick aus.

 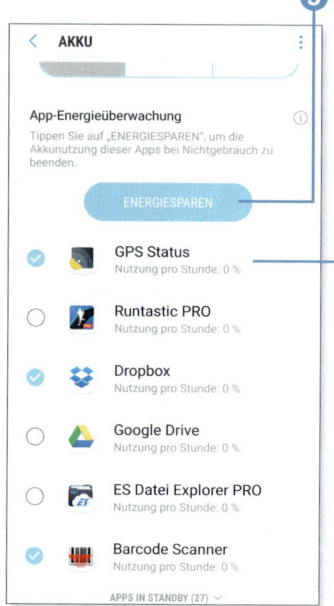 

2. Um einen Eindruck davon zu bekommen, welche App oder welcher Dienst am meisten am Akku nagt, begeben Sie sich durch Antippen von **Akku** ❶ in den gleichnamigen Bereich. Hier finden Sie unter **App-Energieüberwachung** all diejenigen Apps, die in einen Energiesparmodus versetzt werden können. Tippen Sie dazu einfach die Schaltfläche vor den App-Symbolen ❷ und anschließend **Energiesparen** ❸ an. Die entsprechenden Apps laufen dadurch mit verminderter Priorität und wecken das Smartphone nicht unnötig aus dem Ruhezustand auf.

3. Sollten Sie in der Übersicht eine »wild gewordene« App entdeckt haben, die den Akku über Gebühr in Anspruch nimmt, so lässt sich diese jederzeit über den Systemmanager beenden. Rufen Sie diesen über die Taste der zuletzt gestarteten Apps (das ist die linke virtuelle Taste neben der Home-Taste) auf, und entfernen Sie die entsprechende App durch Wi-

Apps ermitteln, die zu viel Energie verbrauchen

schen aus dem Speicher. Sie können durch Druck auf die **Alle beenden**-Schaltfläche ❹ auch sämtliche temporär geöffneten Apps aus dem Speicher entfernen. Ist das Akkuleck dadurch immer noch nicht abgestellt, so hilft in diesem Fall oft ein Neustart des Smartphones.

Schließlich ist es noch aufschlussreich, den prozentualen Ladezustand des Akkus permanent im Blick zu haben. Dies ist im Normalfall voreingestellt. Sollte das bei Ihrem S8 nicht der Fall sein, dann begeben Sie sich in den Einstellungen in den Bereich **Anzeige ▶ Statusleiste** und aktivieren hier den Schalter **Akkuladung in % anzeigen** ❺. Bei Verwendung einer neuen App können Sie dann ggf. ein Energieleck schneller identifizieren.

> **TIPP**
>
> **Das S8 kabellos laden**
>
> Ihr S8 kann auch ganz ohne Kabel geladen werden: Brauchte man dazu bei älteren Galaxy-Geräten wie z. B. dem S5 noch ein spezielles Rückteil am Smartphone, so funktioniert das induktive Laden beim S8 »out of the box«. Das Verfahren wird *QI* genannt und hat in Form von eingebauten Ladestationen mittlerweile sogar Eingang bei IKEA-Möbeln gefunden. Die Energieübertragung geschieht beim QI-Verfahren per Induktion. Allerdings ist das Verfahren nicht ganz so effizient wie das Laden per herkömmlichem Ladegerät mit Ladekabel. Es gibt aber mittlerweile auch schon induktive Schnellladestationen als Zubehör für Ihr S8.
>
>
>
> *Typisches induktives Ladepad für das Galaxy S8. Beim Auflegen des Geräts erscheint eine eindrucksvolle Animation.*

Den Speicher erweitern

Im Gegensatz zur Apple-Konkurrenz – dem iPhone – haben Sie beim S8 die Möglichkeit, den Speicher Ihres Geräts mit einer vergleichsweise günstigen MicroSD-Karte zu erweitern.

Schalten Sie das Gerät zunächst aus, und fahren Sie wie in Schritt 1 auf Seite 17 beschrieben fort. Es ist zwar theoretisch auch möglich, die Karte im laufenden Betrieb einzusetzen (*Hotplug* genannt), um aber ganz sicherzugehen und Datenverluste zu vermeiden, empfehle ich Ihnen das Einsetzen im ausgeschalteten Zustand.

Mithilfe der externen Speicherkarte können Sie den Speicher Ihres S8 vervielfachen. Ich habe beispielsweise mein S8 von 64 GB internem Speicher mittels einer 128-GB-SD-Karte auf knapp 200 GB Gesamtspeicher aufgerüstet – und das für noch nicht einmal 50 €. Dazu ein kleiner Tipp: Recherchieren Sie zuvor in Foren, welche Typen von Speicherkarten sich beim S8 bewährt haben. Generell gilt die Faustregel, dass es mit Speicherkarten bis 64 GB Speicherkapazität keinerlei Probleme gibt, auf größere Karten bestimmter Hersteller reagiert das Gerät mitunter mit Datenverlusten.

> **INFO** **Einsatzbereich der Speichererweiterung**
>
> Es ist nicht möglich, auf die beschriebene Art den Speicher der externen SD-Karte »transparent« in das Android-System Ihres S8 einzubinden, also so, dass er vom fest eingebauten Speicher nicht mehr unterschieden werden könnte. Somit können Sie den Speicher nur dafür nutzen, Medien wie z. B. Fotos, Videos oder Musikdateien sowie Karten für Navigations-Apps darauf zu speichern. Und das hat einen guten Grund: Der externe Speicher ist sehr langsam im Vergleich zum eingebauten Speicher des S8 und würde das System bei transparenter Einbindung stark ausbremsen.

Der beschriebene Speicherausbau ist auf maximal 200 GB große SD-Karten beschränkt. Wer darüber hinaus Speicher benötigt, der sollte sich einmal nach einem *Bridge-USB-Stick* oder einer Reisefestplatte mit USB-C-Anschluss umsehen. Ein Bridge-Stick hat den Vorteil, dass er sowohl an das S8

Den Speicher erweitern

als auch an einen handelsüblichen PC passt. Der Umgang damit ist kinderleicht:

1. Besorgen Sie sich zunächst einen Bridge-USB-Stick. Dieser besitzt zwei parallele Anschlüsse: einen USB-C-Anschluss für das S8 sowie einen Standard-USB-Anschluss für den PC. Ein 64-GB-Bridge-Stick kostet derzeit etwa 30 €.

2. Schließen Sie den Stick an Ihren PC an, und überspielen Sie die gewünschten Multimediadateien. Es empfiehlt sich hier, bereits vordefinierte Verzeichnisse (z. B. das iTunes-Music-Verzeichnis) 1:1 auf den Stick zu kopieren.

3. Schließen Sie nun den Bridge-Stick an Ihr S8 an. Dieser wird sofort als nutzbarer Massenspeicher erkannt, was Sie einer entsprechenden Meldung im Statusbereich entnehmen können.

4. Starten Sie den eingebauten Dateimanager (**App-Menü ▶ Samsung-Ordner ▶ Eigene Dateien**), und tippen Sie dort auf den Eintrag des USB-Sticks ❶.

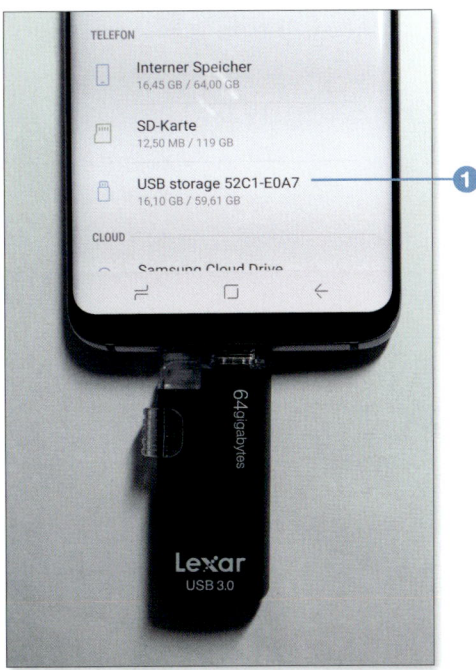

5. Tauchen Sie schließlich per Dateimanager in die kopierte Musiksammlung ab, oder tippen Sie einen Film an. Sie können Musikstücke und Videos direkt vom Stick wiedergeben. Möchten Sie allerdings den Stick während der Wiedergabe nicht am Gerät haben, so können Sie die gewünschten Alben oder Filme auch vorübergehend auf Ihren internen Smartphone-Speicher kopieren und nach deren Genuss löschen.

Rocket Player

6. Für die Wiedergabe von Musiksammlungen, die sich auf einem Bridge-USB-Stick befinden, eignet sich ganz vorzüglich der beliebte *Rocket Player*. Sie können die App mit dem nebenstehenden QR-Code installieren und testen. Dazu ein Tipp: Wenn Sie stets denselben USB-Stick verwenden, dann sollten Sie in den Einstellungen des Rocket Players den automatischen Neuscan bei Änderungen am System deaktivieren.

In ähnlicher Weise lassen sich übrigens Bilder und Videos, die Sie mit der Kamera Ihres S8 aufgenommen haben, per Dateimanager auf dem Bridge-Stick zwischenspeichern und danach vom S8 löschen, um wieder freien Speicher zu erhalten. Das ist doch äußerst praktisch!

Kapitel 16
Tipps, Tricks und Fehlerbehebung

Dieses Kapitel hilft Ihnen, Probleme mit Ihrem S8 schnell und unkompliziert zu lösen. Ich stelle Ihnen zudem die wichtigsten Anlaufstellen im Internet vor, bei denen Sie weiterführende Tipps und Hinweise bei Problemen erhalten. Am Ende des Kapitels finden Sie schließlich noch einige Ratschläge, wie Sie den Nutzen Ihres Smartphones steigern können.

Das Gerät neu starten

Es passiert selten, aber es kann durchaus vorkommen, dass Ihr S8 auf keinerlei Bildschirmeingaben mehr reagiert. Verursacht wird das meist durch eine fehlerhafte (weil schlecht programmierte) App. Ich zeige Ihnen nun, was Sie in solchen Fällen tun können, um Ihr Smartphone schnell wieder in Betrieb zu nehmen.

1. Stellen Sie sich diese Situation vor: Sie benutzen eine App, und diese reagiert plötzlich nicht mehr auf Ihre Bildschirmeingaben. Für mein Beispiel verwende ich die App *WeatherPro*, welche ich aus dem Play Store nachträglich auf meinem S8 installiert habe. Versuchen Sie in solch

Kapitel 16 – Tipps, Tricks und Fehlerbehebung

einem Fall zunächst, ob Sie durch Betätigen der Home-Taste auf den Homescreen gelangen.

2. Sollte dies funktionieren, so betätigen Sie die Taste **Zuletzt gestartete Anwendungen**, um zur Übersicht über die geöffneten Apps, dem *Task-Manager*, zu gelangen. Schauen Sie zunächst nach, ob die betreffende App noch aktiv ist, indem Sie in der Übersicht nach oben oder unten scrollen.

Tippen Sie auf die Schaltfläche zum Beenden (❶ auf Seite 333), um die fehlerhafte App zu stoppen. Alternativ ziehen Sie die App zum Beenden mit gedrücktem Finger aus der Übersicht des Task-Managers heraus.

Die beschriebene Verfahrensweise bietet sich auch bei Apps an, die hartnäckig im Hintergrund laufen und sich in der Statusleiste in Form eines Symbols eingenistet haben. Beliebte Kandidaten sind hier beispielsweise NAVIGON und Spotify.

Etwas schwieriger wird die Situation, wenn das komplette System nicht mehr reagiert, d. h., wenn Sie z. B. durch Betätigen der Home-Taste keine Reaktion vom Smartphone erhalten. In diesem Fall empfehle ich Ihnen, einen Neustart des Geräts durchzuführen.

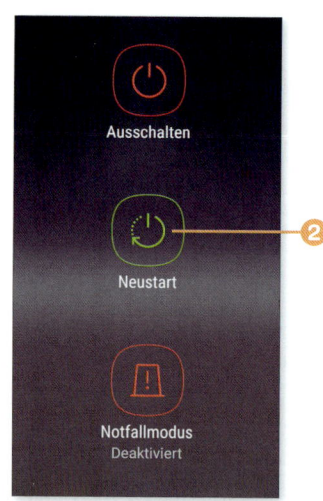

1. Halten Sie den Ein-/Aus-Schalter ca. eine Sekunde gedrückt, sodass das Menü mit den Geräteoptionen erscheint.

2. Wählen Sie zunächst den Punkt **Neustart** ❷ und anschließend noch einmal **Neustart** ❸, um Ihr S8 neu zu starten.

Sollte Ihr Gerät auch auf den längeren Druck des Ein-/Aus-Schalters nicht reagiert haben, müssen Sie eine andere Methode verwenden. Der Nachteil ist allerdings, dass Sie hierbei sämtliche nicht gespeicherten Daten, also z. B. aktuell bearbeitete

Das Gerät neu starten

Dokumente, verlieren werden. Gehen Sie für einen sog. *Soft Reset* folgendermaßen vor:

1. Halten Sie die Ein-/Aus-Taste und gleichzeitig die Taste zum Vermindern der Lautstärke für ca. 10 Sekunden gedrückt. Dadurch schaltet sich Ihr Gerät aus, egal, welche Anwendung oder welcher Systemdienst das Gerät derzeit blockiert. Achtung: Drücken Sie nicht aus Versehen die Bixby-Taste, die sich direkt unter der Leiser-Taste befindet!

2. Um das Gerät nun neu zu starten, betätigen Sie erneut für ca. 2 Sekunden den Ein-/Aus-Schalter und lassen das Gerät hochfahren. Dies dauert unter Umständen ein wenig länger als der gewöhnliche Systemstart.

Konnte man beim guten alten Galaxy S5 noch im Falle eines Hängenbleibens einfach mal kurz den Akku aus dem Gerät entfernen, so funktioniert diese Methode seit dem S6 aufgrund des fest verbauten Energiespeichers nicht mehr. Die oben beschriebene Methode ist somit die einzige Variante (von einem bewussten Leerlaufen des Akkus abgesehen), um Ihr S8 nach einem kompletten Einfrieren neu zu beleben.

Sollten Sie häufiger mit einer bestimmten App Probleme haben, so können Sie versuchen, diese von Grund auf neu einzurichten. Dazu müssen Sie nur die temporären Daten löschen, die von der App im Speicher Ihres S8 abgelegt wurden. Gehen Sie dazu folgendermaßen vor (ich verwende im Beispiel erneut die WeatherPro-App):

1. Begeben Sie sich in den Einstellungen in den Bereich **Apps**, und suchen Sie in der Auswahl **Alle Apps** (❶ auf Seite 336) nach der betreffenden App ❷. Tippen Sie diese nun an.

2. Es erscheint der App-Info-Bereich. Stoppen Sie hier die App zunächst über **Stopp erzwingen** ❸. Löschen Sie anschließend die temporär gespeicherten Daten über den Menüpunkt **Speicher** ❹. (Achtung: Hier gibt es zwei gleichnamige Menüpunkte – wählen Sie den oberen.) Im Speicherbereich finden Sie u. a. die Schaltfläche **Daten löschen** ❺. Sollten sich danach noch Daten im sog. *Cache* befinden, so tippen Sie die Schaltfläche **Cache leeren** ❻ an.

Kapitel 16 – Tipps, Tricks und Fehlerbehebung

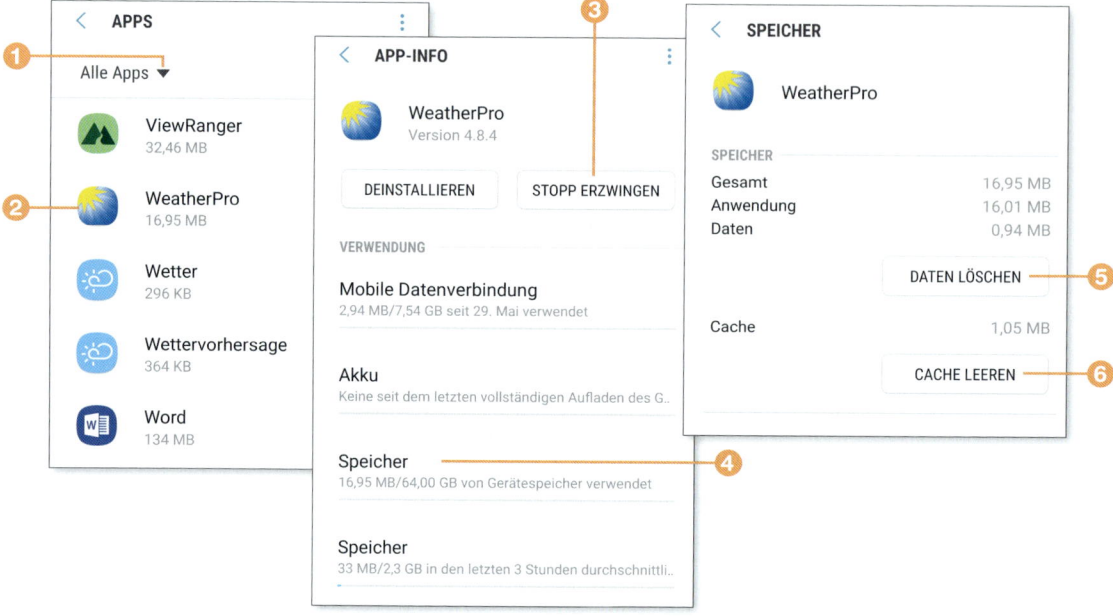

3. Öffnen Sie die betreffende App danach wieder über das App-Menü, und richten Sie sie neu ein. Die App sollte nach diesem Vorgang wieder stabil funktionieren.

> **INFO**
>
> **Apps auf die externe Speicherkarte auslagern**
>
> Sollte der interne Speicher Ihres S8 einmal knapp werden, so haben Sie im Anwendungsmanager die Möglichkeit, einzelne Apps bzw. deren Daten auf die optionale externe Speicherkarte zu verschieben. Dies geschieht über die Schaltfläche **Ändern** im Untermenü **Speicher**. Beachten Sie, dass nicht alle Apps diese Möglichkeit unterstützen. Ein prominentes Beispiel für eine App, bei der eine derartige Verschiebung Sinn macht, ist eine Navigations-App wie beispielsweise NAVIGON. Deren Karten nehmen oft mehrere Gigabyte an wertvollem internem Speicher ein. Mittlerweile erkennt NAVIGON aber, wenn eine externe Speicherkarte verwendet wird, und verschiebt das Kartenmaterial automatisch bei der Erstinstallation darauf.

Der schlimmste Fall, der Ihnen passieren kann, ist allerdings, dass durch die Installation einer sehr schlecht programmierten App wichtige Systemdateien zerstört oder zumindest komplett unbrauchbar wurden. In dieser Situation helfen Ihnen der oben beschriebene Soft Reset und das Löschen temporärer App-Daten leider nicht, um das beschriebene Problem zu lösen.

Hier kommt man um einen *Hard Reset*, der das Gerät auf die Werkseinstellungen zurücksetzt, nicht herum. Leider verlieren Sie bei diesem Schritt sämtliche persönlichen Daten, Anwendungen und Einstellungen, die Sie auf Ihrem Smartphone gespeichert haben. Gut, wenn Sie für solch einen Fall eine Sicherungskopie der Daten angelegt haben (siehe dazu den Abschnitt »Eine Datensicherung erstellen« ab Seite 306). So können Sie das Gerät auch nach einem Hard Reset schnell wiederherstellen.

1. Sollte das Gerät noch auf Ihre Eingaben reagieren, dann führen Sie einen Hard Reset am besten über den Einstellungsbereich Ihres S8 durch. Begeben Sie sich dazu in den Einstellungen in den Bereich **Allgemeine Verwaltung ▶ Zurücksetzen**.

2. Wählen Sie aus dem folgenden Menü den Punkt **Auf Werkseinstellungen zurücksetzen** ❶.

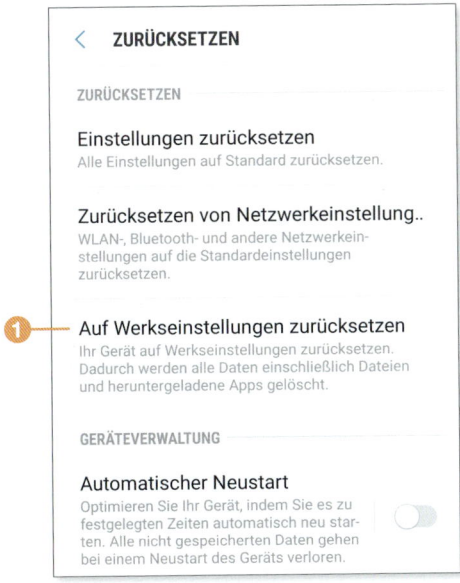
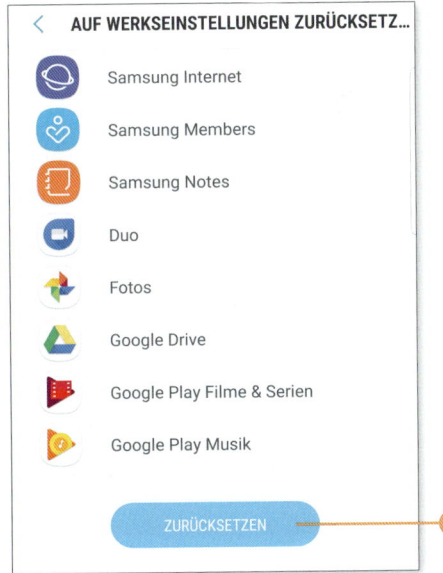

Kapitel 16 – Tipps, Tricks und Fehlerbehebung

3. Im nächsten Menü erhalten Sie schließlich noch eine Warnung, dass sämtliche Daten auf Ihrem Gerät gelöscht werden, sowie eine Übersicht über sämtliche Konten und Apps, die aktuell mit dem Gerät verknüpft sind. Wischen Sie per Finger an das Ende der Übersicht, und bestätigen Sie den Reset über die Schaltfläche **Zurücksetzen** (❷ auf Seite 337).

In besonders hartnäckigen Einzelfällen reagiert Ihr Bildschirm schon direkt nach dem Einschalten nicht mehr. In diesem Fall lösen Sie einen Hard Reset direkt nach dem Systemstart über eine Tastenkombination aus. Das Verfahren ist ein wenig aufwendiger:

1. Schalten Sie zunächst Ihr S8 aus. Das erreicht man in jedem Fall durch eine längere Betätigung der Ein-/Aus-Taste.

2. Betätigen Sie zum erneuten Einschalten die Lautstärketaste **Lauter** sowie die Bixby-Taste gleichzeitig, und halten Sie diese gedrückt. Betätigen Sie nun (die anderen beiden Tasten dürfen Sie dabei nicht loslassen!) den Einschaltknopf, und halten Sie zunächst alle drei Tasten während des Startvorgangs gedrückt.

3. Sobald das Samsung-Logo erscheint, lassen Sie alle Tasten los. Erscheint der Android-System-Recovery-Bildschirm (in der Regel ist das ein weißer Android-Roboter auf blauem Hintergrund), dann warten Sie noch einige Sekunden.

Das Gerät neu starten

4. Es erscheint nun ein spärliches Menü, das Sie in ähnlicher Weise vielleicht beim Starten Ihres PCs schon einmal gesehen haben. Sie können sich mit den Lautstärketasten in diesem Menü von Punkt zu Punkt bewegen. Einen Menüpunkt wählen Sie dann mit dem Einschaltknopf aus. Wählen Sie den Punkt **Wipe data/factory reset** ❶ – zu Deutsch »Daten löschen/auf Werkseinstellungen zurücksetzen« – aus, und bestätigen Sie die Auswahl mit dem Einschaltknopf.

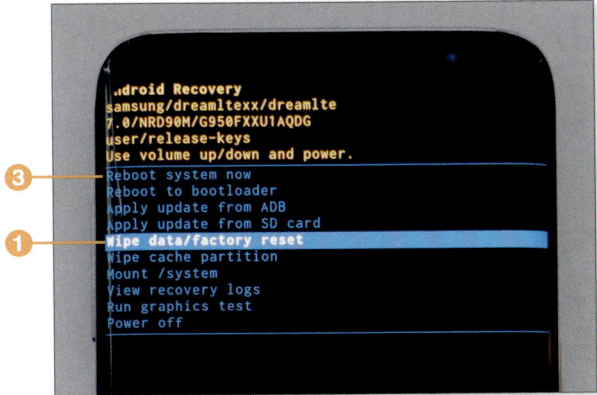

5. Bewegen Sie sich im folgenden Menü per Lautstärketaste zum Punkt **Yes** ❷, und bestätigen Sie diese Auswahl erneut mit dem Einschaltknopf.

6. Nun lässt sich nichts mehr rückgängig machen – die Daten auf Ihrem S8 werden gelöscht, und Ihr Gerät wird in den Werkszustand versetzt.

7. Starten Sie das Gerät durch Auswahl des Menüpunkts **Reboot system now** ❸ schließlich neu.

Kapitel 16 – Tipps, Tricks und Fehlerbehebung

Schließlich noch ein letzter Tipp: Manche Anwender haben ihr S8 nach einem Totalabsturz, bei dem das Gerät auf keinerlei Tasteneingaben reagiert hat, dadurch wieder zum Leben erwecken können, dass sie das Gerät in den sog. *Download-Modus* versetzt haben. Dazu drücken Sie nacheinander die drei Tasten **Leiser**, **Bixby** und den **Einschaltknopf** und halten diese gleichzeitig gedrückt.

> **TIPP**
>
> **Vor Verkauf auf Werkseinstellungen zurücksetzen**
>
> Sollten Sie sich irgendwann dazu entschließen, Ihr S8 zu verkaufen, so empfiehlt sich ein Hard Reset, um sämtliche persönlichen Daten auf dem Gerät rückstandsfrei zu löschen. Achten Sie dabei darauf, dass Sie auch den Inhalt der externen SD-Speicherkarte löschen, falls Sie diese mit verkaufen wollen. Allerdings ist der alleinige Hard Reset bzw. Löschvorgang mittlerweile keine Garantie mehr dafür, dass findige Hacker nicht dennoch »Dateileichen« wiederbeleben können. Das hat eine Studie der Universität Cambridge gezeigt. Ein Trick zur vollständigen Löschung des Speichers besteht etwa darin, dass Sie eine Datenshredder-App wie z. B. den *iShredder* über den Speicher laufen lassen, anschließend zur Sicherheit das Gerät in den Videoaufzeichnungsmodus befördern, es in Ihre Schreibtischschublade legen und darin ein Video aufzeichnen. Dadurch wird der vormals gelöschte Speicher erneut überschrieben, und selbst Profis wird es danach nicht mehr gelingen, Ihre Daten zu rekonstruieren.

Tipps und Hilfe finden

Sowohl Android-Smartphones im Allgemeinen als auch die Samsung-Galaxy-Serie im Speziellen erfreuen sich großer Beliebtheit. Daher finden Sie im Internet in beiden Fällen schnell Rat und Hilfe von kompetenten Benutzern, die per Foren und Blogs ihr Wissen weitergeben und Ihnen helfen, wenn Ihr S8 einmal nicht so funktioniert, wie Sie es sich wünschen. Ich persönlich bin noch nie auf ein Problem gestoßen, das ich nicht innerhalb von 24 Stunden mithilfe eines geeigneten Forums lösen konnte.

Tipps und Hilfe finden

Bevor Sie sich in einem Forum anmelden und Ihre Fragen stellen, sollten Sie einige Grundregeln im Umgang mit Ihren digitalen Mitbürgern berücksichtigen. So sollten Sie sich zunächst über die FAQ – die Liste häufig gestellter Fragen – und über die Suchfunktion des Forums darüber informieren, ob Ihre Frage vielleicht zuvor schon beantwortet worden ist. Auch sollten Sie darauf achten, dass Sie stets freundlich und hilfsbereit auf die Fragestellungen anderer Nutzer eingehen.

Damit Sie aber vor allen Dingen bei der Lösung Ihres Problems Hilfe bekommen, sollten Sie bei Ihrer Frage genügend Informationen zu dem verwendeten Gerät, dem eingebauten Prozessor und der derzeit installierten Betriebssystemversion bereithalten. All diese Informationen können Sie in den Einstellungen im Bereich **Telefoninfo** in Erfahrung bringen.

In der folgenden Tabelle erhalten Sie einen Überblick über die wichtigsten Anlaufstellen bei Fragen für Android- und S8-Nutzer:

Forum/URL	Inhalte
AndroidPIT *www.androidpit.de*	Foren für alle gängigen Android-Smartphones, eigene App bei Google Play, App-Tests
Android-Hilfe *www.android-hilfe.de*	großes Forum zu Android
Handy FAQ *www.handy-faq.de*	größtes Handyforum mit speziellem Android-Bereich
XDA-Developers *www.xda-developers.com*	Expertenforum, Quelle diverser alternativer ROMs, englischsprachig
SamMobile *www.sammobile.com*	Anlaufstelle für Informationen speziell zu Samsung-Smartphones, Quelle alternativer ROMs, englischsprachig

Einige Anlaufstellen im Internet bei Fragen rund um Ihr S8

In den allgemeinen Android-Foren finden Sie stets auch eine Rubrik, die sich speziell mit Ihrem S8 beschäftigt.

Diese Zusammenstellung bietet natürlich bei Weitem keine vollständige Auflistung aller Foren, die genannten Websites haben mir jedoch stets bei Problemen oder Fragen geholfen.

In den folgenden Abschnitten werde ich Ihnen abschließend noch einige Tipps geben, mit deren Hilfe Sie die Einsatzbereiche Ihres S8 zusätzlich erweitern können.

Einen Screenshot machen

Insbesondere dann, wenn Sie in Foren oder bei kundigen Freunden ein Problem, das Sie mit Ihrem S8 haben, erklären möchten, kann es hilfreich sein, einen Screenshot anzufertigen. Dabei handelt es sich um ein aktuelles Abbild des Bildschirminhalts.

1. Erstellen Sie einen Screenshot, indem Sie den Ein-/Aus-Schalter und die Leiser-Taste gleichzeitig betätigen.

2. Nach kurzer Zeit hören Sie ein Klick-Geräusch, und eine Übersicht auf dem Bildschirm zeigt an, dass der Screenshot gespeichert wurde. Über die nun erscheinenden Schaltflächen ❶ können Sie bereits an dieser Stelle entscheiden, was mit dem Screenshot geschehen soll. Sie können ihn u. a. zuschneiden oder sofort versenden.

3. Sollte das Auswahlmenü bereits verschwunden sein, so ziehen Sie die Statusleiste herunter und tippen auf die entsprechende Meldung ❷, um den Screenshot zu begutachten. Sie landen dann in der Galerie. Von dort aus können Sie den Screenshot nun auch mit der Option **Senden** über einen Kanal Ihrer Wahl (Gmail, WhatsApp etc.) einem kundigen Freund zukommen lassen (siehe den Abschnitt »Fotos in der Galerie-App anzeigen« ab Seite 216).

Einen Screenshot machen

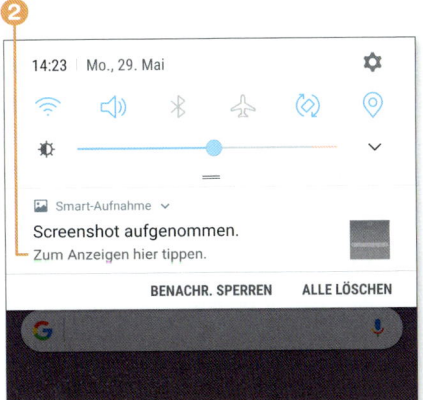

TIPP

Screenshot per Handbewegung

In den Einstellungen können Sie im Bereich **Erweiterte Funktionen** auch die Option **Screenshot** aktivieren. Danach wird automatisch ein Screenshot erstellt, wenn Sie bei aktivem Bildschirm mit der Handkante über das Display wischen.

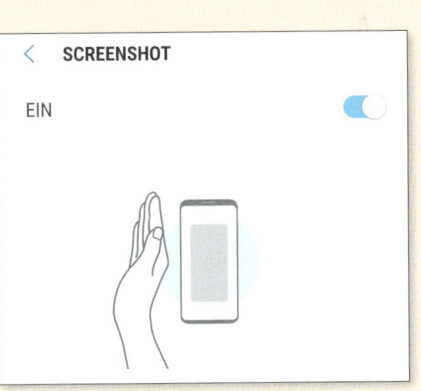

Tastaturkürzel erstellen

Sie bevorzugen bei der Eingabe von Texten bestimmte Floskeln, die sich stets wiederholen? Dann definieren Sie am besten Tastaturkürzel. Das funktioniert beim Samsung-eigenen Keyboard folgendermaßen:

1. Öffnen Sie eine App, in welcher Texte eingegeben werden können, z. B. *Samsung Notes*.

2. Sobald die Tastatur erscheint, wechseln Sie durch Antippen des Zahnradsymbols ❶ direkt zu den Tastatureinstellungen.

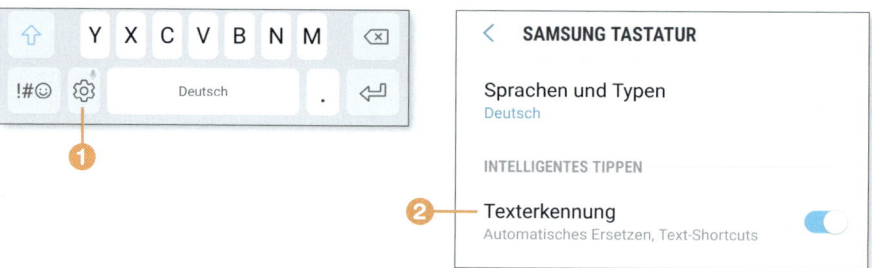

3. Tippen Sie im folgenden Menü auf **Texterkennung** ❷, und wählen Sie anschließend **Text-Shortcuts** ❸.

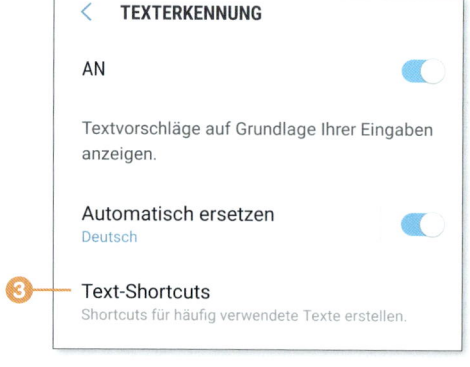
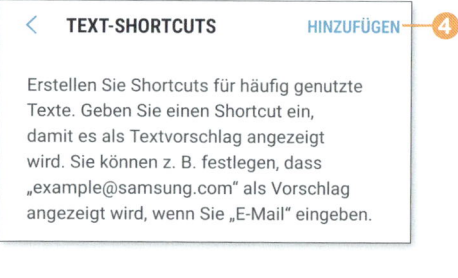

4. Tippen Sie nun auf **Hinzufügen** ❹, und erstellen Sie eine neue Abkürzung, indem Sie dafür ein Buchstabenkürzel ❺ und den vollständigen Text ❻ eingeben. Die Abkürzung erscheint dann in der Übersicht über alle Kürzel.

Ein Systemupdate durchführen

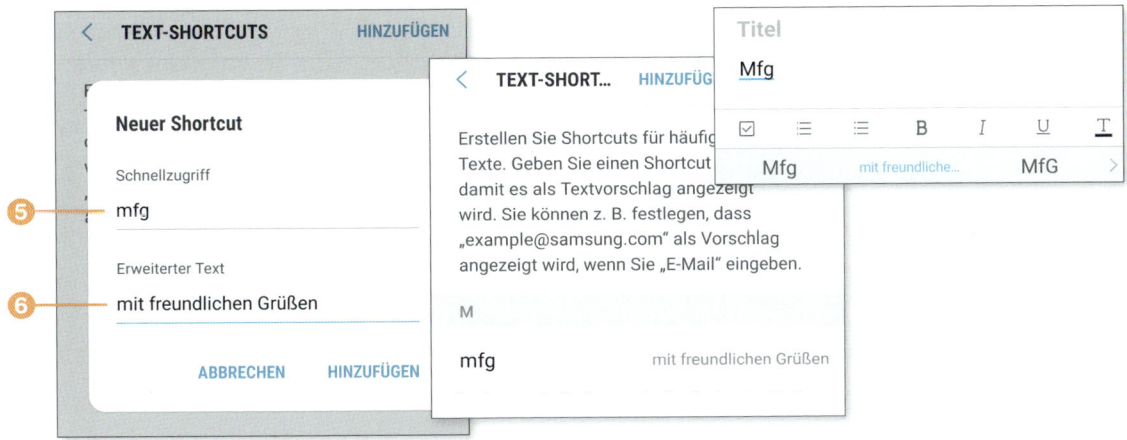

5. Um sie während des Schreibens zu nutzen, müssen Sie nur das Kürzel beim Tippen eingeben. Im Textauswahlfeld erscheint dann direkt die Langform. Groß- und Kleinschreibung werden dabei nicht beachtet.

Ein Systemupdate durchführen

Wie bereits im ersten Kapitel erwähnt, bietet Samsung in regelmäßigen Abständen Updates für das gesamte Betriebssystem Ihres Galaxy S8 an. Diese sollten Sie unbedingt einspielen, da durch derartige Updates kritische Sicherheitslücken gestopft werden. Gehen Sie dazu folgendermaßen vor:

1. Sobald ein Update vorliegt, erhalten Sie eine entsprechende Meldung im Statusbereich. Ziehen Sie die Statusleiste per Finger herunter, und warten Sie, bis das Update vollständig heruntergeladen wurde. Bei Vorliegen eines Updates wird dies zusätzlich oben rechts am Zahnradsymbol für die Einstellungen angezeigt.

2. Nachdem das Update vollständig heruntergeladen wurde, erscheint ein Meldungsfenster. Tippen Sie darin auf **Jetzt installieren**. Alternativ können Sie die Installation auch zurückstellen oder auf die Nacht verschieben.

Daraufhin wird das Systemupdate eingespielt. Lassen Sie dem Gerät dafür genug Zeit – selbst wenn es den Anschein hat, dass Ihr S8 »stecken geblieben« ist. Ein Updatevorgang kann je nach Umfang durchaus schon einmal eine Viertel- bis halbe Stunde in Anspruch nehmen.

Die Seiten-Paneele

Die Displaykante Ihres S8, von Samsung *Seiten-Paneel* genannt, lässt sich für erweiterte Informationen nutzen:

1. Stellen Sie sicher, dass der Seitenbildschirm Ihres S8 aktiviert ist. Das geschieht in den Einstellungen im Bereich **Anzeige ▸ Seitenbildschirm** mithilfe des Schalters **Seiten-Paneele** ❶. Der Schalter **Seitenlicht** ❷ dient dazu, einkommende Anrufe als farbiges Licht an der Kante darzustellen. Dazu muss das Smartphone auf der Displayfläche abgelegt werden.

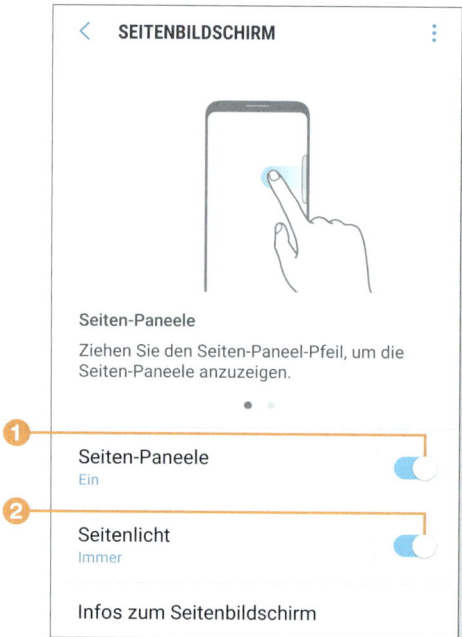

2. Wischen Sie den Strich ❸, der am rechten Seitenrand auf dem Display Ihres S8 erscheint, nach links. Dadurch klappt das Seitenmenü auf.

Die Seiten-Paneele

In diesem Seitenmenü finden Sie in der Standardkonfiguration in jedem Fall die folgenden zwei Bereiche, die Sie jeweils per Wischgeste durchlaufen können:

- **App-Anzeige**: Hier können Sie besonders häufig verwendete Apps ablegen, auf die Sie dann von jedem beliebigen Startpunkt aus zugreifen können.
- **VIP-Anzeige**: Hier definieren Sie besonders häufig verwendete Kontakte (siehe den Abschnitt »Kontakte auf der Kante« ab Seite 79). Erhalten Sie von diesen einen Anruf oder eine Nachricht, dann leuchtet die Bildschirmkante Ihres S8 in der entsprechenden Farbe des Kontakts auf.

Einige Apps bringen darüber hinaus eigene Elemente mit, die dann in der Paneele auftauchen, so z. B. der Samsung Music Player (siehe dazu den Abschnitt »Musik abspielen« ab Seite 268).

Über das Zahnradsymbol ❹ können Sie die Seiten-Paneele konfigurieren bzw. Elemente aktivieren und deaktivieren. Hier haben Sie außerdem per Schaltfläche **Download** (❺ auf Seite 348) die Möglichkeit, weitere funktionelle Elemente aus dem Samsung App Store auf Ihr S8 herunterzuladen.

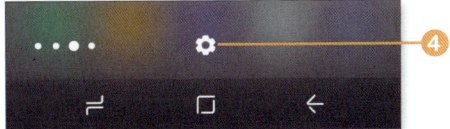

Kapitel 16 – Tipps, Tricks und Fehlerbehebung

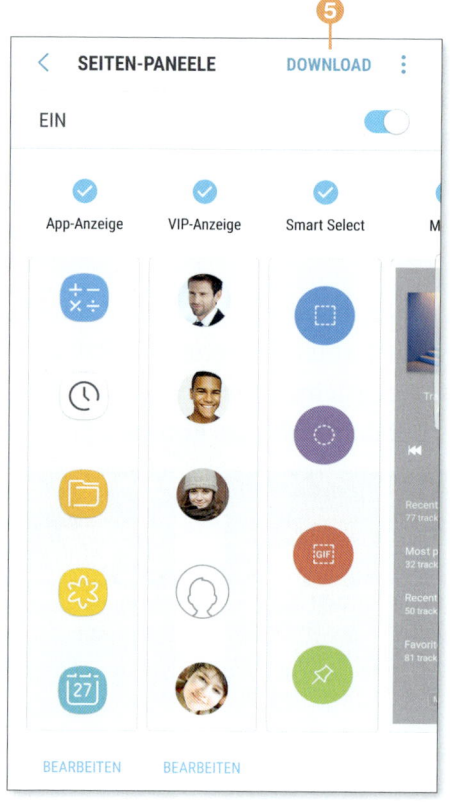

Im Samsung Store finden Sie eine Vielzahl von kostenlosen und kostenpflichtigen Erweiterungen für die Edge-Paneele.

Bluetooth-Hardware verwenden

Ich wünsche mir manchmal statt der kleinen Bildschirmtastatur des S8 eine echte Computertastatur herbei, insbesondere wenn ich längere Texte verfassen möchte. Auch das geht problemlos mit dem S8: Besorgen Sie sich eine Tastatur mit Bluetooth-Funktion sowie die kostenpflichtige App *External Keyboard Helper Pro*, und schon kann's losgehen.

Bluetooth-Hardware verwenden

1. Installieren Sie zunächst die App aus dem Play Store. Sie können auch zunächst eine Demoversion installieren, um das Programm zu testen.

2. Bringen Sie nun Ihre Bluetooth-Tastatur in den Kopplungsmodus. Mehr dazu entnehmen Sie dem Handbuch des Tastaturherstellers.

External Keyboard Helper Pro

3. Aktivieren Sie die Bluetooth-Funktion des S8 über die Schnellstartschaltfläche ❶, und halten Sie diese anschließend gedrückt. Daraufhin gelangen Sie in einen Dialog, in welchem Ihr Smartphone nach Bluetooth-fähigen Geräten in der näheren Umgebung sucht. Hier sollte die Tastatur gefunden werden ❷.

4. Tippen Sie auf den Tastatureintrag in der Liste der verfügbaren Geräte. Nun wird ein Verbindungsversuch zwischen der Tastatur und Ihrem S8 unternommen. Geben Sie dazu den vorgegebenen Code ❸ auf der Tastatur ein, und betätigen Sie anschließend die Eingabetaste. Daraufhin sollten die Geräte miteinander verbunden werden (❹ auf Seite 350).

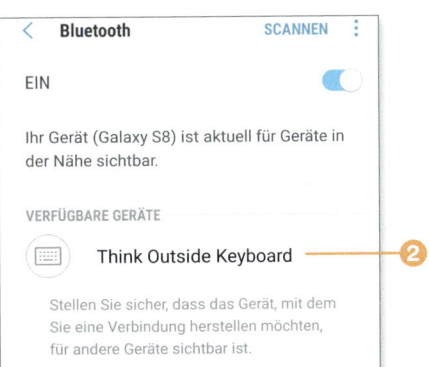

5. Die External-Keyboard-Helper-App sorgt für die Anpassung des Tastaturlayouts, legt also beispielsweise fest, welche Spracheinstellung für die Tastatur verwendet werden soll. Starten Sie dazu die App, und aktivieren Sie sie als Eingabemethode in den Einstellungen ❺ im Bereich **Allgemeine Verwaltung ▸ Sprache und Eingabe**.

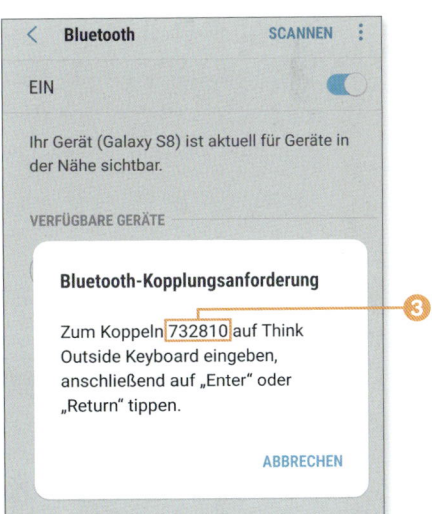

Kapitel 16 – Tipps, Tricks und Fehlerbehebung

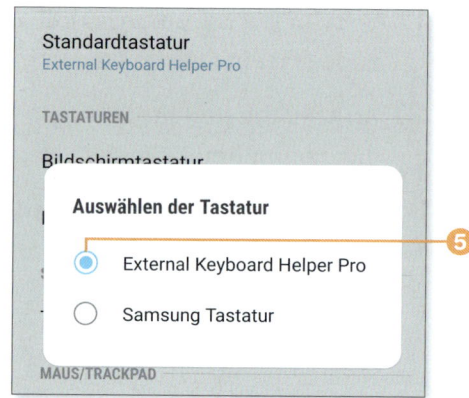

6. Über die Einstellungen innerhalb der App können Sie dann die Tastatur an Ihre Bedürfnisse anpassen.

Nun können Sie loslegen und beliebige Texte, z. B. Ihre Mails, bequem per Tastatur eingeben. In gleicher Weise verbinden Sie auch andere Bluetooth-Geräte, wie etwa Kopfhörer oder Auto-Freisprechanlagen, mit Ihrem S8.

> **INFO**
>
> ### Samsung DeX – das S8 als Desktop-Ersatz
>
> Ein interessantes Zubehör in Richtung Office-Einsatz ist das Samsung-Dock *DeX*, welches exklusiv für das S8 zum Preis von 149,90 € erhältlich ist. Dieses dient als Ladestation, aber auch als Verbindung zu einem externen Monitor per HDMI-Kabel. Als Eingabegeräte werden Tastatur und Maus per Bluetooth mit dem S8 verbunden – fertig ist der Ersatz-PC für Büroarbeiten oder Video- und Bildwiedergabe. Es ist allerdings zu beachten, dass bislang nur wenige Apps den Desktop-Modus unterstützen.
>
>
>
> *Das Galaxy S8 verwandelt sich mithilfe der DeX-Dockingstation in einen vollwertigen Desktoprechner-Ersatz. Quelle: samsung.com*

Das S8 als Einstieg in die virtuelle Realität

In meinem bewegten Leben im Bereich der Computertechnik gab es einige wenige Momente, die mich in pure Begeisterung versetzt haben: Der erste Kontakt mit einer Computermaus am Atari ST oder der erste virtuelle Flug mit einem Flugsimulator haben mich seinerzeit fast umgehauen. Nun ist es nach langer Zeit wieder so weit, und schuld ist ein eigentlich simples Stück Hardware, welches ein einfaches Galaxy S8 mit einem einzigen Handgriff in eine Traumfabrik verwandelt. Das Ganze nennt sich *Gear VR* und ist eine Virtual-Reality-Brille. Das System wurde speziell für Samsung vom VR-Spezialisten Oculus entwickelt und ist im deutschen Samsung Store für 129 € (inklusive Controller) erhältlich – ein echtes Schnäppchen im Vergleich zu deutlich teureren Lösungen wie der Oculus Rift, der HTC Vive oder der PlayStation-VR-Brille.

Das Prinzip ist relativ einfach: Das S8 wird per USB-Anschluss an ein Gehäuse angeklinkt, welches einer Skibrille nicht unähnlich sieht.

Die Samsung-Gear-VR-Brille bzw. -Halterung mit Controller und angeschlossenem Headset

Auf dem Display wird nun ein geteiltes Bild erzeugt, das über ein einfaches Linsensystem dem linken und rechten Auge getrennt zugespielt wird. Das kennen Sie in ähnlicher Form schon vom 3D-Kino, denken Sie? Nun, die

Kapitel 16 – Tipps, Tricks und Fehlerbehebung

virtuelle Realität geht ein gutes Stück weiter: Jegliche Kopfbewegung wird durch die Beschleunigungssensoren im S8 registriert und ändert sofort das Bild – Sie haben den sehr realen Eindruck, dass Sie sich mitten in der virtuellen Welt befinden. Spiele bieten so einen »Mitten-drin-Effekt« in nie gekannter Weise, und Sie können sogar Ihre eigenen Videos auf einer gigantischen Leinwand in exotischen Umgebungen genießen – sei es auf dem Mond inmitten der Landeszenerie eines Lunar Landers oder auf einem gigantischen Smartphone-Display inmitten einer ameisenkleinen Umgebung. Die australische Fluglinie Qantas bietet derlei exotisches Kinovergnügen mittlerweile für ihre First-Class-Passagiere an.

Nach dem Einsetzen Ihres S8 in die VR-Halterung werden einige Apps installiert, u. a. ein Zugang zum Oculus-VR-App-Store, in welchem Sie diverse auf die virtuelle Realität zugeschnittene Apps und Spiele erwerben können. Die Reise in bislang unbekannte Welten kann dann losgehen. Sie werden zunächst durch ein dreidimensionales Menü begrüßt. Mithilfe des Controllers oder der seitlichen Bedienelemente der VR-Brille können Sie die einzelnen Punkte anwählen.

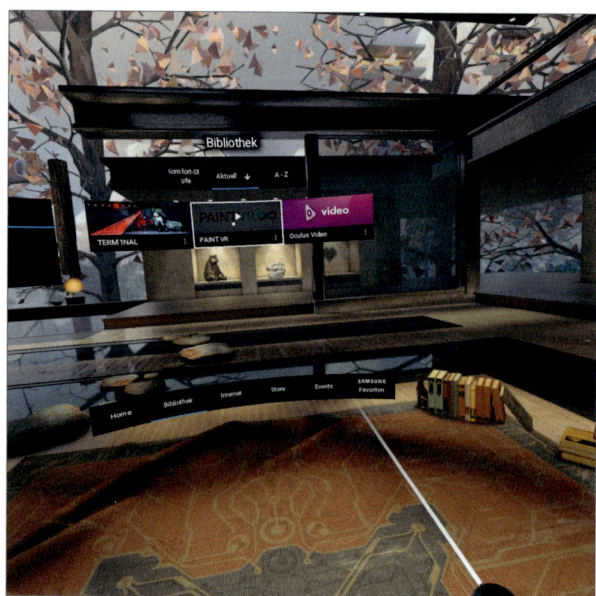

Der Controller erscheint im Hauptmenü in Form eines weißen Laserstrahls und gestattet die Interaktion mit den virtuellen Objekten – wie hier im Oculus-Heimbereich.

Besonders spektakulär geraten Spiele im virtuellen Raum – hier haben Sie den Eindruck, dass Sie wirklich mitten im Geschehen sind.

Das S8 als Einstieg in die virtuelle Realität

Die Immersion, d. h. das Gefühl, selbst Element in der virtuellen Welt zu sein, ist bei Gear-VR-Spielen wirklich beachtlich – hier dargestellt durch das Spiel Term1nal.

Mit der Gear VR können Sie aber auch auf Weltreise gehen. Sie möchten beispielsweise einmal oben auf dem Eiffelturm entlangspazieren? Dann sollten Sie sich *Viso Places* näher ansehen. Damit können Sie auf Googles reichhaltige Sammlung von 360-Grad-Panoramen, die im Rahmen des Street-View-Projekts erstellt wurden, zurückgreifen.

Täuschend echt durch Paris wandeln – Viso Places macht's möglich. Ihr Reiseziel wählen Sie per Karte, virtueller Tastatur oder Spracheingabe aus.

Glossar

Account Account ist das englische Wort für Konto. Ein wichtiger Account für Ihr Android-Smartphone ist Ihr Konto bei Google.

A-GPS Das Assisted GPS erleichtert das Auffinden von Satelliten bei Einsatz eines GPS. Aufgrund der per Onlineverbindung grob ermittelten Position des Smartphones erfolgt die Ortung durch das A-GPS schneller.

APN Access Point Name steht für den Zugangspunkt, mit dessen Hilfe Sie per Mobilfunknetz eine Verbindung zum Internet aufbauen können.

App Eine App ist ein Anwenderprogramm, das auf einem mobilen Gerät, einem Tablet oder einem Smartphone läuft.

Attachment Ein Attachment ist ein Anhang, den Sie an eine E-Mail »anheften«. Das kann z. B. ein Foto, aber auch ein Textdokument sein.

Augmented Reality Die erweiterte Realität ermöglicht das Einblenden von Informationen in das Livebild Ihrer Smartphone-Kamera. Dabei wird Ihre momentane Position zunächst per GPS lokalisiert, die Informationen zum Standort werden anschließend per Onlineverbindung abgerufen.

Bluetooth Mithilfe des Bluetooth-Funks lassen sich Informationen zwischen zwei Smartphones oder auch einem Smartphone und einem PC über kurze Distanzen übermitteln.

Client Unter einem Client versteht man auf einem Smartphone ein Programm, das besondere Netzwerkdienste nutzen kann. So bietet Skype etwa einen Android-Client für *VoIP*-Telefonie an.

Cloud (Computing) Die Cloud ist ein Verband von Servern im Netz, auf denen Daten gelagert und Programme genutzt werden können. Die Arbeit mit Programmen, die auf diesen Servern bereitgehalten werden, nennt man *Cloud Computing*.

Codec Die Codier-Decodier-Software (englische Abkürzung: *codec*) ermöglicht das platzsparende Speichern von Audio- und Videomaterial auf Ihrem Smartphone. Typische Codecs sind der AAC-Audiocodec und der H.264-Videocodec.

Glossar

Copy & Paste   Manch einer macht's im Rahmen seiner Diplom- oder Doktorarbeit: das Kopieren und Einfügen von Textteilen, eine zumeist unrühmliche Kulturtechnik des 21. Jahrhunderts. Es können nicht nur Texte, sondern auch andere Daten kopiert werden, am PC geht das am einfachsten mit den Tastenkürzeln [Strg] + [C] (Kopieren) und [Strg] + [V] (Einfügen).

DCIM   Im DCIM-Ordner (Digital Camera Images) werden in der Regel die Fotos und Videos der Smartphone-Kamera abgelegt. So ein Ordner befindet sich sowohl auf der internen als auch auf der externen SD-Karte.

Desktop   Den Desktop kennen Sie schon von Ihrem PC: Das Wort steht für Schreibtisch und beschreibt die Oberfläche, auf der Programme und Dateien in Form von kleinen Icons abgelegt werden können.

DeX   Spezielles Dock, mit dessen Hilfe Sie Ihr S8 an einen externen Monitor anschließen und in Verbindung mit Tastatur und Maus ein Desktop-Computersystem erhalten.

DHCP   Das Dynamical Host Configuration Protocol sorgt dafür, dass Ihr Smartphone beim Einbinden in ein Netzwerk mit einer IP-Adresse versehen wird.

Drag & Drop   »Ziehen und Loslassen«. Platzieren Sie einen Finger über ein Objekt, verschieben Sie das Objekt mithilfe des gedrückten Fingers an eine andere Stelle, und lassen Sie den Finger los: Voilà – Sie haben das Prinzip von Drag & Drop entdeckt!

DRM   Die Musik- und Buchverlage sind daran interessiert, dass nur diejenigen in den Genuss ihrer Medien kommen können, die dafür auch bezahlt haben. Zu diesem Zweck wurde das Verfahren des Digital Rights Managements erfunden, zu Deutsch: digitale Rechteverwertung.

E-Book   Das elektronische Buch ist unaufhaltsam auf dem Vormarsch: In den Vereinigten Staaten und auch in Großbritannien hat der Umsatz der E-Books bei Amazon längst den der gedruckten Bücher überflügelt.

Galerie   In der Galerie Ihres S8 werden üblicherweise alle Mediendateien abgelegt. Mithilfe eines speziellen Browsers können Sie die Galerie durchsuchen und die Materialien u. a. in Form einer

Glossar

Diashow wiedergeben. Die Galerie wird zunehmend von der Fotos-App abgelöst.

Google Play Store Der Google Play Store ist Dreh- und Angelpunkt, wenn Sie Ihr Android-Smartphone mit Apps, Büchern und Medien ausstatten wollen. Die Installation einer App oder der Erwerb von Medien kann direkt von Ihrem S8 per Play-Store-App, aber auch bequem am heimischen PC per Browser erfolgen.

GPS Das Global Positioning System ist ein weltumspannendes System von Satelliten, mit deren Hilfe eine genaue Positionsbestimmung erfolgt. Ihr Smartphone muss dafür mit einem GPS-Empfangschip ausgestattet sein.

GSM Das Global System for Mobile Communications ist der allgemein bekannte Standard für digitale Mobilfunknetze.

Homescreen Auf dem Homescreen (zu Deutsch Heimbildschirm) legen Sie Ihre beliebten *Widgets* und Apps ab, um schnell darauf zugreifen zu können. Android bietet Ihnen in der Standardkonfiguration mehrere Homescreens an, die Sie thematisch geordnet belegen können.

Hotspot Ein Hotspot ist ein Zugangspunkt für drahtlose Verbindungen per *WLAN*.

Icon Ein Icon ist ein kleines Symbol, das für eine App steht. Durch Antippen des Icons starten Sie die entsprechende App.

IMAP Mithilfe des Internet Message Access Protocol, eines Internetprotokolls für den E-Mail-Zugriff, können Sie Ihr Mailpostfach so nutzen, dass E-Mails wie bei einem stationären Mailprogramm in eine Ordnerstruktur einsortiert und bei Bedarf auch gelöscht werden können. IMAP bietet sich an, wenn Sie viel unterwegs sind und Ihr Postfach parallel per heimischen PC sowie auf dem Smartphone nutzen möchten. Eine andere Möglichkeit, Mails abzuholen, bietet das *POP3-Protokoll*.

IP-Adresse Die Internetprotokolladresse (IP: Internet Protocol) ist eine Zahlenkolonne, mit deren Hilfe man ein an das Internet angeschlossenes Endgerät ansprechen kann. Ein Beispiel für eine IP-Adresse ist 192.168.0.1.

Label Mithilfe von Labels, also Markierungen, lassen sich die Mails in Ihrem Google-Mail-Postfach sortieren.

Glossar

Linux Das freie Betriebssystem Linux ist der Urahne des Android-Betriebssystems. Linux wurde im Jahr 1991 von dem damals 21-jährigen Studenten Linus Torvalds entwickelt. Dieser führt bis heute die Aufsicht über die Entwicklung des Betriebssystemkerns, des Kernels.

LTE Der neue schnelle Mobilfunkstandard LTE (= Long Term Evolution) ist der Nachfolger von UMTS und bietet Datenübertragungsraten, die man bislang nur von Breitbandanschlüssen gewohnt war.

MMS Der Multimedia Messaging Service stellt die Weiterentwicklung der klassischen SMS dar. Damit haben Sie die Möglichkeit, kleine Multimediadateien wie z. B. Fotos oder Videos an eine Kurznachricht zu heften.

MP3 Das MP3-Kompressionsverfahren bietet die Möglichkeit, Audiodateien – in der Regel Musik – auf einen Bruchteil ihrer Größe bei nahezu gleichbleibender Qualität zu komprimieren. Das Format wird heute zunehmend durch MP4 abgelöst.

Multitasking Unter Multitasking versteht man das scheinbar parallele Abarbeiten von Programmen auf einem Computer oder Smartphone. »Scheinbar« deshalb, weil der Prozessor im Mikrosekundentakt zwischen den geöffneten Anwendungen hin und her wechselt und so der Eindruck der Parallelbearbeitung erweckt wird.

NFC Near Field Communication bedeutet die Möglichkeit, per Nahfeldverbindung eine direkte Verbindung zwischen zwei benachbarten Geräten aufzubauen. Dieses Verfahren soll in naher Zukunft auch für Bezahlvorgänge genutzt werden.

PDF Das Portable Document Format ermöglicht die Darstellung von Dokumenten auf beliebigen Plattformen. Sie benötigen allerdings spezielle Apps, um PDF-Dokumente anzuzeigen – das Android-System selbst beherrscht dieses Format nicht.

PIN Mit der PIN, der persönlichen Identifikationsnummer, aktivieren Sie Ihre SIM-Karte.

Pinch to Zoom Eine Anleihe vom iPhone: Mit gespreizten Fingern können Sie Bildschirminhalte verkleinern oder vergrößern.

POP Das Post Office Protocol (POP) ist ein Standard zur Übertragung von E-Mails. Als Version 3 (POP3) findet es aktuell bei den

Glossar

meisten Mail-Dienstanbietern Anwendung. Im Gegensatz zum *IMAP*-Verfahren unterstützt es allerdings keine Ordnerstrukturen auf dem Server und ist dadurch unflexibler.

QR-Code   Das ganze Buch wimmelt davon: Über diese praktischen kleinen Piktogramme, die Quick Response Codes, installieren Sie im Handumdrehen Apps mithilfe Ihrer Smartphone-Kamera und einer Scanner-App. Siehe den Abschnitt »Eine App per QR-Code installieren« ab Seite 60.

RAM   Der Random Access Memory ist derjenige Speicher Ihres Smartphones, in dem die Programme ablaufen und temporäre Daten abgelegt werden. Alle Inhalte des RAM-Speichers werden beim Abschalten des Smartphones gelöscht.

Reset   Durch das Zurücksetzen Ihres Smartphones gelangen Sie in einen definierten Ausgangszustand. Ein Reset ist dann sinnvoll, wenn das Telefon wider Erwarten einmal abstürzen oder »hängen bleiben« sollte.

ROM   Im Read-Only Memory ist das Betriebssystem Ihres Smartphones untergebracht. Dieser im Normalbetrieb nicht beschreibbare Speicher enthält sämtliche Daten und Programme, die Android benötigt. Sie haben aber stets die Möglichkeit, das ROM zu flashen und ein neues Betriebssystem einzuspielen oder das bestehende System zu aktualisieren.

Rooten   Nur für Experten zu empfehlen: Durch das Rooten Ihres Smartphones verschaffen Sie sich Zugang zum Kern des Systems und zu systemkritischen Dateien.

RSS   Mit dem Really-Simple-Syndication-Format werden Überschriften von Nachrichtenkanälen des Internets oder ganz allgemein auch von Webseiten auf das Smartphone befördert. Dazu ist es nicht notwendig, die komplette Seite zu laden, was einem Smartphone-Nutzer aufgrund des dadurch reduzierten Datenaufkommens sehr entgegenkommt.

SD-Karte   Auf einer Secure Digital Memory Card lassen sich Daten ablegen, die auch nach einem Neustart des Geräts zur Verfügung stehen. Neben der fest verbauten internen SD-Karte bieten die meisten Smartphones die Möglichkeit an, den nicht flüchtigen Speicher mit einer externen SD-Karte zu erweitern.

Glossar

SIM-Karte   Zum Telefonieren oder zur Nutzung des mobilen Internets benötigen Sie ein Subscriber Identity Module, kurz SIM genannt. Derartige Chips erhalten Sie von einem der zahlreichen Mobilfunkprovider.

SMS   Der Short Message Service ist der Dinosaurier unter den mobilen Kommunikationsformen und außer in Teeniekreisen vom Aussterben bedroht. Kein Wunder, stehen doch über das mobile Internet weit kostengünstigere Alternativen zur Verfügung.

Streaming   Beim Streaming werden Mediendateien (z. B. Musik oder Videos) direkt von einem speziellen Server wiedergegeben und nicht, wie oft üblich, zuvor komplett heruntergeladen. Bekannte Beispiele für Streaming-Anbieter sind Spotify und Netflix.

Swype   Swypen statt tippen: Durch das Nachfahren von Buchstabensequenzen mit dem Zeigefinger steigern Sie nach kurzer Zeit Ihre Geschwindigkeit bei der Texteingabe beträchtlich.

Task-Manager   Moderne Betriebssysteme setzen auf Multitasking und lassen eine Vielzahl von Programmen und Diensten parallel laufen. Mit einem Task-Manager haben Sie die Möglichkeit, selektiv Anwendungen zu stoppen, die Ihr Gerät ausbremsen.

Tethering   Damit können Sie den Internetzugang Ihres Handys anderen Geräten zur Verfügung stellen. Ihr Smartphone dient dabei als Hotspot, das Verfahren wird als Tethering bezeichnet.

UMTS (3G)   Mit dem schnellen Standard Universal Mobile Telecommunications System (auch als 3G bekannt) lassen sich Dateien schnell übertragen, und auch das Surfen per Browser gestaltet sich äußerst flüssig.

URL   URL steht für Uniform Resource Locator und ist dem Normalanwender besser bekannt unter dem landläufigen Begriff *Internetadresse*. Ein Beispiel für eine URL ist *http://www.vierfarben.de*.

USB   Per Universal Serial Bus erfolgt der Abgleich Ihres Smartphones mit Ihrem PC. Jedes moderne Gerät verfügt mittlerweile über einen entsprechenden Steckanschluss, der per Kabel mit einem PC verbunden werden kann.

VoIP   Der Voice-over-IP-Standard ist jedem Computerkundigen unter dem Namen *Internettelefonie* ein Begriff. Skype verwendet dieses Verfahren, um kostengünstige Telefonate rund um den Globus zu ermöglichen.

VR Die virtuelle Realität (kurz: VR) bietet Ihnen die Möglichkeit, per Headset in dreidimensionale künstliche Szenarien einzutauchen. Die Bewegungen Ihres Kopfes werden dazu genutzt, den Blickwinkel zu ändern – so haben Sie den Eindruck, als würden Sie leibhaftig in der computergenerierten Welt wandeln.

Wallpaper Mit einem Wallpaper (zu Deutsch Tapete) gestalten Sie den Hintergrund Ihres Desktops.

Widget Diese praktischen kleinen Helfer verwandeln Ihr Smartphone in eine Informationszentrale. Ob Wetter, Uhrzeit oder Kalendereinträge: Für jeden Zweck gibt es die passende Informationsanwendung für den Desktop.

WLAN oder Wi-Fi Über das Wireless Local Area Network gelangen Sie insbesondere im Ausland kostengünstig ins Internet. Mittlerweile ist jedes Standard-Smartphone mit einer WLAN-Schnittstelle ausgestattet, die die drahtlose Verbindung zu einem Hotspot herstellt.

Stichwortverzeichnis

A

Account 355
Adressbuch 149
AF/AE-Sperre 199
A-GPS 355
AKG-Headset 13, 72
Akku
   aufladen 15
   Verbrauch 327
Aktualisierung 25
Aktuelle Anwen-
   dungen 29, 47
Aktuelle Anwendungen
   (Taste) 29
Album erstellen 220
Always On Display 51, 321
Android 12
Android Geräte-Manager 300
Anhang verschicken 142
Animated Gif 232
Anonym surfen 119
Anruf
   abweisen 67
   annehmen 67
   automatisch annehmen 68
   per Headset annehmen 73
   tätigen 66
Anrufliste 68
Anrufprotokoll 69
AOD 321
APN 355
App 27, 57, 355
   aktualisieren 60, 181
   beenden 30
   deinstallieren 195
   erneut installieren 191
   kaufen 186
   löschen 195
   Meine Apps und Spiele 180
   nach Kauf zurückgeben 191
   reagiert nicht 333
   suchen 185
   temporäre Daten
      löschen 335
   Verknüpfung erstellen 38
App-Launcher 40
Apple Music 280
App-Menü anpassen 40
App-Schaltfläche
   einblenden 41
Assisted GPS 247
Attachment 355
Aufgabe erstellen 170
Aufladen 14
Augmented Reality 355
Ausschalten 26

B

Bedienungshilfen 49
Benachrichtigung 83
Benachrichtigungston 151
Berechtigungen (Apps) 183
Beschleunigungssensor 291
Bewegungsaufnahme 205
Bild
   an E-Mail anhängen 141
   Ausschnitt vergrößern 200
   Effekte 223
   teilen 225

Bildschirm drehen 49
Bildschirm-Timeout 301, 323
Biometrie 302
Biometrische Daten 285
Bixby 52, 69, 90, 131
   Schalter am Gerät 31
Bixby-Bildschirm 28
Bixby Reminder 91
Bixby Vision 201
Blitz 15, 208
Bloatware 41
Bluetooth 321, 355
   Boxen 273
   Hardware verbinden 348
Bluetooth-Headset 65
Booten 18
Bridge-USB-Stick 330
Browser 111
   Desktop-Ansicht 115
   Fenster 117
   Optionen 113
   Tabs 117

C

Cache leeren 196, 335
Cardboard 258
Chrome-Browser 111
Circle 129
Client 355
ClipGrab 246
Cloud-Speicher 273, 315, 355
Codec 355
Controller für Gear VR 351
Copy & Paste 57, 356

Stichwortverzeichnis

D

Dateimanager 142
Daten-Roaming 104
Datensicherheit 130
Datensicherung 306
Datenverbrauch 108
DCIM 356
Deinstallieren (Apps) 36
Desktop 356
DeX 350, 356
DHCP 356
Diashow 223
Diktierfunktion 56
Direktanruf 50
Displayhelligkeit 322
Display-on-Zeit 301
Displayrotation 49
Displaysperre 43
  einrichten 300
Download beschleunigen 105
Download-Booster 105
Download-Modus bei
  Geräteabsturz 340
Drag & Drop 356
Drive 313
DRM 356
DropBox 315
Dual-Camera-Modus 212

E

E-Book 356
Edge-Display 79
Effekte (Kamera-App) 214
Eigene Dateien (App) 142
Eigener Kalender 165
Einhändiger Modus 51
Einschaltknopf 18
Einstellungen (App) 34

E-Mail
  Adressbuch nutzen 150
  beantworten 135
  empfangen 134
  mit Anhang versenden 141
  nach Konversationen ordnen 137
  per Label sortieren 138
  schreiben 137
E-Mail-App 143
E-Mail-Provider 143
Energie sparen
  (Funktion) 325
Energiesparmodus 326
Entsperren aus der Ferne 318
Erinnerung 171
Ersteinrichtung 18
ES Datei Explorer 314
Essen (Kamera-App-
  Modus) 211
Evernote 173
Exchange-Konto 146
External Keyboard
  Helper Pro 348

F

Facebook 127
Factory Reset 339
FAQ 341
Fehlerbehebung 333
Fernsehen auf dem S8 245
Film
  ausleihen 242
  kaufen 242
Find My Mobile 316
Fingerabdruckscanner
  einrichten 21, 43
Firmware aktualisieren 307
Fix-Icon 36

Fokus, selektiv 209
Formkorrektur 204
Forum 340
Foto
  komprimieren 225
  bearbeiten 223
  extern speichern 206
Fotos-App 217
FRITZ!Box 100
Frontkamera 16

G

Galaxy Apps 194
Galaxy Essentials 42, 194
Galerie-App 200, 216, 356
  Album erstellen 222
Gear VR 351
Geburtstagskalender 163
Geheimer Modus
  (Browser) 119
Geräteadministratoren 299, 300
Geräteinformationen 341
Gerätesicherheit 43
Gerätewartung 328
Gerät zurücksetzen 338, 340
Gewicht überwachen 293
Gmail 20, 133
  Einstellungen 140
  mit Outlook
  synchronisieren 313
GMX (Mail) 143
Google+ 128
Google Assistant 30, 69, 90, 112, 123
  Informationskarten 124
  Spracheingabe 123
Google Drive 313, 314

362

Stichwortverzeichnis

Google Duo 85
Google Earth 258
Google Goggles 61
Google-Kalender 154, 158, 165
Google Knowledge Graph 125
Google-Konto 20
Google Maps 247, 250
   Favoriten speichern 255
   Geländeansicht 249
   offline verwenden 253
   Satellitenansicht 248
Google Now 123
Google Payments 187, 188
Google Play 177
Google Play Music 280
Google Play Store 57, 177, 357
Google-Suchfeld 29
Google Wallet 188
GPS 247, 357
GPS-Icon 248
GPS Status 249
Gruppe erstellen 75
GSM 324, 357
Guthabenkarte 187

H

Handbuch S8 14
Hard Reset 337
   Tastenkombination 338
Hardwaretasten 15
HDR 213
Headset 13, 72, 273
Hilfe im Internet 340

Hintergrundbild 323
   ändern 37
Hochkantvideo 231
Home-Bildschirm 27, 28
   Hintergrund ändern 30
Home-Bildschirme 32
Homescreen 357
Home-Sensor 16
Home-Taste 29
   sichtbar machen 47
Hotspot 357
Hyperlapse (Kamera-App-Modus) 211

I

ICE 94
Icon 36, 357
Image Shrink 225
IMAP 357
   Konto einrichten 144
IMEI 72
In-App-Bezahlung 194
Infinity Display 11
Intelligenter Netzwechsel 101
Internet-Browser 111
Internetforum 340
Internetradio 283
Internetzugang per Mobilfunk 102
IP-Adresse 357
iPhone
   Inhalte übertragen 311
Iris-Scanner 16, 21
   einrichten 45
iSyncr 268
iTunes 267, 268

K

Kalender 153
   Konten verwalten 164
   neuen Termin erstellen 160
   neu erstellen 166
   synchronisieren 158
   verwalten 166
Kalender-App 157, 159
   Aufgaben 170
Kalender-Widget 157
Kamera 15
   Aufnahmemodi 208
   Optionen 204
Kamera-App 198, 200
   zurücksetzen 204
Kamera-Schnellstart 198
Klingelton
   auswählen 83
   eigener 84
Kontakte 73, 149
   App 73
   automatisch anwählen 81
   einrichten 73
   hinzufügen 77
   importieren 81
   in Browser 79
   sortieren 75
   Speicherort 77
Konversationen (SMS) 91
Konversation (Gmail) 137
Kopfhöreranschluss 16
Kopieren und Einfügen 57
Kostenkontrolle 106
Kreditkarte 186

Stichwortverzeichnis

L

Label 357
Ladeadapter 14
Ladekabel 14
Laden, kabellos 329
Laufzeit 319
Lautsprecher 16
Lautstärke anpassen 84
Lautstärkewippe 15
LED-Blitz 201
LED für Benachrichtigungen 16
Lesezeichen 119
Liedtext 283
Linux 12, 358
Live-Traffic 264
LTE 102, 104, 358

M

MAC-Adresse 72
Mailbox
 einrichten 70
 Nummer 70
Malware 297
Maximaler Energiesparmodus 326
Mediathek-Apps 246
MediathekView 246
Memo 172
MicroSD-Karte 14
 als Musikspeicher 265
 einlegen 330
Micro-SIM 17
Microsoft Apps 173
Microsoft Exchange 166
Microsoft Office 173
Microsoft Outlook, Synchronisierung 312

Mikrofon 16
Miniaturwiedergabemodus 232
MMS 358
Mobildatennutzung 107
Mobile Hotspot 109
Mobilfunkrechnung 187
Mobilgerät finden 317
Movie Maker 235, 237
MP3 358
Multitasking 358
Multi-Window-Ansicht 48
Music Manager 274
Musik
 abspielen 268
 streamen 280
 streamen mit Play Musik 271
 übertragen 265
Musik-App 268
 Bereiche 269
Musikdienste 280

N

Nachrichten-App 89
Nachricht senden 89
Nahrungsaufnahme überwachen 293
Nano-SIM-Karte 13, 17
Navigation
 Routenoptionen 261
 zu Kontakt 263
NAVIGON 264
Neuer Kalender 168
Neustart 26, 334
NFC 226, 358
Nuance 56

O

Oberfläche 28
Oculus-VR-App-Store 352
Office 149, 173
Offlinehören, Musik 276
Offlinekarten 253
Offline-Modus, Akku schonen 326
OK Google 125, 127
OneDrive 173, 315
Onlinespeicher 313
 Google Drive 313
Ordner für Apps anlegen 43
Outlook 73, 149, 168
 Kalender exportieren 168
 Synchronisierung 312
Outlook4Gmail 313

P

Panorama-Modus 210
Parallax-Effekt 38
PayPal 187
PDF 358
PDF-Reader 175
Pegman 257, 259
Phishing-Schutz 23
PIN 18, 26, 300, 358
 Code ändern 303
Pinch to Zoom 32, 115, 200, 251, 358
PlanMaker 174
Play Filme & Serien 242
Playlist 277
Play Musik 271
Play Store 57, 177
 Abos 189
 Filme 242
 Prämien 188

Stichwortverzeichnis

Zahlungsmethode
 hinzufügen 189
Zahlungsmethoden 189
POP 358
Posteingang 149
Presentations 174
Pro-Modus 206, 209
Prozessorlast 321
Puls messen 15, 285, 288
Pulssensor 203

Q

QI 329
QR-Code 60, 359

R

Radio 283
RAM-Speicher 359
RAW-Format 207
Reset 359
Rocket Player 332
ROM 359
Rooten 359
Route mit Zwischen-
 stopps 264
Routenführung 255, 261
Routenplanung 260
RSS 359
Rufumleitung 71

S

Samsung-App-Store 194
Samsung Health 285, 292
 Einrichtung 285
Samsung-Kalender 165
Samsung-Konto 154

Samsung Music 269
Samsung Notes 54, 172
Samsungs Tool zur System-
 kontrolle 328
Samsung Tasks 165
Sauerstoffgehalt im Blut
 messen 294
Schlaf kontrollieren 293
Schnappschuss 200
Schnellaufladefunktion 15
Schnelleinstellungen, Bild-
 schirm drehen 54
Schnellmixe 277
Schnellmix Musik 279
Schnellschaltflächen 33
 anordnen 35
Schnellstart der Kamera 205
Schnellzugriff auf
 Webseiten 121
Schnellzugriffsleiste 29
Schrittzähler 290
Screenshot 342
 anfertigen 50
SD-Karte 359
 entschlüsseln 306
 verschlüsseln 304, 306
Seiten-Paneele 346
Selbstporträt 203
Selektiver Fokus 209
Selfie 203, 212
SELinux 299
Serientermin 163
Shazam 282
Shortcut (Webseite auf
 Home-Bildschirm) 122
Sicherer Ordner 220, 304
Sicherheitseinstellungen
 (Bildschirm) 302
Sicherung durchführen 309
Signatur 140, 151

SIM-Karte 17, 360
 Schubladeneinschub 17
Skype 88
Smart Alert 50
Smart Switch 237, 266,
  306, 310
 App für Android 310
 Daten von einem Smart-
  phone auf ein anderes
  übertragen 310
 für Mac 267
Smiley 55
SMS 89, 360
 Konversation löschen 92
 Nachrichtenzentrale 93
 schreiben 90
 versenden 90
 verwalten 92
 Zustellbericht 93
Softmaker Office 174
Soft Reset 335
Sonderzeichen eingeben 55
Songtext 283
SOS absetzen 94
Speicher erweitern 330
Speicherort der Kamera-
 App 205
Sperrbildschirm 22, 26, 300
 Hintergrundbild 37
S-Planner 159
Spotify 280
Spotify-App 281
Spracheingabe 52
Sprachsteuerung 52, 207
 der Kamera-App 205
Sprachwahl 69
SSID 101, 109
Standby-Modus 26, 301
Startbildschirm 27
 Hintergrundbild 37

365

Stichwortverzeichnis

Startseiten-Einstellungen, Raster 31
Start- und Sperrbildschirm anpassen 37
Status-LED 134
Statusleiste 33
Streaming 280, 360
Street View 256
Stresslevel 296
Stromfresser identifizieren 320
Strom sparen 322
Stummschaltung 50
Suchfunktion 50
Such-Widget 112
Swype 56, 360
Synchronisation mit Microsoft Outlook 312
Systemupdate 345

T

Tab-Manager 118
Task-Manager 360
　aufrufen 334
Tastatur 54
　alternative 56
Tastaturkürzel 344
Tastaturstreichsteuerung 56
Telefon-App 63
　Orte 66
Telefonnummer, eigene 72
Termin
　eintragen 156
　löschen 162
　regelmäßiger 163
Tethering 108, 360
　per USB 110
TextMaker 174

Text per Swype eingeben 56
Themen 32
Thread (E-Mail) 137
Thread (SMS) 91, 92
Trojaner 297
TuneIn Radio 283
Twitter 130

U

UHD-Video 234
Ultra-HD-Videomodus 234
Umlaut eingeben 55
UMTS 102, 360
Update 23, 181
Upday 131
URL 360
USB 33, 360
USB-Anschluss 16
USB-C 12, 14
USB-Kabel 266, 307

V

Verfolgungs-AF 204
Verkehrslage 263
Verschlüsselung 304
Vibrationsalarm anpassen 84
Video
　aufnehmen 229
　trimmen 234
Video-Editor 237
Videomaterial übertragen 237
Videooptimierung 233
Videos
　mit Familienmitgliedern gemeinsam nutzen 242
Videoschnitt 234

Videostabilisator 233
Videostreaming 245
VIP-Anzeige 80
Viren 297
Virenscanner 59
Virenschutz 297
Virtual Reality 351
Virtual Shot 211
Virtuelle Realität 351
Viso Places 353
VoIP 360
Vollbildanwendungen 47
Vorschaubildschirm 198
VR 361

W

Wallpaper 361
Web.de (Mail) 143
Webseite
　drucken 122
　teilen 122
Werkseinstellungen, zurücksetzen auf 337, 338, 340
WhatsApp 88, 94
　Backup 96
　telefonieren 98
Widget 29, 30, 361
Wiederfinden, S8 316
Wiederherstellen 309
Wi-Fi 99, 361
WLAN 19, 99, 361
　aktivieren 99
　einrichten 100
WLAN-Freigabe 110
Wörterbuch 117
WPS 100

Stichwortverzeichnis

X

Xodo PDF Reader & Editor 175

Y

Yahoo (Mail) 143
YouTube
 Video anschauen 241
 Video hochladen 239

Z

Zattoo Live TV 245
Zeitlupe (Kamera-App-Modus) 211
Zoomen (Kamera-App) 200
Zufallsmix Musik 279
Zurücksetzen 338
Zurück-Taste 29, 30, 47
ZXing Barcode Scanner 61

- Texte und E-Mails schreiben, im Internet surfen
- Fotos verschönern, Filme, Musik und E-Books genießen u. v. m.
- Für alle Gerätemodelle geeignet

Ab Ende September 2017

Mareile Heiting

Samsung-Tablets
Die Anleitung in Bildern

Machen Sie es sich mit Ihrem neuen Samsung-Tablet gemütlich, und lassen Sie sich von Mareile Heiting alles ganz genau zeigen. Schritt für Schritt und Bild für Bild nehmen Sie Ihr Tablet in Betrieb, surfen im Internet, schreiben E-Mails, fotografieren und bearbeiten Ihre Bilder, schauen Filme und TV-Sendungen, lesen E-Books und Zeitungen und hören Ihre Lieblingsmusik. Auch die nötigen Einstellungen zur Wartung und Sicherheit sind schnell gemacht. So funktioniert alles von Anfang an nach Wunsch!

312 Seiten, broschiert, in Farbe, 19,90 Euro
ISBN 978-3-8421-0235-4
www.rheinwerk-verlag.de/4409

Vierfarben ist eine Marke des Rheinwerk Verlags.

Das E-Book zum Buch

Sie haben das Buch gekauft und möchten es zusätzlich auch elektronisch lesen? Dann nutzen Sie Ihren Vorteil. Zum Preis von nur 5 Euro bekommen Sie zum Buch zusätzlich das E-Book hinzu.

Dieses Angebot ist unverbindlich und gilt nur für Käufer der Buchausgabe.

So erhalten Sie das E-Book

1. Gehen Sie im Rheinwerk-Webshop auf die Seite: www.rheinwerk-verlag.de/E-Book-zum-Buch
2. Geben Sie dort den untenstehenden Registrierungscode ein.
3. Legen Sie dann das E-Book in den Warenkorb, und gehen Sie zur Kasse.

Ihr Registrierungscode

ACSY-FTVD-730C-WZQD-31

Sie haben noch Fragen? Dann lesen Sie weiter unter: www.rheinwerk-verlag.de/E-Book-zum-Buch